평신도 이단사이비 교육교재

이단사이비를
경계하라!

이단사이비를 경계하라

2008년 6월 20일 1쇄 발행
2015년 4월 30일 개정증보판 1쇄 발행
2023년 4월 30일 개정증보판 2쇄 발행
발행인 _ 문창국
지은이 _ 이단사이비대책위원회 편
편집인 _ 전영욱
기획/편집 _ 강영아 김요한 조형희
디자인/일러스트 _ 권미경 하수진
홍보/마케팅 _ 안용환 육준수
경영지원 _ 지선화

펴낸곳 _ 도서출판 사랑마루
        서울시 강남구 테헤란로64길 17(대치동)

대표전화 TEL (02) 3459-1051~2/ FAX (02) 3459-1070
홈페이지 http://www.eholynet.org
등록 2011년 1월 17일 등록번호/ 제2011-000013호
ISBN 979-11-90459-30-3 03230
가격 16,000원

평신도 이단사이비 교육교재

이단사이비를
경계하라!

이단사이비대책위원회 편

사랑마루
SARANGMARU

이단사이비를 경계하라!
수정 증보판을 발행하며

　현재 우리 사회와 교회들은 여러 종류의 이단사이비 집단들로 인한 피해가 증가하고 있다. 가족관계를 깨트리는 이혼요구로 이혼하여 가정의 파탄과, 학업중단, 왜곡된 신앙과 종말론으로 직장생활 포기하는 사회적 병리현상이 팽배해 지고 있다. 한국교회의 물량적 성공주의와 자본주의적 배금주의에 함몰되어 성장만 추구 해오던 교회들이 잠을 자고 있을 때 종교의 자유라는 기치를 내건 이단 사이비 집단들은 교세가 대단하게 확장되어 왔다. 종교적으로는 기복적인 무속신앙의 확산, 불건전한 신비체험, 특정대상을 종말의 징조로 해석하여 불안감을 조성하고 교회에 대한 과도한 비난으로 교회내부에 혼란을 야기하여 신자들의 이탈을 조장하여 교회에 대한 부정적 인식을 확산되고 있었다.

　더구나 최근 교회의 불만세력이나 비판세력이 결집되어 교회를 공격하고 폄훼하는 일이 늘어나면서 이단사이비는 그들의 세력을 증가 시켜 오고 있다고 본다. 일천만 성도라 자랑해 오던 한국교회는 최근 성장이 주춤해 오고 있으며, 일부 대형교회로 쏠림 현상 속에서, 지난날 교회가 사회의 리더 역할을 상실한 것처럼 보인다. 그동안 교회들은 기독교 근본교리나 신학적 정체성 확립에는 무관심하여 부흥에만 집착하다보니, 이단 사이비에 대한 경계와 분별에 소홀해 졌다고 반성하며, 대책수립으로 외양과 성과를 자랑만 하던 자만에서 철저히 반성하며, 교회의 모습과 근본정신을 회복하려는 개혁의 지상과제에 충실하고자 이단사이비 집단을 명확히 분별하여 더 이상의 혼란에 빠지지 않도록 예방하는 일에 힘써 왔으며, 베일에 가려져 교회를 혼란하게 해오던 이단사이비 집단의 정체를 파악하여 예방하고 척결 할 수 있는 안내서와 교육할 수 있는 교재를 개발하여 2008년도에 1차, 2015년도에 2차 발행하여 사용 해 오고 있었다.

그러나 시대의 변화에 따라 계속 진화해 가는 이단사이비의 정체와 최근에 교회에 수단방법을 가리지 않고 노골적으로 침투해 오는 이단사이비 집단과 언론매체를 이용하여 포교에 적극적인 신종 이단사이들의 방법과 수단들을 파악하여 교회들에게 안내하고 교인들을 가르쳐 이단사이비에 미혹되지 않도록 보호해야 하는 중대한 사명으로 이 교재의 수정 증보판을 개발 발행하게 되었다. 이러는 동안에도 이단들은 연합단체를 만들어 교회와 성도들을 현혹시키면서 접근해 오면서 더 많이 혼란스럽게 하고 있는 실정을 보건데, 말세의 현상들 거짓선지자와 거짓 그리스도들이 시시각각으로 다가와 교회와 성도들을 미혹하고 있는 실정이다. 그동안 많은 청소년들은 학업을 중단, 가출하고, 배우자가 신천지에 빠져 가출하자, 이혼하는 등, 피해자들은 늘어만 가고 있는 실정으로 파악되고 있다.

지난 시간 기독교대한성결교회는 어느 때 보다도 신속하게 이단에 대응하여 이단사이비대책세미나를 지역별 혹은 교회별로 개최하였고, 교육용 자료를 제작 배부하는 등 성결교회를 넘어 한국교회에 이단에 대한 최선의 방책을 세워나갔다. 하지만 이단에 대한 경각심은 앞으로도 계속해서 이어가야만 한다. 따라서 교회와 성도들이 이단사이비 집단에 현혹되지 않고 더 이상 혼란을 겪지 않도록 훈련하는 일에 더욱 힘써야 할 것이다. 이 책은 목회자나 훈련된 지도자가 개 교회의 집회나 이단을 알리는 성경공부 모임에 사용할 수 있도록 제작 되었다.

제1장은 "이단의 정의와 분별"을 다루었는데 이단사이비의 정의와 발생 원인을 정리하고, 한국교회의 이단의 특징과 10가지 분별법, 이단사이비의 명단과 대처방법들을 정리 했다. 특히 대처 방법으로는 체계적인 성경공부와 교리공부로 말씀중심의 신앙생활을 하며, 신비체험은 성경과 신학의 검증을 받아야 하고, 교회나 이웃에 소외된 사람이 없는지 돌아보고, 이웃사랑을 실천해야 하며, 현실부정이나 세상 사랑을 버리고 매일 충성된 모습으로 종말을 준비해야 하고, 잘못된 사람을 살피고 그들과 변론은 금지하는 것이 옳다고 지적했다.

제2장에서 이단에 대한 성경과 역사의 교훈으로 성서적, 역사적, 교리 중심으로 한 정통교회를 다루었다. 특히 성경에 나타난 이단을 다루었다. 정통교회의 성경론에서 구약은 신론의 문제에 집중되어 있고, 신약의 내용에서는 그리스도론과 구원론에 관련되어 집중적으로 다루었으며, 교회사에 나타난 이단으로는 삼위일체론을 확실하게 정리하였고, 영지주의나 율법주의를 비롯한 다양한 이단사상들을 소개하였으며, 성경적 인간론을 정리 하였으며, 성경적 성령론을 명쾌하게 정리하여 이단들의 잘못된 역사적인 성령론을 밝혀주므로 지나친 신비주의나 은사주의에 빠져들지 않

도록 경계하고 있다. 또한 정통교회의 교리와 이단사이비의 주장을 비교했다.

그리고 3장, 4장, 5장, 6장, 7장에서는 이단사이비 집단을 연구하였다. 현재 한국교회 안에서 가장 악영향을 끼치는 신천지와 하나님의 교회, 구원파, 통일교, 이슬람을 순서대로 다루었다. 이단사이비들은 비상식적인 교리들을 강조하면서, 한편으로는 위장단체를 만들어 사회봉사활동을 포교의 방편으로 활용하는 위장전술을 사용하기도 한다. 지난 시간 한국사회는 종교적 문제가 곧 사회적 문제가 되는 것임을 눈으로 보았다. 특히 세월호 문제로 불거진 구원파의 이단적 사상은 사회적 병리현상을 초래케 했다. 그리고 시대적으로 이슬람교에 대한 대책과 경각심은 이단사이비대책위원회의 중요한 책임이다.

이 교재는 강의 진행자가 충분하게 내용을 숙지한 다음에 활용해야 하며, 강의록과 함께 제공하는 파워포인트 파일도 미리 시연해보고 진행시간이나 강조할 부분도 확인하여 자신감을 가지고 참석자들에게 전달해야 한다. 특히 1, 2장은 내용이 지루할 수 있으므로 진행자의 노력과 사전 준비가 철저해야 할 것이다. 바라기는 성결교회의 모든 성도들이 이단에 적극대처하며 하나님이 원하시는 선한 일꾼으로 성장하기를 기도하며 발간의 글을 마친다.

2023년 4월 30일
이 무 영 목사
이단사이비대책위원회 위원장

차례

제1장
이단의 정의와 분별

그러나 백성 가운데 또한 거짓 선지자들이 일어났었나니 이와 같이 너희 중에도
거짓 선생들이 있으리라 그들은 멸망하게 할 이단을 가만히 끌어들여 자기들을
사신 주를 부인하고 임박한 멸망을 스스로 취하는 자들이라 여럿이 그들의
호색하는 것을 따르리니 이로 말미암아 진리의 도가 비방을 받을 것이요
그들이 탐심으로써 지어낸 말을 가지고 너희로 이득을 삼으니 그들의 심판은
옛적부터 지체하지 아니하며 그들의 멸망은 잠들지 아니하느니라
(벧후 2:1-4)

1 이단연구의 필요

◆ 우리 주변에서 이단으로 인한 피해를 경험한 분들이 있는지 알고 있나요?

① 개인적으로 : 가정파탄, 기성세대와 교회에 대한 거부감, 시한부종말론에 빠짐, 학업과 직장의 포기, 다른 가치관의 주입으로 인한 정신적 부조화나 이상증세 초래

② 사회적으로 : 은밀한 집단생활, 이탈자에 대한 폭행, 성적유린, 금전이나 부동산 헌금강요, 다단계 형식의 경제적 갈취, 세금포탈이나 횡령

③ 종교적으로 : 신자의 인격말살, 기복적이고 무속적인 신앙확산, 불건전한 신비체험 몰두, 종말의 징조로 해석하여 불안감 조성, 교회내부 분열이나 신자의 이탈 조장, 기독교에 대한 부정적 인식확산.

요즘 우리 사회와 교회는 각종 이단사이비 단체들로 인한 피해들이 증가하고 있다. 개인적으로는 가족관계의 부정과 이혼 요구로 인한 가정파탄, 기성세대와 교회에 대한 과도한 비난과 정죄, 시한부종말론의 영향으로 학업중단이나 직장생활 포기, 왜곡된 세계관의 주입으로 인한 정신적인 부조화나 이상증세 초래 등이다. 사회적으로는 왜곡된 신앙에 따른 은밀한 집단생활, 이탈자들에 대한 탈법적인 집단폭행이나 살인행위, 신격화한 교주에 의한 성적 유린, 금전이나 부동산에 대한 헌금강요, 종교목적으로 위장된 다단계 등의 경제적 갈취, 세금포탈이나 횡령 등이 발생한다. 종교적으로는 신자들을 노예화시키는 인격 말살, 기복적이고 무속적인 신앙의 확산, 불건전한 신비체험에 몰두, 특정대상을 종말의 징조로 해석하여 불안감을 조성, 교회 내부에 혼란을 야기하거나 신자들의 이

이단사이비를 경계하라!

탈을 조장함, 그 결과 기독교에 대한 부정적 인식이 확산되고 있다.

최근, 한국교회 내부에서 이단에 대한 태도에 부정적인 변화들이 나타나고 있다. 정통교회 일각에서 이단사이비에 대한 경계심이 풀려 정통과 이단에 대한 판단을 유보하려는 사람들이 생겨났다. 이것은 성경에 대한 복음적인 태도와 교리적 확신이 약화되고 있다는 증거다. 이단사이비 단체가 사상적 전환을 공개 표명한 적이 없는데도 성급한 수용을 주장하는 사람들도 있다. 예를 들어, 2004년 6월에 가칭 '예수교장로회연합회'(예장연)가 발행한 『정통과 이단』이란 책자와 같은 경우이다. 이 책자는 한국교회가 그동안 정죄했던 이단사이비 단체들을 '이단으로 볼 수 없다'는 일방적인 주장을 담고 있다. 각종 이단사이비 단체들은 앞 다투어 이 책자를 인용하며 자신들은 이단에서 풀렸다고 주장한다. 그러나 한국교회의 거센 반발을 불러일으켰고, 결국 이 책자의 발행인은 2008년 3월 29일자 「국민일보」에 자신의 잘못된 연구로 이단을 이롭게 하였다는 사과문을 발표하고 다시는 이 책을 인용하지 말도록 밝힌 적이 있다.

2010년을 기점으로 한국기독교총연합회(한기총)와 같은 연합기구나 언론기관들이 이단해제에 앞장서거나 이단사이비 단체를 옹호하는 황당한 일들이 발생하고 있다. 지난 2013년에는 한기총이 무분별하게 이단해제에 앞장서자 이에 그 부당성을 알린 전국신학대학교수 172인에게 10억 손해배상 소송을 제기하면서 소속 대학의 재단법인과 전혀 무관한 이단연구가들까지도 함께 고소하는 상상할 수 없는 일이 발생하였다. 물론, 서울중앙지법에서 한기총의 교수들에 대한 명예훼손 및 업무방해 혐의 제기가 돌아볼 가치도 없는 사안이라고 하여 교수들의 손을 들어 주었지만, 이런 현상들은 전체 기독교나 교계 연합단체에 대한 신뢰를 떨어뜨리는 일이 아닐 수 없다.

이런 이단사이비 문제는 교회의 영역을 벗어나 사회적 부담으로 작용한다. 따라서 건강한 교회와 밝은 한국사회를 지향하려면 불건전한 이단사이비들을 척결하는 일이 반드시 필요하다. 이에 기독교대한성결교회는 「교단 헌법」과 「이단사이비대책 특별법」을 통해 "이단사설을 경계하고, 교회의 신앙의 혼란을 예방하며, 교회의 순결을 유지하기 위하여" 이단연구와 예방교육에 힘을 기울여 왔다. 지난 2006년 5월에 평신도이단교육지침서인 『건강한 성결인 건강한 교회』를 출판하였고, 이어서 이단성경공부 교재인 『이단사이비를 경계하라』는 펴내었으며, 전국교회의 이단세미나를 지원하는 등 적극적으로 이단예방교육에 임하고 있다.

2 이단의 정의와 판정기준

◆ 이단을 판정하는 기준에 도움이 되는 성경구절들은 어떤 것들이 있나요?

① 성경을 가감하면 이단이다(계 22:18-19). ② 예수 그리스도의 구속사역을 제한하거나 부인하면 이단이다(행 4:12). ③ 지금도 성경적 계시와 영감이 주어진다고 하면 이단이다(딤후 3:16-17). ④ 사람을 높이면 이단이다(딤전 2:7). ⑤ 돈을 사랑하고 왜곡하여 강조하면 이단이다(빌 3:19, 딤전 6:10). ⑥ 귀신이나 표적을 지나치게 강조하는 열광적 신비주의는 이단이다(신 18:9-12; 마 24:23-24; 딤전 4:12; 살후 2:8-10). ⑦ 이단은 악한 말과 행실의 열매가 드러난다(마 12:33-37). ⑧ 교회를 허무는 자는 이단이다(아 2:10-17; 느 4:7-8; 고전 3:16-17).

성서적, 역사적, 교리적 정의

정통교회의 이단판정을 불신하는 입장들이 있다. 어떤 사람은 "우리가 믿는 것은 무조건 정통이고 남이 믿는 것은 무조건 이단이다."라고 주장한다면서 정통교회를 비판한다. 어떤 사람은 "이단연구가들이 '틀린 것'과 '다른 것'의 차이를 구별하지 않고 감정에 따라 정죄한다."라고 비판하기도 한다. 어떤 사람은 "이단은 시작은 같으나 끝은 다른 것이다."라며 경험에 입각하여 설명하기도 한다. 이런 주장은 한자어 '이단'(異다를 이, 端끝 단)에서 그런 의미를 이끌어 낸 것이다.

그러나 이런 통속적 정의로는 복잡한 이단의 정체를 바르게 드러낼 수는 없다. 그렇다면 우리는 어떻게 이단을 정의할 것인가? 이단을 성서적 측면, 역사적 측면, 그리고 교리적 측면에서 다음과 같이 정의할 수 있다.

첫째, 성경적 측면에서 이단이란 '공인된 복음으로부터 의도적으로 이탈하려는 분파와 그 주장'을 말한다. 원래 이단을 뜻하는 신약성서의 원어는 '하이레시스'(Hairesis)로서 "선택, 선출, 결단"이란 뜻이었다. 즉 "선택한다"라는 뜻의 동사 '하이레오'(Haireo)에서 유래된 말로서, "교리, 학파, 수용된 의견들"을 의미하는 것이었다. 초대교회에서는 이 말을 사두개인 당파(행 5:17), 바리새파(행 15:5), 나사렛 이단이라고 할 때(행 24:5), 그리고 바울이 "내가 우리 종교의 가장 엄한 파를 좇아 바리새인의 생활을 하였다"(행 26:5)고 할 때에 "당파, 분파, 종파"라는 중립적 의미로 사용했었다. 그런데 후대에 예수님의 제자인 사도들의 가르침과는 다른 주장들과 문서들이 등장하면서 '하이레시스'는 '공인된 복음으로부터 의도적으로 이탈하려는 분파와 분쟁'(고전 11:18, 19; 갈 5:20; 벧후 2:1)이라는 부정적 의미로 사용되었다. 마틴(W. Martin, 1980)은 "이단 교주들은 한 가지 공통점을 가지고 있는데, 그들은 성서적 기독교를 취하여 진품을 교묘한 모조품으로 둔갑시킨다."라고 강조했다.

둘째, 역사적 측면에서 이단이란 '어느 지역에서든지, 언제라도, 전체 교회가 공통으로 믿는 것과는 다른 한 분파의 거짓된 주장이나 오류'를 말한다. 기독교 역사에서 정통이 어떤 형태를 갖추기 전에 이단이 등장하곤 했다. 그래서 이단이 발생하면 정통은 자신의 모습을 가다듬어 이단과는 구별된 모습을 갖추곤 했다. 처음 3세기 동안 이와 같은 현상은 빈번하게 일어났는데, 여러 의견들 가운데서 채택된 것은 정통이고 반대로 거절된 것은 이단이 되었다. 이런 관점에서 브라운(Harold Brown, 1984)은 정통이란 "신자에게 단번에 주신 믿음의 도(유 1:3)로서 '어느 곳에서나,

이단사이비를 경계하라!

항상, 모든 사람에 의하여' 믿어지는 바른 교훈"이라고 정의하였다.

셋째, 교리적 측면에서 이단이란 '정통교회의 권위에 의해서 그릇된 것으로 배척된 교리나 체계'다. 초기교회의 교부인 이레니우스는 이단을 "올바른 교리의 표준에서의 이탈"이라고 정의했다. 정통이란 "바른 의견"(orthodoxy)이란 의미로서 사도신경에 표현된 모든 신조들을 표현된 대로 수락하는 것이라면, 이단은 "다른 의견"으로서 공인된 정통신조와는 다른 견해를 제시하는 것이다. 그래서 바울은 "우리나 혹 하늘로부터 온 천사라도 우리가 너희에게 전한 복음 외에 다른 복음을 전하면 저주를 받을지어다."(갈 1:8)라고 강조하였다. 그러므로 이단이란 성경에 없는, 또는 성경에 어긋나는 내용·주장·교리를 가르치는 것이다(고후 11:4). 이런 점에서 마틴(W. Martin, 1985)은 이단을 "어떤 특정인의 그릇된 성경해석을 중심으로 하여 형성된 종교집단"이라고 정의하였다.

성결교회의 이단정의

성결교회는 평신도교육지침서인 『건강한 성결인 건강한 교회』에서 "이단이란 기독교의 성경과 정통교리와는 다른 교리를 주장하면서 자기를 높이려고 기독교를 사칭하거나 기독교를 공격하여 신자들을 미혹하는 거짓된 사람과 집단이다."(51쪽)라고 정의하였다. 즉 이단사이비는 성경말씀의 권위와 다른 정통교파들과 공유하는 성서적/역사적 전통교리를 부정하는 자들을 말한다(벧후 2:1; 갈 5:20; 딛 3:10; 요 21:10-11). 예수님은 이런 자들을 "택하신 자들을 미혹하는 거짓 그리스도와 거짓 선지자들"(마 24:23-24)이라고 정죄하셨다.

◆ 이단을 판정할 때, 혹은 이단에서 해제할 때 어떤 절차들을 거쳐야 하나요?

이단판정 : ① 이단   ② 사이비   ③ 경계집단
위험대상 : ① 경고나 주의   ② 권고
이단해제 : ① 공청   ② 자숙   ③ 심사   ④ 해제선언

성결교회는 교단이 제정한 「이단사이비대책 특별법」에 따라 단계적으로 3단계 즉 "권면, 회개요구, 정죄"의 절차를 거친 후 "이단, 사이비, 경계집단"으로 판정하고 이를 전 교회에 알린다. 그리고 이단사이비 교주나 집단의 전향적인 태도를 인정하여 이단에서 해제하고자 할 때에는 재심청구 절차에 따라 「회복교육」을 포함한 4단계 곧 "공청, 자숙, 심사, 해제선언"의 절차를 거치도록 한다.

이단(Heresy)이란 성경과 역사적으로 정립된 정통교리에 위배되는 비정통의 다른 복음을 주장함으 로써 신자들을 미혹하는 잘못된 사람이나 집단을 말한다.

사이비(Pseudo religion)란 이단적 교리에 뿌리를 두고 기독교로 행세하되 기독교의 교리를 변질시키거나 기독교를 모욕하는 반사회적, 반윤리적 행위를 하는 거짓된 사람이나 집단을 말한다.

경계집단(Alert group)이란 교회와 개인의 신앙에 부정적인 영향을 끼칠만한 특이한 교리를 강조하거나 반기독교적인 행위를 하므로 신자들을 미혹할 수 있다고 우려되는 집단을 말한다. 이 경우에는 교류 및 참여금지를 명할 수 있다.

또한 이단이라고 판정할 수는 없으나 일정기간 주시하거나 적극 지도해야 할 경우에는 "경고나 주의 혹은 권고"로 규정한다.

경고나 주의(Attention)는 이단으로 규정할 수 없으나 교회와 신자들에게 부정적인 영향을 미칠 것으로 예상되므로 일정기간 '예의주시'하려는 경우이다.

권고(Advice)는 이단으로 규정할 수 없으나 교회와 신자들에게 긍정적인 영향을 미치도록 방향을 제시하고 개선을 요구하여 적극 지도하려는 경우이다.

3 이단사이비의 출현예고

◆ 마태복음 24장 23-24절에서 예수님의 종말예언은 어떤 내용들인가요?

① 거짓 그리스도와 거짓 선지자가 등장한다.   ② 큰 표적과 기사로 미혹한다.
③ 믿는 자들에게 접근한다.

오늘날 이단사이비의 출현과 증가는 예수님의 예언말씀이 성취됨을 의미한다. 예수님은 마태복음 24장 23-24절에서 "그 때에 사람이 너희에게 말하되 보라 그리스도가 여기 있다 혹 저기 있다 하여도 믿지 말라 거짓 그리스도들과 거짓 선지자들이 일어나 큰 표적과 기사를 보이어 할 수만 있으면 택하신 자들도 미혹하게 하리라"고 말씀하셨다. 이 말씀은 다음의 내용들을 포함하고 있다.

첫째, 종말이 가까우면 '자신을 그리스도라고 칭하는 사람들'이 나올 것이다(23절). 통계상으로 우리나라에는 자칭 재림예수가 약 50여명, 자칭 하나님이 20여명, 보혜사 성령이 10여명이 있다고 알려진다. 한국의 종교상황은 세계에서 유례없는 이단사이비의 전시장이다. 본문에서 예수님은 이단교주들을 '거짓 그리스도'와 '거짓 선지자'로 규정하셨다. 예수의 이름과 권세와 능력을 도용하여 그 영광을 가로채는 자가 '거짓 그리스도'이며, 그릇된 영적 탁월성과 거짓된 사술을 통해 자신의 메시지에 권위를 더하려는 자들은 '거짓 선지자'다.

둘째, 사회가 불안하고 미래가 불투명하면 종말의식이 강화되는데 이때에 거짓된 사람들이 나타나 '큰 표적과 기사'로 미혹할 것이다(24절). 여기에서 '큰 표적과 기사'란 하나님의 이름으로 행하는 기적적인 일들을 말한다. 표적(sign)이란 사람에 관련하여 하나님의 뜻과 능력을 증명하는 이적들이라면, 기사(wonder)는 자연만물에 관련하여 나타나는 이적들이다. 그런데 그런 기적들을 하나님의 능력이 아니라 자기 능력이라고 주장할 때 문제가 발생한다. 예를 들어, 만민중앙교회의 이재록 목사는 자신이 기도하면 비가 멈추고, 자신이 안수하면 보통 물이 권능의 생수로 변하며, 고장 난 전자제품도 고칠 수 있다고 주장한다. 하나님의 교회 안상홍 증인회의 신자는 2002년 월드컵 때에 한국이 4강에 들었던 것은 죽어서 무덤에 묻힌 '안상홍 하나님'이 영으로 부활하여 도와주신 것이라고 주장한다. 즉 골을 넣었던 선수들인 안정환, 유상철, 황선홍이란 이름에서 순서대로 한 글자씩 따내면 안, 상, 홍이 되므로 그것은 곧 안상홍 하나님의 이름을 가리키며 생존하신 증거라는 황당무계한 주장을 펴기도 한다. 진정한 기독교는 그런 표적과 기사들에 몰두하는 신비주의(은사주의)와는 거리가 멀다.

셋째, 거짓된 자들이 할 수만 있으면 택하신 자들도 미혹할 것이다(24절). 종말의 때에는 이단자들은 주로 신자들에게 접근한다. 특히 구원파의 박옥수는 기성교회의 구원관이 모두 잘못된 것이라며 공격하고 '기쁜 소식선교회'와 'TYF'라는 이름으로 잠실체육관이나 대형 집회장소에서 성경세미나를 개최하므로 이단에 대한 분별력이 부족한 신자나 대학생들을 미혹하고 있다. 또한 통일교의 아류인 기독교복음선교회(JMS)의 정명석은 성경은 문자가 아닌 과학으로 풀어야 한다거나 '순결점검'이라는 명목으로 20대 전후의 여성들을 성적으로 유린하였으며(법정에서 10년형을 받고 복역 후 출소), '예수교대한감리회'(진리 측)와 'CGM'이라는 이름으로 대학가에 침투하여 모델학원이나 치어걸, 재즈동아리 등으로 위장하여 포교활동을 벌이고 있다. 또한, '신천지증거장막성전'의 자칭 보혜사 이만희는 성경을 영적 의미를 감추고 있는 비유들이라며 자의적으로 억지해석하고, 기성교회에 침투하여 신자들을 유인하며(추수꾼 전략), 목회자를 몰아내고 교회를 통째로 삼키는 모략(산옮기기 전략)을 성공적으로(?) 시행하고 있다.

성경말씀은 이런 자들에 대해 다음과 같이 맹렬히 비난한다. "저희의 입을 막을 것이라 이런 자들이 더러운 이(이익)를 취하고 마땅치 아니한 것을 가르쳐 집들을 온통 엎드러치는도다"(딛 1:11). 따라서 이런 이단 자들을 단호히 경계하여 물리치고, 한 사람의 성도라도 이단사이비에 빠져들어 삶을 황폐하게 만들지 않도록 예방대처교육을 철저히 실시해야 한다.

4 이단사이비의 발생원인

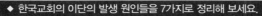

◆ 한국교회의 이단의 발생 원인들을 7가지로 정리해 보세요.

① 사회의 불안 ② 가정의 붕괴 ③ 상대주의 가치관 ④ 교회의 부패와 분열
⑤ 보편적 욕구의 미해결 ⑥ 영적 무력감 ⑦ 사단의 역사

사회과학적 연구에 따르면, "기성교회가 종교의 기능을 감당하지 못할 때 사이비 이단이 발생한다.…이론적 요소보다는 믿음체계, 실천적 요소보다는 의식체계를 강조하고,…교인들의 욕구충족을 시켜주지 못할 때 이것을 충족시킬 대리체계로서 이단이 발생한다."라고 하였다. 즉 한국사회 안에서 종교적 욕구를 충족시킬 '기능적 대행체계'(functional alternative system)로서 이단사이비 집단이 등장한다는 말이다.

다음의 일곱 가지 분석내용은 한국교회의 이단사이비 발생 원인이다.

첫째, 이단은 우리 사회가 정치적 불안, 사회적 혼란, 경제적 어려움으로 미래가 불확실하여 사회가 '불안한 상황'일 때 발생한다. 특히 젊은이들은 정체감을 형성하고 삶의 목적과 의미를 추구하는 시기인데 이런 불확실성을 직면하면 방황하게 된다. 즉 독립심을 기르고, 성적 변화에 적응해야 하며, 진로를 결정해야 하는 중대한 기로에 섰을 때 자신의 미래에 대한 불안함에 초조해진다. 이런 불안정한 상황에서 이단은 상대적으로 안정감을 제공하는 것처럼 보인다.「목회와 신학」(1991년)의 조사에 따르면 응답자의 18.3%가 '미래에 대한 불안감' 때문에 이단을 찾고 있는

것으로 나타났다. 이단은 종말의식을 고조시켜 절망감을 안겨주고, 동시에 자신들을 통해서만 구원을 얻을 수 있다는 '피난처에 대한 희망'을 약속하므로 젊은이들을 유혹한다.

둘째, 한국사회가 산업화되면서 나타난 '가정의 붕괴'가 한 원인이기도 하다. 가족의 핵가족화 현상, 산업화에 따른 가정의 불안정, 성 개방 풍조로 인한 문란한 성도덕, TV나 인터넷 등을 통해 소개되는 부정적인 가정관 등이 현대인의 가정을 위협하고 있다. 증가하는 가출 청소년과 OECD국가에서도 높은 이혼율과 자살률의 증가 등이 이를 반영한다. 사람은 가정에서 소속감을 느끼지 못할 때 외로움과 소외감이 증가하게 마련이다. 이때에 이단은 가정생활에서 소외감을 느끼고 안정감을 상실한 젊은이들에게 집단생활의 이상을 제시하고 소속감과 안정감을 제공하는 것처럼 접근한다. 라이트와 파이퍼(S. Wright & E. Piper; 1986)는 가정문제로 인한 소외감과 청소년들의 이단가입 사이에 높은 상관관계가 있음을 밝혀냈다. 이단에 속한 사람들은 그들만의 상호의존성을 깊이 의식하고 있으며, 절대적 충성심과 서로를 돌아보는 친밀한 교제로 뭉치게 된다.

셋째, 종교 다원주의나 포스트모던 사상이라는 '상대주의 가치관'이 원인이다. 말하자면, 절대성보다 상대성을 지향하는 시대적 흐름이 이단증가의 원인이다. "아무 것도 확실하지 않고 모든 것이 다 상대적이다.", "진리는 하나가 아니라 여럿이다.", "당신이 생각하는 그것이 바로 진리이다." 등의 주장들이 사회적 통념이 되어가면서 이단의 활동이 힘을 얻고 있다. 이런 상황에서 강력한 카리스마를 행사하는 권위적인 지도자의

'확신을 안겨주는 메시지'는 불안함 가운데 확실한 것을 찾는 현대인들에게 강력한 호소력을 지닌다. 이런 성향을 가진 교주들이 던져주는 왜곡된 계시나 깨달음은 추종자들을 기분 좋게 만들고 안정감을 주지만 실상은 진리의 부재를 경험하게 된다.

넷째, 무엇보다도 이단발생을 부추기는 가장 중요한 요인은 '교회의 부패와 분열'이다. 많은 교회들이 교회의 기본사명에 충실하지 못하고 부정적인 모습이 만연하여 교회를 찾는 젊은이들에게 건강한 기독교 이미지를 심어주는데 실패하고 있다. 더구나 목회자들의 도덕성이 문제될 때가 있다. 이와 같이 전통적 종교체계에 대한 신뢰가 추락할 때 이단은 용인되고 번성하게 된다. 그래서 항상 이단들은 정통교회의 제도적 결함이나 부패를 민감하게 공격함으로써 사람들의 공감을 얻는다. 말하자면 경제적 열등감으로 인한 갈등, 직분에 대한 소외감, 교회가 날로 사치스럽게 변모하고 대형화 하는데 대한 실망감, 목회자의 탈선이나 호화로운 생활, 명분 없는 교파분열이나 교권싸움 등의 문제들이 항상 이단의 공격대상이다.

다섯째, 정통교회가 신자들의 '보편적 욕구'를 해결해 주지 못하기 때문이다. 대부분의 사람들이 이단을 따르는 것은 진리냐 아니냐의 기준이 아니라 다른 이유들을 가지고 있다. 즉 정통교회가 사람들의 감정적, 심리적, 사회적 욕구를 채워주지 못하고 있기 때문이다. 예를 들면, 몰몬교는 가정은 지상천국이라는 슬로건을 내걸고 사회사업을 추진하여 자기 교인들은 아무도 경제적 어려움을 겪지 않는다고 자랑한다. 안상홍 증인회는 성경시대의 공동체를 실현시킨 것처럼 각종 구제, 봉사활동에 앞장서면서 사회적으로 건전한 단체인 것처럼 위장한다. 마치 정통교회가 곤경에 빠진 사람에 대해 무관심한 바리새인처럼 보인다면, 이단은 선한 사마리아인처럼 자비와 사랑을 베푸는 인상을 풍긴다. 그래서 이단에 접해 본 사람들은 그들의 이념보다는 공동체 내에서의 친밀감, 교제, 소속감 등에 더 끌린다고 말한다. 이단들은 사람들에게 만병통치, 만사형통, 소원성취, 사업성공, 건강장수, 가정화목, 영생불사 등 다양한 인간의 욕구들을 다 채워줄 수 있다는 허위적 약속을 가지고 있다.

여섯째, 한국교회 신자들의 '영적 무력감'이 문제다. 한국교회가 추구하는 부흥이란 그리스도인을 진정한 제자로 양육함이 아니라 대형교회가 되는 것으로 이해하고 있다. 목회성공이라는 열망에 빠진 지도자들은 신자 개개인의 영적 성숙이나 생활의 변화에는 무관심하다. 그래서 신자들은 진정한 목표의 상실로 인해 복음전도의 열정이 왜곡되고, 성경이나 교리에 대해 무지하여 자기 뜻대로 해석하는데 익숙하며, 교회생활을 율법주의적으로 생각하게 되었다. 또한 신자들은 세속적 욕망들에 더 친숙하고 그것의 매력에 빠져 영적 위험수위를 넘나들고 있다. 그래서 신자들은 영적 분별력을 잃어버리고 심지어 무속신앙이나 신비한 은사들에 의존한다. 또한 젊은이들은 역할모델을 찾지 못해 방황하고 있다. 이런 상황에서 이단은 젊은이들에게 접근하여 진리에 대한 갈망과 영적 무력감을 단번에 해결해 준다고 미혹한다.

일곱째, 이단의 배후에는 미혹의 영, 즉 '사단의 역사'가 있다. 각종 이단의 활동과 가르침은 드러나는 외적 현상만으로는 판단할 수 없는 배후가 있다. 성경은 "악한 자의 임함은 사단의 활동을 따라 모든 능력과 표적과 거짓 기적과 불의의 모든 속임으로 멸망하는 자들에게 있으리니"(살후 2:9-12)라고 언급하였다. 이성을 마비시키고 정신을 혼미하게 만드는 미혹의 역사는 사단의 활동이다. 다시 말해, 성경은 이런 이단의 활동을 거짓의 아비인 사단의 조종이라고 가르친다. "저런 사람들은 거짓 사도요 궤휼의 역군이니 자기를 그리스도의 사도로 가장하는 자들이니라. 이것이 이상한 일이 아니라 사단도 자기를 광명의 천사로 가장하나니 그러므로 사단의 일군들도 자기를 의의 일군으로 가장하는 것이 또한 큰 일이 아니라 저희의 결국은 그 행위대로 되리라."(고후 11:13-15)

5 한국교회 이단의 유형들

◆ 한국교회에서 형성된 이단의 유형들을 말하고 설명해 보세요?

① 혼합주의 유형 ② 기복주의 유형 ③ 열광적 신비주의 유형
④ 국수주의와 자유주의 유형 ⑤ 시한부종말론 유형

첫째, '혼합주의 유형'으로서 대부분의 한국교회 이단들은 종교혼합의 요소를 내포하며, 대표적인 것이 통일교다. 그들이 경전처럼 생각하고 있는 「원리강론」을 보면 동양사상인 음양오행설이나 도참사상 등을 활용하여 성경과 교리를 해석한다(기독교사상 1989년 2월호, 28). 어떤 종교가 타 문화권의 종교와 접촉될 때 외적 형식이나 의식의 틀을 달리할 수는 있어도 그 종교의 핵심이 되는 내용마저 혼합된다고 하면 종교 자체의 변질을 초래하게 된다. 예를 들어, 베뢰아 아카데미의 김기동 씨의 귀신론은 성경적 귀신론과 거리가 멀다. 한국의 전통적인 무속신앙에서는 죽은 사람의 혼백이 귀신이 된다고 가르친다. 그래서 김기동 씨는 마귀를 불신앙 가운데 죽은 자의 영으로 보고 자신의 주관적 체험에 근거하여 마귀론을 전개하였다. 이런 주장은 무속적 마귀론과 성경의 마귀론을 혼합한 것이다.

둘째, '기복주의 유형'으로서 현세에서 부귀영화를 달성하고 질병이나 재앙을 피해 보려는 태도를 지닌다. 이런 입장은 남이야 어떻든 자기만 복 받으면 된다는 생각이므로 사회적, 역사적 의식이 결여되고 이웃에 대

이단사이비를 경계하라!

한 윤리적 책임의식이 있을 수 없다. 더 나아가 미래지향적인 영적 가치 추구는 찾을 수 없다. 그래서 종교의 저급화를 이루고 우상숭배와 미신화를 조장하게 된다. 이러한 기복신앙으로 인해서 종교적 계율이나 숭고한 가르침보다 현세의 축복을 기대하므로 신흥종교나 사이비 신앙운동 혹은 이단에 빠지는 근본요인이 된다. 한국교회가 부흥하는 밑바탕에 샤머니즘적 기복신앙이 깔려 있다. 예를 들어, 주일예배 참석이나 주일성수 개념, 새벽기도회에 참여하거나 성미를 드리는 일, 기도하는 내용이나 십일조 혹은 헌금하는 이유가 축복의 조건이 된다고 믿는다. 그리고 어떻게 해서든지 복을 많이 받아 출세하고 성공하는 것이 신앙의 목적이 되고 말았다. 즉, 복을 바라는 마음 자체가 잘못된 것이 아니라 바라는 복의 내용과 추구하는 태도에 문제가 있다.

셋째, '열광적 신비주의 유형'으로서 사이비 신앙운동이나 이단은 신비현상 추구와 밀접한 관계가 있다. 사이비 신앙을 주도하는 자들은 신비현상을 무기로 하여 사람들을 미혹한다. 많은 교주들이 투시, 예언, 안찰, 안수, 방언, 통역, 진동, 축귀, 환상, 치병, 몽시, 입신 등의 신비 능력을 자랑한다. 이것을 무기삼아 신도들을 유인한다. 특히, 신비현상 중 치병 능력만큼 대중에게 매력적인 것은 없다. 병고에 시달리는 사람에게 능력으로 병을 고쳐준다는 말처럼 기쁜 소식은 없을 것이다. 치병의 방법은 금식기도, 안수, 안찰, 생수, 성수, 단식, 주문 등이 수행된다. 각종 예언도 호기심과 신비심성과 무관하지 않다. 오늘날 한국교회 주변에는 예언운동들이 인기를 끌고 있다. 그 중에는 상담을 통해 바른 신앙 지도를 하는 곳도 있지만, 대부분 빗나간 예언기도로 교인들을 당황케 하는 일이

비일비재하다. 따라서 감정에 치우친 광신적인 신비주의는 인간으로 하여금 몰아지경에 빠트려 무인격, 무의식, 탈사회 현상을 초래한다. 즉 사람을 황홀경에 도취하게 하므로 현실도피를 유도하는 것은 바람직하지 못하다.

넷째, '국수주의 및 자유주의 유형'으로서 민족적 주체의식을 내세우고 반선교사 사상을 강조한다. 이들은 한민족의 영혼구제 사업은 한민족 자신들의 능력과 책임 아래 이루어져야 한다고 강하게 주장했다. 뿐만 아니라 서양선교사들이 전해준 보수적인 근본주의 신학에 사로잡힐 것이 아니고, 과학이 증거 하는 종교와 과학이 뒷받침하는 신학을 공유해야 한다고 주장하기도 했다. 이런 운동들의 성격은 반선교사, 반교권주의, 그리고 자유주의 신학의 경향으로 나아가게 되었다. 최초로 전북지방을 중심으로 활동하던 최중진 목사가 반선교사 성향으로 나아가면서 자기가 건의한 개혁안이 받아들여지지 않자 목회자를 규합하여 '자유교회'를 설립하였던 일이 있었다. 그리고 김장호 목사는 자유주의 신학을 강조하면서 활동하다가 장로교 황해노회로부터 총대권을 박탈당하고 1918년에는 이단으로 단죄되어 해당 노회로부터 제명당했다. 대구지방에서 목회하던 이만집도 반선교사 성향으로 '예수교회'를 세워 분파를 형성하다가 마침내 사이비집단으로 기울어지고 말았다. 김교신은 일본에서 유학하던 중 우찌무라 간조에게 크게 영향을 받아 무교회주의자가 되었다. 이 운동들은 전통적인 기독교의 교리나 신학과는 다른 노선을 걸었기 때문에 그 당시 정통교회들로부터 외면을 당했고, 결국 이단으로 낙인찍히는 결과를 낳았다.

이단사이비를 경계하라!

다섯째, '시한부 종말론 유형'으로서 현실타계적인 신앙이 한 요인을 이루고 있다. 불교의 미륵불 사상이나 극락사상이 한국교회의 종말론에 크게 영향을 미쳤다. 그리고 수많은 외침과 내란 그리고 병폐적 사회제도에서 오는 갈등과 억압 속에서 그것을 정면으로 맞서서 극복하려는 의지보다는 도피하고 탈출하려는 경향이 짙었다. 이런 배경에서 한국교회의 신앙형태는 도피적, 타계적이었다. 결국, 임박한 종말에 대한 관심이 증대하고 시한부 종말론이 등장하였다. 한국교회의 초기 역사에 있어서 큰 영향을 끼친 길선주 목사는 세대주의 종말론을 주창했다. 그는 1974년 혹은 2002년에 예수님이 재림하신다고 주장했다(『영계 길선주 선집』에서). 여의도순복음교회의 조용기 목사는 정확한 연월일은 말하지 않았지만 여러 가지 시대적 징조로 보아 재림의 마지막 시대에 진입했음을 강하게 암시하였다. 그리고 이장림 목사의 다미선교회는 1992년 10월 28일 0시에 주님께서 공중재림하시고 잘 믿는 성도는 휴거한다고 주장함으로 교계와 한국사회에 크게 물의를 일으킨 바 있다. 이후로도 이들은 '당시 예수의 영적 재림을 이루어졌으나 신앙부족으로 휴거가 일어나지 않았다'며 '날짜를 지적할 수 없지만 곧 종말과 휴거가 일어난다'고 주장하였다. 최근 케냐에서 온 데이비드 오어 목사가 2011년 대규모의 한국전쟁이 발발할 것이라고 예언했으나 빗나갔고, 미국의 해롤드 캠핑이라는 사람도 2011년 5월 12일이 종말의 날짜라며 시한부종말을 주장했으나 역시 실패하고 말았다. 얼마 전에도 2012년을 종말의 시기로 상정하는 영화가 제작되거나 마야달력이 2012년에 끝난다는 풍설로 종말에 대한 긴장감이 고조되기도 했다. 최근 재미교포인 홍혜선 전도사가 2014년 12월 14

일에 한국전쟁이 발발하여 종말이 임한다는 하나님의 계시를 받았다고 주장하여 영향 받은 신자들이 외국으로 피신하였지만 해프닝으로 끝나고 말았다. 이런 시한부종말론의 흐름은 재림의 날까지 끝나지 않을 것이다.

6 이단사이비의 분별 기준

이단사이비 10가지 분별법

◆ 이단을 분별하기 위한 10가지 이단의 특징들을 정리해 보세요?

① 성경 이외의 다른 경전을 가지고 있다, ② 절대적 진리를 독점한다, ③ 전통교회와는 다른 성경해석법을 사용한다, ④ 정통교회의 권위와 교리적 전통의 부정한다, ⑤ 혼합주의 성격이 드러난다, ⑥ 열광주의나 신비주의에 빠져있다, ⑦ 집단적 선민의식을 강조한다, ⑧ 시한부종말론을 주장한다, ⑨ 윤리적/도덕적 비행을 저지른다, ⑩ 교주를 신격화한다.

그릇된 교리와 체계를 가지고 있는 이단들은 다음의 10가지 특징들을 가지고 있다.

대부분의 이단은 **'성경 이외에 다른 경전'**을 가지고 있다. 성경이 하나님의 말씀인 것을 인정하면서도 자기 뜻대로 해석하거나 특별한 계시를 받은 책이나 혹은 교재들을 가지고 있는지 세심히 살펴야 한다. 혹시 이런 책들을 새로운 계시이며 하나님의 직접 계시의 책이라고 강조한다면, 그것은 성경의 권위를 무너뜨리고 신적 계시로서의 완전성을 침해하는 것이다. 성경은 어떤 사람도 성경말씀에 더하거나 빼지 못한다고 분명히 경고하였다(계 22:18-19).

▶ 통일교는 「원리강론」을 완벽한 성경해석서라고 주장한다.
▶ 몰몬교는 성경은 오류투성이므로 보충교재가 필요한데 「몰몬경, 교리와 성약, 위대한 가치의 진주」라고 한다.
▶ 여호와의 증인은 성경이 유일한 지침이라고 하지만 「뉴월드판 성경해석의 원리」를 중시한다.

▶ 천부교의 박태선은 성경의 98%가 오류이고 자신의 말이 완전한 계시라고 주장했다.
▶ 기독교복음선교회의 정명석은 자신이 완성했다고 하는 「30개론 성경공부 교재」를 강조한다.
▶ 신천지의 이만희는 「요한계시록의 실상」(비유 풀이)과 「신탄」(자신을 지시하는 책)을 강조한다.
▶ 큰믿음교회의 변승우는 바울이 바울서신을 기록할 때 도왔던 천사들이 내려와 자신의 저술을 돕고 있다고 한다.

　　이단은 자신들이 다른 집단이나 개인에게서 찾을 수 없는 '**절대적 진리를 독점한다.**'고 주장한다. 이단은 정통교회에 맡겨진 하나님의 진리가 시간이 지나면서 상실되거나 부패되었다가 자신들의 집단에서 다시 회복되었다고 주장한다.

▶ 지방교회(1982)는 "교회는 여러 세기에 걸친 역사를 통해 타락되었기 때문에 하나님의 본래의 뜻대로 회복되어야 한다."라고 강조한다.
▶ 구원파의 권신찬(1977)도 "교회의 참 뜻은 성경에 비밀히 감추어져 있는 진리로서 구원파에서 처음으로 깨달아졌다."라고 단언하였다.
▶ 구원파의 박옥수(1988)도 '죄사함과 거듭남의 비밀'은 자신들만이 깨달은 영적비밀이요 진리라고 주장한다.
▶ 다미선교회의 이장림(1991)은 예수의 공중재림과 휴거에 대한 진리를 자신만이 알고 있다고 강조하였다.
▶ 신천지의 이만희(2005)도 "봉인되었던 요한계시록의 예언의 말씀이 실상으로 응한 것을 자신이 예수와 성령이신 천사에게 보고 들은 것을 말한다."라고 주장하였다.

　　이단은 '**정통교회와는 다른 성경해석법**'을 사용한다. 이단은 성경을 문자주의적이고 우화적이며 신화적으로 해석한다. 성경본문들을 수없이 인용하지만 역사적/문법적 배경이나 교리적 이해와는 달리 자기 마음대로 영해(spiritualized interpretation)하며 미혹한다(딤후 3:16). 또는 거짓과 진리를 교묘하게 혼합하여 가르치며 결국 진리를 훼손한다. 사도 베드로는 이런 억지해석을 경고하였다. "그 중에 알기 어려운 것이 더러 있으니 무식한 자들과 굳세지 못한 자들이 다른 성경과 같이 그것도 억지로 풀다가 스스로 멸망에 이르느니라."(벧후 3:16)

▶ 구원파(유병언)는 모든 종교행위와 율법에서 해방 받는 것이 구원이며, 죄에서 돌이키는 것이 회개가 아니라 하나님께 인도되는 것이 회개라고 가르친다. 또한 사업이 하나님의 일이며, 사업논의가 기도이고 교제이며 예배라고 하였다.

▶ 기쁜소식선교회의 박옥수는 요일 1:9에서 '죄'와 '범죄'를 혼동하여 '죄'의 문제만 해결하면 된다고 주장하였다.

▶ 통일교의 문선명(사망), 한학자는 창세기의 타락기사를 성적 타락으로 해석하고, 사단과 성적 관계를 맺은 하와의 후손들에게 혈통교환이 필요하다는 신화적 해석을 하여 합동결혼식의 근거로 제시하고 통일교식 참가정운동을 전개한다.

▶ 정명석은 기성교회가 성경을 문자적으로만 해석하므로 과학적으로 풀이해야 한다고 주장한다.

▶ 시한부종말론자들은 예수님도 알 수 없다고 하신 종말(재림)의 날짜(마 24:36)를 문자적으로 계산한다.

▶ 신천지의 이만희는 성경은 모두 비유이며 그 비유들은 영적 의미를 담고 있는데 자신이 예수와 성령인 천사로부터 해석권한을 부여받아 새롭게 해석한다고 주장한다.

▶ 변승우는 자신은 새롭고 영적인 새 계시를 받았고, 성경을 정확히 해석하는 다림줄의 은사를 받았다고 주장한다(다림줄은 스가랴서에서 심판과 구원을 결정짓는 추를 의미함).

이단은 **'정통교회의 권위와 교리적 전통을 부인'**한다. 베드로는 이단을 "주관하는 이를 멸시하는 자들"이라고 불렀다(벧후 2:10). 이단은 정통교회의 권위와 전통에 대해 적대적인 자세를 취하고, 심지어 교회의 질서와 신학교육을 무시하기도 한다. 이단자들은 자기 목적을 달성하기 위해 거짓말도 하고, 반대하는 사람에게는 협박·공갈·폭력도 불사한다. 말하자면 복음을 전한다는 미명으로 목적을 위해 수단과 방법을 가리지 않는다. 또한 이단은 전통적인 가르침과는 다른 교훈을 강조하며(고전 1:18; 딤전 1:3; 6:3), 변론과 언쟁을 좋아한다(딤전 6:4). 성경은 이런 주장들을 '공허하고 일관성이 없는 지어낸 거짓말'이라고 규정한다. 베드로는 이단사상을 '물 없는 샘'(벧후 2:17)이라고 하였고, 유다는 "바람에 불려가는 물 없는 구름이요 열매 없는 가을나무"(12절)라고 하였다.

▶ 통일교는 전통적인 삼위일체 하나님 신앙을 부정하고 하나님은 자웅동체라고 주장하며, 예수의 십자가는 실패의 상징이며 단지 영의 구원만 이루었을 뿐이다. 따라서 육의 구원을 완성할 복귀주가 와야 하는데 곧 문선명이라고 주장한다.

▶ 기독교복음선교회의 정명석은 통일교의 영향으로 예수는 평범한 인간에 불과하고 모세의 영이 임한 자요 실패자라고 주장한다.

▶ 하나님의 교회 안상홍 증인회는 하나님은 남자와 여자가 있어야 한다(창 1:26)고 엉뚱하게 주장하며 기도할 때 '어머니 하나님'이라는 장길자의 이름으로 기도한다.

▶ 몰몬교는 천상의 결혼과 죽은 사람을 위한 세례에 중요성을 부여하고 이런 조건들을 수행하지 않으면 고상한 구원을 받을 수 없다고 주장한다. 예수 그리스도는 엘로힘의 영적 자녀로서 받아들이며, 아담이나 교주인 조셉 스미스처럼 성육신 한 존재이나 성부와 동등하지 않다고 주장한다. 예수는 인간구원을 완성한 것이 아니라 기회를 제공할 뿐이라고 본다.

▶ 여호와의 증인은 그리스도는 여호와 하나님의 첫 피조된 천사이며 지상에서 완전한 인간생활을 누렸기 때문에 14만 4천명이 얻은 영원한 생명의 특권을 그리스도는 얻지 못했다고 주장한다. 그리스도에 대한 참 믿음보다 축호전도의 의무를 수행해야 하고, 구원은 사람이 아니라 여호와께 달려있는데 14만 4천명으로 지정된 사람만 구원 받는다고 주장한다.

▶ 안식교는 토요 안식일을 지켜 계명(율법)을 순종하여야 구원을 완성한다고 강조한다.

▶ 베뢰아 아카데미(성락침례교회)의 김기동은 귀신은 불신자의 사후의 영이며, 본래 수명의 남은 기간을 세상(음부)을 떠돌아다니며 모든 질병을 일으키므로 귀신축출이 구원이라거나 혈기나 담배중독도 귀신의 영향이며 정신질환은 마귀 들림이라고 강조한다. 창세에 영이 없는 인간과 영이 있는 인간이 있었다고 주장한다.

▶ 구원파는 정통교회와 목사는 신자들이 지킬 수도 없는 율법(십일조, 주일성수, 선행 등)을 지키라고 가르치고, '죄사함, 거듭남의 영적 비밀'을 알지도 못하므로 구원이 없다고 가르친다.

▶ 신천지는 정통교회는 부패하고 타락한 바벨론이므로 이만희 교주에게 와야 구원이 있다고 주장한다.

▶ 대부분의 이단은 십자가 대속의 은혜에 대한 믿음으로 구원 얻음(롬 1:17; 10:3)이 아니라 선행, 순종의 행위, 헌금, 입회, 단순한 깨달음, 종교의식, 축호전도 등에 의한 구원(공로주의)을 강조한다.

이단은 한국의 전통적인 '풍수지리설과 민간신앙을 기독교신앙과 연결

이단사이비를 경계하라!

시키는 혼합주의'를 조장한다(벧전 1:18). 한국의 전통적 예언서인『정감록』이나 16세기의 남사고 선생의 예언서라는『격암유록』과 같은 비결서(조작한 내용이 추가되어 있음)에 의존하여 세상종말의 때에 구원받을 장소가 동방인 한국이며, 말세심판을 모면할 수 있는 곳은 십승지(十勝地)이고, 바로 그곳이 성경에서 예언한 지상천국 건설장소라고 주장한다. 이와 같이 한국에 나타난 이단들은 한국 땅에 메시아가 재림한다거나 재림주가 한국인이라는 국수주의적인 태도를 취한다. 한때『정감록』에 예언된 정도령이 나타나는 장소가 계룡산으로 알려져 그곳이 한국의 신흥종교나 기독교 이단의 집산지가 되기도 했다.

▶ 민간신앙에 따르면 전통 비결예언서인『정감록』에 예언된 정도령이 나타나는 장소가 계룡산이라고 주장했다.
▶ 용문산기도원의 나운몽 장로는 한국에 메시아가 나타난다고 주장했다.
▶ 통일교의 문선명도 한국이 세계종교를 통일하고 평화세계를 만들 지상천국이 건설될 장소라고 주장했다. 2010년경 청평대교 건너편 경기도 가평군 청평면의 장락산 자락에 '천정궁'(천성왕림궁전)을 비롯한 통일교 타운을 완공하기도 하였다.
▶ 천부교의 박태선은 부천의 '소래산'(蘇來山)을 예수가 내려오는 산이라며 종말심판의 도피처라고 주장했다. (소래산은 삼국시대 말기 나당연합군의 당나라 장수 소정방이 다녀갔다는 산을 뜻함)
▶ 신천지의 이만희도 다른 이단들처럼 한국판 예언서로 알려진『격암유록』을 인용하여 재림주는 한국인이고 지상천국은 한국 땅에 이루어진다고 하였다. 그리고 무서운 종말심판을 모면할 도피처로서 십승지(十勝地, 십자가로 승리한 곳)가 있는데 그곳이 과천의 청계산이며 옛 도시이름이 동방이라는 허무맹랑한 주장을 펼치고, 청계산의 계는 시내 계(溪)인데 구약에서 모세가 십계명을 받았던 시내산을 말한다고 주장한다.

이단은 특이한 신비체험을 열망하는 **'열광적인 신비주의'**에 빠져있다. 이단의 교주들은 대부분 하나님께로부터 직통 계시를 받는다고 주장한다. 또한 자신을 차별화하거나 신격화하려고 특이한 신비체험(환상, 넘어짐, 웃음 현상, 짐승소리, 예언, 금가루나 금이빨 사역 등)을 유도하거나 조작하기도 한다(마 24:24; 막 13:22). 이런 태도는 현세에서 복 받기를 바라는 기복신앙이나 샤머니즘적인 신앙심리에 호소하려는 부정적 동기가 들어있다.

▶ 빈야드 운동에서 보는 것처럼 표적과 기사들에 치중하면(조작하기도 함) 다른 복음적 요소들을 경시할 수 있다.

▶ 만민중앙교회 이재록은 자신이 천국에 있는 선지자들을 호출하면 내려온다거나 고향인 전남 무안의 샘물을 치유의 효과가 있는 신비의 단물이라고 주장하며 판매하기도 한다.

▶ 새생활영성훈련원(아시아교회)의 박철수는 상대방의 내적 문제를 자동적으로 읽어내는 영적 상담을 주장한다(투시은사라고 볼 수 있으나 자칫 잘못하면 무속적 행위로 변질될 여지가 있다).

▶ 예수왕권세계선교회의 심재웅은 혼의 인격과 영의 인격을 구분하고, 비복음적인(비성경적인) 방법으로 눈과 입을 넓게 열어 성령의 불을 받아야 능력(생명)목회를 할 수 있다며 특이한 의식을 진행하기도 한다.

▶ 주님의 교회 김용두 목사는 저녁마다 교회에 모여 귀신을 쫓아내는 방언기도를 하고, 뱀이나 개 소리를 내면서 귀신을 쫓는다거나 밤낮을 가리지 않고 천국과 지옥을 왕래하는 체험을 한다거나 돌아가신 부모님을 만나는 접신을 한다거나 성령 춤을 추게 하는 등의 무속적 행위를 일삼는다. 예를 들면, "성령의 독가시!"하면서 외치니 손바닥에서 불이 나가 성미를 훔쳐 먹던 쥐가 뇌와 내장이 터져 죽었다고 강조한다.

▶ 신사도개혁운동가들 중에는 성령운동을 빙자하여 성령의 불이 이리 가고 저리 간다고 손가락으로 지시한다거나 예언운동을 한다며 예언을 감각적으로 훈련하고, 아말감을 씌운 치아를 금이빨로 바꾼다거나 기도 중에 금가루가 뿌려지는 현상을 성령의 역사로 주장하는 경우도 있다. 그러나 이런 금가루가 뿌려지는 현상은 증산도와 같은 신흥종교 안에서도 발생하는 일이기도 한 것을 잊지 말아야 한다.

이단은 자신들만 선택 받았고 구원이 있다는 **'선민의식'**을 강조한다. 이단은 기성교회가 심각하게 타락하여 구원받을 자격이 없다고 비판하며 정죄하고 판단하는 독선을 보인다(마 24:5,24; 요일 4:6). 그리고 자신들은 참 진리를 전하고 있기 때문에 부패한 교회와 세상으로부터 핍박을 받고 있다고 자위하고 있다. 즉 자신들은 역사의 중심역할을 담당한다고 믿으며, 예수 재림 시 자신들은 들림을 받는다고 착각한다. 따라서 추종자에게 출석중인 교회에서 탈퇴하여 자신들의 공동체에 입회할 것을 요구한다. 어떤 경우는 교주를 중심으로 집단생활을 하며 가정과 사회로부터 철저히 단절할 것을 주장하기도 한다.

▶ 만민중앙교회의 이재록은 하나님은 자기교회만 특별히 사랑한다고 힘주어 강조한다.

▶ 신천지의 이만희는 기존교회는 타락하였고, 자신들만이 재림을 맞이하고 영생할 자격이 있다고 주장한다. 따라서 어떤 경우는 가족관계도 끊어야 하고, 자신들의 공동체에서 신앙의 뿌리를 내려야 한다고 가르친다. 그리고 자신들의 교적부가 생명책이라고 주장한다.

▶ 이단사이비는 미래적 하늘나라보다는 현재적 지상천국을 강조한다. 그래서 이만희는 청계산에 지상천국을, 문선명은 경기도 가평군 청평면의 송산리에 천정궁을 건축하였고, 정명석은 금산의 월명동에 선교본부를 건설하여 신성시하고 있다.

▶ 크리스챤사이언스는 실제로 그리스도의 재림, 부활, 심판, 새 하늘과 새 땅을 부인한다.

▶ 몰몬교는 자신들이 인류에 대한 하나님의 마지막 말씀으로 회복된 복음을 맡은 자들이며, 잃어버린 족속이 시온에 모여 몰몬인 에브라임 선지자로부터 대관의 축제에 참여하는 것은 곧 북미대륙이라고 주장한다. 조셉 스미스가 1829년에 천사로부터 아론과 멜기세덱의 제사장 직을 받았을 때 교회가 원상 복귀되었다고 주장하고 몰몬교회가 유일한 참 교회라고 생각한다.

▶ 여호와의 증인은 자신들이 하나님의 참 백성이요, 기성교회는 큰 음녀이며 배교자들이고 목사는 악마의 직계라고 주장한다(계 17장; 눅 9:49).

▶ 구원파는 정통교회에는 구원이 없고 자신들에게는 구원의 복음이 있다고 주장한다.

▶ 하나님의 교회 세계복음선교협회(안상홍 증인회)는 기독교는 타락한 바벨론이요, 자신들은 성경의 계명대로 안식일과 유월절기를 지키므로 구원이 있다고 주장한다.

▶ 큰믿음교회의 변승우 목사는 젊은이들이 자신의 책을 읽고 패러다임이 바뀌었으며 학식을 자랑하는 목사들의 압제로부터 해방되어 자신의 교회로 몰려오고 있다고 주장하였다.

이단은 종말의 날짜를 지정하는 **'시한부 종말론'**을 주장한다. 이단은 종말의 현상과 재림의 날짜를 정하여(마 24:36) 극적 효과를 노리고, 자기 집단의 정당성과 차별성을 부각시킨다. 예를 들어, 다미선교회의 이장림은 청소년들의 직통계시 체험을 근거로 1992년 10월 28일에 종말이 온다고 주장하여 사회적인 물의를 일으키기도 했다.

▶ 다미선교회의 이장림은 한 청소년의 직통계시를 근거로 1992년 10월 28일에 종말이 온다고 주장했다.

▶ 정명석도 1999년에 종말이 온다고 했으나 불발에 그쳤다.

▶ 여호와의 증인은 하나님의 왕국이 1914년까지 세워지지 않았으나 지금은 예수 그리스도와 공중 왕국의 14만 4천명으로 이루어졌다고 주장한다. 세계의 신자들이 14만 4천명이 넘어서자 재 14만 4천명을 주장했었다.

▶ 이만희는 1984년이 예수재림의 날이라고 주장한다(이 날은 신천지증거장막성전을 시작한 날이며 신천기 원년으로 부른다).

▶ 하나님의 교회 세계복음선교협회도 1988년, 1999년, 2012년에 종말이 올 것을 예고하기도 하였으나 아무런 일도 일어나지 않았다. 지금까지 침묵하고 있다.

이단은 '비윤리적이고 비도덕적인 비행'을 자행한다. 거짓 선지자일수록 광명의 천사로 가장한다. 예수님은 "거짓 선지자들을 삼가라 양의 탈을 쓰고 나아오나 속에는 노략질하는 이리"라고 말씀하셨다. 거짓 선지자들은 '정욕적이고 호색적인' 특징을 가지고 있다(벧후 2:2, 10, 14). 말하자면 이단자들은 성적으로 문란하다는 말이다. 특히, 윤리적 방종(요일 2:17; 육신의 정욕, 안목의 정욕, 이생의 자랑)으로 인해 반사회적인 물의를 일으킨다(벧후 2:2, 10; 계 17:5, 15). 또한, 거짓 선지자는 돈을 사랑하며 교인들을 경제적으로 착취하고 가정을 파괴시킨다. 그래서 베드로는 "저희가 탐심을 인하여 지은 말을 가지고 너희로 이를 삼는다."(벧후 2:3)고 하였다. 바울도 이단은 경건을 이익의 재료로 삼는다고 하였다. 즉 종교를 돈벌이 수단으로 생각하는 자들이며 그로 인한 끊임없는 알력이 발생한다는 것이다(딤전 6:5).

▶ 통일교의 문선명은 간음, 혼음사건이 제기된 인물이며, 그의 방탕한 생활이 큰 며느리와 박준철 목사에 의해 폭로되기도 했다. 합동결혼식을 통해 1억에 가까운 봉헌금을 내야 한다.

▶ 정명석은 한국, 일본, 중국, 대만 등지에서 '순결점검'을 통해 치병한다고 한꺼번에 여러 여성들을(심지어 미모의 고등학생들도) 자기 숙소에 불러들여 성폭행을 자행하므로 사법당국에 고발되어 해외로 도피생활을 하다가 중국정부에 체포된 성적 비행에 몰두하는 사람이다.

▶ 신천지는 우선적으로 가정을 멀리하게 하고 집단생활을 통해 결속을 다지고 기존교회와 목회자를 파괴하는 일을 가르친다(추수꾼의 추수밭 침투와 산 옮기기 포교활동). 2013년 신천지가 제기한 법정소송에서 이만희 교주가 경기도 파주에 있는 별장에서 압구정동 신학원장인 김남희와 불륜 동거생활을 하고 있는 사실이 적나라하게 드러나기도 했다.

▶ 구원파의 박옥수는 2012년 관련기업인 운화식품에서 제조한 음료에 불과한 '또별'을 만능 암 치료제로 설교시간에 소개하였고, 이것을 비싼 값에 사서 복용한 암 환자가 사망하는 사건이 발생한 것으로 알려지기도 하였다.

▶ 2014년 4월 16일 진도 앞바다에서 300여명이 희생된 청해진 해운이 운영하는 세월호 침몰참사로 인해 구원파 교주 유병언 일가와 측근들이 종교사업을 빙자하여 엄청난 재정을 착복한 사실이 만천하에 드러났다. 이단사이비 집단의 폐해가 한국사회 전반의 문제가 될 수 있음을 목격한 사례다.

이단은 권위주의적인 지도자를 '**신격화**'하는데 온 힘을 쏟는다. 이단은 강력하고 권위주의적인 지도자에 의해서 시작된다. 교주는 추종자들의 마음을 완전히 장악하고 지배하려고 자신이 신으로부터 초자연적 능력을 받았다거나 특별히 인침을 받거나 계시를 받았다고 주장한다. 그런데 이들은 대체로 성격장애자들이며 과대망상 증세를 드러내는 심리장애자로 알려진다. 마틴(Martin; 1980)은 "이단 지도자들이 자아도취적 고립주의에 의해서 자신을 타인으로부터 분리시킨다. 이것은 과장된 자아상 즉 하나님께서 특별히 자신을 인 쳐 영적으로 으뜸 되는 위치에 승격시켰다는 믿음을 가능하게 한다."고 분석하였다.

이단 교주들은 자신이 위대한 존재며 하나님의 계시를 받고 꿈이나 환상을 통해 인류를 구원하는 시대적 사명을 받았다고 주장한다. 그래서 이단은 창시자를 절대적 존재로 신격화하거나 참 부모, 재림주, 그리고 심판주 등 신적 명칭을 부여하는 일을 주저하지 않는다(딤전 1:40; 딤전 4:2,3). 콜만(J. Coleman: 1984)은 이단 교주들은 고등 사기꾼으로서 "대단한 지능과 사교적 매력으로 사람을 속이기 위해 복잡하고 정교한 계획을 세워 이행하기도 한다."라고 밝혔다.

▶ 통일교는 문선명과 한학자를 참부모이고 문선명은 세계평화의 왕이며, 재 창조주로 높인다. 문선명은 지난 2012년에 지병으로 사망하고 말았다.

▶ 천부교의 박태선은 동방의 의인, 참 감람나무라고 주장하다가 5,798세 하나님이라고 선언하였으나 1990년에 사망하였다.

▶ 평강제일교회의 박윤식은 바울 이후의 유일한 사명자, 말씀 아버지라고 주장한다.

▶ 기독교복음선교회(JMS)는 정명석을 선생(섭리사)이라고 부르고, 그를 만나는 것이 인생 최고의 목적이라고 한다.

▶ 하나님의 교회(안상홍 증인회)는 안상홍이 아버지 하나님이며 장길자는 어머니 하나님이라고 부른다.

▶ 구원파(유병언파)는 유병언을 '성령의 입'이라고 불렀다.

▶ 신천지는 이만희를 시대적 사명자요 재림예수며 보혜사이고 영생할 자라고 믿는다.

◆ 교주들은 과대망상의 성격장애자들이 많으며 다음의 특징들을 가지고 있다.

1. 보통 이상의 지능을 가지고 있으며 겉으로는 상당히 매력적인 인물이다.
2. 불안이나 신경증적 증상을 보이지 않고 정상인처럼 행동한다.
3. 그러나 자기가 한 일에 대한 책임감이 없다.
4. 진실성이 없고 후회할 줄 모르며 수치심을 느끼지 않는다.
5. 병적인 이기주의를 보이고 사랑을 하지 못한다.
6. 충동적으로 보이는 반사회적 행동을 한다.
7. 자신을 객관화하지 못하고 자신에 대한 통찰이 결여되어 있다.

이단사이비를 경계하라!

성결교회가 규정한 이단사이비

이 도표에서 표기되지 않은 여러 이단사이비 단체에 대해서는 한국교회연합의 결정을 참고하여 판단하게 된다.

연번	관련교회 및 단체	총회	연도	결의내용
1	제7일안식일예수재림교회 (엘렌 G.화이트)		1936	이명직목사는 「안식일에 과연 구원이 있느뇨」 라는 책자를 발행하여 전국교회에 회람교육함.
2	용문산기도원 (나운몽)		1956	이단성
3	익산주현교회 (이교부)	34회	1979	이단성
4	통일교(문선명)	40회 45회	1985 1990.1	이단성 및 사이비집단(전국교회 주지공문발송)
5	구원파(권신찬,박옥수,이요한)	40회	1985	이단성 및 사이비집단
6	여호와의 증인, 안식교, 몰몬교	41회	1985	경고 및 경계공문발송
7	영성선교회(박영규, 이선아)	42회	1986	사이비성 집단
8	전도관, 크리스천 사이언스, 여호와 새일교(이유성) 서울중앙교회(김화복, 새일교계)	42회	1986	사이비 집단
9	애천교회(정명석)	43회	1987.7	경계공문 발송
10	새벽별 종말론 연구회 휴거선교회, 감람산기도원	43회 46회	1988.4 1990.10	사이비성 집단 전국교회 주지공문 발송
11	베뢰아 아카데미 (성락침례교회, 김기동)	43회 44회 46회	1987.7 1988 1990.10	경계공문 발송 사이비성 집단 전국교회 주지공문
12	레마선교회	44회 48회 51회	1989.3 1992.12 1996.3	사이비성 집단 이단성에 대한 주지공문 발송 경각심 고취 공문발송
13	밤빌리아 교회	46회	1990.12	이단규정
14	다미선교회 (이장림) 지방교회 (위트니스 리)	46회	1991.	이단성 이단

15	트레스디아스	49회 51회	1993.8 1996.3	참여금지 조치 경각심 고취 공문발송
16	한국예루살렘교회(이초석)	49회	1993.8	이단 사이비집단
17	다락방 전도운동(류광수)	51회 52회	1996.3 1997.1	경각심 고취 공문발송 사이비이단성 규정
18	빈야드운동	53회	1998.7	사이비성
19	예수전도협회(이유빈)	54회	1999.3	경계집단(사이비적 특성)
20	박무수 4단계 회개론	54회	1999.3	이단
21	무료성경신학원 (신천지,이만희)	54회	1999.3	이단
22	새생활영성훈련원	95년차	2001.8	참여금지 공고
23	가계저주론, JMS, 할렐루야 기도원,말씀보존학회, 만민중앙교회(이재록)	95년차	2001.8	연구결과 책자로 발간
24	예수왕권세계선교회(심재웅)6.97	100년차	2006	이단성
25	하나님의 교회 안상홍증인회	103년차	2009	이단
26	인천 주님의 교회(김용두)	103년차	2009	신비주의 이단
27	큰믿음교회 (변승우)	106년차	2012	교류 및 집회참여 금지
28	전능신교(전능하신 하나님의 교회, 동방번개파)	107년차	2013	사이비종교

대학가 이단사이비 동아리

 대학생들이 대학 캠퍼스 안에서 만나는 기독교 동아리에 대해 알고 있나요?

아래의 도표는 '학원복음화협의회'에서 공개한 대학가에서 활동하는 복음적인 '정통기독교선교동아리' 명단이다. 이외에 대학생 선교를 위한 복음적인 연합단체인 학원복음화협의회에 소속하지는 않았으나 널리 알려진 단체로는 네비게이토 선교회가 있다.

이단사이비를 경계하라!

정통 기독교 동아리

NO	선교단체명	홈페이지	NO	선교단체명	홈페이지
1	한국대학생선교회(CCC)	kccc.org	7	예수제자운동(JDM)	jdm.or.kr
2	한국누가회(CMF)	kcmf.org	8	조이선교회(JOY)	joymission.org
3	국제대학생선교협의회(CM)	cmi.tv	9	학생신앙운동(SFC)	sfc.or.kr
4	제자들선교회(DFC)	dfc.co.kr	10	예수전도단(YWAM)	ywamkorea.org
5	사) 기독대학인회(ESF)	esf21.com	11	빚진자들선교회(DSM)	dsm.orkr
6	한국기독학생회(IVF)	ivf.or.kr	12	CAM선교회(CAM)	cam.or.kr

캠퍼스에 침투한 이단사이비 동아리

NO	계열명칭	대학가 동아리 명칭
1	통일교 (세계평화참가정연합)	원리연구회(CARP), 국제기독학생연합회, 통학련(남북통일운동학생총연합), 교학통련(전국대학교수학생남북통일국민연합)
2	JMS (기독교복음선교회)	신앙과 예술(전남대, 부산대, 조선대), BNB(중앙대), BOB(고려대), CGM(조선대), 가마솥(광운대), 고들뼡(건국대), 고들빛(경북대), 아기자기(대구대), 프라비던스(부산대), 백설회(단국대), 보라매(서원대), 예수사랑, 불생응원단(충북대), 줄리엣축구동아리(경희대수원캠퍼스), Han May탁구동아리(동국대), 뮤지컬사랑회, CTA(성균관대), 구룡응원단(청주서원대), Bit(성신여대), Feel재즈동아리(수원대), 탁구동아리(한양대), JMS(성균관대, 마산창원대), True Eyes(세종대), 빛을 찾는 사람들(한국외대), 불꽃(효성가톨릭대), 밝은미소운동본부, 인터넷섭리공동체, 한국응원연합 등
3	구원파 (기쁜소식선교회 중심)	IYF(국제청소년연합)(울산대, 포항공대, 부산동아대, 전남대, 강원도립대, 군산대, 광주대, 서울여대, 숭실대, 연세대, 우석대, 전남대, 전북대, 전주기전여대 등), 영어말하기대회, 명사초청강연, IYF세계대회, 창조과학세미나, 컴퓨터교육, 연극교육 자원봉사자모집, GNN(고려대), CAA(Culture Activity Association, 부산대), 믿음의 사람들(충남대), 한국녹색회(유병언─구원파)

4	베뢰아 계열 (성락침례교회)	CBA(Campus Berea Academy, 용인대, 건국대, 경기대, 경희대, 고려대, 국민대, 단국대, 덕성여대, 동국대, 명지대, 방송통신대, 상명대, 서강대, 서경대, 서울대, 서울산업대, 세종대, 성균관대, 성신여대, 수원대, 숙명여대, 중앙대, 아주대, 연세대, 이화여대, 인천대, 인하대, 한국외대, 한양대, 한성대, 협성대, 대전대, 순천향대 등), ERC, 권세있는 말씀.
5	하나님의 교회 안상홍 증인회	세계복음선교협회, CMR(대학생종교개혁선교회), 대학생자원봉사연합
6	지방교회 (회복교회)	오버키월스, EBS(경상대), BIBLE TRUTH STUDY(아주대), 에클레시아(충남대)
7	신천지 (예수교증거장막성전)	무료신학원, 시온기독신학원, 내영혼의 작은 쉼터(충남대), 민들레사랑회(전남대), 기독학생회(조선대), 해바라기(광주대), 기독학생회(호남대), 주바라기(서강정보대), 십자가회
8	다락방	렘넌트(Remnant-건국대 공대, 군산대 학생회관2층, 대전대-학교앞 루디아식당, 서울신대- 현민음악학원, 서울여대 수학과, 순천향대, 연세대, 전남대, 전북대, 총신대-극동중앙교호, 한동대, 한세대-DIEM동아리실),

이단사이비를 경계하라!

7 이단사이비 대처방법

첫째, 성경에 대한 무지로 이단에 미혹되므로 성경과 교리를 체계적으로 공부하고 말씀중심으로 살아야 한다. 다시 말해 성경해석의 오류를 범하지 않도록 꾸준하게 성경을 읽고 묵상하며 공부해야 하고, 동시에 건전한 정통교리를 체계적으로 배워야 한다. "구원의 투구와 성령의 검 곧 하나님의 말씀을 가지라"(엡 6:17).

◆ 성경에서 이단의 가르침을 '다른 복음'이라고 했는데 어떤 것들입니까?

1. 예수님이 육체로 오심을 부인한다(요이 1:7).
2. 십자가 믿으면 영생이 없다(롬 6:6; 고전 1:18).
3. 예수님의 사역이 하나님 나라의 선포에 있음을 부인한다(마 8:16).
4. 믿음으로 말미암은 칭의(以信得義)를 부정한다(롬 1:17).
5. 결혼을 폐하고 음식을 가려먹도록 주장한다(딤전 4:3).
6. 안식일이나 절기를 지켜야 구원을 받는다고 강조한다(골 2:16).

둘째, 신비체험에 지나치게 의존하면 악령침투와 교만의 기회가 될 수 있으므로 반드시 성경과 신학의 검증을 받아야 한다. 신비한 성령체험은 성경의 범위 안에서만 허용되어야 한다. 성령체험이 극단적이면 교회의 분열을 초래하고 악령에 사로잡히는 일도 일어나므로 건전한 성령체험으로 해명되어야 한다. 그러므로 신비한 체험을 했다고 교만하지 않도록 조심해야 한다. "그런즉 선 줄로 생각하는 자는 넘어질까 조심하라"(고전 10:12).

◆ 집회 중에 신비한 현상이 나타나면 어떻게 분별해야 합니까? (조나단 에드워즈의 성령의 역사에 대한 분별법을 참조)

1. 성령은 예수님을 높인다. 예수님의 성품과 사역이 강조되지 않는 체험이면 조심하라.
2. 성령은 성경에 대한 관심을 높인다. 성경을 사랑하게 해주어야 하는데 만일 성경을 부인하는 신비주의라면 경계하라.
3. 성령은 성경의 진리 즉 건전한 교리와 신학에 관심을 갖게 만든다. 성령충만은 진리의 충만이라고 할 수 있다.
4. 성령은 죄를 각성하고 회개하게 한다. 그리고 거룩을 추구하게 한다.
5. 성령은 우리가 하나님과 이웃을 사랑하게 만든다. 성령충만은 사랑의 충만으로 나타난다.

◆ 존 웨슬리는 "신비체험들을 너무 과신하여 그것이 전부인 것처럼 생각하는 것도 위험하고, 반대로 이런 현상들을 너무 소홀히 취급하거나 무시하는 것도 위험하다"라고 말하였다. (웨슬리의 1795년 11월 5일 일기에서)

이단사이비를 경계하라!

셋째, 소외되거나 실망한 사람이 없도록 서로 돌아보고 이웃사랑을 실천하며 빛과 소금이 되어야 한다. 즉 교회에서 소외되거나 실망한 사람들이 이단의 인간적인 관심 등에 빠질 수 있으므로 신자들이 미혹되고 실족하지 않도록 서로 돌보아 주고 이웃의 고난과 아픔에 사랑으로 함께 하며 세상의 빛과 소금의 역할을 다 해야 한다. 곧 사랑의 실천과 윤리적인 생활을 강화해야 한다. "자녀들아 우리가 말과 혀로만 사랑하지 말고 오직 행함과 진실함으로 하자"(요일 3:18). "누구든지 하나님을 사랑하노라 하고 그 형제를 미워하면 이는 거짓말하는 자니 보는 바 그 형제를 사랑치 아니하는 자가 보지 못하는 바 하나님을 사랑할 수 없느니라"(요일 4:20).

◆ 교회가 이단으로부터 자유로운 건강한 교회가 되려면 어떻게 해야 합니까?
("우리시대의 이단들」을 참고함)

1. 우선 가정이 회복되고 사랑이 넘치는 건강한 공동체가 되므로 이단이 틈 탈 기회를 봉쇄해야 한다.
2. 목회자가 신자들의 영적 욕구와 정서적 욕구를 잘 알고 적절히 채워주어야 한다.
3. 자신이 소속한 교회를 중심으로 생활하는 성실하고 충성된 봉사자가 되어야 한다.
4. 교회가 지상에서 거룩한 하나님의 교회이지만 불완전한 사람들의 모임이라는 사실을 알려주어야 한다.
5. 목회자와 신자들이 지속적으로 성경말씀을 공부하고 기도생활을 통해 영적 건강을 유지해야 한다.

넷째, 현실을 부정하거나 세상 사랑함을 버리고 주의 재림을 준비하며 항상 거룩한 삶을 살아야 한다. 초기 성결교회 지도자인 이명직 목사는 주의 재림을 위한 성도의 준비는 '의의 세마포'라고 강조하였다. 세상을 비관하며 미래가 불확실한 사람들은 시한부 종말론에 매달리기 쉬운데, 건강한 신자라면 현실부정의 타계주의나 현실긍정의 현세주의를 버리고 하나님의 말씀대로 예수 그리스도의 재림을 사모하며 거룩한 생활을 해야 한다. 시한부 종말론자들처럼 재림의 날짜를 계산하거나 재림의 징조에 집중할 것이 아니라 신랑 되신 예수님을 맞이할 기름을 준비한 다섯 처녀와 같은 성도가 되어야 한다. 이미 예수님은 종말의 날짜에 대해 교훈하셨다. "그런즉 깨어 있으라 너희는 그 날과 그 시를 알지 못하느니라"(마 25:13).

◆ **세상종말의 때에 우리는 어떤 자세로 살아야 합니까?**

1. 예수 그리스도의 재림을 기다려야 한다(고전 1:7). 우리의 궁극적 소망은 이 세상이 아니라 주의 재림이다.
2. 다시 오실 예수님을 맞이할 준비를 해야 한다(마 25:1-13). 예수님이 언제 재림하실 줄 모르기 때문에 슬기로운 다섯 처녀처럼 항상 기름을 준비하고 깨어 있어야 한다.
3. 예수님께서 재림하시는 날까지 부지런하여 게으르지 말고 열심을 품고 주를 섬겨야 한다(롬 12:11).
4. 만물의 마지막이 가까움을 볼수록 정신을 차리고 깨어 기도해야 한다(벧전 4:7).
5. 믿음을 강하게 하여 마귀를 대적해야 한다(벧전 5:8-9). 그러면 마귀는 대적하는 우리를 피할 것이다(약 4:7).

이단사이비를 경계하라!

다섯째, 먼저 접근하는 사람이 있다면 지나친 친절로 가장한 양의 탈을 쓴 이리가 아닌지 살펴야 한다. 그리고 신분을 파악했을 때 그들에 대한 충분한 사전지식이 없으면 변론하지 말라. 그들과 교리를 토론하는 것보다는 오히려 그들의 영혼구원을 위해 기도해야 한다. "신화와 끝없는 족보에 착념치 말게 하려 함이라 이런 것은 믿음 안에 있는 하나님의 경륜을 이룸보다 도리어 변론을 내는 것이다"(딤전 1:4). "그러나 어리석은 변론과 족보 이야기와 분쟁과 율법에 대한 다툼을 피하라 이것은 무익한 것이요 헛된 것이니라"(딛 3:9)

 ◆ 이단의 은밀한 접근전략에 대해 어떻게 분별해야 합니까?

1. 먼저 이단사이비에 대한 정보와 성경에 대한 바른 지식을 충분히 가지고 있어야 한다.
2. 지나친 친절로 접근하는 상대가 있다면 호기심보다 경계를 늦추지 말아야 한다.
3. 외부 성경공부나 세미나 참석을 권유하면 즉시로 관계를 중단해야 한다.
4. 가족이나 기존 교회와의 관계를 부정적으로 말하는 사람이나 단체는 접촉을 피해야 한다.
5. 어떤 특정한 인물을 신격화하는 주장이나 낌새가 보이면 즉시 떠나야 한다.
6. 직장생활이나 학업을 부정하고 특정 단체의 집단생활을 권유하면 즉시 떠나야 한다.

여섯째, 초교파적인 연합체(네트워킹)를 구성하여 이단들에 대한 공동 대처방안을 마련해야 한다. 섣부른 판단으로 먼저 정죄하지 말고, 보다 신중하게 기독교의 연합과 사랑의 정신으로 분별해야 한다. 그러나 이단의 정체를 정확히 분석하였다면, 그 결과는 이단세미나 등을 통해서 사람들에게 제공할 필요가 있다. 공동체 안에서 이단이 노출될 정도가 되었다면 이미 걷잡을 수 없을 정도로 많은 문제가 발생했음을 암시하기 때문에 무엇보다도 사람들이 미혹되지 않도록 사전 예방책이 필요하며 홍보도 필요하다. 그리고 한 교회에서 이단으로 판정되어 출교 되면 주변의 이웃교회에 알려주어서 또 다른 피해가 없도록 공동체 정신을 발휘해야 한다. 더 나아가, 이단의 심각성을 신자들에게만이 아니라 일반 대중들에게도 합리적이고 객관적으로 알려주어야 한다. 즉 대중들이 납득할 수 있는 홍보 방법을 연구해야 한다.

 ◆ 이단인 것을 알았을 때 어떻게 대처해야 하는지 알고 있습니까?

1. 변론하려고 하지 말고 접근하는 자에게 그 단체가 이단이란 사실을 알리고 속히 정통교회로 돌아올 것을 단호히 권고하라.
2. 이단자의 접근 사실을 반드시 교역자에게 알리고 피해가 발생하지 않도록 신자에게도 알리며 공개적으로 교육해야 한다.
3. 가족이나 친지 중에 이단에 속한 사람이 있으면 인내함으로 권면하고 성령님께서 그를 깨닫게 하셔서 정통교회로 돌아오도록 기도해 주어야 한다. (특히 신세대 청년들을 잘 보호해야 한다.)
4. 모든 교회는 정기적으로 이단예방 세미나를 개최하여 경각심을 갖게 하고 이단자들이 접근하지 못하도록 예방하여야 한다.
5. 교역자는 이단에 의한 피해가 발생할 때 즉각 총회본부 교육국(이단사이비대책위원회)에 통지하고 해당 지방회와 사후대책(치리)을 수립해야 한다.
6. 이단으로 인한 피해를 회복하는 일은 전문상담가(회복상담, 법률상담)의 도움을 받는 것이 필요하다.

이단사이비를 경계하라!

일곱째, 이단에 빠진 신자들이나 이단에서 벗어나 돌아온 신자들을 위해 교단차원에서 전문적인 상담가들을 양성하고 이단상담소를 설치 운영하는 것이 필요하다. 무엇보다도 중요한 것은 이단에 대한 경계심을 고취하고 정보를 습득하도록 돕는 예방대책도 필요하지만 동시에 이단으로부터 돌아온 신자들을 사랑과 연합의 정신(엡 4:1-6)에서 용납하고 정통신앙을 회복하도록 적극 치료하는 일에 하나가 되어야 한다.

 ◆ 이단에 빠졌다가 돌아온 사람들이 있을 때 우리는 어떻게 도와야 하나요?

1. 이단에 빠진 영혼을 대하는 우리의 태도를 먼저 바꾸어야 한다.
2. 예방을 위주로 하는 방어적인 자세에서 영혼을 유린당한 피해자들을 구원하려는 공격적인 자세로 전환해야 한다.
3. 이단에서 전향하여 회개하고 돌아온 영혼들을 받아들일 수 있는 적극적인 마음과 분위기를 조성해야 한다.
4. 이단의 영향에서 완전히 벗어나도록 일정기간 올바른 성경관과 정통교리를 학습하도록 이끌어주어야 한다.

참고도서

1. 기독교대한성결교회 이단사이비대책위원회. 『평신도이단교육지침서: 건강한 성결인 건강한 교회』. 서울: 기성출판부, 2006.
2. 탁명환. 『기독교이단연구』. 서울: 국제종교문제연구소, 1986.
3. 대전광역시 기독교연합 이단사이비대책위원회. 『우리시대의 이단들』. 서울: 두란노, 2007.
4. 최병규. 『이단 진단과 대응』. 서울: 은혜출판사, 2004.
5. 심창섭 김도빈 오영호 박영관. 『기독교의 이단들』. 서울: 대한예수교장로회 총회, 2004(1997).
6. 정동섭. 그것이 궁금하다. 서울: 도서출판 하나, 1993.
7. 「현대종교」와 「교회와 신앙」의 글과 자료들.

제2장
이단에 대한 성경과 역사의 교훈

누가 가서 우리의 전파하지 아니한 다른 예수를 전파하거나
혹 너희 받지 아니한 다른 영을 받게 하거나
혹 너희의 받지 아니한 다른 복음을 받게 할 때에는
너희가 잘 용납하는구나 (고후 11:4)

1 구약성경에 나타난 이단

◆ 구약에는 어떤 이단사상들이 나타났었나요?

구약시대의 이단의 특징은 주로 신론, 즉 하나님에 대한 태도에서 발생했다. 말하자면 ① 하나님과 같아지겠다는 교만, 하나님의 말씀의 권위에 대한 도전, ② 우상을 하나님과 동일시함 ③ 하나님과 동시에 가나안의 신들인 바알 신(풍요의 남신)과 아세라 신(다산의 여신)을 섬기는 종교다원주의나 종교혼합주의 신앙, ④ 여호와 하나님을 예배하는 자리를 이방신당으로 만든 종교적 배교행위를 보게 된다.

첫째, 사단은 하나님을 대적하고, 인간이 신이 될 수 있다고 미혹했다. 구약성경에서 최초의 이단은 사단(Satan, 거짓말쟁이 혹은 훼방자)이다. 피조물에 불과한 사단은 하나님이 만드신 많은 별들 위에 자신의 보좌를 높이 세우고, 산 위에 좌정하며, 가장 높은 구름 위에 올라, "지극히 높은 자"(하나님을 지칭하는 구약의 관용적 표현)이신 하나님을 대적하였다(사 14:12-14). 사단은 여자에게 접근하여 하나님의 권위에 도전하도록 미혹한다. "뱀이 여자에게 이르되 너희가 결코 죽지 아니하리라(거짓) 너희가 그것을 먹는 날에는 너희 눈이 밝아(참) 하나님과 같이 되어(거짓) 선악을 알 줄을 하나님이 아심이니라(참)"(창 3:4-5). 사단은 참과 거짓을 적당히 섞어 사람을 유혹한다. 이단의 아비인 사단은 하나님의 말씀과 권위에 도전하고, 자신을 높여 하나님이 받을 영광을 가로채며, 사람이 하나님이 될 수 있다거나, 자신이 하나님의 뜻을 다 아는 것처럼 사람에게 접근한다.

둘째, 하나님의 백성인 이스라엘이 황금 우상을 여호와 하나님과 동일시하였다. 하나님은 이스라엘 백성을 시내산으로 인도하여 그들과 언약을 맺으셨다(출 19:5-6). 언약체결의 목적은 세상에서 자기 백성을 구별하여 거룩하게 하시고 그들을 통해 영광을 받으시려는 것이었다. 그러나 이스라엘은 언약의 성산인 호렙산(시내산) 아래에서 황금 송아지(Golden Cow) 형상을 만들고 그것을 예배하는 타락한 행위를 하였다. 제사장 아론은 그 형상을 이스라엘 백성을 이집트에서 구출해낸 신이라고 선언하였다. "아론이 그들의 손에서 그 고리를 받아 부어서 각도로 새겨 송아지 형상을 만드니 그들이 말하되 이스라엘아 이는 너희를 애굽 땅에서 인도하여 낸 너희 신이로다 하는지라"(출 32:4). 이단은 자신들이 만들어낸 형상을 하나님으로 예배하는 영적 범죄를 행한다.

셋째, 여호와 하나님과 이방 신을 모두 예배하는 종교혼합주의 신앙이다. 북왕국의 여로보암 왕은 금송아지 형상을 만들어 이스라엘 백성들로 하여금 제사를 드리도록 했다. 하나님의 언약을 거부했던 모세 시대의 패역한 상황(출 32:1-6)을 의도적으로 상기시켜 백성들로 하여금 하나님의 언약을 거부하도록 종용하는 것이다. 여로보암은 전통적으로 신성시되던 두 성읍, 벧엘과 단에 각각 금송아지 형상을 세웠고, 그 형상을 이스라엘의 구원자로 선언하였다(왕상 12:28). 여로보암의 죄는 예루살렘 성전의 예배를 어지럽히고 백성들로 하여금 영적 범죄를 행하게 한 것이다. 이단은 하나님을 예배한다고 하면서 실제로는 하나님이 아닌 것이나 이방신을 섬기게 만드는 것이다.

넷째, 하나님을 예배하는 곳에 이방신당을 세우고 미신행위를 조장하여 영적혼란을 가져왔다. 아합 왕은 이방국가 아람의 위협을 피하려고 시돈(레바논)의 공주 '이세벨'과 결혼했다(왕상 16:30-34). 그런데 그녀는 왕후가 되면서 '바알신앙'(Baalism)을 북이스라엘에 퍼뜨리기 시작했다. 아합은 수도인 사마리아에 바알신당을 세우고, 바알과 아세라의 제사장들을 두었다. 바알숭배자들은 비가 오는 것은 바알 신과 배우자인 아스다롯(아세라)이 성관계를 맺은 결과라고 믿었다. 그래서 남녀 사제가 신전에서 제사의식의 일부로서 성교를 하는 부도덕함을 보여주었다(민 25:1-9). 이런 난잡한 성행위가 종교의식이 되면서 이스라엘 백성의 타락은 극에 달했다. 이방신앙이 득세하면 영적인 혼탁함이 찾아온다. 엘리야는 아합 왕이 바알을 예배한 악행을 경고하고 3년 6개월간 비가 오지 않을 것을 예언했다(왕상 17:1). 가뭄으로 어려움을 겪은 후 엘리야는 아합 왕에게 바알신과 이스라엘의 하나님 가운데서 누가 참 하나님인가를 시험하자고 제안했다. "엘리야가 모든 백성에게 가까이 나아가 이르되 너희가 어느 때까지 두 사이에서 머뭇머뭇 하려느냐 여호와가 만일 하나님이면 그를 좇고 바알이 만일 하나님이면 그를 좇을지니라 하니 백성이 한 말도 대답지 아니하는지라"(왕상 18:21). 이단은 하나님을 예배하는 장소에 이방신상을 세우고 하나님의 백성들을 거짓 종교와 미신으로 인도하는 자들이다.

2 신약성경에 나타난 이단들

◆ 신약에는 어떤 이단사상들이 나타났었나요?

신약시대에 다양한 이단들이 등장했다. 주로 그리스도론의 문제에서 발생하였다. 즉 ① 유대교의 배경에서 율법의 준수행위를 강조하는 율법주의, ② 영지주의에 입각하여 예수 그리스도를 환영의 존재로 고백하는 가현설, ③ 금욕생활을 선한 것으로 강조하는 극단적 금욕주의, ④ 큰 표적과 기사를 앞세워 특정한 사람을 신격화하는 은사주의, ⑤ 점성술과 같은 허탄한 신화나 조상들의 유전을 중시하는 인신신앙, ⑥ 영적인 피조물을 높이는 천사나 사단숭배, ⑦ 종말을 부인하고 도덕적으로 부패하여 성적타락을 부추기거나 율법폐기론을 주장하는 일도 있었다.

골로새서에 나타난 이단

바울은 골로새 교회에 있었던 행위구원자들의 율법주의, 천사숭배 신앙, 의식주의, 금욕주의를 경고하였다(골 2:16-23, 이 본문은 필독해야 함). 첫째, 영지주의는 한마디로 이원론, 즉 물질은 악하고 영혼만 선하다는 논리에 입각한 신비주의적 구원관을 소유한 이단이다. 예수 그리스도는 단지 인간에 불과하며, 그리스도는 결코 성육신 하신 것이 아니라, 천상의 가장 밝은 아이온(물질창조의 신인 데미우르고스가 인간을 구원하고자 보내주는 영적 지혜)으로서 잠시 인간 예수의 몸을 빌어 활동하다가 그리스도가 십자가에 못박히기 전에 천상 세계로 복귀했다고 설명했다. 그 이유는 신성은 육체와 같은 물질과 결코 연합할 수 없다고 생각했기 때문이다. 따라서 그들은 결국 부활도 없다고 주장한다. 바로 이 같은 거짓된 사상이 골로새 교회에 침투해 일부 성도들을 미혹시키려 하자 사도 바울은 강력하게 이를 공박하였다. "누가 철학과 헛된 속임수로 너희를 노략할까 주의하라. 이것이 사람의 유전과 세상의 초등학문을 좇음이요 그리스도를 좇음이 아니니라."(골 2:8) 그래서 예수 그리스도는 만물의 창조자로서 '신적충만'이며(1:16-18; 2:9-10), 십자가에서 육체의 죽으심을 통해 하나님과 인간 사이의 화목제물이 되셨고(1:20-22), 죽음에서 부활하셨을 뿐 아니라 성도들도 재림 때 부활하게 될 것을 강조했다(3:1-4).

둘째, 천사숭배인데 천사숭배자들은 사람이 절대자이신 하나님께 직접 경배하는 것은 교만이므로 그분보다 열등한 존재인 천사를 경배해야 하며, 그것이 곧 겸손의 행위라고 생각했다. 그러나 이 같은 사상은 하나님의 계시의 말씀이 아닌, 인간의 이성에서 출발한 사상으로서 그리스도의 생명력 있는 복음과 그 의미를 완전히 왜곡시켰다. 이에 사도 바울은 그 같은 사상이 헛된 과장이요, 하늘의 상급을 상실케 하는 거짓 교리임을 단호하게 지적하였다(골 2:18-19).

셋째, 금욕주의인데 당시 골로새 교회는 사도 바울이 초등학문 중의 하나로 단죄했던 금욕주의의 위협을 받고 있었다(2:20-23). 영지주의 일파로서 육적 욕망을 억눌러서 영의 자유를 달성하려고 하였던 사상이다. 1장 21절에 나타나 있듯이 "붙잡지도 말고 맛보지도 말고 만지지도 말라"는 규율을 강조했다. 물론 경건한 삶을 위한 금욕과 절제는 미덕임에 분명하다. 그러나 외적인 경건과 겸손으로 하나님께 인도할 수 없었다. 이런 금욕주의 혹은 고행주의는 이방종교에서 흔히 볼 수 있는 것이었다.

갈라디아 교회에 나타난 이단

갈라디아 교회에는 사도들이 전한 복음과 교훈을 떠나 "다른 복음", 곧 유대 율법주의를 따르는 자들이 있었다(갈 1:6-28). 율법주의는 할례나 안식일을 준수하는 행위로 구원받는다고 강조한다. 그러나 바울은 "어떤 사람들이 너희를 요란케 하여 그리스도의 복음을 변하려 함이라 그러나 우리나 혹 하늘로부터 온 천사라도 우리가 너희에게 전한 복음 외에 다른 복음을 전하면 저주를 받을지어다."(갈 1:6-8)라고 율법주의를 비판한다. 율법의 주된 의의는 인간에게 죄를 깨닫게 함으로서 구속자를 갈망하도록 만드는 데 있다. 그리하여 그 율법은 '우리를 그리스도에게로 인도하는 몽학선생'(헬라의 부유층 자제를 훈육하는 가정교사, 자제들을 학교에까지 인도해 주는 역할)이 되므로 모든 죄인들의 구주되시는 그리스도께로 나아가게 한다(갈 3:19,24; 롬 3:20; 7:7이하). 그런데 어떤 사람들은 "율법에는 도덕법과 의식법이 있어 의식법은 폐해졌으나 도덕법은 그 효력을 계속 발휘한다."고 주장한다. 그러나 성경은 "누구든지 온 율법을 지키다가 그 하나에 거치면 모두 범법한 자가 되나니"(약 2:10; 갈 3:10) 말씀한다. 그러므로 도덕적 율법과 의식적 율법을 구별하는 것은 잘못이다. 왜냐하면 의식법은 그리스도의 사역으로 성취되었고, 도덕법은 그리스도의 사역으로 완성되지 않아서 지켜야 한다고 하나님의 율법을 분리시키기 때문이다. 예수님은 친히 율법의 마침이 되셨다(롬 10:14). 그리스도인은 율법에서 해방되었을 뿐 아니라 율법에 대해 죽은 자다(롬 7:4). 주님은 우리로 하여금 성령의 법 아래 살아서 단지 율법 아래 살 때보다 더 거룩하고 수준 높은 경건의 삶이 되기를 원하신다.

요한서신에 나타난 이단

요한서신에서는 교회에 속하면서도 예수 그리스도의 육체를 입으심과 참 인간되심(요이 1:7), 삼위일체 하나님과 동일하시며 아들이심(요일 2:18-23; 요일 4:1-3), 십자가의 죽음과 부활을 부인하는 영지주의적 가현설자들이 있었다. 이들은 그리스도를 환영으로 보고 참 하나님 참 인간이 되심을 부인한다. 1세기 말엽에 어떤 사람들은 주장하기를, "예수님의 성육신(하나님께서 인간이 되심)은 실제로 이루어진 것이 아니라, 단지 외형적으로 나타난 것에 불과하다."고 했다. 이 같은 이단사상을 일컬어 가현설(Docetism)이라고 부른다. 이 가현설 추종자들은 여러 부류로 나누어진다. 사도 요한과 동시대에 살았던 케린투스(Cerinthus)가 주도했던 학파는 "그리스도의 영이 예수라는 인간이 세례를 받을 때 그 위에 임하였다가 그가 십자가 상에서 죽을 때 그에게서 떠났다."고 주장했다. 또 다른 학파는 "예수님의 인성은 완전히 허상에 불과한 것이며, 따라서 십자가에 못 박았던 자들은 허상을 십자가에 못박았던 것이다."라고 하였다. 또 어떤 이들은 "실제로 못박혔던 인물은 구레네 시몬이었으며, 당시 예수님은 안전한 장소에 앉아 이 광경을 바라보셨다."고 주장하기도 하였다. 따라서 사도 요한은 요한복음서에서 "말씀이 육신이 되어 우리 가운데 거하시매"(요 1:14)라며 그리스도께서 실제 인간이 되셨음을 역설하였다. 또한 "이는 물과 피로 임하신 자니 곧 예수 그리스도시라. 물로만 아니요 물과 피로 임하셨고"(요일 5:6)라고 강조했다. 이는 예수님이 세례 받으실 때 뿐 아니라 십자가 상에서 죽으실 때도 메시야요 하나님의 아들이심을 말한 것이다. 그래서 사도 요한은 "사랑하는 자들아 영을 다 믿지 말고 오직 영들이 하나님께 속하였나 시험하라 많은 거짓 선지자가 세상에 나왔음이니라 하나님의 영은 이것으로 알지니 곧 예수 그리스도께서 육체로 오신 것을 시인하는 영마다 하나님께 속한 것이요 예수를 시인하지 아니하는 영마다 하나님께 속한 것이 아니니 이것이 곧 적그리스도의 영이니라."(요일 4:1-3)고 하였다.

베드로서신에 나타난 이단

베드로서는 예수 그리스도를 부인하는 이단자의 멸망, 거짓 사도들의 그릇된 신앙과 발람의 행실과 그들의 율법폐기론적 행실(벧후 2:2,15), 종말론을 부정하는 이단사상도 경고했다(벧후 3:3-5). 특히, 베드로서의 이단자들은 그리스도의 재림을 부인하는 자들인데, 이들은 재림이 곧바로 실현되지 않자 즉시 재림의 약속은 사람들이 고의로 만들어 낸 거짓말이라고 주장하였다. 또한, 거짓 선지자들이 이들과 합세하여 하나님을 오해케 하고 십자가 상에서 피흘려 돌아가신 주님을 대항하였다. 그 결과 부도덕한 성 범죄를 합리화 시키는 등 성도들의 양심을 무감각하게 만들고 간교한 말로서 재물을 탈취하였다. 이에 사도 베드로는 재림은 예수 그리스도의 입술을 통해 직접들은 하나님의 약속이며(벧후 1:16), 거짓 선지자들은 장차 하나님의 무서운 심판을 피하지 못할 것이며 성도들이 이들에게 미혹당하지 말 것을 권고하였다(벧후 2:1-20). 그리스도의 재림과 성도의 소망 중의 하나인 휴거날짜는 정확히 우리가 모르나 그분의 재림은 분명히 있을 것이며(살전 4:13-18), 그것도 잠시 잠깐 후면 오실 것(히 10:37)이라고 강조하였다.

기타 서신에 나타난 이단

소아시아에 퍼진 이단들은 다음과 같다. 에베소 교회에는 허탄한 신화와 끝없는 족보에 착념하는 이단자들(딤전 1:3-20), 양심이 파선한 교회 훼방자들(딤전 1:20), 식물과 혼인을 폐하는 금욕주의(딤전 4:1-8), 니골라 당의 성적 타락과 교훈(계 2:6-15) 등이 있다. 신화와 끝없는 족보란 유대인들에게 영지주의의 영향으로 만물에는 영이 있으며, 하나님과 인간 사이에는 끝없는 족보가 있다고 믿었다. 따라서 자신들의 가계를 성경의 인물들과 연결시켜 족보를 만들곤 하였다. 서머나 교회의 사탄의 회, 버가모 교회의 발람의 교훈과 우상숭배, 두아디라 교회의 자칭 선지자 이세벨과 우상 숭배, 빌라델비아 교회 내부의 사탄의 회 등이다. 유럽 지역에 퍼진 이단들은 다음과 같다. 빌립보 교회의 "손 할례당"(빌 3:2)과 고린도 교회의 "다른 예수", "다른 영", "다른 복음"(고후 11:4)등이다. 손 할례당이란 문자적으로 '절단한 자'를 의미한다. 이들은 하나님의 은혜를 버리고 인간적인 노력의 산물인 의식적 행위만 중요시하는 자로서 율법을 고수했다. 고린도 교회에서 그리스도의 사자로 가장하는 거짓 사도, 궤휼의 역군, 사단의 일꾼이다(고후 11:13). "만일 누가 가서 우리의 전파하지 아니한 다른 예수를 전파하거나 혹 너희의 받지 아니한 다른 영을 받게 하거나 혹 너희의 받지 아니한 다른 복음을 받게 할 때에는 너희가 잘 용납하는구나"(고후 11:4) 특히, 유다서는 예수 그리스도를 부인하고 반율법적인 삶을 사는 영지주의적 이단과 성령이 없는 육에 속한 무리들을 경고했다(유 1:4,18).

◆ 교회의 역사에서 계시론 혹은 성경론의 이단은 어떤 집단이 있나요?

계시론 혹은 성경론의 이단은 영지주의, 말시온주의, 그리고 몬타누스주의가 있다. ① 영지주의는 헬라철학에서 나왔는데 성경에서 물질창조 부분을 제거하고 영적 요소를 강조하면서 천사나 영들을 사색하고 부활을 영적으로 해석하며 영육합일의 신비주의를 강조하고 예수님도 영으로서 잠시 내려온 존재로 주장했다. ② 말시온주의는 성경에 대한 비평을 시작하였고 구약의 하나님을 열등한 조물주로 주장하고 신약의 하나님만이 선하고 자비로운 분이며 바울만이 참사도라고 주장하였다, ③ 몬타누스주의는 영지주의에 대한 반발로 일어난 율법적 금욕주의 운동이며 자신들을 통해 마지막 성령시대를 시작하는데 자신에게 성령이 임하였고 자신에게 임한 계시의 말씀이 성경을 보완하는 것이며 자신들을 통해 천년왕국이 건설된다고 시한부종말론을 주장했다.

초대교회는 구약과 신약의 관계를 설정하는데 고심했다. 그래서 신약의 예수 그리스도 안에 구약이 성취되었다는 관점에서 읽었고, 반대로 구약으로부터 예수 그리스도를 이해했다. 1세기 속사도 교부시대에는 구약성경을 절대적 권위로 수용하고, 신약정경이 형성되기 전이지만 '예수님의 말씀'과 '사도들의 교훈'을 구별하여 인정했다. 당시의 교부들은 성경에 대한 '풍유적 해석'과 '모형론적 해석'을 즐겨 사용했다. 주후 170년경에 사망한 멜리톤 감독은 출애굽기 12장의 유월절 어린양이 모형론적으로 하나님의 어린양이신 그리스도를 지시한다고 해석했다.

그런데 2세기 중반 성경에 대한 해석들이 시도되었다. 첫째로, 영지주의의 영향으로 구약에서 물질창조에 대한 기록을 제거하고, 누가복음과 바울의 10서신을 포함시켜 자신의 정경을 만든 말시온(Marcion)이 등장했다. 그의 잘못된 정경관에 대한 정통교회의 반응으로서 초기교회는 구약의 하나님과 신약의 하나님의 통일성, 창조 자체는 선한 것, 구약의 선민백성과 신약의 교회의 일치, 그리고 구약에 대한 확정적 이해를 고려하였다. 둘째로, 2세기 말엽 로마교회의 전통을 대표하는 '무라토리안 단편'에는 그릇된 사상을 영지주의자, 말시온주의자, 몬타누스주의자 등으로 지적하였다.

영지주의자 성경보다는 헬라철학의 영향을 받아 기독교를 인간의 요구에 적응시키고 세상 지혜와 조화시켜 보려는 사상인데, 더 깊은 지식에 대한 갈망과 신과의 신비적 교제를 추구하며, 선과 악의 영원한 대립이라는 이원론에 입각하여 영의 세계는 선하고 물질세계는 신적충만의 타락이며 악신의 산물로서 본질적으로 악하다고 주장함; 천사와 영들을 사색하거나 부활을 영적으로 해석하는데, 케린투스는 인간 예수와 더 높은 영인 그리스도를 구별하고 수세 시 예수의 영이 강림했다가 십자가 못박히기 직전에 떠났다는 가현설을 주장함.

말시온주의자 구약의 율법은 이미 폐지되어서 신약의 복음만을 선포해야 하고, 구약의 하나님은 세계창조자이지만 완전하지 못하고 신약의 하나님은 선하고 자비로운 하나님인데, 그리스도가 율법과 조물주의 업적을 폐지하여 십자가 못박힘을 당한 것이며, 바울만이 예수 그리스도의 복음을 이해한 참 사도라고 믿었기에 누가복음과 바울서신을 정경으로 인정함.

몬타누스주의자 영지주의에 대한 반발로 일어난 율법적 금욕주의 운동으로서, 교회의 마지막 단계로 성령시대의 도래를 주장하면서 주후 156년 자신이 요한복음 14장에 약속된 보혜사의 대표적 예언자이고, 자신은 성령이 혀같이 임하는 것을 체험했으며, 하나님의 계시를 받았는데 고대로부터 내려 온 성서를 보완하는 것이며, 자신을 통한 성령의 계시는 제3의 성서와 같고, 177년에는 자신들의 활동지역인 페푸자(터키지역)에 하늘의 예루살렘이 도래하여 천년왕국이 건설된다고 주장함.

정통교회가 이단들을 판단하는 기준을 사도성(apostolicity)에 두었다. 즉 그리스도의 사도들의 증거를 지닌 책들이 권위가 있다는 것이다.

또한 성경 외에 교회의 전통(tradition)도 중요시했는데, 그것도 그리스도의 교훈들을 전달하는 것으로 보았다. 예를 들어, 초기교부 터툴리안은 교회의 전통을 세례식 때에 세 번 잠기는 것, 새벽에 성찬을 받는 것, 십자가 성호를 긋는 것 등을 포함시켰다.

4-5세기에 이르러 '성경'은 교회의 교리적 규범이고 우선적 권위가 되었다. 아타나시우스는 아리우스주의자들과 맞서 거룩하고 영감을 받은 성경은 진리를 선포하기에 완전히 충분하다고 선언했다. 예루살렘의 키릴도 어떤 교리도 거룩한 성경의 뒷받침이 없이는 가르쳐서는 안 된다고 강조했다. 그러나 성경 밖에도 사도적이고 성경과 조화를 이루는 '전통들'이 존재했다. 이런 이유로 프랑스 레랑의 뱅상은 정통의 삼중척도를 제시했는데, "어디에서나(보편성), 어느 때나(초시대성), 모든 사람에 의해서(동의성)" 믿어지면 정통이라고 주장하였다(뱅상의 카논이라 부름). 이것이 정통과 이단을 분별하는 '형식적 원리'다.

정통교회의 성경론

◆ 하나님의 계시와 성경에 관련한 이단적인 주장들은 무엇인가요?

이단은 정통교회가 성경을 소홀히 대할 때 신자들에게 접근한다. ① 성경 66권을 하나님의 말씀이며 진리의 표준으로 받아들였던 정경으로서 권위를 부정하고, ② 성령의 영감을 받은 계시로 공인한 성경 이외에 특정한 책자를 새로운 계시로 제시하거나, ③ 하나님의 새로운 직접(직통)계시를 받았다거나, 그리고 ④ 새로운 성경 해석을 제시하며 신자들을 미혹하는 경우들이다.

이단사이비를 경계하라!

정경의 기준

정통교회는 성경 66권(구약 39권, 신약 27권)을 기독교의 정경(canon, 잣대 혹은 규범을 뜻함, 갈 6:16)으로 인정한다. 정경이란 신앙의 규범이고, 신자들이 읽어야 할 목록이다. 구약은 유대인들에게 거룩한 저작물로 인정된 책인데(주후 90년 팔레스틴 얌니야 회의에서 39권이 확정됨) 예수님도 '성경'이라거나 혹은 '율법과 선지서'(마 7:12; 22:40; 눅 24:27,44)라고 지칭하시며 그 권위를 인정하셨다. 신약은 1세기 후반 예수님의 제자와 사도들이 그리스도의 복음을 선포하고, 핍박을 받는 그리스도인들을 권면하고자 초기교회나 개인 혹은 공동체에게 회람한 문서들이었다(382년 로마공의회에서 27권을, 397년에 칼타고 회의에서 구약 39권과 신약 27권을 최종 확정함). 기독교의 진리를 담은 성경을 정경(canon)으로 선포하기 위한 네 가지 인정기준이 있었다. 즉, 첫째, 사도가 직접 기록하거나 직접 관련이 있는 사람이 기록했는가? 둘째, 성령의 영감을 받아 쓰여졌는가? 셋째, 다른 문헌들과 모순되는 내용이 있는가? 넷째, 공교회에서 사용하기에 적합한가? 이런 기준에 따라 정통교회는 정경(계시적 권위를 가진 경건문헌)과 외경(정경은 아니나 일부 교회에서 활용한 경건문헌) 혹은 위경(그릇된 의도를 가진 위장한 저자가 꾸며낸 사이비문헌)으로 구분하여 잘못된 기원을 가진 이단사설들을 경계하였다.

성경의 영감

　정통교회는 성경을 성령의 감동을 받은 저자들이 오류 없이 기록한 하나님의 계시라고 믿는다(딤후 3:16). 성경의 진정한 저자는 성령이시고, 계시하시는 하나님께서 완전하시므로 그의 말씀도 완전하다고 믿는다. 특히, 성결교회는 성경의 영감에 기초하여 원본무오설, 유기적 영감설, 축자영감설, 그리고 완전영감설을 강조한다. 첫째, 성경은 사람의 말이 아니라 하나님의 계시의 말씀으로서 성령께서 성경저자에게 감동하여 처음에 오류 없이 완전하게 기록하였다는 원본무오설을 따른다. 둘째, 성령께서 기록하게 하실 때 저자를 단순히 대필자로 받아쓰게 한 것이 아니라 저자의 개성과 성격, 은사와 재능, 교육과 문화, 어법과 문체를 그대로 적용하고 그들의 심령을 조명하여 격려하시므로 완성케 하셨다는 유기적 영감설을 따른다(성결교회는 기계적 영감설을 반대하는 의미에서 역동적 영감설로 표현함). 셋째, 저술과정에서 죄의 활동을 억제하고 저자의 언어선택과 사상적 표현방식에서도 바르게 선택하도록 인도하셨다는 축자영감설을 따른다. 넷째, 성경의 일부분이 아니라 전체 본문이 영감되었다는 의미에서 완전영감설을 따른다.

성경의 해석

　정통교회는 "성경으로 성경을 해석한다."는 종교개혁의 자증적 해석원리를 따른다. 종교개혁의 자증적 해석원리는 다음과 같다. 첫째로 구약

　　　　　　　　　　　　　　이단사이비를 경계하라!

과 신약을 언약과 성취의 관계로 보는 상호연관성에 따라 해석하고, 둘째
로 본문의 전체 맥락과 전후 맥락을 따라 문자적/문법적/문화적/역사적
배경을 고려하여 해석하며, 셋째로 명료하지 않은 구절은 보다 명료한 본
문과 주제에 따라 해석한다.

이단들이 즐겨 사용하는 잘못된 성경해석들이 있다. 첫째, 지나치게
'자의적인 문자적 해석'이 있다. 앞뒤 문맥이나 문법 그리고 상징성을 고
려하지 않고, 글자 그대로만 해석하고 적용해야 한다는 주장이다. 예를
들면, 짐승의 표를 상징하는 666을 기록 당시의 표현양식(게마트리아법:
산술적인 수자를 사용하여 주목해야 할 특정한 대상을 간접 지칭함)을 무
시하고, 초시간적으로 20세기의 컴퓨터라거나 21세기의 베리칩이라고
억지 주장하는 경우다. 둘째, 헬라철학 전통에서 나온 '풍유적/우화적 해
석'이 있다. 이런 해석은 본문의 문자적 의미는 극소화시키고, 숨겨진 영
적 의미를 극대화하여 해석한다. 즉, 사람이 육과 혼과 영으로 구성된 것
처럼 성경도 문자적 의미, 도덕적 의미, 영적 의미를 가진다고 해석하는
것이다. 또는 선한 사마리아인(눅 10:25-37)의 비유에서 여리고로 내
려가는 강도는 인류이고, 그가 만난 강도는 사단과 마귀라며 영해(spir-
itual interpretation)하기도 한다. 이런 영해는 본래 주제인 '진정한 이
웃은 누구인가'에서 벗어나 주변적 등장인물이나 사건에 관심을 갖게 하
고, 전혀 다른 의미로 해석할 위험성이 크다. 셋째, 개인의 깨달음이나 주
관적 체험을 중시하는 '경험적 해석'이 있다. 이것은 인간의 경험적 요소를
가지고 거꾸로 하나님의 계시를 해석하려는 것이다. 이것은 개인의 사사
로운 유익과 목적을 위해 성경을 억지 해석하는 것이다(벧후 1:19-21).

반면에, 정통교회가 사용한 정당한 역사적 해석들이 있다. 첫째, 초기 교회의 사도들이 행하던 '모형론적 해석'이다. 이것은 예표적 방법이라고 불리는데, 구약과 신약을 언약의 성취인 예수님과 그의 교훈으로 연결 짓는 것이다. 초기 성결교회 지도자들도 이 방법을 흔히 사용했다. 둘째, '문자적-문맥적 해석'이 있다. 본문의 앞뒤를 살피며 문자적/문맥적/문화적/역사적 관점에서 저자의 의도를 파악하여 해석하는 방법이다. 셋째, 중세교회에서는 '교회적 해석'을 강조했다. 이것은 교회의 권위를 중시한 해석인데, 세 가지 원리가 적용된다. 즉, 해석자는 믿음의 법칙(성경은 하나님 말씀이므로 오류가 없다)을 고려하고, 교회의 전통적 해석(교회의 권위에 따른 해석)을 따르며, 두 본문이 충돌할 때에는 문맥(글의 흐름)을 따르는 방법이다. 넷째, '구속사적 해석'이 있다. 즉 성경의 자증에 의하여 계시의 초점을 그리스도의 구속과 하나님 나라에 두어 해석한다. 그런데, 무엇보다 중요한 것은 궁극적인 성경해석의 주체는 사람이 아니라 성경저자를 감동하여 하나님의 계시를 바르게 기록하게 하시고, 성경독자들을 조명하시는 성령이심을 기억해야 한다(딤후 3:16).

성경과 계시

성경을 바르게 해석하려면 원 저자이신 성령의 내적 조명이 필요하다(시 119:18; 행 16:14; 고전 2:4; 12:3). 성령의 조명이란 새로운 계시를 주심이 아니라 계시된 성경을 잘 이해하도록 신자의 이해를 돕는 성령의 사역이다(요 16:13; 고전 2:10; 엡 1:17-18). 어떤 사람은 성령의 조명을 잘못 이해하여 하나님의 새로운 계시로 착각하거나 하나님이 자신에게만 특별한 영감을 주어 특별한 임무를 부여했다고 주장한다(수 많은 이단자들이 이것을 직통계시로 이해함). 그래서 이미 주어진 특별계 시인 성경의 울타리를 넘어 이단이 되기도 한다. 즉, 성령의 조명을 잘못 해석하면 첫째, 내가 하나님의 모든 것을 안다고 생각하는 오류(롬 11:33), 둘째, 더 이상 인간교사가 불필요하다고 생각하는 오류(딤후 2:15), 셋째, 가끔 성경을 넘어갈 수 있다고 생각하는 오류를 범하기도 한다(히 4:12).

자연이나 경험 속에서 관찰되는 자연계시는 하나님의 구속에 대한 충분한 지식과 정보를 제공하지 못한다. 따라서 하나님은 특별계시를 죄인들에게 선물하셨다. 하나님이 친히 주시는 계시인 성경을 통해서만 그를 알수 있다(마 11:27). 하나님의 영원한 말씀이요 완전한 계시는 바로 예수 그리스도이시다(히 1:2-3; 요 1:14; 골 2:9). 하나님은 이 계시를 드러 내시는 주체로서 성령으로 일하신다. 따라서 계시의 완벽한 해석은 성령 의 내적 조명을 통해서야 가능하다(엡 1:17-19; 고전 2:9-10; 12:3).

■참고 : 하나님의 계시인 성경의 특성

① 더 이상의 계시는 없다(히 1:1-2; 갈 1:8-9: 계시의 충족성).
② 성경은 사람의 말이 아니라 성령의 감동으로 기록되었다(딤후 3:16: 계시의 영감성).
③ 하나님 말씀이므로 가감할 수 없다(계 22:18: 계시의 완전성).

성결교회는 성경의 표준을 벗어나 새로운 직통계시를 주장하거나(새로운 직통계시), 성경을 보완하는 신의 계시라며 어떤 책자를 중시하거나(이단자들의 제3의 경전), 성경을 불완전한 인간의 창작물 정도로 깎아내리거나(자유주의 신학), 성경에 근거하지 않는 신비체험을 주장하거나(성경보다 체험을 중시), 성경은 영적 비밀이라 하면서(성경은 드러난 객관적 계시임) 성경에 나타난 예언계시의 실체(실상)가 자신이라거나(행 4:12, 그리스도만이 구원자, 통일교 전도관 신천지 등), 성경을 해석할 때 영적 비유로만 풀이해야 한다거나(성경의 문학형식은 다양함), 자신의 성경해석만이 정확하다는 독선적인 주장(억지해석, 변승우의 다림줄 은사주장; 겔 36:26; 벧후 1:20)들을 거부한다.

성결교회의 성경론

우리 교회의 경전은 성경전서, 곧 구약과 신약이니 이 경전은 하나님의 계시를 받은 자들이 영감에 의하여 기록한 것인즉 이는 하나님의 말씀 됨을 믿나니 성경은 모든 사람을 구원하기에 넉넉하므로 무릇 성경에 근거하지 않은 신학설이나 여하한 신비설이나 체험담은 신빙할 수 없으며 이런 것을 신앙의 조건으로 하거나 구원의 필요로 함을 배격한다.

– 성결교회헌법 제1장 제5조 1항 –

이단사이비를 경계하라!

4 이단과 정통교회의 교리-삼위일체론

◆ 교회의 역사에서 어떤 삼위일체론의 이단들이 있었나요?

① 초대교회에서 이단의 아버지로 칭해진 시몬 마구스(행 8장)는 자신을 하나님의 권능이라고 주장했다. ② 말시온은 하나님을 영적 권능 정도로 이해하고 구약 아브라함의 하나님을 물질창조의 신인 조물주로 보고 구원의 영인 성자는 절대로 죽거나 고난 받을 수 없다고 주장했다. ③ 몬타누스는 자신 안에 성령이 임했으므로 자신의 말이 성령의 계시라고 주장했다. ④ 사벨리우스는 신명기 6장 4절을 근거로 하나님의 단일성을 전제로 하고 시대와 환경에 따라 얼굴(mode)만 달라졌을 뿐이라고 했다. ⑤ 325년 아리우스는 성자는 성부의 피조물이므로 성부와 동등한 하나님이 아니라고 주장했다. ⑥ 현대에 와서 여호와의 증인은 가현설로서 성자는 육체를 입은 영의 존재로서 일시적 나타남이었고 삼위를 종속적으로 보았다. ⑦ 몰몬교는 하나님은 인간과 같은 존재이고 예수님은 최고의 경지에 오른 인간에 불과하며 교주인 조셉 스미스나 지도자인 브랭햄은 천상회의에 참여하고 있다고 한다.

역사에 나타난 삼위일체의 이단

초대교부 이레네우스는 「이단들을 반박함」이라는 글에서 시몬 마구스(Simon Magus)를 모든 '이단들의 아버지'로 공격했다(행 8:5-25). 마구스는 자신을 '하나님의 권능'이라고 칭하면서 초월하여 계신 하나님을 부인했다. 자신은 외형만 사람이지 실상은 영이 성육하여 내재하고 있으며, 하나님과 구세주와 자신은 모두 동격이라고 주장했다(양태론의 출발).

주후 144년 이단으로 정죄 받은 말시온(Marcion)은 성경에 나오는 하나님을 '영적인 권능'으로 이해하고, 영지주의 영향을 받아(시리아의 크레

도로부터 이원론 사상을 배움) 물질창조의 하나님을 격하시키고 육체를 죄악시하여 엄격한 금욕주의를 주장했다. 아브라함의 하나님(구약의 하나님)은 높이 존경할 필요가 없는데, 헬라신화 속에 나오는 반신반인의 모습을 가진 데미우르고스(Demiurgos, 조물주) 신이라고 보았다. 구약의 신은 참된 하나님으로부터 소외당하고, 영적인 사람들로부터도 소외당하여 실수도 하고 금방 후회도 하는, 거친 신이 되었다는 것이다. 세상을 구하기 위해 예수는 '잘 알려지지 않은, 참된 사랑의 하나님'이 보냈고, 그리스도를 통해 자신의 율법을 없애고 인간을 구원한다는 것이다. 특히, 성자를 '구원의 영'이므로 절대로 죽거나 고난 받을 수 없다고 주장했다. 그의 후계자들은 성자를 성부의 다른 형태로 이해했다(양태론).

같은 2세기 중반 몬타누스(Montanus)는 자신은 특별한 예언적 은사를 받았으며, 하늘의 계시에 따라 지금은 새로운 성령이 넘쳐흐르고 있어서 곧 말세가 도래한다고 주장했다. 자신을 하나님의 선지자로 소개하면서 막시밀라와 프리스가라는 여 제자를 두었고, 주후 177년 프리지아 지방(터키)의 페푸자에 새 예루살렘이 임하므로 모든 세속적인 일을 중단하라고 외쳤다(시한부종말론의 출발). 또한, 자신 안에 성령이 계시므로 자신의 말이 곧 성령의 말이라고 주장하기도 하였다. 그러나 그가 받은 계시의 실체가 오류임이 드러나면서 이단으로 정죄되었다.

3세기 중엽 사벨리우스에 의해 주장된 양태론(modalism)은 신명기 6장 4절에 근거하여 하나님의 단일성을 강조한 사상이다. 하나님은 시대와 환경에 따라 각기 다른 양식(mode, 얼굴)을 계시하셨는데, 창조 시에는 성부로, 구원 시에는 성자로, 승천 후에는 성령으로 나타났다거나 혹은 구약은 성부시대요, 신약은 성자시대요, 지금은 성령시대라고 표현하므로 단일신론적 삼위일체론을 주장했다. 이런 양태론은 그리스도의 신성은 받아들이면서도 창조부터 영원까지 성부와 함께 일하신다는 사실(내재적 삼위일체론)과 성령이 인격인 것을 받아들이지 않았다. 또한, 한 하나님 안에서 세 인격들이 상호동등한 권위와 경륜을 행하고 계심을 인정하지 않았다(경륜적 삼위일체론을 부인함).

325년의 니케아 신조와 451년의 칼케돈 신조는 삼위일체 교리를 체계화한 중대한 문서들이다. 전자는 초대교회의 신론을 체계화한 것인데, 알렉산드리아 출신의 아리우스가 성자는 성부에게서 "낳았다"(begotten)고 했으니 성자는 성부의 시간 이전의 피조물로서 성부와 동일한 신성이 아니라고 주장하자, 이에 반대하여 알렉산드리아의 아타나시우스는 "아들을 낳았다"는 말은 아들과 아버지가 같은 실체(ousios)라는 뜻이므로 성부와 성자는 동일한 본질(homo ousios)이라고 주장하였다. 또한, 이집트의 수도승 세라피온이 성령이 하나님의 피조물로서 높은 천사 중의 하나이며, 성부와 성자와는 다른 실체라고 주장하자 이 주장도 역시 반박했다. 정통교회 삼위일체론은 카파도키아의 세 교부들이 확립했는데, "한 본질(essence) 안에 세 본체(hypostasis)로 존재한다."고 주장하였고, 세 위격의 관계는 '상호침투'(perichoresis)라고 설명하였다.

현대의 이단으로서 여호와의 증인은 가현설(Docetism)과 같은 주장을 하는데, 창시자 러셀은 예수 그리스도를 육체라는 옷을 입은 영의 사람이고, 아브라함에게 나타난 천사처럼 일시적인 나타남이지 예수가 성육신한 것이 아니라고 하였다. 러셀의 후계자인 루더포드는 예수의 신성을 부인하고 여호와만 유일하시다는 단일신론 사상에 빠지게 되어, 예수 그리스도는 하나님보다 아래에 있는 존재이고, 성령은 보이지 않는 힘이라고 생각했다. 몰몬교(후기성도의교회)는 성경의 권위를 부인하고, 하나님은 인간과 같은 모양이며(신 4:28), 예수는 최고의 경지에 올라선 인간으로서 "인간처럼 하나님도 한 때는 같은 인간이었고, 하나님의 존재처럼 인간도 변한다."라고 강조하였다. 하나님은 천상회의에서 인도자의 위치에 있는데, 천상회의에는 예수 그리스도, 에녹, 엘리야, 아브라함, 바울, 베드로, 요셉 스미스(창시자), 브링햄 영(몰몬교의 체계 확립자)이 참여한다고 주장하여 자기 교주를 높인다.

정통교회의 삼위일체론

 ◆ 삼위일체 하나님에 대한 이단적인 주장들은 무엇인가요?

삼위일체론은 하나님의 신비에 속하지만 우리의 이해와 설명을 필요로 한다는 점에서 여러 이단들이 등장했다. ① 삼위일체에 관련한 성경의 증거를 부인하거나 왜곡 해석하고, ② 성자 예수님은 본래 인간인데 세례 받을 때 하나님의 아들로 세움 받았다는 양자설, ③ 삼위의 기원이나 능력에 따라 성자를 성부보다 열등하다고 보는 성자종속설, ④ 예수는 피조물이라는 성자피조설, ⑤ 한 하나님이 세 모습을 나타났다는 일신삼현설 등을 주장한다. 그러나 정통교회는 성부 성자 성령은 동등하신 하나님이시며 상호 교류적 관계라는 내재적 교류적 삼위일체론이나 삼위는 각각의 구속사역을 수행하시는 분이라는 경륜적 삼위일체론을 함께 강조한다.

성경의 증거

　정통교회는 하나님은 한 분이신데 세 위격(person)으로 존재하신다고 믿는다. 삼위일체(Trinity)는 하나님의 특별계시를 통해 우리에게 주어진 교리이고, 인간의 이해를 초월하는 신비의 교리다. 삼위일체 교리의 목적은 인간으로 하여금 하나님을 완전하게 알게 하려는데 있지 않고, 오류에 빠지는 것을 방지하려는 것이다. 성경은 삼위일체 하나님에 대한 아래와 같은 증거들을 가지고 있다.

구약에서
1) 하나님의 이름이 복수명사형이다. 창세기 1장 1절, "태초에 하나님이 천지를 창조하시니라"에서 하나님의 이름은 히브리어로 엘로힘인데, 하나님들이라는 존재의 복수가 아니라 삼위일체를 의미하는 복수형 혹은 유대인들의 문학양식에 따라 예배의 대상을 지시하는 위엄의 복수형이다.
2) 하나님은 스스로를 '우리'로 표현하신다. 창세기 1장 26절, "우리의 형상을 따라 우리의 모양대로 우리가 사람을 만들고"에서 우리는 삼위일체를 지시한다(창 1:2; 11:7; 사 6:8). 하나님은 이미 삼위로 처음부터 존재하신다.
3) 하나님은 창조사역에서 삼위를 암시한다. 창세기 1장 27절, "하나님이 자기 형상 곧 하나님의 형상대로 사람을 창조하시되 남자와 여자를 창조하셨느니라"에서 사람 속에 있는 하나님의 형상은 남자와 여자라는 복수형태에서 본질의 통일성을 찾게 된다.
4) 하나님은 성자를 '나의 신'으로, 성령은 '그 신'으로 증거하신다. 이사야 42장 1절, "내가 붙드는 나의 종 내 마음에 기뻐하는 나의 택한 사람을 보라 내가 나의 신을 그에게 주었은즉"에서 택한 사람은 성자요 그에게 주신 나의 신은 성령이다(사 48:16; 63:14; 창 1:2; 삿 3:10; 잠 1:23; 겔 3:12; 욜 2:28; 학 2:5; 슥 4:6).
5) 사람들에게 나타나신 '여호와의 사자'는 그리스도의 현현이다. 창세기 16장 7–13절, "하갈이 자기에게 이르신 여호와의 이름을 감찰하시는 하나님이라 하였으니 이는 내가 어떻게 여기서 나를 감찰하시는 하나님을 뵈웠는고 함이라"에서 하갈에게 나타난 여호와의 사자는 곧 그리스도이다. 여호와의 사자가 스스로를 여호와와 일치시키고(창 22:12), 성경이 여호와의 사자를 여호와 하나님으로 증거하기 때문이다(출 3:2).

신약에서

1) 하나님은 한 분이시다. 요한복음 10장 30절, "나와 아버지는 하나이니라"와 야고보서 2장 19절, "네가 하나님은 한 분이신 줄을 믿느냐" 그리고 에베소서 4장 6절, "하나님도 하나이시니 곧 만유의 아버지시라"고 하였으니 하나님은 한 분이시다. 구약은 하나님의 유일하심을 강조한다(신 6:4; 사 44:6).

2) 삼위가 각각 하나님이 되신다. 첫째, 성부는 하나님이시다. 고린도전서 8장 6절, "그러나 우리에게는 한 하나님 곧 아버지가 계시니 만물이 그에게서 났고 우리도 그를 위하여 또한 한 주 예수 그리스도께서 계시니 만물이 그로 말미암고 우리도 그로 말미암았느니라" 하였다(갈 1:1; 엡 4:6). 둘째, 성자도 하나님이시다. 로마서 9장 5절, "조상들도 저희 것이요 육신으로 하면 그리스도가 저희에게서 나셨으니 저는 만물 위에 계셔 세세에 찬양을 받으실 하나님이시니라 아멘" 하였다(딛 2:13; 요 6:27; 골 2:9; 요 1:1). 셋째, 성령도 하나님이시다. 사도행전 5장 3,4절, "베드로가 가로되 아나니아야 어찌하여 사단이 네 마음에 가득하여 네가 성령을 속이고 땅값을 얼마를 감추었느냐 땅이 그대로 있을 때에는 네 땅이 아니며 판 후에도 네 임의로 할 수가 없더냐 사람에게 거짓말 한 것이 아니요 하나님께로다" 하였다(고전 2:11; 요 15:26).

3) 삼위의 인격적 교제가 있다. 마태복음 17장 5절, "말할 때에 홀연히 빛난 구름이 저희를 덮으며 구름 속에서 소리가 나서 가로되 이는 내 사랑하는 아들이요 내 기뻐하는 자니 너희는 저의 말을 들으라" 하셨다.

4) 성부는 성자를, 성자는 성령을 보내신다. 요한복음 17장 18절, "아버지께서 나를 보내신 것같이 나도 저희를 세상에 보내었고 가르치고 내가 너희에게 말한 모든 것을 생각나게 하시리라" 하셨고 요한복음 14장 26절, "보혜사 곧 내 이름으로 보내실 성령 그가 너희에게 모든 것을 가르치시리라"하셨다(요 16:7).

5) 삼위일체 하나님이 나란히 언급되는 병렬구절들이 있다. 첫째, 마태복음 28장 19절, "그러므로 너희는 가서 모든 족속으로 제자를 삼아 아버지와 아들과 성령의 이름으로 세례를 주고" 하셨다. 초대교회의 입교식에 삼위 이름으로 세례를 주었다. 둘째, 사도의 축도문인 고린도후서 13장 13절, "주 예수 그리스도의 은혜와 하나님의 사랑과 성령의 교통하심이 너희 무리와 함께 있을지어다" 하셨다. 셋째, 복음서의 세례기사인 마태복음 3장 16절, "예수께서 세례를 받으시고 곧 물에서 올라오실새 하늘이 열리고 하나님의 성령이 비둘기같이 내려 자기 위에 임하심을 보시더니" 17절 "하늘로서 소리가 있어 말씀하시되 이는 내 사랑하는 아들이요 내 기뻐하는 자라 하시니라" 하셨다. 넷째, 누가복음 1장 34~35절, "마리아가 천사에게 말하되 나는 사내를 알지 못하니 어찌 이 일이 있으리이까? 천사가 대답하여 가로되 성령이 네게 임하시고 지극히 높으신 이의 능력이 너를 덮으시리니 이러므로 나실 바 거룩한 자는 하나님의 아들이라 일컬으리라" 하셨다.

6) 구원과정에 삼위가 참여하신다. 갈라디아서 4장 6절, "너희가 아들인고로 하나님이 그
   아들의 영을 우리 마음가운데 보내사 아바 아버지라 부르게 하셨느니라" 데살로니가후
   서 2장 13-14절, "하나님이 처음부터 너희를 택하사 성령의 거룩하게 하심과 진리를 믿
   음으로 구원을 얻게 하신다" 베드로전서 1장 1-2절, "하나님 아버지의 미리 아심을 따
   라 성령의 거룩하게 하심으로 순종함과 예수 그리스도의 피뿌림을 얻기 위하여 택하심
   을 입은" 자들이 있다.

삼위일체론의 종류

정통교회는 하나님께서 내적 본질에 있어서 삼위로 계시고 상호교류
(perichoresis)하신다는 내재적 삼위일체론과 하나님은 구원역사 속에
서 각각 역할을 담당하신다는 경륜적 삼위일체를 모두 받아들인다. 건전
한 삼위일체론은 두 가지의 삼위일체론을 함께 강조할 때 형성된다.

첫째, 하나님은 내적 본질에 있어서 한 분이시나 세 위격(person)으로
항상 계신다(마 28:19; 고후 13:13). 성부와 성자와 성령으로 존재하시
는 하나님은 신성과 능력과 서열과 영광에 있어서 동등하시다. 이것을 '내
재적 삼위일체론'이라고 부른다. 둘째, 삼위일체는 역사의 활동에 있어서
성자는 성부에게서 영원히 나오시고(요 1:14,18), 성령은 성부와 성자
에게 나오신다(요 15:26). 그래서 성자를 통하지 않고서는 성부에게 갈
수 없다(요 14:6). 더 나아가 성부는 구원의 큰 일을 계획하시고(마
24:36), 성자는 실행하시고(요 1:18), 성령은 성자를 통해 이루신 성부
의 은총을 적용하신다(엡 1:13). 이런 삼위일체의 하나님은 함께 일하셨
다. 이것을 '경륜적 삼위일체론'이라 부른다.

삼위일체 이단교리

삼위일체에 관련한 이단설은 양자설, 성자종속설, 성자피조설, 일신삼현설(양태론)이다. 첫째, 양자설은 로마서 1장 4절을 잘못 해석하여 예수님이 나중에야 하나님의 아들로 인정되셨다는 것이다. 즉 부활 이전에는 하나님이 아니었는데 부활 이후에 아들이 되셨다거나, 혹은 30세에 세례를 받고서 하나님의 아들이 되셨다는 주장이다. 둘째, 성자종속설은 오리겐이 주장한 것으로서 성자가 성부로부터 영원 출생함으로써 성부와 성자가 영원히 동일본질이지만, 성자는 그 존재와 속성에 있어서는 성부보다 열등하고 종속적이라는 것이다. 셋째, 성자피조설은 아리우스의 주장인데 예수의 신성은 하나님과 유사하나 동질은 아니고, 성자로서는 하나님의 본체로부터 나온 것(빌 2:5)이 아니라 무에서부터 성부에 의하여 피조물 가운데 가장 먼저 창조되었다는 것이다. 넷째, 일신삼현설은 3세기 초 사벨리우스가 주장한 것으로 성부·성자·성령의 인격적 구별을 부인하면서 한 하나님이 세 방면(mode)으로 나타난다고 하였다. 하나님이 구약에서는 아버지로, 신약 복음서에는 아들로, 그리고 오순절 이후는 성령으로 나타나신다는 것이다.

초기 성결교회도 성부시대, 성자시대, 성령시대 등으로 구분하는 세대주의 이론을 따랐지만, 내재적 삼위일체와 경륜적 삼위일체를 균형있게 강조하여 바른 삼위일체 교리를 유지하고 있다. 성결교회는 삼위 하나님을 각각 별개의 신으로 보거나(삼신론), 삼위 하나님이 모두 성부의 가시적 현현으로만 보거나(양태론), 삼위 하나님이 나오시는 순서대로 우열의 관계로 종속시키거나(종속설), 구약에 나타난 하나님이 인간의 모습으로 나타났음을 빙자하여 인간이 본래 신이었다거나(허탄한 신화, 딤전 4:7-8), 성자의 이름이 곧 근본 하나님의 이름이라고 주장하거나(메시아 사명자로서의 예수의 인성의 이름, 마 1:21, 김기동의 베뢰아), 한 분이신 하나님을 남성과 여성으로 분리하여 상대화시키거나(창 1:27, 하나님을 상대적 존재로 격하시킴, 안증회), 하나님이 아닌 피조물을 삼위 하나님과 동격으로 삼으려는 일체의 시도(신격화)를 거부한다. 동시에 자연이 신이고 인간도 신의 일부라는 뉴에이지의 사상(범신론)도 거부한다.

성결교회의 신론

하나님은 우주에 유일무이 하신 신이시니 유형무형의 만물을 한결같이 창조하시고 통치하시며 보호하시고 섭리하신다. 진실하시고 영생하시어 권능과 지혜와 인자하심이 한이 없으시다. 이 하나님의 일체 안에 동일한 본질과 권능과 영생으로 되신 삼위가 있으시니 곧 성부와 성자와 성신이시다.

— 헌법 제2장 제14조 1항, -2항은 성자, 3항은 성령 —

5 이단과 정통교회의 교리-인간론

역사에 나타난 인간론의 이단

◆ 교회의 역사에서 어떤 인간론 이단사상이 있었나요?

이단사상은 스토아주의, 영지주의, 마니교, 그리고 펠라기우스주의가 있다. ① 스토아주의는 인간이란 신적 이성인 로고스의 분신이므로 이성의 양심에 따라 유혹에 동요하지 않고 금욕해야 하며 운명에 순종할 것을 강조했다. ② 영지주의는 플라톤 철학의 영향을 받아 인간의 육체는 본질적으로 악하므로 선을 행할 수 없고 영적 지식을 받아야 하는데 예수님이 인간을 하늘의 세계로 귀환하게 할 계시라고 주장했다. ③ 마니교는 세상은 악하나 인간은 신의 본성을 가지고 있어서 물질세계로 떨어져 있으므로 영적지식을 받아야 구원 받는다고 주장했다. ④ 펠라기우스는 아담은 선도 악도 행할 수 있는 중성상태였고 아담의 죄는 유전되지 않고 하나의 죄의 사례에 불과하다고 주장했다. 인간이 원하면 죄를 짓지 않을 수 있는 완전한 자유의지가 있고, 하나님의 은총은 약간의 도움을 준다고 주장했다.

기독교 안에는 인간의 본성, 죄의 용서에 대한 인간의지의 상태, 그리고 구원의 은총에 대해 다음의 세 가지 반대세력이 등장했다. 첫째는 스토아주의(Stoicism, 행 17:18,28)로서 주전 4세기로부터 유행하던 금욕주의 사상이다. 인간은 우주의 지배원리인 로고스의 분신을 가지고 있어서 욕구나 유혹에 동요되어서는 안 되고, 이성에서 비롯된 양심의 명령에 절대 순종해야 한다고 역설했다. 인간이 고결해지려면 자신이 가진 힘, 혹은 각 사람의 행동을 결정하는 운명에 복종해야 한다. 그리고 대중적인 자연과학과 점성술을 통해 만물이 천체에 의해 조종된다고 가르쳤

이단사이비를 경계하라!

다. 둘째는 영지주의(Gnosticism, 요일 4:1-3)로서 플라톤주의 영향을 받아 물질은 악하므로 육체의 부활을 주장하는 기독교는 미개하다고 생각하고, 무지를 회복하여 영적 지식을 갖는 것이 최고의 종교행위라는 하였다. 인간은 본질적으로 악을 피하거나 선을 택할 능력이 없고 태어날 때부터 죄를 짓게 되어 있다. 인간의 영혼 혹은 영적 원리는 물질세계에 속하지 않기 때문에 계시를 받아야만 구원을 받을 수 있는데, 예수님이 신의 세계로 귀환할 수 있는 계시를 가지고 왔던 영이라고 주장했다. 셋째는 마니교(Manichaeism)로서 이 세상은 악하고 신의 본성을 나누어 가진 인간은 악한 물질세계로 떨어졌지만 지혜(nous)나 영지(gnosis)를 통해 구원을 받을 수 있다고 주장한다. 구원의 신화는 3단계인데 근본적으로 대립하는 두 실체, 즉 영혼과 물질, 선과 악, 빛과 어둠의 대립은 영원히 반복된다. 의로운 사람의 영혼은 죽어 천국으로 돌아가지만, 간음·출산·소유·경작·추수·육식·음주 등의 육적인 것을 고집하는 사람은 육체가 연속되는 환생의 저주를 받게 된다. 그래서 이들은 엄격한 금욕생활을 강조했다.

주후 418년 칼타고 회의에서 이단으로 정죄된 펠라기우스(Pelagius, 383-410)의 인간론이 등장했다. 그는 수도자로서 로마의 인기 있는 설교자였다. 그는 아담의 원상태는 거룩하지도 않았고 그렇다고 죄성을 갖지도 않았으며, 선과 악을 모두 행할 수 있는 중성상태라고 말했다. 아담의 범죄와 타락은 자신만 해치고 인간본성에는 어떤 영향도 주지 않았다고 주장했다. 사람은 아담의 타락 이전의 상태로 출생한다고 보았다. 로마서 5장 12절을 해석하면서 아담 이후 인간에게는 죄성이 없으며, 아담의 죄는 단지 죄의 사례(exemple)일 뿐이라고 주장했다. 인간은 죄 없이 지낼 수 있고, 원하면 하나님의 명령을 지킬 수 있는 완전한 자유의지를 가지고 있다. 구원에 있어서 하나님의 은총은 약간의 도움이 될 뿐이다. 죄의 전가는 죄 짓는 습관에서 오는 것이고, 하나님의 법에 순종하려는 자유의지는 하나님의 자연은총에 따른 선천적인 것이라고 주장했다.

이에 대해 정통교회 입장을 대변하는 아우구스티누스(Augustinus, 354-430)는 원죄는 선의 결핍이며, 인간의지는 하나님의 직접 도움과 은총에 의해서만 선을 택할 수 있고, 인간과 하나님의 관계는 전적으로 하나님께 의존된 갓난아이와 어머니 관계라고 보았으며, 아담의 원상태 는 '죄 짓지 않을 능력'(posse non peccare)을 가졌으나 죄 지은 후 '죄 짓지 않을 수 없게'(non posse non peccare) 되었고, 그를 불순종에 이 르게 한 원인은 '교만'이라고 하였다. 그리고 아담의 죄책은 이후에 태어 나는 모든 사람에게 영원히 유전된다. 원죄란 모든 인간에게 '욕정'이 지 배하고 '자아중심적 욕구'에 의해 오염된 상태로서 오직 하나님의 은총과 예정에 의해 죄와 사망에서 구원받을 수 있다고 강조했다.

그런데 펠라기우스와 아우구스티누스의 양극단을 중재하려는 반 펠라 기우스주의(semi-pelagianism)가 등장했다. 인간을 갱신할 때 하나 님의 은총과 인간의 의지가 동등한 요소며, 하나님은 인간의 믿음과 순종 을 미리 아시고 예정하시며, 타락한 인간이라도 여전히 자유의 요소를 지 니며 구원의 시작은 하나님이 아닌 인간이라고 주장했다. 이 견해도 주후 529년 오렌지 회의에서 정죄되었다.

정통교회를 대변하는 종교개혁자 존 칼빈(John Calvin, 1509-

1564)은 아우구스티누스가 죄의 부패를 육감적 정욕에서 찾았던 것과는 달리 영혼의 능력에 자리잡고 있다고 강조하였고, 로마 가톨릭과는 달리 '원시적 공의의 결핍' 이상의 것이라고 보았다. 즉 인간 타락의 결과는 인간본성의 '전적 부패'(total depravity)로 나타나고, 어떤 영적인 선도 행할 수 없는 전적 무능력이라고 이해했다. 이 전적부패의 교리는 인간의 갱신을 위해서는 하나님의 은총에 전적으로 의존해야 함을 필요로 한다.

17세기에 등장한 알미니우스(Arminius, 1560-1609)는 엄격한 칼빈주의자로서 5개조 항변서(예지예정설, 보편구원설, 전적타락 부인, 은총의 거부 가능성, 성도의 견인의 불확실성)를 통해 자신의 독특한 견해를 주장했다. 정통교회와 다른 주장이라면 첫째, 종교개혁 이후의 원죄교리를 믿지 않았다. 즉 아담의 죄의 오염은 후손에게 전해지지만 그의 죄책은 후손들에게 전가되지 않는다고 믿었다. 둘째, 전적부패를 믿지 않았다. 인간의 자유의지가 영적인 선을 행할 수 있다고 믿었으며, 성령은 선천적으로 물려받은 부패의 영향을 깨뜨릴만한 충분한 은총과 하나님의 영과 협력할 수 있는 은총을 주셨다고 주장했다. 이에 대해 네덜란드 개혁교회는 주후 1618년 도르트 회의를 소집하여 '칼빈주의 5대 강령'(전적타락, 무조건적 선택, 제한속죄, 저항할 수 없는 은총, 성도의 견인)을 채택하고 알미니우스 사상을 거부하였다. 그런데. 웨슬리안 알미니안주의 입장에 선 성결교회는 원죄는 질병이나 부패 정도가 아니라 진정한 죄이고, 죄책은 후손들에게 전가된다고 보므로 정통교회의 전적부패 교리를 따랐다. 또한 인간은 하나님의 은총과 협력할 능력을 상실하고 전적으로 타락하였으나 하나님의 선행은총에 의해 협력할 수 있도록 의지의 부분적인 회복이 이루어졌다고 강조한다(복음적 신인협동설).

정통교회의 인간론

 ◆ 인간론 혹은 죄론에 대한 이단적인 주장들은 무엇인가요?

① 이단은 인간창조를 신화적으로 해석하려고 한다(허탄한 신화, 딤전 4:1-10).
즉 인간이 신이었다고 주장하여 인간의 본질을 왜곡한다. ② 아담은 사람들 중에 영
이 부여된 존재라고 이중아담론(이중 인간창조론)을 주장하기도 한다. ③ 인간을 영
혼육의 구성요소로 분리시켜 각각 영의 구원, 혼의 구원, 그리고 육의 구원을 받는
다고 주장한다. ④ 영지주의 영향으로 혼과 몸은 거부하고 영의 요소만 중시하기도
한다. 그리고 ⑤ 인간의 자연상태를 심리적/영적으로 완전하다고 주장하며 하나님
앞에서 원죄로 인한 죄책과 본성의 부패와 자범죄의 현실을 인정하려고 하지 않는
다. ⑥ 사람은 죄인이 아니라 의인이라고 주장한다.

인간의 창조

정통교회는 하나님께서 자기 형상과 모양에 따라 사람을 만드셨다(창
1:26)고 믿는다. 하나님은 '사람'을 의미하는 남자(ish)인 아담(Adam)
과 '생명'을 의미하는 여자(isha)인 하와(eve)로 인간존재를 이루셨다. 그
리고 흙으로 빚어진 몸에 하나님의 생기(nepesh, 입김·호흡·영−생명의
기운)를 불어넣어 살아있는 영혼(living soul)이 되게 하시며(창 2:7),
피조세계를 다스리는 하나님의 대리자(창 1:26,28)로 세우셨다. 따라서
사람은 독립적 존재가 아니라 하나님께 의존된 존재다. 또한, 하나님의
'형상과 모양'이란 병렬표현은 성경에서 2회(창 1:26; 5:3) 나타나며, 그

의미는 image(첼렘)와 likeness(데무트)인데, 이것은 사람의 육체가 하나님의 형상(imago Dei)이란 말이 아니라 하나님을 영적·지적·도덕적으로 닮았다는 뜻이다. 따라서 사람은 하나님이 아니고, 또 하나님이 될 수도 없다. 성경에서 '신'이라 표현한 구절은 천사나 귀신 혹은 세상 권세자를 뜻하지, 사람을 의미하지 않는다(창 3:5; 시 82:1; 97:7; 요 10:34,35; 고전 8:5; 엡 6:12).

이단은 창세기 1장에서 '사람들'을 창조하고, 2장에서는 그 사람들 중 하나에게 영을 불어넣어 '아담'을 삼았다고 주장한다(김기동의 베뢰아사상). 왜냐하면, 1장과 2장 사이에 기록하지 못한 시간이나 역사의 간격이 있다고 보기 때문이다(Gap theory). 이것은 성경해석의 오류로서 소위 '이중아담론'이다. 이 주장이 잘못된 이유는 사람과 아담이란 칭호는 같은 용어로서 모두 히브리어 아다마(adama, 붉은 흙)에서 나왔고, 1장은 '세상' 창조를, 2장은 '인간' 창조를 주목한 반복기록이지 이중창조를 말하지 않기 때문이다.

인간의 구성요소

정통교회는 사람을 물질인 몸(body)과 비물질인 혼(soul)과 영(spirit)으로 구성된 존재로 믿는다(살전 5:23). 라틴교부들이 지지하는 2분설은 물질의 영역인 '신체'와 비물질 영역인 '영혼'으로 구분하되, 비물질 부분인 프쉬케(psyche, 혼)는 땅을 지향하며 감각세계를 접촉하는 성질이고, 프뉴마(pneuma, 영)는 하나님을 지향하며 성령을 접촉하는 성질로 구분한다(눅 1:46-47, 영혼과 마음). 헬라교부들이 지지하는 3분설은 성경에서 자주 등장하는데(살전 5:23; 히 4:12; 고전 3:1), 몸은 사람의 물질부분이고, 혼은 다른 동물과 공유하는 정신기능이며, 영은 하나님과 관계하는 이성적인 부분으로 구분한다. 2분설보다 3분설에서 이단적 주장이 나오는 것은 육과 혼보다 영을 더 중요하게 여기기 때문이다. 성경은 영·혼·육을 각각의 주체로 인정하지 않고 '일체설'(통일설)을 강조한다. 즉, 영혼만 죄 짓는 것이 아니라 인간이 죄 짓는 것이고, 몸만 죽는 것이 아니라 인간이 죽는 것이다(창 2:7, 유기적 통일성). 따라서 육체는 악이고 영혼은 선이라는 이중기준으로 판단할 것이 아니라 전인적인 하나님의 형상이라는 성경적 기준을 따라야 한다.

사람의 도덕적 인격이란 옳고 그름을 구분하는 지성(intellect), 그것을 호소하는 감성(sensibiblity), 그것을 결정하는 의지(will)를 포함하는 양심(conscience)에 기초한다. 양심은 인간의 본성으로서(롬 2:14), 스스로 마땅히 행할 것을 하라고 명령하는 도덕적 자아고(잠 22:6), 자아를 심판하는 자이기도 하다(롬 2:14-15). 그런데, 선하고(히 13:18) 청결해야 할(딤후 1:3) 양심이 연약하고(롬 14:20), 악해지고(히 10:22), 더러워지고(고전 8:7; 딛 1:15; 히 9:14), 화인 맞기도 한다(딤전 4:2). 이와 같이 인간의 양심은 불완전하므로 유일한 참된 도덕적 표준은 성령에 의해 계시된 하나님의 말씀이다.

그리고 사람은 하나님께로부터 자유의지를 수여받았다(창 2:16). 자유의지란 인간이 스스로 선택하여 행동할 수 있는 능력이다. 처음 아담은 범죄할 수도 있고 범죄하지 않을 수도 있었는데(posse peccare et posse non peccare) 불순종을 선택하여 타락하므로 이 능력을 상실했다. 이제 사람의 의지는 부패한 성품에 종노릇하게 되었다(렘 17:9; 엡 4:18; 롬 6:6). 그리고 사람은 선을 알지만 선을 행할 능력이 없다(롬 1:19; 롬 7:18). 또한 사람은 스스로를 구원할 수 없다(시 62:1; 49:7-8). 따라서 의지가 자유하려면 그리스도 안에서(갈 5:1; 요 8:32), 또한 성령 안에서 진정한 자유를 누릴 수 있다(롬 7:23; 고전 10:23).

인간의 죄: 원죄(original Sin)와 자범죄(actual sins)

정통교회는 모든 사람이 죄인이라고 믿는다(롬 3:23). 성경에서의 죄는 불법을 행하는 것(요일 3:4), 불의한 일을 행하는 것(요일 5:17), 선인줄 알고도 행하지 않는 것(약 4:17), 하나님과 그리스도를 믿지 않는 것이다(요 16:8-9). 죄는 사람이 자유의지를 남용하여 하나님의 법과 자기 양심을 거절하여 발생한다. 죄의 조성자는 창조주 하나님이 아니다.

죄의 기원은 하나님과 같이 되려는 사단(요 8:44; 요일 3:8-10, 거짓의 아비)에 의해 시작되었다(사 14:12-17; 겔 28:15-17; 계 12:4,7-9). 사단은 하와에게 "눈이 밝아져(참) 하나님과 같이 되고(거짓) 선악을 알게 되며(참) 절대 죽지 않는다(거짓)"며 미혹(창 3:5)하였다. 이처럼 사단은 참과 거짓을 교묘히 섞어 미혹한다. 결국 아담은 "선악을 알게 하는 나무의 열매"를 따먹지 말라(창 2:17)는 하나님의 명령에 불순종하였다(창 3:11,17). 죄의 책임은 전적으로 자유의지로 불순종한 사람에게 있다. 이로써 한 사람으로 말미암아 세상에 죄가 들어오고(롬

5:12), 죄로 말미암아 죽음이 왔다(롬 6:23). 죄의 결과로 하나님 앞에서 수치를 느끼고(창 3:7; 거룩함의 상실), 여호와의 낯을 피하게 되어(창 3:8; 의와 관계의 상실), 죽음 앞에 굴복하는(롬 5:14; 육적, 영적, 영원한 죽음) 본성적으로 죄의 자녀가 되었다(엡 4:22-24). 그래서 총명이 어두워지고(엡 4:18), 마음은 죄로 병들고(렘 17:9), 하나님을 알면서도 예배하지 않으며(롬 1:19-31), 선한 것이 없고(롬 7:18), 마음의 생각의 계획이 항상 악하게 되었다(창 6:5).

정통교회는 죄를 원죄와 자범죄로 구분한다. 원죄(original Sin)란 아담의 불순종 행위로 인한 처음 죄를 말하며, 그 죄가 전 인류에게 유전되어(롬 5:12,14), 아담 안에서 모든 사람이 죽은 것이고(고전 15:22), 사람의 마음이 항상 악으로 기울어져 있다는 것이다(요 8:34; 롬 7:21). 성경은 이를 '옛 사람'이라고 하였고(롬 6:6), 그 마음에는 '교만'이 자리하고 있다고 하였다(히 12:15, 쓴 뿌리). 이 원죄는 범죄에 대한 마땅한 형벌인 죄책(guilt)과 후손들에게 유전된 생득적 오염에 따라 영혼과 육체가 영향을 받아 하나님과의 관계에서 전적인 무능력의 상태인 전적 부패(total depravity)를 낳았다(엡 2:3). 이런 아담의 죄는 모든 후손들에게 전가(imputation)되었다. 그런데, 펠라기우스파는 아담의 죄와 후손들의 죄는 무관하다고 보았고, 가톨릭교회는 후손들에게 단순히 죄의 행위가 아닌 죄의 상태만 전가되었다고 보았다. 그러나 개신교회는 아담과의 유기적 일체성에 따라 아담의 범죄에 동참했다는 실재설과 아담이 인류의 대표로서 하나님과 언약을 맺은 것이므로 죄의 내용이 후손에게 미친다는 대표설을 따른다. 자범죄(actual sins)란 원죄로부터 나오는

이단사이비를 경계하라!

개인의 범죄를 말한다. 그것은 교만, 질투, 증오, 감각적 육욕, 사리사욕 등과 같은 내적인 죄와 사기, 도적, 살인, 간음과 같은 외적인 죄로 구분한다. 이런 죄들로부터 자유로운 사람은 아무도 없다(롬 3:10-12,23).

그런데 하나님은 죄인들을 향한 구원의 계획을 세우셨다. 구약성경은 사람의 생각의 모든 계획은 항상 악하고(창 6:5), 선을 행하는 자가 없으며(시 14:1,3), 하나님의 눈앞에서 의로운 인생이 하나도 없으며(시 143:2; 전 7:20), 그릇 행하여 각기 제 길로 가고 있지만, 하나님은 우리의 죄악을 그리스도에게 담당시키셨다고 말씀한다(사 53장). 신약성경은 인간본성에서 나온 각종 죄들을 열거하며(롬 1:28-31; 갈 5:19-21), 의인은 없나니 하나도 없고 선을 행하는 자도 없으며(롬 3:10-12), 하나님의 일을 생각지 않고 사람의 일을 생각하며(마 16:23), 모든 사람이 죄를 범했는데(롬 5:12; 3:23), 알지 못하던 시대는 하나님이 허물치 아니하셨으나 이제는 사람들로 하여금 회개하라 하셨고(행 17:30; 요일 1:8-10), 예수를 믿으라 하셨고(롬 10:9; 요 3:16), 옛 사람의 행위를 벗어버리라고 말씀한다(골 3:9).

따라서 성결교회는 인간이 아담의 원죄와는 상관없이 완전하다거나(펠라기안), 원죄는 인간과 천사의 성적타락을 의미한다거나(통일교, JMS), 인간을 영·혼·육으로 분리된 주체로 이해하거나(지방교회, 왜곡된 삼분설), 육체를 지나치게 죄악시하고 영혼만 중시하거나(금욕적 영지주의), 사람이 죽으면 영혼은 소멸한다거나(안식교, 지방교회), 사람이 하나님이 되어야 한다거나(위트니스리, 호함파), 사람은 하나님이 될 가능성을 가지고 있다거나(몰몬교), 인간의 육체에 순교자의 영혼이 내려와

합일된다거나(신천지, 신인합일의 신비주의), 인간이 지상에서 죽지않는다고 주장하거나(영생교, 신천지 등), 인간 스스로 도덕적으로 성숙한 존재라고 주장하거나(자유주의), 특정한 사람을 피조물이 아닌 신으로 높이거나 혹은 신이 되려고 시도하거나(통일교, 전도관, 전능신교 등), 인간이 스스로를 구원할 수 있다거나(계몽주의, 자유주의), 인간은 이미 죄인이 아닌 의인이라고 주장하거나(구원파), 인간을 하나님의 창조가 아닌 진화의 결과로 주장하는(진화론) 이론들을 거부한다.

성결교회의 인간론

[원죄는] 아담의 범죄로 그 자손 된 전 인류에게 유전된 부패성을 가리킴이니 이를 육이라 하였으며 인류는 이 성질로 인하여 항상 죄악에 기울어지는 것이다.

– 헌법 제2장 제15조 –

6 이단과 정통교회의 교리-그리스도론

역사에 나타난 그리스도론 이단

◆ 교회의 역사에서 그리스도론 이단자들은 누구였나요?

그리스도의 신성을 부인한 이단은 ① 유대종파인 에비온파로서 유일신론을 주장하고자 예수님을 요셉과 마리아의 아들에 불과하고 세례 받을 때 성령이 임하여 메시아가 되었다고 주장했다. ② 알로기파도 예수님이 기적적으로 동정녀에게서 탄생했으나 단순한 인간이라고 주장했다. ③ 사모사타의 바울은 예수님이 평범한 인간이었으나 세례 받을 때 신적 능력인 로고스가 임하여 예수님의 인성을 점점 신화하였다고 주장했다. ④ 근세에는 소시니안파, 유니테리안파, 현대 자유주의 신학이 있다. 그리스도의 인성을 부인한 이단은 ⑤ 우선 예수는 인간으로 보여질 뿐 실제로 육신을 입은 것이 아니라는 영지주의, ⑥ 성부 성자 성령은 한 하나님이 자신을 나타내는 3형식에 불과하다는 양태론이 있다. 그리스도의 신성과 인성을 완전성을 부인한 이단은 ⑦ 예수님을 시간 이전의 피조물로 보므로 하나님도 아니고 인간도 아닌 존재로 만든 아리우스가 있고 ⑧ 아리우스파를 공격하면서 로고스가 예수님의 영의 자리를 차지했다고 주장하면서 완전한 인성을 축소하였다. 그리스도의 양성을 바르게 설명하지 못한 이단이 있다면, ⑨ 네스토리우스파는 그리스도의 한 존재 안에 신성과 인성이 혼합되지 않고 구별된다고 했고, ⑩ 인성이 신성에 혼합되어 있다는 유티쿠스파가 있다. 현대에 와서는 ⑪ 역사적 예수 연구파와 예수 세미나파가 있고, ⑫ 다양한 현대신학자들의 그리스도론이 그리스도의 신성과 복음적 요소들을 파괴하고 있다.

신성을 부인한 이단

초기 기독교에 그리스도의 신성을 부정하는 이단들이 있었다. 첫째는 1세기에 번창한 유대적 기독교 종파인 에비온파(Ebionites)인데, 유일신론을 주장하려고 그리스도의 신성을 부인했다. 그리스도를 요셉과 마리아의 아들인 단순한 인간으로 보았고, 그가 세례 받을 때 임한 성령으로 말미암아 메시아의 자격을 얻었다고 본다. 이런 견해는 후일 양자론(Adoptionism)으로 알려졌다. 이들은 예수의 사명이 희생제사를 폐지하고 구약율법을 성취함으로써 구약 제사장직을 종결짓는 것으로 여겼다. 둘째는 2, 3세기의 극소수 종파로서 알로기파(Alogi)인데, 요한의 로고스 교리가 신약의 다른 교훈과 충돌된다고 하여 요한의 글들을 배척하였다. 예수는 비록 동정녀에게 탄생하였지만 단순한 인간일 뿐이며, 그가 세례 받을 때 그리스도가 강림하여 초자연적 능력들을 부여했다는 것이다. 셋째는 이런 주장과 흡사한 3세기의 역동적 단일신론(Dynamic Monarchianism)인데, 대표적 인물은 안디옥의 사모사타 바울(Paul of Samosata)이다. 예수는 마리아의 몸에서 출생한 다른 사람들과 다름없는 동일한 인간이며, 로고스는 예수가 세례 받을 때 들어와 온전히 거하는 비인격적 능력이라고 주장하였다. 이 신적 능력이 인간 예수 안에 점점 침투하여 그 인성을 신화(神化)하였다고 강조하였다.

근세에 와서 그리스도의 신성을 부정한 이단들은 종교개혁기의 소시니안파(Socinians)와 현대의 유니테리안파(Unitarians), 그리고 자유주의(Liberalism)다. 첫째, 16세기의 소시니안파는 삼위가 공통된 본체를 가졌다는 교리는 이성에 모순된다고 보고, 성자의 선재까지도 부정하였다. 그리스도가 비록 특별한 성령의 충만을 받고, 하나님에 대한 지식이 많으며, 승천 후에도 만물의 지배권을 받았다고 하지만, 단순한 한 인간에 지나지 않는다고 주장하였다. 그들의 하나님 개념은 오늘날의 유니테리안과 현대주의자들의 선구자가 되었다. 둘째, 유니테리안파는 종교개혁 이후 지금까지 교회 안에서 활동하고 있는 이단으로서 단일신론과 아리우스파 등이 그 선구자다. 유니테리안파는 신조를 부인하고, 하나님의 단일성을 강조하고자 그리스도와 성령의 신성을 부정한다. 그들은 자유, 이성, 관용을 인격적이며 사회적인 종교에서 본질적인 것으로 보았다. 셋째, 현대 자유주의는 케리그마를 통해 선포된 신앙의 예수와 역사에 등장한 실제의 예수를 구분하여 역사적 예수연구에 집중하거나(앨버트 슈바이처, 예수세미나학파) 예수를 인간 중에서 가장 신 의식이 충만한 자라고 본다거나(슐라이어마허) 예수를 정치해방가, 사회혁명가 혹은 선동가로 보는 입장들이다(해방신학자). 이런 입장은 신성을 부인하고 인성을 앞세우는 이단사상에 일맥상통한다.

인성을 부인한 이단

그리스도의 인성을 부인한 이단이 있다. 첫째, 사도시대로부터 등장했던 영지주의(Gnosticism)인데, 교회역사에 나타난 최초의 신학적 이단들 중의 하나였다(요일 4:2-3). 그들은 예수가 인간으로 보여진 것 일뿐 실제적으로 육신을 입은 것은 아니라고 하였다. 하늘의 그리스도는 인간 예수가 세례 받을 때 그에게 강림하셨다가 십자가에 못 박하시기 전에 하늘로 올라가시고 인간만이 십자가에서 죽었다는 것이다. 2세기 영지주의 이단사상은 가현설(Docetism)인데, 그리스도는 전적으로 하나님이고 영인데 그의 인성은 단지 외양에 불과하다고 주장했다. 따라서 그리스도의 고난은 실제가 아니라 그렇게 보이는 환영에 불과하다는 것이다. 외경인 베드로복음은 "예수님이 십자가에서 아무런 고통을 느끼지 않는 것처럼 침묵했다."고 묘사했다. 어떤 가현설주의자는 "예수님이 갈릴리 호숫가를 걸을 때 발자국을 남기지 않았다."고 주장했다. 이들은 예수의 몸은 육체가 아니라 영체며, 그 안에서 천상적 그리스도와 지상의 인간이 일시적으로 병치를 이룬 것이라고 주장하였다.

둘째는 4세기에 나타난 사벨리우스파(Sabellians)다. 그들은 그리스도를 단순히 하나님께서 자신을 나타내신 한 형태로 생각하였다. 기본적인 관심은 그리스도의 충분한 신성을 주장하는 데 있었다. 이 견해는 양식적 단일신론이라 불렸는데, 그 이유는 하나님의 3위를 하나님의 현현의 3양식으로 생각했기 때문이다. 그들에 의하면 성부, 성자, 성령이란 명칭은 단순히 한 신적 본체가 자신을 나타낼 때의 3형상을 가리키는 것이라 하였다. 하나님은 자신을 창조와 율법수여에서는 성부로, 성육신에서는 성자로, 중생과 성화에서는 성령으로 나타나신다고 주장하였다.

신성과 인성의 완전성을 부인한 이단들

그리스도의 완전한 신성을 부인한 이단은 첫째, 4세기의 아리우스파

이단사이비를 경계하라!

(Arians)다. 그들은 예수님을 하나님도 아니요, 사람도 아닌 피조된 존재로 만들어 놓았다. 예수 그리스도는 비록 창조된 모든 신적 존재들 중에서 가장 크지만 피조된 존재에 지나지 않는다고 주장하였다. 이 견해는 그리스도의 비하에 대한 성경적 교훈을 오해하고, 지상에서의 일시적 예속을 영원한 비동등성으로 오인하였다. 그들은 특별히 이성에 호소하였으나(요 5:19, 빌 2:17, 골 1:15절과 같은 성경에도 호소함) 이 견해는 주후 325년 니케아 회의에서 정죄되었다.

둘째, 역시 4세기에 나타난 아폴리나리우스파(Apollinarians)다. 아폴리나리우스는 아리우스파를 강하게 반대하여 다른 극단으로 흐른 결과 그리스도의 인성을 축소하고 말았다. 그는 사람이 영과 혼과 육으로 구성되었다는 삼분설에 입각하여 로고스가 영의 자리를 취하셨다고 주장하였다. 그리스도는 신체와 혼만을 가지셨고 영의 자리는 로고스가 채웠다고 하여 그리스도의 완전한 인성을 축소하였다. 즉 그리스도는 영이 없는 인성을 입으셨다는 것이다. 아폴리나리우스의 중요한 관심사는 그리스도의 참된 신성을 희생시키지 않고 그리스도의 위의 단일성을 확보하며, 따라서 그리스도의 무죄성을 지키려는 것이었다. 그러나 그의 입장은 381년 콘스탄티노플회의에서 이단으로 정죄되었다.

그리스도의 인격의 통일성을 부정한 이단

주후 5세기에 예수님의 신성과 인성을 두 인격으로 본 이단이 나타났다. 그는 콘스탄티노플의 주교인 네스토리우스(Nestorius)였다. 그는 아리우스주의를 대항하여, 그리스도의 완전한 인성을 부인하지 않으면서 그의 참된 신성을 변호하려고 하였다. 네스토리우스는 그리스도의 완전한 인성을 강조하고, 이 인성 안에 로고스가 내주하는 것은 정도의 차이는 있지만 도덕적 내주라고 생각하였다. 그는 그리스도 안에서의 양성의 연합은 진정한 연합이 아니라 도덕적이며 동정적인 연합일 뿐이라고 주장했다. 그리스도가 경배를 받는 것은 그가 하나님이기 때문이 아니라 하나님이 그 안에 계셨기 때문이라고 하였다. 네스토리우스는 그리스도가 진정한 경건과 도덕적인 훌륭한 모범을 교회에 남겼으나, 모든 영적 능력과 은혜와 구원의 근원이신 신인으로서의 구속주를 제거해 버렸다. 네스토리우스파는 431년 에베소회의에서 이단으로 정죄되고, 451년 칼케돈 회의에서 다시 정죄되었다.

신성과 인성을 혼합한 이단

주후 5세기에 네스토리우스파를 강하게 반대한 늙은 수도사 유티쿠스(Eutichus)는 콘스탄티노플에서 헬라 사상과 복음진리를 놀라운 방법으로 결합한 알렉산드리아 학파의 주장을 지지하였다. 유티쿠스는 그리스도의 두 성의 구별을 부인하고 그 둘을 하나로 혼합하여 신성도 인성도 아닌 제 3성을 만들었다. 유티쿠스와 그의 추종자들은 그리스도의 인성이 신성에 흡수된 것처럼 표현하였다. 이것 때문에 그들은 단성론자들(Monophysites)이라 불렸다. 451년 칼케돈 회의는 네스토리우스파와 유티쿠스파의 두 견해를 이단으로 정죄하였다.

칼케돈 회의 이후의 이단들

주후 7세기와 8세기는 스페인에서는 양자설 논쟁이 제기되었다. 양자설의 옹호자는 스페인 우르겔라(Urgella)의 감독 펠릭스(Felix)였는데, 그에 의하면 그리스도는 신성으로는 로고스로서 본래적 의미의 하나님의 독생자였으나 인성 편에서는 양자의 형식으로 하나님의 아들이 되셨다. 그는 그리스도의 베들레헴에서의 자연적 출생과 세례받으실 때 시작하여 부활하셨을 때 완성된 주님의 영적 출생을 구별하고, 이 영적 출생 때문에 그리스도는 하나님의 양자가 될 수 있었다고 주장하였다. 이 양자설의 오류는 794년 프랑크푸르트 대회(the Synod of Frankfort)에서 이단으로 정죄되었다.

19세기와 현대의 기독론

주후 18세기에는 그리스도의 인격(位)에 대한 연구에 새로운 변화가 있었는데 바로 역사적 예수 연구이었다. 그러나 이 흐름은 인간학적이었으며, 그 결과는 인간 중심의 그리스도론이 되고 말았다. 이 새 방법은 건설적인 결과보다는 파괴적인 결과를 가져왔다. 즉 권위와 초자연을 강하게 반대하고, 반면에 이성과 경험에 호소했다. 그리스도에 대하여 가르치는 것은 성경이 아니라 그리스도의 생활과 그리스도에 대한 우리의 경험이라고 하였다. 영광의 주는 거의 모든 초자연적인 것을 박탈당하고, 그리스도에 관한 교리는 단순히 예수의 교훈으로 몰락하고 말았다. 그는 예배의 대상이었으나, 이제는 단순한 윤리적 교사가 되어버렸다. 그 대표자들을 알아보자.

첫째, 자유주의 신학의 아버지로 알려진 슐라이어마허(Schleierma-cher)는 예수님을 단순한 인간에 지나지 않는다고 본다. 예수는 하나님과의 완전하고 지속적인 연합의식을 가졌다는 점과 무죄하고 완전한 성격으로 인간운명의 완전을 실현하실 수 있다는 점 때문에 그 인격의 독특성을 찾을 수 있다고 하였다. 그는 우리와 같은 참 사람이지만 좋은 환경에 처하여 무죄하게 지내며 순종하셨다는 것이다. 그는 완전한 종교적 인물이며, 모든 참 종교의 원천이라고 하였다. 그리고 동정녀 탄생은 받아들일 필요가 없다고 하였다.

둘째, 칸트(Kant)는 그리스도가 단순히 윤리적으로 완전한 이상에 불과하다고 본다. 구원은 이상을 신앙하는 데서 오는 것이며, 한 인격으로서의 예수를 믿음으로 얻어지는 것이 아니라고 하였다. 이 이상은 이성의 진리에 계시되었으며, 합리적 신앙의 내용이 되었는데, 예수는 이 신앙의 내용이 되므로 예수는 이 신앙의 가장 탁월한 교사요, 개척자라는 것이다. 칸트는 결국, 인간이 예수 그리스도와 어떤 인격적 관계없이도 구원을 얻을 수 있게 만들었다. 그는 기독교에서 십자가를 빼버린 것이다.

셋째, 변증법적으로 역사를 해석한 헤겔(Hegel)의 그리스도는 하나님과 인간을 하나로 보는 범신론적 사상을 주장했다. 헤겔은 인간의 역사를 하나님의 자기 전개의 과정으로 보고, 이런 의미에서만 말씀이 육신이 되어 우리 가운데 거하신다고 하였다. 그리고 성육신은 하나님과 인간이 하나됨을 의미한다. 사람들은 대체로 그리스도를 교사로 보지만, 신앙은 예

이단사이비를 경계하라!

수를 하나님으로 또는 하나님의 초월성의 절정으로 본다. 그가 행하시는 모든 것은 하나님의 계시가 되며, 하나님은 그를 통해서 우리에게 가까이 오시며, 우리를 감화시키고, 하나님을 의식하게 하신다고 헤겔은 주장하였다.

넷째, 그리스도의 인격에 대한 교리를 고치려는 주목할 만한 시도가 있었는데, 그것은 케노시스 기독론이다. '케노시스'(Kenosis)라는 명사는 빌립보 2장 7절의 "그리스도께서 자기를 비어 종의 형체를 가져"라는 말씀에서 나왔다. 케노시스 주의자들은 이 구절을 오역하여, 그리스도께서 성육신하실 때 자신의 신성을 버리셨거나, 혹은 포기하셨다고 해석하였다. 그러나 "자기를 비어"라는 말은 그리스도의 신성을 버리었다는 말이 아니고 권세와 영광에서 하나님과 동등 됨을 버리셨다는 뜻이다. 결국, 케노시스 교리는 하나님의 불변성과 삼위일체의 진리를 파괴하고 말았다.

다섯째, 슐라이어마허를 제외하고 현대신학에 큰 영향을 주었던 리츨(Albrecht Ritschl)이 있다. 그의 그리스도론의 출발점은 그리스도의 인격(person)이 아니라 그의 사역(works)에 두었다. 그리스도는 단순한 인간이지만, 그가 이루신 사역과 그가 행하신 봉사를 보아서 우리는 그를 하나님이라고 부른다. 하나님의 일을 하신 분을 하나님이라 부르는 것은 당연하다. 그리스도는 은혜와 진리와 구속의 능력으로 하나님을 계시하여 우리에게 하나님의 가치를 보여 주셨으며, 그렇기 때문에 그는 하나님의 영광을 받기에 합당하다. 따라서 리츨은 그리스도의 선재, 성육신과 동정녀 탄생은 그리스도인의 신앙체험과는 아무런 관계가 없다고 하여 무시하였다. 리츨의 그리스도론은 사실상 사모사타의 바울이 만들어

놓은 역사적 예수의 근대판에 지나지 않는다.

정통교회의 그리스도론

 ◆ 그리스도론에 있어서 이단적인 주장들은 무엇인가요?

그리스도론의 이단은 "예수가 누구신가?"의 물음에서 비롯되었다. ① 유대의 지도
자들은 예수는 나사렛의 목수아들이었지 유대인들이 대망하던 메시아이거나 하나
님의 아들이 아니라고 주장했다. 그러나 베드로의 신앙고백 "주는 그리스도시오 살
아계신 하나님의 아들이시니이다"(마 16:16)과 바울은 "그는 근본 하나님의 본체
시나"(빌 2:5)는 불변의 신앙고백이다. 예수님은 신성과 인성을 모두 가지신 분이
다. 그러나 ② 이단들은 예수님의 신성을 거부하면서 신적 인간으로 보거나 인간
중에 가장 고결한 존재로 격하시킨다. 반대로 ③ 예수님의 신적 본질에 치중하여 인
성을 거부하고 영의 나타남으로 보기도 하였다. 즉 예수님이 참 하나님이 되시고 참
사람이 되심을 부인한다. 심지어 ④ 예수님의 동정녀 탄생을 부인하거나 부활의 역
사성을 부인하기도 한다. ⑤ 무엇보다도 예수님의 십자가 대속사역을 거부하고 오
히려 자신을 구원자로 내세우기도 한다.

예수 그리스도

정통교회는 예수 그리스도를 하나님의 아들이요 그리스도이시며 유일
하신 구원의 주로 믿는다(행 4:12). 유대교 지도자들은 예수를 유대의 랍
비요 선동가 정도로 여겼다. 그러나 성경은 다음과 같이 정의한다. 첫째,
가브리엘 천사는 예수를 "자기백성을 죄에서 구원할 자"(마 1:21)로 예고
했다. 둘째, 세례 요한에게 세례 받을 때와 변화산 위에서 하늘로부터 음
성이 들리는데 "이는 내 사랑하는 아들이요 내가 기뻐하는 자"(마 3:16-

17; 17:5; 막 9:5)라고 하셨다. 셋째, 가야바가 법정에서 "네가 유대인의 왕이냐" 심문하였을 때 예수님은 "네 말이 옳도다"(막 15:2-5) 하셨다. 넷째, 예수님이 제자들에게 "너희는 나를 누구라 하느냐" 물으셨을 때, 베드로는 "주는 그리스도시요 살아계신 하나님의 아들이시니이다"(마 16:16-18; 막 8:29; 요 6:69)라고 고백하였다. 즉, 예수님은 성부가 보내신 구원자, 하나님의 아들, 유대인의 왕, 주, 그리스도시다.

초기의 그리스도인들이 로마의 박해를 받을 때 상대방이 그리스도인인지 확인하기 위해 물고기 그림을 암호처럼 그렸다. 물고기는 헬라어로 '익투스'(Ixtus)인데, 그것은 예수(Iesous) 그리스도(Xristos) 하나님의(Theou) 아들(Uios) 우리의 구원자(Soter)의 첫글자 모음이다. 즉 "예수 그리스도는 우리의 주이시고 하나님의 아들이요 그리스도요 우리의 구원자"라고 신앙고백 하였다.

신성과 인성

정통교회는 예수 그리스도께서 참 하나님(신성)이고 참 사람(인성)이라고 믿는다. 예수님의 신성에 대한 직접적 증거들이 있다. 예수님은 '내가 하나님이다.'라고 말하지 않았으나 자신의 천사들을 보내실 것이라고 하셨고(마 13:41), 중풍병자를 고치실 때 죄사함을 선포하셨고(막 2:7), 세상을 심판하는 권세를 가지고 양과 염소를 구별하실 것이며(마 25:31-46), 안식일의 주인이라고 선포하셨다(막 2:27-28). 요한복음에서 예수님은 '아버지와 하나이다.'라고 하셨고(요 10:30), 나를 보고 아는 것은 곧 아버지를 보고 아는 것이라 하셨으며(요 14:7-9), 아브라함이 나기 전에 내가 있었다 하셨고(요 8:58), 인자 외에는 하늘로 올라 간 자가 없다고 선언하셨다(요 3:13). 대제사장 가야바가 예수님을 심문할 때 "네가 하나님의 아들 그리스도인지 우리에게 말하라"하니 예수님은 "네가 말하였느니라...이후에 인자가 권능의 우편에 앉은 것과 하늘 구름을 타고 오는 것을 너희가 보리라"(마 26:62-64)하시므로 신성을 나타내셨다. 요한은 예수님을 선재하신 말씀이라고 묘사하였고(요 1:1), 히브리서 기자는 하나님의 영광의 광채이고(히 1:1), 천사보다 모세보다(히 3:1-6) 대제사장보다(히 7:6-7) 뛰어나다고 하였다. 바울도 하나님의 아들은 보이지 않는 하나님의 형상이며(골 1:15), 만물이 그 안에서 그를 통하여 그를 위하여 존재한다고 하였고(골 1:17), 아버지께서 그분 안에 충만으로 거하시며(골 1:19; 2:9), 근본 하나님의 본체로서 동등하신 분이라고 하였다(빌 2:5-11).

예수님의 인성에 대한 성경적 증거들도 많다. 예수님은 본래 하나님이신데 사람의 모양으로 내려오셔서(빌 2:6-11), 다윗의 혈통을 가지시고(롬 1:3), 목수 요셉의 아들로서(막 6:14-17) 지혜와 키가 자라셨다(눅 2:52). 신앙적으로는 회당예배에 참예하시고(눅 4:16), 성전도 방문하시고(눅 2:41,46,47), 성경공부를 하시고(눅 4:17), 규칙적인 기도생활도 하셨다(눅 6:12). 심정적으로는 고민도 하시고(요 12:27) 마음속 깊이 탄식도 하시고(마 8:12), 민망해 하셨다(요 13;21). 육체적으로는 배고픔을 느끼고(마 4:2) 갈증도 느끼고(요 19:28) 시험도 받을 정도였다(마 4장; 히 2:18; 4:15; 약 1:13). 예수님은 십자가의 죽음을 미리

이단사이비를 경계하라!

아시고 겟세마네에서 절규하였으며(막 15:34), 창에 찔려 물과 피를 쏟기도 하시고(요 19:34), 결국은 죽음을 맛보셨다(막 15:37).

그러므로 정통교회는 예수 그리스도를 '참 하나님이요 참 사람'(vere Deus vere homo)이라고 믿는다. 즉 예수 그리스도는 신적 본성과 죄 없으신 인간 본성이 연합되어 있는 신인(God-man)이시지 신적 인간(divine Man)이 아니다. 성경에서 보면 요한은 "말씀이 육신이 되어 우리 가운데 거하시며"(요 1:14)라고 하였고, 바울은 로마서에서 예수님이 "육신으로 하면 그리스도가 저희에게서 나셨으니 저는 만물 위에 계셔 세세에 찬양을 받으실 하나님이시니라"(롬 9:5) 하였으며, 갈라디아서에는 "하나님이 그 아들을 보내사 여자에게서 나게 하시고"(4:4) 하였고, 디모데전서에는 "그는 육신으로 나타난 바 되시고 영으로 의롭다 하심을 입으시고 천사들에게 보이시고 만국에 전파되시고 세상에서 믿은 바 되시고 영광 가운데서 올리우셨음이니라"(3:16) 하였다.

특히, 동정녀 탄생의 교리는 정통과 이단을 판단하는 주요교리다. 정통교회는 마리아는 남편 요셉과 성관계를 갖지 않은 처녀로서 성령의 초자연적 은혜로 예수님을 잉태하셨다고(마 1:25; 사 7:14) 믿는다. 동정녀 탄생교리와 성령의 잉태는 예수 그리스도의 무죄하심과 우리의 대속을 위한 희생제물이 되심이 정당하다는 토대가 된다. 마리아는 처음부터 무죄한 것이 아니라 성령에 의해 성화되는 은혜를 입어, 모든 더러움에서 자유하게 되어, 하나님의 아들을 낳은 어머니(신모성)가 되었다(마 1:18). 그러나 로마 가톨릭은 마리아는 은혜를 가진 자요, 예수 출산 전이나 이후에도 성적관계를 맺은 적이 없는 영원한 처녀성(영원 동정성)을 유지했으며, 예수님을 원죄 없이 무흠한 상태에서 수태(무흠수태설)한 것이고, 그것은 정상적 분만이 아닌 마리아의 자궁벽을 통과한 방법이며, 요셉과 마리아 사이에는 결코 자녀들이 없었기 때문에 성경에 나오는 예수의 형제와 자매들은 요셉의 전처 소생이거나 사촌들이라고 주장하였다(마 13:55; 막 6:3; 갈 1:18,19; 유1:1). 그 외에도 성모승천설이나 구원중재설을 주장하는데 이것은 성경을 벗어난 이단적 주장이다.

예수 그리스도의 사역

정통교회는 예수 그리스도의 삶과 사역을 낮아지심(비하)과 높여지심(승귀)으로 설명한다. 예수님은 자신을 낮추셨다. 하나님의 말씀이셨지만 육신이 되시고(요 1:14), 자기를 비어 종의 형체를 가지시고(빌 2:6-7), 율법 아래에 태어나셨다(갈 4:4). 예수님의 생애 자체가 곧 성육신, 수난 당하심, 십자가에서 죽음, 음부에 내려가심이 낮아지심이었다. 그런데, 하나님은 예수님을 높여주셨다. 곧 죽음에서 부활하심, 하나님의 보좌 우편에 올라가심, 그리고 다시 오심이다. 다시 말하면, 그리스도는 죽은 자 가운데 다시 살아나셔서 부활의 첫 열매가 되시고, 승천하신 후 하나님 보좌 우편에 계시다가 종말에 다시 오셔서 세상을 심판하시며 천년왕국을 이루신 후 사단을 영원히 결박하시고 하나님 나라를 완성하실 것이다. 특히, 바울은 부활이 없다면 그리스도에 대한 믿음은 헛것이라고 강조하였다(고전 15:16-17).

예수 그리스도의 전도사역은 회개를 촉구하고 하나님 나라를 선포했으며(Preaching), 회당에서 가르치셨고(Teaching), 각종 병든 자들을 고치셨다(Healing). 또한 그리스도의 중보사역은 하나님과 인간 사이에 화목제물이 되시고(요일 2:2), 유일한 중보자가 되신다(딤전 2:5). 그리스도의 속죄사역은 우리의 죄를 대신 담당하신 하나님의 어린양으로서 죽기까지 복종하시므로 십자가에서 보혈의 피를 흘리신 것이다(빌 2:4-11). 예수님은 십자가에서 우리를 대신하여 형벌을 받으셨고 하나님의 공의를 만족케 하신 그리스도의 공로로 죄인이 죄 없다하심의 은혜를 누리게 된 것이다. 따라서 예수 그리스도께서는 하나님 앞에서 우리의 대변자가 되신다. "만일 누가 죄를 범하면 아버지 앞에서 우리에게 대언자가 있으니 곧 의로우신 예수 그리스도시라 저는 우리 죄를 위한 화목제물이니 우리만 위할 뿐 아니요 온 세상의 죄를 위하심이라"(요일 2:1-2). 그러나 이단은 그리스도의 대속사역을 왜곡하거나 부인한다. 그리스도의 십자가와 부활을 부인하는 대표적인 이단은 여호와의 증인이다. 또한 통일교도 그리스도의 십자가 대속을 왜곡하고 교주 문선명이 완성한다고 주장한다.

성결교회는 예수 그리스도를 로고스-영으로 보거나(영지주의) 유대 랍비로 보거나(유대주의) 시간 이전의 피조물이거나(아리우스주의) 천사 중의 하나라거나(여호와의 증인 등) 수세 시에 하나님의 아들로 신분이 높여졌다거나(양자설) 신성을 부인하거나(에비온주의), 신성의 완전성을 부인하거나(아리우스), 인성을 부인하거나(가현설), 인성의 완전성을 부인하거나(아폴리나리우스), 그리스도의 인격을 나누거나(네스토리우스), 그의 본성들을 혼합하는(유티쿠스), 그리고 동정녀 마리아로부터 성령으로 잉태되심을 부인하거나(다빈치코드, 역사적예수연구, 예수세미나학파) 마리아의 무흠수태설 구원중재설 성모승천설 등을 주장한다거나(로마 가톨릭) 그리스도의 육체적 부활을 부인하거나(영지주의 가현설) 속죄사역의 효력을 부인하거나 왜곡하며(통일교, 현대신학 등) 예수 이외의 다른 최종적 선지자나 구원자를 주장하는(안식교, 이슬람) 이단적 주장들을 거부한다.

성결교회의 그리스도론

성자 예수는 성부 하나님의 말씀이니 곧 영원하시고 진실하신 하나님의 말씀이며 성부와 일체이시다. 성령으로 잉태되어 동정녀 마리아에게서 낳으심으로 일신(一身)에 완전하신 신성을 가지셨나니 이 두 가지 성품은 결코 분리할 수 없다. 그러므로 참 하나님이시고 참 사람이신 그리스도께서 십자가에 못 박혀 죽으시고 장사하였으며 이것으로 하나님과 사람 사이에 화목제물이 되사 인류의 자범죄를 사하시며 유전해 내려오는 원죄까지 속하시고 부활하신 그 몸대로 승천하셨다.

– 헌법 제2장 제14조 2항 –

이단사이비를 경계하라!

7 이단과 정통교회의 교리-성령론

역사에 나타난 성령론 이단

◆ 교회의 역사에서 성령론 이단들은 어떤 경우들이었나요?

성령의 신성은 초대교회부터 중요교리였다. ① 성령은 하나님의 피조된 능력이라는 성령훼손당, ② 성령의 피조성을 주장하며 하나님의 에너지라고 강조하던 아리우스, ③ 성령은 하나님으로부터 흘러나온 세력이라는 소시니우스, 그리고 ④ 성령의 능력을 돈 주고 사려고 했던 시몬이 있었다. 또한 ⑤ 스스로를 보혜사 성령이라 부르던 몬타누스, ⑥ 성령은 사람을 감동하여 하나님에 참여하게 한다는 중세의 요아킴 등이 이단자들이다. 그리고 성령사역을 오해한 이단자들은 ⑦ 성령은 성경을 몰라도 각자에게 직접계시하여 진리를 가르친다고 주장했던 토마스 뮌쩌, ⑧ 꿈이나 환상 그리고 직통계시와 같은 개인의 경험적 요소들을 강조한 신령주의, ⑨ 오늘날 사도직과 예언은사를 강조하는 신사도개혁운동 등은 역사적인 이단운동이라고 할 수 있다.

성령의 신성을 부인하는 이단

성령의 신성을 부인한 이단들이 있었다. 동방에서는 마케도니우스와 성령훼손당(Pneumatomachen)이라는 이단이 일어나서 성령이 하나님의 피조된 능력 내지 도구라고 하였다. 특히 아리우스는 더욱 더 성령의 피조성을 강조하였다. 사실 아리우스는 처음에는 성령의 인격성을 주장했지만 나중에는 성령의 인격성 및 신성까지도 부인했다. 아리우스를 비롯한 그들의 견해는 인정받지 못했으며 이단으로 정죄되었다. 지금까지 정통교회는 성령의 신성과 인격성을 주장하고 있다. 아타나시우스(Athanasius) 신조에 의하면 "만들어지지도, 창조되지도 않고 누가 그를 낳으신 것도 아니고 다만 나오신다."라고 고백하는 것이다. 또한 콘스탄티노플 신조(Constantionople Creed)에 의하면 "주이시며 생명을 주시는 성령을 믿으니, 그는 성부로부터 나오시고 성부와 성자와 함께 예배와 영광을 받으시며, 예언자를 통하여 말씀하셨으니"라고 확정적으로 말하고 있다. 웨스트민스터 신앙고백(Westminster Confession)에도 유사하게 진술하고 있는데, "하나님 안에는 동일한 본질과 능력과 영원성을 가진 삼위가 통일을 이루고 있다. 즉, 성부 하나님, 성자 하나님, 그리고 성령 하나님이시다. 성부는 지존하셔서 나시거나 발생하지 않으셨고, 성자는 성부에게서 영원히 나오신 분이며(begotten), 성령은 성부와 성자에게서 영원히 나오신 분(proceeding)"이라 한다. 성경 역시 성령의 신적 본성을 주장하고 있다. 이는 무엇보다 성령을 주(Lord)라고 호칭함에서 볼 수 있다(고전 12:3).

성령의 신성을 부정하는 이단 중에는 앞에서 살펴본 마케도니우스(Macedonius)를 비롯한 성령 훼손당과 아리우스(Arius)와 함께 또 하나 유념해야 될 이단은 사벨리우스의 양태론(Modalism)이다. 사벨리우스는 하나님의 통일성과 일체성을 보존하기 위하여 성부, 성자, 성령의 삼위를 구별하지 않고 성자, 성령은 단지 성부의 다른 양태(mode)의 나타남에 불과하다고 주장하였다. 이같은 주장은 실제로 삼위일체론을 부정한 것이다.

이단사이비를 경계하라!

성령의 인격성을 부인하는 이단

성령의 인격성을 부인하는 이단이 있었다. 성부 하나님께서 한 인격이시고, 예수 그리스도께서 한 인격이신 것처럼 성령께서도 한 인격이라는 사실은 성경의 근본적 계시다. 그럼에도 성령의 인격성은 수세기에 걸쳐서 여러 차례 부인되거나 등한히 여겨 왔으며 근대까지도 완전히 이해되지 못하고 있다.

성령의 인격성에 관한 성경의 가르침을 대적한 아리우스는 성령은 단지 피조된 세계에 나타난 하나님이 사용하시는 에너지(energy)로 보았다. 16세기의 소시니우스(Socinius)와 그의 추종자 역시 성령은 단순히 하나님께로부터 흘러나온 세력이라고 주장한다. 이 같은 경향이 오늘날 여러 형태로 변형되어 성령을 비인격적 감화력, 능력, 세력, 힘 등으로 생각하고 있다. 성령은 어떤 이들이 말하는 것같이 신적 본성 안에 있는 하나의 물질이 아니며, 하나님으로부터 유출된 단순한 선이거나 능력도 아니며, 우리의 성결을 위해서 활동하시는 하나님의 능력도 아니다. 그는 거룩하고 지적인 실재며 한 인격체시다.

성령을 한 인격으로 보지 않는 이단은 사도행전 8장에 예수님의 제자들이 사마리아성에서 큰 표적과 기사를 행하는 것을 본 마술사 시몬(Simon Magus)은 사도들에게 돈을 주고 이 성령의 권능을 팔도록 요청하는 것을 볼 수 있다. 마술사 시몬이 사도들에게 성령을 팔도록 요청한 것은 성령을 붙잡아 그의 뜻대로 이용하려는 뜻에서였다. 그는 성령의 인격성보다는 그의 욕망, 그의 뜻을 성취시키려는 수단이나 도구로서 성령을 이해한 것이다.

자칭 보혜사라고 하는 이단

자기 자신을 스스로 보혜사 성령이라고 칭한 이단이 있었다. 예수께서 이 세상을 떠나시며 제자들과 우리들을 위하여 보내시기로 약속하신 분이 보혜사 성령이시다. 보혜사 성령은 예수님께서 약속하신 분으로서 요한복음서에 나온 성령에 대한 독특한 칭호다. 보혜사라는 말의 헬라어는 파라클레토스(parakletos)인데, 이 칭호는 다양하게 번역되었다. 흠정역에서는 위로자(comforter)로, 개역성경에서는 위로자라는 말을 사용하면서도 난외 주에 대변자(advocator), 도와주시는 분(helper)을 의미한다고 하였다. 개역표준성경에서는 상담자라고도 번역하였다. 성령을 보혜사라고 한 것은 성령이 삶의 용기와 힘을 주시는 위로자시며, 생의 어려움 속에서 우리를 상담해 주시는 상담자시며, 우리에게 도움을 주시는 분이시며, 더 나아가 우리를 변호해 주시는 대변자라는 뜻이다(요 14:16).

그러나 여기에서 유의해야 할 점이 있다. 예수님이 다른 보혜사라고 말씀하셨는데, 여기의 '다른'이란 상이(defferent)하다는 뜻이 아니라 같은 또 하나(another, one more)의 뜻으로서 동일하고 동질적인 것을 뜻한다. 보혜사 성령을 자기 자신에게 적용시켜 스스로 보혜사 성령이라고 한 사람이 있는데 바로 몬타누스(Montaneus)다. 몬타누스는 이교도 제사장으로 주후 156년경에 세례 받고 기독교로 개종하였다. 그는 세례를 받은 후 자신이 요한복음 14장에 약속된 보혜사 성령을 받았고 성령을 따라 예언한다고 주장했다. 자신이 받은 성령의 계시는 고대로부터 내려 온 성경을 보완하는 것이라고 했다. 그와 함께 두 명의 여인 프리스킬라(Priscilla)와 막시밀라(Maximilla)가 가세하여 예언을 하며 계시를 받는다고 하며 성령의 감동으로 황홀경에 빠지고 무의식중에 방언도 했다. 터툴리안은 이들에게서 환상, 하나님과 천사들과 이야기하는 것, 치료, 투시 등의 은사들이 나타났다고 증언했다. 그들은 성령으로부터 받은 새로운 계시를 따라 새로운 세대(dispensation)가 시작되는데 계시의 시대는 자신들에게서 끝나고 곧바로 종말이 온다고 강조하였다. 몬타누스는 자신을 가리켜 성령의 기관, 더 나아가 보혜사 성령이라 하였다. 정통교회는 몬타누스를 이단으로 정죄하였으나(주후 200년), 교회사를 통해 몬타누스주의의 특징이 사라지지 않고 있다(신 몬타니즘). 즉 성령의 직통계시, 열광적 신비주의, 시한부종말론, 지나친 율법주의적 생활 강요 등은 몬타니즘이 끼친 영향이다.

12세기의 피오레의 요아킴(Joachim of Fieore)은 제3시대인 성령시대는 영적충만 시대로서 성령이 사람을 신적 존재로 만들어 성령에 전적으로 동참하게 한다고 주장하기도 하였다. 주후 1215년에 인노센트 3세는 요아킴의 사상을 이단으로 정죄하였다.

자기 자신을 보혜사 성령이라 한 것은 초대교회에서만 찾을 수 있는 것이 아니고 이 같은 주장은 근래에 우리 한국에서도 찾아볼 수 있다. 이는 은사운동을 전개하던 박태선인데, 그는 1955년 12월 25일 '한국 예수교 전도관 부흥협회' 일명 전도관, 1980년 1월 1일부터는 천부교로 이름을 바꾼 이단 종파를 창설한 자로 그는 스스로를 '감람나무' 또는 예수님이 보낸 '보혜사 성령'이라고 자칭하였다. 전도관의 영향을 받은 장막성전의 어린 교주 유재열이나 신천지의 이만희 교주, 그리고 하나님의 교회 안상홍 증인회의 안상홍 교주도 자칭 보혜사라고 주장한다.

성령의 사역을 왜곡하는 이단

성경은 "사랑하는 자들아 영을 다 믿지 말고 오직 영들이 하나님께 속하였나 시험하라 많은 거짓 선지자가 세상에 나왔음이니라"(요일 4:1)라고 말씀하고 있다. 우리는 시대가 혼란할수록 영들을 바르게 분별하는 영적 안목과 지혜가 필요하다. 16세기 종교개혁 당시 농민반란을 주도한 토마스 뮌처(Thomas Munzer)는 루터의 주장에 반대하여 성경을 유일한 표준으로 보지 않고 성령의 내적 음성을 중시했다. 성령이 각자에게 직접 가르쳐 주신다고 말했다. 신학자에게 질문할 필요가 없는데, 성령이 모든 농부나 점원에게도 말씀해 주시기 때문이다. 주후 1520년 루터의 추천으로 목회를 시작했는데 1년도 못되어 쯔비카우 '예언자들'에 의해서 큰 영향을 받아 성령의 내적계시를 강조하며 묵시적 역사관을 가진 열광주의자가 되었다. 그는 유아세례를 반대하고 가톨릭의 예배의식에 반대하며 과격한 종교개혁을 부르짖으며 1524년 농민전쟁에 가담하는 혁명투사가 되었다. 요아킴이 말한 성령의 시대가 완성되었다고 보고 뮌스터가 곧 새 예루살렘이며 순결한 하나님의 자녀들로 구성된 신국을 건설하기 위해 무지비한 폭력을 행사하였으나 결국 루터에 의해 진압당하고 말았다. 뮌처의 성령운동은 성령의 능력을 혁명적 폭력과 동일시하여 성경적 성령론에서 이탈한 이단이었다.

특히, 신령주의(spiritualism)는 성경을 하나님의 말씀으로 받아들이기를 거부하고 성령 혹은 인간의 영이 말씀의 판단기준이 된다고 주장했다. 종교개혁의 교리를 반대하고 이신칭의를 거부하며 성례전과 교회직분을 모두 거부했다. 대신에 성령세례와 같은 개인적이고 주관적인 요소들을 강조했다. 조지 윌리엄스는 꿈과 환상을 강조하고 유아세례를 반대했으며 임박한 천년왕국을 강조하여 토마스 뮌쩌에게 영향을 주었다. 세바스챤 프랑크는 모든 사람 안에 하나님이 임재하시고 하나님이 직접 말씀하신다고 보았다. 스웨덴의 신령주의자인 스웨덴보그는 과학자였으나 영계를 경험하면서 직접계시를 받기 시작했다. 삼위일체를 삼원리설로 설명하는데 성부원리는 사랑, 성자원리는 지혜, 성령원리는 능력이라고 하였다. 인간은 죽음 이후에 천국과 지옥을 선택하며 천국에는 부부간의 사랑이 존재한다고 주장했다. 그는 1757년에 재림과 심판이 영적으로 실현되었다고 주장했고, 그의 사후에 제자들이 새 예루살렘교회를 설립했다.

20세기에 은사주의 운동(Charismatic Movement)이 대두되었다. 은사주의운동에서는 쓰러짐이나 입신체험을 하도록 유도하기도 한다. 물론, 18세기 존 웨슬리의 페터래인 공동체의 체험(1738년 12월 31일 송구영신예배에서 사람들이 바닥을 뒹글 정도의 뜨거운 성령체험)은 성령의 사역이라고 할 수 있다. 그러나 성령의 자유로운 인도하심을 앞질러 인도자가 억지로 조장하고 도를 넘는 행동을 유도하는 집회라면 잘못이다. 오늘날 알파사역의 성령세미나 혹은 신사도개혁운동에서 종종 등장하는 입신, 예언, 천국체험, 환상, 투시, 쓰러짐, 방언찬양 등을 강조하는 일은 영적 분별이 필요하다. 또한 귀신을 쫓아낸다는 명목으로 눈을 찌르거나 몸을 때리거나 하는 안찰행위를 하는 경우도 있다. 귀신은 사람이 물리적인 힘을 가한다고 떠나는 존재가 아니다. 동시에 귀신들림과 정신질병은 현상이 비슷할 수 있으나 구분해야 한다. 사람이 갑자기 힘이 세어지거나 다른 영이 보이고 다른 영의 말이 들린다고 한다면 귀신들림이지만, 말을 두서없이 한다거나 정신이 오락가락한다면 단순한 정신질환에 속한다.

우리는 심령술을 통한 치유와 함께 초자연적 치유(supernatural healing) 역시 주의가 필요하다. 이는 초자연적 기적이 사탄에 의해서도 일어날 수 있기 때문이다. 거짓 선지자들도 "표적과 기사"를 나타내며(신 13:1-2), 적그리스도도 "큰 이적을 행하되 심지어 사람들 앞에서 불이 하늘로부터 땅에 내려오게 하고" 또 그것을 통하여 미혹하여 우상을 섬기게 한다(계 13:13-14). 예수님께서는 "거짓 그리스도들과 거짓 선지자들이 일어나서 이적과 기사를 행하여 할 수만 있으면 택하신 백성을 미혹케 하려 하리라 너희는 삼가라"(막 13:22)고 하였다. 따라서 모든 초자연적 기적, 초자연적 치유가 바로 성령의 역사라고 인정하려면 영적 분별력이 필요하다.

한국교회에서 최초의 성령론 이단은 이용도 목사라고 할 수 있다. 이용도 목사는 산기도와 금식기도를 통해 성령체험을 한 후 극단적 신비주의로 기울어져 정죄 받았다. 황국주는 백일기도 중 자신의 목이 잘리고 예수의 목이 붙어서 예수화 하였다고 주장하면서 자칭 예수노릇을 하였다. 소위 목가름, 피가름 교리를 가르치고 혼음을 하면서 이것을 영체교환이라고 주장하였다. 1930년대에 나타난 잘못된 성령운동의 대표적인 예는 유명화 여인의 강신극 소동이었다. 감리교 이호빈 목사는 "주께서 스웨덴버그에게나 썬다싱에게 간접으로 나타나셨지만 유명화에게는 직접 친림하셨습니다."라고 선언했다. 유명화는 이용도 목사에게 "용도야 너는 내 교회를 따로 세워라 이놈 네가 교회를 분리치 않으면서 나를 위하여 십자가를 진다는 것이 무엇이냐"라고 하면서 힐난하였고 이용도는 이것이 신언이라고 하면서 유명화 앞에 엎드려 "주여!"라고 했다고 전해진다. 또한 김기동 목사는 저서 『마귀론』(상·중·하)에서 마귀는 수명을 다하지 못하고 죽은 자들의 영이 마귀라고 하였다. 그가 말하는 마귀는 한국의 전통 무속종교에서 말하는 "선령은 인간에게 복을 주고 악령은 재난을 준다."는 신령사상을 기독교 교리에 대입시켜 발전시킨 것이다. 인간의 모든 행복, 불행, 질병, 사고 등이 모두 마귀의 작용이고 이 마귀를 물리치기 위해서 축사행위를 해야 구원이라고 주장했다. 이것은 결국 기독교의 무속화 내지 혼합주의로 전락하고 만 것이다.

정통교회의 성령론

◆ 성령론에 있어서 이단적인 주장들은 무엇인가요?

성령론 이단은 성령이란 어떤 분인가?(Who is the Holy Spirit?)하는 질문에 달려있다. ① 성경의 증거와는 달리 성령의 신성을 부인하고, ② 성령의 존재 자체를 인격(person)이 아닌 능력(power)으로 제한하기도 한다. 그리고 ③ 보혜사를 성령의 기능적인 명칭으로 보지 않고 성령이 아닌 사람으로 적용하기도 한다. 또한 ④ 성령의 근본사역이 구원사역에 있음을 잊고 실용적으로 해석한다거나 ⑤ 성령의 은사들을 하나님이 아닌 자신들의 능력으로 주장한다거나 ⑥ 가시적인 표적과 기사에 지나치게 집중하여 은사 신비주의에 빠지기도 한다.

성령은 어떤 분인가

정통교회는 성령을 삼위일체의 한 위격(person)으로서 하나님 되심을 믿는다. 삼위일체의 하나님이란 성부, 성자, 성령을 말하는데, 성령은 세 분 중 한 분이 아니라 하나님 자신이시다. 또한 성령은 우리가 눈으로 보거나 만질 수 있는 분이 아니시다. 왜냐하면 그는 물체가 아닌 영(the Spirit)이시기 때문이다. 따라서 성령은 '하나님의 영'(the Spirit of God)이라 부른다(롬 8:13-14).

영이란 히브리어로 루아흐(ruach)이고 헬라어로는 프뉴마(pneuma)다. 문맥에 따라 바람(wind)이거나 숨(breath)으로 사용되는데, 이것은 근원적으로 생명력(vitality)을 뜻한다. 즉 하나님의 영은 인간 생명의 근원이요 힘이라는 뜻이다(창 2:7; 욥 33:4). 따라서 성령은 피조물에게

이단사이비를 경계하라!

생명을 주시는 하나님 자신의 영이시다.

더 나아가 성령은 지(知) 정(情) 의(意)를 가지신 인격체시다. 성경은 그를 지성을 가진 분으로 증거하는데, 요한복음 14장 26절에서 "너희에게 모든 것을 가르치시고 내가 너희에게 말한 모든 것을 생각나게 하시리라" 고린도전서 2장 10-11절에서 "성령은 모든 것 곧 하나님의 깊은 것이라도 통달하시느니라. 사람의 사정을 사람의 속에 있는 영외에는 누가 알리요? 이와 같이 하나님의 사정도 하나님의 영외에는 아무도 알지 못하느니라"고 기록하고 있다. 또한 감정을 가지셨는데, 에베소서 4장 30절에서 "하나님의 성령을 근심케 말라"고 말씀하고, 로마서 8장 26절에서 "이와 같이 성령도 우리의 연약함을 도우시나니 우리가 마땅히 빌 바를 알지 못하나 오직 성령이 말할 수 없는 탄식으로 우리를 위하여 친히 간구하시느니라"고 말씀한다. 그리고 성령은 의지를 가지고 계시는데 고린도전서 12장 11절에서"그 뜻대로 각 사람에게 나눠 주시는 한 분의 같은 성령에 의하여"라고 기록하고 있다.

또한 성령은 아버지의 약속하신 영으로서(겔 2:28) 예수님이 성부께 구하여 성부가 보내시는 "또 다른 보혜사"(another comforter)시다(요 14:16). 예수님과 성령이 같은 보혜사(parakletos)로서 인간을 위해 "돕는자, 상담자, 위로자, 대변자"가 되신다. 보혜사 성령은 신자를 인도하시고 가르치시며 위로하시고 변호하시며 중보의 기도를 하시는 하나님이시다(롬 8:26). 또 다른 보혜사의 역할은 죄와 의와 심판에 대한 책망이다(요 16:8-10). 또한, 요한복음 15장 26절에 "내가 아버지께로서 너희에게 보낼 보혜사 곧 아버지께로서 나오시는 진리의 성령이 오실 때에 그가 나를 증거 하실 것이요."하였다. 따라서 보혜사이신 성령은 사람이 아닌 하나님이시다.

그런데 성령론에 있어서 최초의 문제는 성령의 출원(기원) 문제였다. 9세기의 서방교회는 요한복음 20장 22절을 근거로 성령은 성부와 성자로부터도 나오신다는 이중출원, 곧 휠리오케(filioque, 아들로부터도) 교리를 주장하고, 동방교회는 요한복음 15장 26절을 근거로 성령은 성부로부터만 나오신다는 단일출원을 주장하였다. 이 교리논쟁은 주후 1054년 동방교회가 서방교회로부터 분리되는 결과를 가져왔다.

성령의 사역

정통교회는 성령의 구원사역을 강조한다. 성령은 신자들을 하나 되게 하신다. "성령의 하나 되게 하신 것을 힘써 지키라"(엡 4:1-3), "유대인이나 헬라인이나 종이나 자유자나 다 한 성령을 세례를 받아 한 몸이 되었고"(고전 12:13), "너희도 성령 안에서 하나님의 거하실 처소가 되기 위하여 예수 안에서 함께 지어져 가느니라"(엡 2:22). 성령은 신자들을 그리스도와의 신비한 연합으로 들어가게 하신다. 따라서 신자들을 분열시킴은 성령의 역사가 아니다. 성령은 신자를 각성하게 하신다. 성령은 우리 죄와 의와 심판을 책망하시므로 회개하게 하신다(요 16:8-12). 따라서 성령은 남을 비난하고 정죄하기 전에 먼저 자신을 돌아보게 하신다(마 7:1-6; 겔 11:19; 롬 2:4-5). 성령은 회심하게 하신다. 죄인이 회개하여 예수 그리스도를 믿어 의에 이르도록 준비시킨다. "마음으로 믿어

이단사이비를 경계하라!

의에 이르고 입으로 시인하여 구원에 이르느니라"(롬 10:11; 갈 5:5). 특히, 성령은 사람이 회심할 때 하나님의 말씀을 사용하신다(약 :18; 벧 전 1:23). 따라서 성령은 복음의 진리로 죄인의 마음에서 역사하신다. 성령은 거듭나게 하신다(요 3:3-5). "우리를 구원하시되 우리가 행한 바 의로운 행위로 말미암지 아니하고 오직 그의 긍휼하심을 따라 중생의 씻음과 성령의 새롭게 하심으로 하셨나니"(딛 3:5), 거듭남은 성령의 단독 사역으로서 죄와 허물로 죽은 우리를 살리시는(엡 2:1), 성령의 창조사 역이다. 성령은 양자됨을 증거하신다. "성령이 친히 우리 영으로 더불어 우리가 하나님의 자녀인 것을 증거하신다"(롬 8:14-16). 또한, "양자의 영을 받았으므로 아바 아버지라 부르짖느니라."(롬 8:15; 참고 갈 4:6) 말씀한다. 따라서 성령은 신자로 하여금 하나님과 친밀한 관계를 형성하게 하신다. 성령은 신자를 성화케 하신다. 성령은 신자에게 신의 성품에 참예케 하시고(벧후 1:4), 성령을 좇아 행하게 하시며(갈 5:16-17), 몸의 행실을 죽이고 살게 하신다(롬 8:12-13). 성령은 거룩한 성품의 열매를 맺게 하시고(갈 5:22-23), 하나님의 능력으로 계명을 실천하게 되며(롬 8:2-4), 잠자던 양심이 활발해져서 하나님의 음성을 분별하게 되고(롬 9:1), 하나님을 보게 되며(마 5:8), 주의 재림을 준비하게 하신다(롬 13:11-12; 엡 5:26).

성령의 임재

성령은 어떻게 경험되는가? 성령은 신자 안에 내주하신다(갈 2:20). 오순절 성령강림 이후 신자와 교회 안에 내주하시는 성령은 하나님의 자녀인 그리스도인들에게 확신을 주시고(롬 8:14-16), 성령의 전인 신자의 몸으로 도덕적이고 경건한 삶을 살게 하시며(고전 6:18-19), 그리스도인들로 하여금 모든 일을 행할 수 있게 하시고(빌 4:13), 예배 안에서 하나님과의 교제를 가능하게 하신다(요 4:24). 성령은 신자를 진리 가운데로 인도(조명)하신다. 진리의 영이신 성령은 하나님의 말씀을 통해서(행 8:29; 10:19-20), 모든 것이 합력하여 선을 이루는 섭리를 통해서(롬 8:28; 8:14), 우리의 앞길을 막는 소극적 방법으로(행 16:6-7; 행 20:22-23), 시험과 고난의 길을 통해서(눅 4:1-2; 마 7:14; 사 30:21) 하나님의 뜻을 알게 하신다. 성령은 신자에게 임하여 하나님의 권능을 부어주신다(행 1:8; 눅 24:49). 온전한 그리스도인은 성령의 세례가 반드시 필요하다(행 2:1-4; 행 2:38-39). 성령으로 받는 세례는 뚜렷한 체험이 있고, 중생 이후에 진전된 2차적인 성령의 역사이며, 성령 세례의 결과로 권능(dynamite)을 받고, 그리스도를 증거하는 새로운 담력을 얻으며, 항상 신령한 것을 생각하고 거룩한 말과 행동을 하게 된다. 성령은 신자와 교회에 충만하게 임하신다. 그것은 신자의 성품으로서 초대교회 일곱집사를 선택할 때 "성령과 지혜가 충만하여 칭찬 듣는 사람"(행 6:3)을 택하였고, 특별한 사역을 감당하는데 필요한 은혜로서 오순절에 성령충만한 제자들이 그리스도를 담대히 증거 했으며(행

이단사이비를 경계하라!

2:4,14-36), 바울은 구브로에서 성령이 충만하여 박수 엘루마가 소경이 될 것을 예언하였으며(행 13:6-11), 성령충만은 신자의 마땅한 생활인데 바울은 "술 취하지 말라 이는 방탕한 것이니 오직 성령의 충만을 받으라"(엡 5:18)고 권면하였다. 즉, 성령세례가 일회적인 사건이라면 성령충만은 그 이후의 지속적 상태를 말한다.

■ 참고 : 성령세례와 성령충만

개혁주의는 중생할 때 성령세례를 받고 성령내주가 주어진다고 보는데, 오순절주의는 중생과 성령세례를 구분하고 성령세례는 반복적으로 경험한다고 보면서 성령의 능력과 은사의 체험을 강조한다면, 성결교회는 중생과 성령세례를 구분하고 성령세례는 일회적이며 성령충만은 성령세례 이후의 지속적 상태라고 강조하고 성령의 능력으로 인한 정결케됨과 생활의 변화를 강조한다.

성령의 은사

복음주의와 오순절운동은 오늘날에도 성경시대의 각종 은사들이 재현되고 있음을 믿는다. 그런데 칼빈주의는 그런 은사들이 신약시대로 끝났다는 은사중지론(Cessationism)을 가르친다. 그러나 성령은 오늘도 그리스도의 몸에 속한 신자들에게 구원의 확신을 주시고, 교회를 더 잘 섬기도록 다양한 은사들(charismata)을 주신다. 그런 은사들로는 영적 은사(지혜, 지식, 믿음, 병고침, 능력행함, 예언, 영 분별, 방언, 방언통역)와 직분의 은사(사도, 선지자, 복음전도자, 목사, 교사, 섬김, 다스림, 권위 혹은 권고, 구제, 긍휼베품)로 구분할 수 있다(엡 4:11; 롬 12:6-

8; 고전 12:4-11; 벧전 4:11). 에베소서 4장은 초대교회 안에 있던 다양한 직분이고, 로마서 12장과 베드로전서 4장은 교회의 실제사역들이며, 고린도전서 12장은 특별한 사역을 위한 은사들이다. 특히 방언의 은사가 주목받는데 사도행전 2장에서 15개국의 언어로 표현된 오순절 방언(xenolalia, 이국방언)은 고린도교회에서 행해지던 고린도 방언(glos-solalia, 영적방언)과 다르다.

성경은 신령한 은사들을 사모하라고 권면한다(고전 12:31; 14:8). 성경에 나타난 이적적인 은사들의 목적은 첫째로 그것이 하나님으로부터 나온 것임을 확인시키려는 것이다. "스데반이 은혜와 권능이 충만하여 큰 기사와 표적을 민간에 행하니…스데반이 지혜와 성령으로 말함을 저희가 능히 당치 못하여"(행 6:810) "무리가 빌립의 말도 듣고 행하는 표적도 보고 일심으로 그의 말하는 것을 좇더라. 많은 사람에게 붙었던 더러운 귀신들이 크게 소리를 지르며 나가고 또 많은 중풍병자와 앉은뱅이가 나으니 그 성에 큰 기쁨이 있더라."(행 6:8-10). 히브리서 기자도 "하나님도 표적과 기사들과 여러 가지 능력들과 및 자기 뜻을 따라 성령을 나눠주신 것으로써 저희와 함게 증거하셨느니라"(히 2:3-4)고 말한다. 둘째로 이적적 은사들이나 비 이적적 은사들이라도 그 목적은 교회를 바로 세우는 것이다. "각 사람에게 성령의 나타남을 주심은 유익하게 하려 하심이라"(고전 12:7) "그가 혹은 사도로 혹은 선지자로 혹은 복음 전하는 자로 혹은 목사와 교사로 주셨으니 이는 성도를 온전케 하며 봉사의 일을 하게 하며 그리스도의 몸을 세우려 하심이라"(엡 4:11,12).

은사의 분별

은사에 대한 분별이 필요하다. 은사는 성경을 통한 검증 가운데 행해져야 한다(고전 14:32-33). 은사를 받았다고 무조건 하나님으로부터 나온 것이라고 신뢰해서는 안 된다. 예언을 받는다거나 직통계시를 받았다고 주장하나 성경의 가르침과 다르거나 상식적으로도 황당한 경우가 많다. 은사는 절제하며 질서 있게 사용되어야 한다(고전 14:40). 은사를 아무리 많이 경험했다 해도 교회공동체 안에서는 질서를 지켜야 한다. 귀신을 쫓는 은사가 있다는 성도를 지나치게 떠받들면 목회적 질서에 문제가 발생한다. 또한 신학적 기초가 약한 사람이 은사에만 몰두하면 결국 그릇된 신비주의에 빠지고 만다. 표적과 기사와 같은 외적현상에 너무 집착하지 말아야 한다(고전 1:21-24). 헬라인들은 지혜를 구하고 유대인들은 표적을 구하지만 그리스도인들은 십자가를 구하여야 한다(고전 1:18-31). 오늘의 시대는 눈에 보이는 것만을 갈망하는데 오히려 그것은 악령이 틈탈 기회가 되기도 한다. 은사로 인한 영적 교만을 경계해야 한다(고전 14:30). 자신을 드러내고자 독특한 영적 카리스마가 있음을 포장하려는 유혹을 받기 쉽다. 성령께서 은사를 주신 목적을 고려해야 한다. 은사는 어떤 것이든 다 동등하다. 은사는 성도 개인의 영적 성숙과 교회공동체의 덕을 세우려는 목적으로 주신다(고전 14:26). 하나님이 주시는 대로 그 은사를 활용하여 하나님이 기뻐하시는 삶을 살고 맡겨진 사명을 감당해야 한다.

무엇보다도 신비한 표적과 기사보다 인격성숙을 의미하는 성령의 열매가 더 중요하다. 성령의 열매는 "사랑과 희락과 화평과 오래 참음과 자비와 양선과 충성과 온유와 절제"다(갈 5:22-23). 성령은 죄가 있으면(갈 5:16-17), 영적으로 나태하면(딤전 4:5), 은사를 활용하지 않으면(살전 5:19), 성령님을 근심하게 하면(엡 4:30) 소멸될 수 있다.

성결교회는 성령을 성부와 동일본질이 아니라는 주장이나(성령훼손당, 아리우스, 사벨리우스주의), 인격적 실체이심을 부인하고 물질적인 에너지로 주장하거나(마술사 시몬, 소시니우스), 예수의 영이 자신에게 임하여 자신이 곧 보혜사 성령이라거나(몬타누스, 박태선과 그의 아류들), 신비한 표적과 기사들을 중시하는 은사 신비주의에 빠지거나(왜곡된 은사주의, 인천 주님의 교회, 빈야드운동, 신사도개혁운동), 귀신 쫓는 일을 지나치게 강조한다거나(김기동의 베뢰아, 류광수다락방, 은사주의 기도원들), 성령의 열매로서의 성품변화보다 특정한 은사들을 중시하는 것(예언자학교, 심령치유 등)을 거부한다.

성결교회의 성령론

성령은 성부와 성자와 동일한 신이시니 그 본체와 능력의 위엄과 영광이 성부와 성자로 더불어 동일하시며 영원하신 하나님이시다. 그는 삼위일체의 하나님의 뜻을 실행하시는 이로서 세상에 보내심을 입어 죄와 의와 심판으로 세상을 책망하시며 보혜사로서 신자를 가르치시며 인도하시며 능력을 주시사 영혼을 강건케 하시며 교회를 거룩하게 하시는 신이시다.

– 헌법 제2장제14조 3항

이단사이비를 경계하라!

8 이단과 정통교회의 교리- 구원론

역사에 나타난 구원론 이단

◆ 교회의 역사에 있어서 구원론의 이단에는 어떤 집단이 있나요?

처음 구원론의 이단은 펠라기우스와 아우구스티누스 사이에 일어난 논쟁에서 시작되었다고 할 수 있다. ① 펠라기우스는 처음 아담의 죄는 하나의 죄의 사례에 불과하고 죄의 영향이 유전되지 않으며, 인간의 자유의지는 지금까지 선과 악을 자유롭게 선택할 수 있으며, 하나님의 은총은 약간의 도움이 될 뿐이라고 주장하였다. 이런 입장은 인간의 자연적 능력을 긍정하는 것이다. ② 로마 가톨릭주의에는 오직 성경 외에 교회의 전통을 신앙의 권위로 내세우는 것, 교황의 무오설이나 마리아 구원중재론 등은 성경을 벗어난 주장들이다. ③ 종교다원주의는 종교에 대한 관용정신에 입각하여 타종교의 구원의 가능성을 긍정하고 예수 그리스도 외에도 구원의 길이 있다는 비성경적인 이단사상이다.

펠라기우스주의

바울이 말한 "너희가 그 은혜를 인하여 믿음으로 말미암아 구원을 얻었나니 이것이 너희에게서 난 것이 아니요 하나님의 선물이라"(엡 2:8)는 성경말씀을 신학적으로 체계화시켜 기독교의 구원론을 완성한 사람은 중세의 아우구스티누스(Augustinus, 354-430)다. 로마 가톨릭교회가 이런 성경적 구원론을 뒤집어 스콜라주의화 하였지만, 16세기 종교개혁자들은 그의 은총의 신학을 회복시켰다. 그런데 아우구스티누스의 은총의 신학은 펠라기우스(Pelagius, 354-420)의 자연신학에 대한 논쟁에서 발전되었다. 아우구스티누스는 펠라기우스의 제자 코일레티우스(Coilestius)의 9가지 주장을 다음처럼 요약하였다.

1. 아담은 처음부터 죽을 수밖에 없는 숙명적 인간이기 때문에 죄를 짓고 안 짓고는 상관 없이 죽을 수밖에 없다.
2. 아담의 죄는 자신에게만 손상을 입혔을 뿐이고 전 인류를 결코 손상시키지 않았다.
3. 율법도 복음과 마찬가지로 자연인을 하늘나라로 이끌어준다.
4. 그리스도 이전에도 죄 없이 살다가 죽은 사람들이 있었다.
5. 최근에 태어난 갓난아이는 아담의 타락 이전 상태와 동일하다.
6. 전 인류는 아담의 타락과 죽음으로 인해서 죽지 않으며 그리스도의 부활과 더불어 부활하지도 않는다.
7. 자연인은 자신의 이성과 의지로써 죄 없는 삶을 살 수 있다.
8. 세례 받지 않은 유아들도 영생을 얻는다.
9. 세례를 받은 부자라도 자신들이 소유한 재산을 포기하지 않으면 아무런 공로가 없기 때문에 하나님의 나라를 상속받지 못한다.

아우구스티누스가 펠라기우스와의 논쟁을 벌인 중요한 주제는 원죄론, 자유의지론, 은총론, 그리고 예정론이었다. 펠라기우스는 처음 아담의 죄, 곧 원죄를 부인했다. 처음 아담은 거룩하지도 악하지도 않고, 선을 행할 수도 있고 악도 행할 수 있는 중성상태였다고 하였다. 죄성이나 죄책의 유전은 있을 수 없고, 아담의 죄는 아담 자신에게만 영향을 주었다. 그래서 사람은 아담의 타락 이전과 같은 상태로 태어난다. 그러므로 인간은 하나님의 율법을 행할 수 있고, 하나님이 인정하실 만한 업적을 쌓을 수도 있으며, 그러므로 노력에 의해 구원에 이를 수 있는 존재라는 것이다. 그러나 이런 주장은 아우구스티누스의 원죄론에 의하여 배격되었고 이단으로 정죄되었다. 아우구스티누스는 죄란 선의 결핍이라고 보았고,

이단사이비를 경계하라!

죄의 근본원리는 하나님을 사랑하는 대신에 자신을 사랑하는 것이라고 주장하였다. 아담 안에서 모든 사람이 함께 범죄에 참여하였고 아담의 죄로 인하여 다른 모든 적극적 형벌들이 세상에 왔다고 강조했다(롬 5:12). 이런 이유로 인간성질이 육체적 도덕적으로 부패하여 선을 행할 수 없다는 것이다.

펠라기우스는 인간의 자유의지를 강조하여 인간의 의지의 노력으로 개인을 구원할 수 있다고 주장했다. 각 사람이 악과 마찬가지로 선을 행할 능력이 있으므로 그가 선하거나 악하거나 하는 것은 그 자신에게 달려있다는 것이다. 그러나 아우구스티누스는 아담의 범죄로 인간의지의 자유는 전적으로 상실되었다고 주장했다. 죄의 결과로 인간은 전적으로 부패했기 때문에 어떤 영적 선도 행할 수 없다. 다만 아직도 일정한 정도의 본래적 자유는 행사할 수 있지만 저급한 표준에서야 가능하며 하나님으로부터 떨어져 있어 죄책의 무거운 짐과 악의 지배하에 있으므로 하나님 보시기에 선을 행할 수 없다고 주장하였다.

펠라기우스는 하나님의 은사인 자유의지를 통하여 하나님의 특별한 조력 없이 선을 행할 능력을 가지고 있으나 그것을 보다 쉽게 하도록 그리스도의 교훈과 모범이 도움이 된다고 주장했다. 하나님의 은혜는 제한된 의미에서 자신들의 능력을 신실하게 사용하는 사람들에게만 베풀어진다. 그러나 사람들은 능히 그것을 저항할 수 있다. 그러나 아우구스티누스는 인간의지의 갱신은 처음부터 마지막까지 독점적으로 하나님의 은총의 사역에 의해서 이루어진다고 주장했다. 성령의 공작은 결함의 보충만이 아니라 인간의 내면적 성향의 완전갱신을 위해 필요하다고 하였다. 그는 하나님의 은총의 사역을 준비적 은혜, 공작적 은혜, 협력적 은혜라고 구분했다. 은총의 사역은 인간을 하나님의 형상으로 전적으로 갱신시키며 죄인을 성도로 영적으로 변화시킨다. 사람은 은혜에 대항하여 아무 것도 할 수 없다.

펠라기우스는 선택과 유기의 하나님의 작정은 예지에 기초한다고 주장한다. 하나님은 자기 명령을 지킬 것으로 예지한 자들을 구원하기로 예정하셨다는 것이다. 이때 구원의 요소는 인간의 자유의지의 노력 여하에 달려 있게 된다. 그러나 아우구스티누스는 부패하여 영벌을 받게 될 사람들 가운데 얼마는 구원하기로 자유롭고 무조건적인 작정을 하셨다고 하였다. 선택받지 못한 자들에 대한 하나님의 작정은 허용작정이라고 불렀다. 그리스도는 택함 받은 자들만을 위하여 세상에 오셨고 십자가에서 죽으셨다고 강조했다. 펠라기우스주의는 416년에 카르타고 회의에서 정죄되고 431년 에베소회의에서 네스토리우스주의와 함께 이단으로 정죄되었다.

펠라기우스주의와 아우구스티누스주의의 양 극단 사이에 중도적 펠라기우스주의(Semi-Pelagianism)가 등장했다. 아우구스티누스의 원죄론과 은총론을 받아들이지만 거기에 펠라기우스의 사상을 혼합시켰다. 즉 인간은 원죄로 말미암아 스스로 구원에 이를 수는 없지만 그래도 구원을 향해 상당한 수준에 이를 수 있는 존재라는 것이다. 거기에 하나님의 은총이 더해짐으로써 마침내 구원에 이르게 된다고 가르친 것이다. 그러나 주후 529년 오렌지회의에서 온건한 아우구스티누스주의는 정통교리로 받아들이고 중도적 펠라기우스주의는 이단으로 정죄하였다. 아우구스티누스주의가 정통으로 받아들여진 이유는 바로 그의 은총론에 있었다.

현대교회에서도 펠라기우스주의는 더 큰 세력으로 자리 잡고 있다. 아우구스티누스주의는 칼빈주의로, 중도적 펠라기우스주의는 알미니안주의로, 그리고 펠라기우스주의의 후기형태는 소시누스주의와 유니테리안주의로 나타났다. 현대교회 안에 있는 모든 형태의 인본주의는 펠라기우스의 후손들이다. 인간을 긍정하고, 인간을 높이고, 인간의 업적을 기리는 인본주의적 행태는 '오직 하나님'이라는 은총교리를 부정하는 펠라기우스적 산물이다.

로마가톨릭주의

16세기의 종교개혁자들의 개혁슬로건은 로마가톨릭교회가 펠라기우스주의에 물들어 있음을 증언한 것으로 볼 수 있다. 오직 은총(sola gratia), 오직 믿음(sola fide)이 바로 그것이다. '오직 은총'은 로마교회의 공로와 은총을 배격하고, '오직 믿음'은 로마교회의 믿음과 선행이라는 공식을 타파한 슬로건이기 때문이다. 로마교회의 공로와 은총, 믿음과 선행은 펠라기우스주의의 산물이었다. '공로와 은총'이란 인간이 노력하여 이룬 공로 위에 하나님의 은총이 더해져서 구원에 이른다는 가르침이고, '믿음과 선행'이란 믿음만으로는 안 되고 선행이 있어야 의롭게 된다는 것인데 선행이라는 인간의 행위에 중점을 두는 비복음적인 주장이었다.

또한 종교개혁자들의 슬로건 중에서 오직 성경(sola scriptura), 오직 그리스도(solus Christus)가 있다. 이것은 로마교회의 핵심적인 사상, 곧 성경과 전통, 그리스도와 마리아(및 성인)에 대한 비판이다. '오직 성경'은 로마교회가 성경 외에 전통(tradition)이라는 진리의 출처를 제시하고 교회회의에서 무언가를 결정하면 그것이 성경과 동등한 권위를 가진다고 주장하자 종교개혁자들은 진리의 출처는 오직 성경뿐이라고 주장했다. 모든 가르침의 진위는 오직 성경에 의해서만 분별되어야 한다. 또한 '오직 그리스도'는 로마교회가 로마교회 감독을 교황(pope, 교회의 아버지)이라 칭하며 그에게 무오한 존재로서의 권위를 부여하고, 마리아를 제2의 중보자로 격상시켰으며, 무흠수태와 몽소승천의 교리들을 선포하며, 성인들의 잉여공로가 쌓이면 구원의 효력이 발생한다는 성인숭배 신앙을 강조하자 종교개혁자들은 오직 그리스도만이 유일의 중보자로 주장했던 것이다.

종교다원주의

종교다원주의는 다른 종교들도 기독교의 예수 그리스도와 같은 역할을 하는 소위 메시야가 있을 수 있다는 사상이다. 종교다원주의는 예수 그리스도의 유일성(행 4:12)을 가르치는 신약성경을 기독교인들에게만 적용되는 말씀으로 제한하면서 그것이 만인에게 적용되는 보편적인 진리라는 사실을 부인한다. 그 사상에 의하면 예수 그리스도는 분명히 구원의 길이지만, 유일한 길은 아니다, 다른 종교에도 구원의 길이 있고 구원의 진리가 있을 수 있기 때문이다. 그러므로 종교다원주의는 예수 그리스도를 믿음으로써 의롭다함을 얻는 이신칭의 교리를 부정한다. 루터는 일찍이 이신칭의 교리를 교회의 존폐가 달린 교리라고 하였다. 그러므로 오늘날의

이단사이비를 경계하라!

종교다원주의는 교회를 넘어뜨리는 이단사상이 아닐 수 없다.

종교다원주의는 기독교의 구원론을 근본적으로 와해시키는 사상이므로 교회는 배격하지 않을 수 없다. 그런데 서구의 신학계에서는 종교다원주의를 용인하는 정도가 아니라 오히려 주류 신학사상으로 만들었다. 세계적으로 서구권에서 기독교가 쇠퇴하게 된 것은 종교다원주의 사상의 범람으로 인하여 교회의 구원론이 무너진 데에 크게 기인한 것으로 사료된다. 얼마 전 WCC 부산총회를 앞두고 진보와 보수 진영 간에 종교다원주의 논쟁이 일었던 것을 고려하면, 이제는 우리도 종교다원주의 신학에 대하여 깊이 비판적으로 성찰할 때가 되었다.

정통교회의 구원론

◆ 구원론에 있어서 이단적인 주장들은 무엇인가요?

구원론의 이단은 인간의 상태를 죄인임을 부인하면서 시작된다. ① 인간의 구원에 원죄는 전혀 무관하다거나 ② 그리스도의 대속의 죽음으로 이미 모든 사람이 구원받았다고 주장하기도 한다. ③ 구원을 얻는 방법도 하나님의 은혜로 말미암은 이신칭의가 아니라 율법적 복종, 믿음 외에 선행의 실천, 타종교를 통한 구원 등을 강조한다. ④ 구원의 범위도 극단의 제한속죄설이나 만인구원설과 같은 극단의 보편구원론을 주장하기도 한다.

인간의 상태

정통교회는 자연인을 죄인이라 부르고, 죄인의 상태를 '잃어버린 자'로 규정한다. 사도 바울은 잃어버린 자들의 현재 상태를 다음과 같이 설명하였다. 구원받지 못한 자들은 영적으로 타락했다고 말한다. 그는 에베소 교인들에게 "너희의 허물과 죄로 죽었던 너희를 살리셨도다. 그때에 너희가 그 가운데서 행하여 이 세상 풍속을 좇고 공중의 권세 잡은 자를 따랐으니 곧 지금 불순종의 아들들 가운데서 역사하는 영이라"(엡 2:1-2) 바울은 계속하여 "이방인이 그 마음의 허망한 것으로 행함같이 너희는 행하지 말라. 저희 총명이 어두워지고 저희 가운데 있는 무지함과 저희 마음이 굳어짐으로 말미암아 하나님의 생명에서 떠나 있도다. 저희가 감각 없는 자 되어 자신을 방탕에 방임하여 모든 더러운 것을 욕심으로 행하되"(엡 4:17-19)라고 말했다.

그들은 하나님의 생명에서 소외되어 있다. 바울은 "그때에 너희는 그리스도 밖에 있었고 이스라엘 나라 밖의 사람이라. 약속의 언약들에 대하여 외인이요 세상에서 소망이 없고 하나님도 없는 자이더니"(엡 2:12; 골 1:21). 에베소 교인들은 거듭나기 전에는 하나님의 백성이 누리는 교제와 특권에서 제외되어 하나님 안의 생명도, 현재의 희망도, 죽은 뒤의 소망도 없었다. 구원받지 못한 자들은 율법 전체를 지킬 수 없는 율법의 저주 아래에 있다(갈 3:10). 그래서 바울은 "심판은 한 사람을 인하여 정죄에 이르렀으나"(롬 5:16). "한 범죄로 많은 사람이 정죄에 이른 것"(18절)이라고 말한다. 따라서 우리도 "다른 이들과 같이 본질상 진노의 자녀"

였다(엡 2:3). 구원받지 못한 자들은 아무 소망 없이 죄와 죽음과 사망의 노예가 되었다. 바울은 거듭나지 않은 자들을 사단에게 붙잡혀 지배당하며(딤후 2:26; 요일 5:19) 죄악 된 본성에 따라 움직이는(롬 7:5) 자들로서 실제적인 삶의 방식에서 "죄의 종"(롬 6:16-17,20)이라고 묘사했다. 그러므로 사람은 영적으로 타락하고, 하나님의 생명을 상실했으며, 율법의 저주아래 있고, 죄와 죽음과 사망의 노예가 되어있다.

구원의 의미

정통교회는 삼위 하나님이 구원의 뜻을 계시하심을 믿는다(엡 1:15). 하나님은 양심과 율법을 통해서 자기 백성들의 죄를 깨닫게 하시고(롬 3:20), 희생제물을 통해서 죄를 전가하는 방법을 가르쳐주셨으며(출 29:36), 예언자들의 입술을 통해서 죄에 대한 역사적 심판과 하나님의 구원을 선포하게 하셨고(단 9:24), 이스라엘을 애굽의 종살이에서 해방하시고 시내산에서 계약을 체결하시므로 하나님과 이스라엘의 관계를 확인해 주셨으며(출 20장; 신 6장), 창세 전부터 계획하신 구원을 성취하시려고 제사행위나 제물이나 장소가 아닌 마음에 기록하여 지킬 새로운 언약을 주셨다(렘 31:31-33; 고전 11:25).

따라서 구원이란 하나님께서 사람이 범죄하여 타락하므로 하나님과 원수 되었던 우리를 위해 하나님의 아들이신 예수 그리스도를 보내셔서(요 3:16; 마 1:21-22), 여자의 후손이 되게 하시고(갈 4:4-5), 십자가에서 보배로운 피를 흘리게 하시므로(벧전 1:19), 우리가 받을 죄의 형벌을 대신하고(벧전 3:18), 의의 요구를 만족케 하시고(롬 3:23-24), 죄와 사망의 세력에서 해방하여(롬 8:2), 하나님과 화목하게 하시고(롬 5:10; 요일 4:10), 저를 믿는 자에게 값없이 주시는 하나님의 은총이다(엡 2:8).

이런 점에서 구원은 하나님과의 관계회복이다. 구원이란 다음의 의미를 가진다. 인간의 불순종에 대한 형벌을 면제하는 것이다. 구약시대에 이스라엘 사람들은 죄를 용서 받기 위해 양이나 소를 잡아 희생제사를 드려야 했다. 이 제사 때에 흘리는 피 때문에 자신들의 죄가 씻김을 받는다고 믿었다(히 9:22). 이런 희생제사의 관습은 세계민족에게 나타나는 공통적 관습이다. 하나님은 자신의 공의에 따라 죄에 대한 책임을 물어야 했으므로 타락한 아담과 하와를 에덴동산에서 추방하셨다(창 3:23). 그러나 자비의 하나님은 그들을 위해 '짐승을 희생하여' 가죽 옷을 지어 입히시므로 그들의 죄를 덮어 주셨다(히브리어 카파르는 구속을 의미함, 창 3:21).

이처럼 하나님은 대리적 희생제물이신 예수 그리스도에게 형벌을 가하시므로 인간들의 죄를 덮어 주신다(막 10:45; 히 7:27). 죄와 사탄과 죽음의 노예상태가 된 사람들을 해방하시는 것이다. 거짓의 영인 사탄이 사람의 마음에 잘못된 지식을 넣어주므로(창 3:4, 5), 사람은 하나님께 불순종했다. 불순종하여 하나님 앞에 범죄한 인간은 하나님 대신 자신의 욕망과 사탄의 지배를 당하게 되었다(창 3:6; 4:6, 24). 그 영향으로 사람의 마음은 선보다는 악을 향하게 되었다. 그래서 악으로 가득한 세상은 하나님을 영화롭게 하지 않고, 피조물을 하나님보다 더 경배하며, 하나님을 마음에 두기 싫어한다(롬 1:21-28). 그 뿐 아니라 사람의 악으로 말미암아 자연도 오염되고 파괴되었다(창 6:11-13). 그래서 자연은 탄식하고 고통하며 구원을 갈망하고 있다(롬 8:22). 흑인노예들을 위해 일정한 값을 지불하면 노예신분에서 해방시킬 수 있는 것처럼 하나님은 죄와 사탄, 그리고 죽음의 노예상태에 있는 사람들을 위해 예수 그리스도를 배상물이 되게 하셨다(딤전 2:6).

사람은 하나님과 화목한 관계로 회복되어 하나님의 자녀로 다시 태어난다. 본래 사람은 하나님의 형상을 가진 하나님의 피조물이고 자녀들이었다. 그러나 사탄의 유혹으로 불순종한 사람은 자녀의 신분을 잃어버리고 아버지 하나님과도 불화하는 관계로 떨어지고 되었다. 그럼에도 불구하고 사랑의 하나님은 자신의 피조물들과 화해하기를 원하신다(요 3:16). 하나님은 계명과 율법을 주셔서 사람들이 깨닫기를 기대하셨으나 하나님의 뜻을 따르는 자가 적었다(렘 31:32). 그래서 하나님은 자신의 법을 돌비가 아닌 사람의 마음에 새겨서, 하나님은 그들의 하나님이 되고 그들은 하나님의 백성이 되는, 관계회복을 위한 새 언약을 세우셨다(렘 31:33). 그것은 예수님의 피로 세상과 화목을 이루시는 방법이다(롬 3:25; 요일 2:2). "곧 우리가 원수 되었을 때에 그 아들의 죽으심으로 말미암아 하나님과 더불어 화목 되는"(롬 5:10) 것이다. 따라서 구원이란 하나님과의 관계를 회복하고 에덴동산에서 누리던 영생(eternal life)의 삶을 회복하는 것이다. 구원은 인간의 공로와는 상관없이(엡 2:8-9) 모든 사람에게 주어지는 것이다(행 2:21 롬 10:13; 딛 2:11). 구원은 하나님의 부르심에 회개와 믿음으로 응답한 자에게 값없이 주어지는 하나님의 은혜다(복음적 신인협동설). 그러나 구원의 은혜를 받았어도 그 믿

음을 지키지 않으면 구원을 상실할 수 있다(히 6:4-6)

구원의 주체

구원이란 삼위일체 하나님의 역사다. 성부는 구원의 궁극적 원천이요 계획자요 창시자다(엡 1:3-6; 딤후 1:9; 요일 4:14). 야고보는 이렇게 구원을 시작하시는 성부의 역할을 다음과 같이 확증했다. "각양 좋은 은사와 온전한 선물이 다 위로부터 빛들의 아버지께로서 내려오나니 그는 변함도 없으시고 회전하는 그림자도 없으시니라 그가 그 피조물 중에 우리로 한 첫 열매가 되게 하시려고 자기의 뜻을 좇아 진리의 말씀으로 우리를 낳으셨느니라"(약 1:17-18).

성자 그리스도께서는 당신의 순종의 삶과 속죄의 죽음을 통해 온전한 구속을 이루셨다(엡 1:7-12). 바울은 성자의 역할에 대해 이렇게 썼다. "우리가 그리스도 안에서 그의 은혜의 풍성함을 따라 그의 피로 말미암아 구속 곧 죄사함을 받았으니 이는 그가 모든 지혜와 총명으로 우리에게 넘치게 하사"(7-8) 또한 하나님의 사자가 마리아의 남편 요셉에게 한 말을 기억해 본다. "이름을 예수라 하라 이는 그가 자기 백성을 저희 죄에서 구원할 자이심이라"(마 1:21) 성부께서는 "하나님과 사람 사이에 한 중보자"(딤전 2:5)이신 그리스도를 통해 구속을 일으키신다. 그리스도는 새 언약의 중보이시고 그분을 통해 부르심 받은 자들은 약속된 영원한 기업을 받는다(히 9:15).

성령은 그리스도께서 믿는 자들에게 주신 구속을 적용하고 효력 있게

이단사이비를 경계하라!

하며 보존하신다. 구원의 경륜 가운데 행하시는 중요한 사역들이 있다(엡 1:13-14). 삼위 하나님의 구원사역은 이렇게 표현할 수 있다. "성부께 서는 뜻을 세우시고, 성자께서는 그 뜻을 실행하시고, 성령께서는 그 뜻 을 적용하신다." 구원에 있어서 성령의 다양한 역할을 요약하자면, 성령 께서는 효력 있게 부르시고(히 3:7-8; 계 22:17), 의롭다 하시고(고전 6:11), 거듭나게 하시고(요 3:5-8; 6:63; 딛 3:5), 그리스도와 연합하 게 하시고(고전 12:13), 인치시고(엡 1:13; 4:30), 거룩하게 하시고(롬 15:16; 살후 2:13; 갈 5:16,29), 증거로 확신을 주신다(롬 8:16). 바 울은 삼위 하나님의 구원하시는 역할을 디도서 3장 4-6절에서 요약했 다. "우리 구주 하나님의 자비와 사람 사랑하심을 나타내실 때에 우리를 구원하시되 우리의 행한 바 의로운 행위로 말미암지 아니하고 오직 그의 긍휼하심을 좇아 중생의 씻음과 성령의 새롭게 하심으로 하셨나니 성령 을 우리 구주 예수 그리스도로 말미암아 우리에게 풍성히 부어주사"

인간 편에서는 아무도 자기의 능력으로나 공로에 기초해서 하나님께 나아갈 수 없다. 그러나 인간은 성령의 은혜로운 역사로 능력을 받으면 자신에게 필요한 일을 행할 수 있다. 구원을 얻기 위해서 신자들은 성령 의 도우심으로 복음을 믿고(요 20:30-31), 죄를 회개하고(행 2:38; 계 3:3,10), 그리스도를 신뢰하고 그분께 자신을 맡기며(롬 10:9; 딤후 1:12), 거룩함과 삶의 성화를 추구하며(딤후 2:21; 히 12:14), 그리스 도의 길에서 끝까지 견디게 된다(마 24:13; 요 8:31; 고전 16:13-14). 그러므로 구원은 하나님과 인간 양자의 작품이지만 인간의 노력과 협력 (호응)은 하나님의 은혜로만 가능해진다(복음적 신인협동설). 바울은 이점을 빌립보 교인들에게 주는 권면 속에서 밝히고 있다. "항상 복종하여 두렵고 떨림으로 너희 구원을 이루라 너희 안에서 행하시는 이는 하나님 이시니 자기의 기쁘신 뜻을 위하여 너희로 소원을 두고 행하게 하시나니"(엡 2:12-13).

구원의 과정

가톨릭교회의 구원관은 성례전과 관련되어 있다. 7가지의 성례, 곧 혼배성사, 세례성사, 견진성사, 성체성사, 고해성사, 신품성사, 종부성사 등이다. 가톨릭의 구원의 순서는 교회 밖에서 들어온 신자가 세례받기에 흡족한 은혜가 되게 하는 충족은혜, 하나님의 은혜로 과거의 죄를 사함 받고 양자를 칭함을 받는 주입은혜, 하나님의 은혜로 양자된 신자는 하나님의 은혜와 협력하여 선행을 쌓아야 한다는 협력은혜가 있다. 선행이 없는 대죄는 주입은혜를 상실할 수 있는데, 연옥은 지상에서 사함 받지 못한 죄를 정화하는 곳이며 이곳에서 죄를 해결해야 천국에 올라간다.

루터파의 구원론은 회심이 중생보다 앞서는데 그것은 사람의 행위에 강조점을 둔 것이다. 구원의 순서는 부르심-조명-회심-중생-신앙-칭의-신비적 연합-갱신-보존-영화다. 칼빈주의는 절대예정, 제한속죄, 그리고 견인교리를 전제로 구원의 서정을 전개한다. 회심보다는 중생을 앞에 두는 공통점이 있다. 일반적으로 구원의 순서는 부르심-중생-회심(회개와 믿음)-칭의(양자)-성화(견인)-영화다. 웨슬리-알미니안주의가 주장하는 구원의 순서는 구원을 위한 예비은총이요 모든 사람에게 값

이단사이비를 경계하라!

없이 주어지는 선행하는 은총(롬 5:8, preveninet Grace), 이로 말미암은 칭의 이전의 회개(repentance befre justification)와 믿음(faith)으로 회심(Conversion)한 후, 십자가의 의에 기초하여 율법의 요구가 충족되었다고 선언하는 칭의(Justification), 아들의 생명이 들어와 죄로 인해 죽을 영혼이 의와 참된 거룩함으로 다시 태어나는 중생(Regeneration, 웨슬리는 신생(New birth)이란 용어를 사용함), 그래서 하나님의 거룩한 자녀의 신분을 회복하는 양자(Adoption), 내적인 면과 외적인 면에서도 실제로 거룩하게 하시는 성령의 역사로 인한 성화(Sanctification), 성화의 생활 중에서 순간적인 성령의 세례로 죄의 세력을 제거하고 그리스도의 형상을 닮게 되는 온전한 성화(entire Sanctification, Holiness), 타락하고 부패한 인간성을 온전히 벗고 하나님 앞에서 최종적으로 칭의 되는 영화(Glorification)가 있다고 가르친다.

구원의 방편

구원이 어떻게 성취되거나 전달되는지에 관한 문제도 중요하다. 성례주의의 견해로서 특히 가톨릭교회는 구원의 은총이 세례를 통해 주어지며 성찬의 떡을 자신의 몸에 받아들임으로써 실제로 전달된다고 가르친다. 율법주의의 견해로서 성경에 기록된 율법조항들을 철저히 지키므로 하나님의 계명을 성취하여 구원을 얻는다고 주장한다. 도덕주의의 견해로서 구원이란 우리의 도덕적 행위에 의해서 전달된다고 본다. 즉 구원은 개인이나 집단이 소유하고 전달하는 것이 아니라 상황을 변화시킴으로써 만들어진다는 것이다. 이런 경우는 사회복음 운동이나 자유주의 신학체계에서 볼 수 있다. 이것은 어떤 이데올로기에 의해서 주장되는 접근방법이어서 세속적이고 정치적인 경로에 의해서 성취된다. 복음주의의 견해로서 구원이란 예수 그리스도에 대한 믿음에 의해서 주어진다는 것이다. 믿음은 그리스도가 성취하신 사역을 받아들이는 것인데 이런 경우는 사람은 수동적이다. 루터교회는 믿음을 고백한 신자가 세례와 성찬을 받아들이므로 구원을 받는다고 주장하고, 칼빈주의는 구원에 이르게 할 만한 유효한 은혜에 의해서 구원 얻는다고 주장하고, 웨슬리안 알미니안주의는 선행은총을 받아들이는 믿음으로써 구원 얻는다고 주장한다.

구원의 범위

구원을 사회에 적용하기보다는 개인에 적용할 때 생기는 문제다. 구원이 얼마나 많은 사람들에게 적용될 것인가? 첫째로, 제한구원론자(the particularist)의 경우는 구원을 은총에 대한 개인의 응답보다는 하나님의 절대적인 의지에 근거한다고 본다. 모든 사람이 응답하는 것이 아니라 하나님의 주권적인 의지에 따라서 어떤 사람은 선택되고 어떤 사람은 버려짐을 당한다고 본다. 둘째로, 보편구원론자(the universalist)들은 하나님이 모든 사람들을 버리시지 않고 원래 의도하신 관계로 회복하신다고 믿는다(만인구원설). 두 종류의 보편구원론이 있다. 하나는 낙관적 보편구원론으로서 구원받기 위해서는 예수 그리스도를 개인적으로 받아들이는 일이 필수적이며, 모든 사람이 그렇게 할 것이라고 주장한다. 그

이단사이비를 경계하라!

러나 과거에 모든 사람들이 그리스도를 받아들였던 것은 아니었다. 다른 하나는 일반적 보편구원론으로서 마지막 종말의 때에는 하나님이 어떤 방법이라도 사용하셔서 모든 사람들을 자신과의 영원한 교제로 받아들이실 것이라고 가정하는 것이다. 성결교회는 "모든 사람이 구원에 이르기를 원하시는"(딤전 2:4) 하나님의 사랑을 믿는 성경적 복음주의 입장이지만, 만인구원설(한 사람도 빠짐없이 다 구원하심)이 아닌 만인구속설(그리스도의 대속의 죽음은 모든 사람을 위한 것이나 믿음의 응답으로 구원받음)을 따른다.

성결교회는 구원의 의미를 성경이 증거 하는 십자가 복음이 아닌 특정 집단에 소속함으로 주장하거나(다수의 이단들), 교주의 독특한 교리적 주장을 추종한다거나(혈통교환–통일교, 귀신추방–김기동의 베뢰아, 류광수의 다락방, 가계저주론–이윤호 등), 교주를 신격화하여 구원자로 내세우거나(각종 이단들), 영의 구원과 육의 구원으로 구분한다거나(영지주의, 지방교회), 예수 그리스도가 구원의 유일한 길임을 부정하거나(종교다원주의), 예수님이 이루신 십자가 공로를 깎아내리고(통일교, 정명석), 전통적인 믿음으로 말미암은 구원 교리를 부인하거나(펠라기우스), 믿음 대신에 율법이나 순종을 강조하는 행위구원론을 주장하거나(로마 가톨릭, 다양한 율법주의 이단), 토속종교의 교리와 기독교의 진리를 결합시키는 혼합주의(전도관, 신천지)를 거부한다.

성결교회의 구원론

하나님께서 타락한 인류의 구원을 위하여 그 독생자 예수 그리스도를 값없이 주셨으니 누구든지 저를 믿음으로 중생하여 선을 행하는 하나님의 친 백성이 될 수 있다. 그러나인간에게는 의지의 자유가 있으므로 1차의 은혜를 받은 자라도 타락할 수 있은 즉, 성신의 도우심을 힘입어 이 영원한 은총을 끝까지 향유하는 것이다.

— 헌법 제16조 '자유의지' 항목 —

이단사이비를 경계하라!

9 이단과 정통교회의 교리-교회론

역사에 나타난 교회론 이단

◆ 교회의 역사에서 교회론의 이단에는 어떤 집단들이 있나요?

초기 기독교에 있어서 이단인 ① 몬타니즘은 자신들이 성령충만한 사람이며 천상의 예루살렘이 자신들에게 내려올 것이고 세례이후의 죄는 용서받지 못하나 치명적인 죄는 순교로서 구원받는다고 주장했다. ② 노바티즘은 황제의 박해 때 신앙을 배반 하였다가 다시 교회지도자가 된 사람들의 죄는 용서받을 수 없다고 주장하며 재세 례 받을 것을 강조하였다. ③ 도나티즘은 박해 상황에서 성경을 넘겨준 사람들이 진 정한 회개를 하지 않고 성례를 집행하자 이를 거부하고 재세례를 요구했다. 예수만 이 자신들의 사제라며 가톨릭교회와 결별했다. 중세의 이단은 ④ 카타리파인데 성 경에서 물질을 좋게 말하는 부분을 삭제하고 금욕주의를 강조하며 가톨릭교회의 체 계를 거부하며 4성례만 행해야 한다고 주장했다. 최고단계의 성령을 받으라고 강 조했다. ⑤ 보고밀파는 발칸지역의 하나님의 사랑하는 자라는 뜻의 용어를 내세운 집단인데 하나님은 영혼만 창조했고 구약의 시편 외에는 사단의 창조물이고 교회의 성례나 직제나 성상숭배를 거부했다. ⑥ 왈도파는 청빈생활을 주장하며 가톨릭을 매춘부로 비판했으며 누구라도 성례를 시행할 수 있으며 가톨릭의 축일이나 절기 혹은 기도문은 인간의 산물이고 연옥교리나 죽은 자를 위한 기도를 거절하였다. 현 대의 이단은 ⑦ 1830년 이후로는 자신들이 진정한 교회라는 몰몬교, 계시록 12:17대로 안식일 계명을 지키는 자신들이 남은 교회라는 안식교, 자신들이 하나 님의 선택을 받은 14만 4천명에 속한다는 여호와의 증인 등이 있다.

초기 기독교회의 이단들: 몬타니즘, 노바티즘, 도나티즘

초기 기독교의 이단들 가운데 교회론의 이단은 2세기의 몬타니즘 (Montanism), 3세기의 노바티즘(Novatism), 4세기의 도나티즘(Do-natism)이다. 몬타니즘은 주후 200년 소아시아 교회들의 공의회에서 정식으로 파문되었다. 몬타누스는 156년경부터 예언활동을 하면서 교회의 세속화와 제도화에 강한 반발운동을 전개했다. 카타프리기안주의(Cataphrygian)라고도 불리는 몬타니즘은 첫째, 자신들은 기존 신자들과는 달리 성령이 충만한 사람(Pneumatics)이라고 주장했다. 둘째, 천상의 예루살렘이 프리기아의 페푸자 지역에 강림한다고 주장했다. 셋째, 세례 이후에 저지른 죄는 결코 용서받지 못하며, 치명적인 죄는 순교로서 구원받는다고 가르쳤으며, 죽은 자에게도 세례를 베풀었다. 이들은 성령의 영감으로 교회의 형식과 비도덕성을 조화시키려 한 이단이었다. 이들의 등장으로 인해 교권은 더욱 강화되었다.

노바티즘은 주후 258년 교황 발레리안(Valerian)에 의하여 처형된 교파다. 노바티누스는 본래 로마교회의 장로요, 삼위일체 교리에 관한 중대한 저술을 한 인물이었다. 그는 251년 코르넬리우스(Cornelius)가 교황으로 선출되자 실망한 나머지 별도의 노선을 지향했다. 데시안 황제의 박해(Decian Percecution) 때에 신앙을 배반하고 다시 교회로 돌아온 자들의 죄를 교회가 용납해서는 안 된다고 주장하였다. 교회에 신앙의 규율이 해이한 것을 발견하자 다시 세례를 받고 교회의 순결을 위한 공동체를 결성하였다. 교리적으로는 정통이라고 평가를 받는 이단이다.

도나티즘은 신앙이 없는 지도자에 대한 강한 반발로 아프리카에서 형성된 교파다. 주후 303년 디오클레티안 황제의 대박해 때 펠릭스가 성경을 넘겨주는 배반행위를 자행했는데, 카르타고의 주교로 그가 임명되자, 받아들이지 않고 독자적으로 312년 주교를 선출하였다. 그들은 엄격한 교회적 권징과 순수한 교회원의 자격을 주장하고 무가치한 성직자를 거부했으며, 종교문제에 대한 국가의 간섭에 반했다. 더 나아가 배반자에 의하여 집행된 성례를 거절했고 자신들의 집단에 들어오는 자는 세례를 다시 받게 하였다. 그리고 예수만이 그들의 사제라면서 가톨릭교회와 결별하였다.

중세의 교회론 이단들 : 카타리파, 보고밀파, 왈도파

중세에는 수많은 종류의 이단이 등장했다. 가톨릭교회의 부패와 비성경적인 교리체계의 정립에 대한 반동이었다. 종교개혁의 여명기라고 할 수 있는 이때에 수많은 교단이 이단으로 정죄되었는데, 대표적으로 카타리파, 보고밀파, 왈도파가 있다.

카타리파(Kathari)은 일명 알비파(Albigeneses)라고 하는데, 흠 없는 순결한 삶을 살고자 노력한 교파다. 가톨릭교회에 큰 위협이 되었으며 많은 핍박을 받다가 1300년경 약화되어 버렸다. 카타리파는 동양의 철학과 엄격한 금욕주의를 도입하여 교회에 도전하였다. 그들은 물질과 정신의 기원을 서로 다른 두 존재에 두었으며, 성경에서 물질을 좋게 여기는 구절을 삭제하고, 인류의 기원과 타락, 구원에 관하여 공상적인 견해를 주장했다. 예수의 가현설, 성령의 세 분류(Santus, Paracletus, Principalis)는 독특했다. 최고의 성령(Principalis)을 받아야 완전하고 무죄한 인간이 된다고 하면서 교회론적으로 다음과 같은 주장을 계속했다. 첫째, 가톨릭교회의 교회적이고 의례적인 체계는 악마적이므로 거절한다. 둘째, 가톨릭교회의 사제제도는 4단계의 완전한 성직자로 대치시켜야 한다. 즉 주교(bishop), 큰아들(filius major), 작은 아들(filius minor), 집사(deacon)다. 셋째, 가톨릭교회의 7성례는 폐지하고 네 가지 성례를 행해야 한다. 즉, 안수식(consolamentm, 성령을 받아 완전하게 되어 그리스도의 상속자가 되는 의식), 소환식(Convenencia, 신자가 죽기까지 안수식을 연장하는 의식), 인내식(endura, 소환식을 받고 죽기 직전까지 견디는 의식), 선혜식(melioramentum, 신자들이 무릎을 꿇고 완전한 축복을 받는 의식)이다. 이들은 매일 성찬식을 거행하고 성찬에 대해 화체설은 거절했다. 결국 이단으로 낙인 찍혀 무력과 설득에 의하여 소멸되었다.

보고밀파(Bogomils)는 발칸에서 마니교의 영향을 받아 일어난 집단이다. 보고밀이란 '하나님의 사랑하는 자'(Theophilus)의 불가리아 말이다. 주후 1110년 보고밀의 지도자들이 처형됨으로 점차 소멸된 그들의 주장은 첫째, 세상과 인간은 사탄의 창조물이고, 영혼만이 하나님이 만드셨다. 둘째, 진정한 성도는 물질세계를 극복해야 하는데 결혼의 금지, 육식의 금지, 포도주의 금지, 재산의 포기를 통해서 가능하다. 셋째, 보통 신앙을 가진 자는 완전자에게 순종할 의무가 있으며, 죽음의 침상에서 영적 세례를 받을 수 있다. 넷째, 신약은 인정하나, 구약의 시편 외에는 사탄의 글이므로 인정할 수 없다. 다섯째, 그리스도의 몸은 실체가 아니며, 교회의 성례, 교회 조직 및 성상숭배는 할 수 없다는 것이었다. 극단적인 주장을 내세운 이단이다.

왈도파(Waldensians)는 리용의 부유한 상인 왈도(Peter Waldo)가 회심을 경험한 후 세속적 소유를 포기하고 청빈한 삶과 선교의 삶을 살기로 결심하고 전개한 운동이 왈도파다. 주후 1181년 정죄되어 1184년 파문이 되고 수 없는 핍박을 받았으나 이미 이단으로 기울어진 로마가톨릭을 향하여 '바벨론의 매춘부'라고 항거했던 운동이었다. 참된 교회를 주장했던 그들의 교회론은 무엇인가? 첫째, 교황이나 그의 파문령을 거절하므로 교황권의 우위성을 무시했다. 둘째, 성찬식을 제외한 모든 가톨릭의 성례들을 거절하거나 재해석하였다. 셋째, 왈도파의 남녀는 성례를 시행할 수 있으며, 성찬식은 1년에 한번 시행하였다. 넷째, 모든 가톨릭의 축일들과 절기, 기도들은 인간이 만든 것이며 신약성경에 근거가 없으므로 거절하였다. 다섯째, 연옥 교리 및 죽은 자를 위한 기도와 헌금의 효력을 거부했다. 이들의 반항운동이 종교개혁으로 승화된 것은 역사가 인정하고 있다. 위클리프파나 후스파도 이와 같은 맥에서 파악되고 있다.

로마가톨릭과 급진 종교개혁파

주후 1050-1300년경에는 기독교 사회가 교황에 의하여 통치되었다. 교황의 권위에 복종하지 못하는 신자는 이단자(infidels, Schismatics 혹은 heretics)로 규정했다. 개인적으로 수많은 성도가 처형되었고, 십자군 원정 및 종교재판은 조직적으로 소위 이단을 파문하고 박멸하였다. 종교개혁은 이러한 때에 발생했고 가톨릭의 트렌트공의회(1545-1563)의 기준으로 보면 프로테스탄트는 전부가 이단이 되었다. 새로운 이단(New Heresies)으로 분류된 것이다. 그러나 성경을 기준으로 삼고 고대 공의회(500년 이전)를 표준으로 할 때 로마가톨릭이 실제적 이단(real heresy)으로 평가될 수밖에 없었다. 그리고 급진적 개혁파인 재침례파(Anabaptist)도 이단으로 규정되었다. 로마가톨릭의 문제는 성경에 없는 내용이 너무 많이 첨가된 것이다. 교황의 우위권, 마리아론, 7성례론, 화체설 등이 거론되고 있다. 특별히 로마가톨릭은 성경의 권위를 침범했고, 칭의를 오해했으며, 세례, 성찬, 고해성사, 연옥, 교황의 우위권 등의 문제들을 비사도적인 방향에서 창출했다고 지적된다. 로마가톨릭에서 이교적인 요소로 인정되는 것들을 제거하면 바른 기독교로 공인받을 것이다. 그리고 급진적인 종교개혁 운동도 이단적 정죄를 받았는데, 재침례파가 대표적이다. 기존의 교리를 부인하고 유아세례와 성만찬을 경멸하는 문제와 국가와 교회의 단절교리가 이단으로 정죄된 이유였다. 성경적 기독교에서 멀어지면 어느 교단이든지 이단의 시비에 휘말릴 수 있다는 교훈을 남긴다.

현대의 교회론 이단들 : 몰몬교, 재림예수교, 여호와의 증인, 크리스찬사이언스

몰몬교(Mormonism)는 세례요한이 죽은 후 1830년까지만 교회가 유효하다고 주장한다. 그 이후에는 오직 자신들의 성례만이 유효하다고 가르친다. 매 주일 성찬식을 거행하는데, 8세 이상이면 참여한다. 3회 이상 성찬에 참여치 않으면 문책을 받으며, 떡은 성병(聖餠), 포도즙은 성즙(聖汁)이라고 한다. 마태복음 26장 29절의 말씀을 인용하여 포도즙 대신 물을 사용한다. 8세 이상의 몰몬교인은 여섯과의 기초 공부를 마친 후 침례를 받는다. 그들은 결혼이 영원한 귀속이라고 믿으며, 죽은 친척에게도 세례를 베풀고 있다. 술, 담배, 카피, 홍차를 마시지 않고 안식일을 준수한다. 매 주일 예배보다 교육에 치중하는 이단으로 한국에서도 맹렬히 활동하고 있다.

제7일 안식일 교회의 교회관은 '남은 교회'(Remnant Church)의 개념으로 집약된다. 계시록 12장 17절의 말씀대로 안식일의 계명을 지키며, 하나님의 증거, 곧 예언의 영을 화이트 여사를 통하여 받았다고 자처하며, 자기들만 구원을 받으며, 말세의 참 교회라고 주장한다. 그들의 세례는 그리스도를 구주로 믿는 기본적인 신앙고백 외에 제7일 안식일과 예언의 영과 남은 교회와 십일조 등에 대한 신앙고백을 요구하며 침례를 원칙으로 한다. 성찬식은 세족식을 선행한다. 예수께서 성만찬 전에 제자들의 발을 씻긴 사실을 죄악을 씻는 하나의 의식으로 해석하여 시행한다. 그들은 예수님이 세례에서 '큰 씻음'(Greater Cleansing)을 받았고, 발을 씻김에서 세례 후에 묻은 죄를 씻는 '작은 씻음'(Lesser Cleansing)이라고 한다.

여호와의 증인(Jehovah's Witnesses)은 기존 교회의 신도들은 악마의 추종자라고 규정하며, 자신들만이 하나님의 선택을 받은 14만 4천명에 속하며 천국에서 그리스도와 함께 통치한다고 주장한다. 국가와 교회의 관계를 단절하고 사회적응을 못하므로 큰 문제를 야기하는 배타적 이단이다. 크리스천사어언스(Christian Science) 역시 배타적 교회관을 가진 이단이다. 에디 여사의 허락 없이 교리와 교회정치를 변경시키지 못하게 한다. 모든 교회는 보스톤의 모교회와 연계시켜야 하며, 아예 성례는 폐지하고 말았다.

정통교회의 교회론

 ◆ 교회론의 이단에는 어떤 교리적인 주장들이 있나요?

① 교회의 본질에 대한 질문으로 시작되었다. 로마 가톨릭교가 사도직을 이어받았다는 교황을 중심으로 한 가시적인 교회를 진정한 교회로 본다면, 동방정교회는 교황에게 집중하지 않고 교회회의를 강조하고, 개신교회는 성도의 교제를 교회의 본질로 강조한다. ② 교회의 속성에 있어서도 로마교회는 교황이 사도 베드로의 직접적 후계자라고 주장하는데 개신교회는 사도의 교훈을 직접 따르는 사도적 권위와 사명을 강조한다. ③ 교회의 직제에 대해서 무교회주의는 일체의 직제를 거부한다. ④ 성례를 구원의 결정적 조건으로 제시하거나 세례의 방식에서 침수례만을 고집하거나 ⑤ 성만찬에 대해 가톨릭교회가 주장하듯이 빵과 포도즙이 그리스도의 살과 피로 변한다는 화체설이라는 신비주의를 주장하기도 한다.

교회의 본질과 정의

교회의 본질에 대해 세 가지 견해가 있다. 가톨릭교회, 동방정교회, 개신교회의 교회론이다. 가톨릭교회는 로마교황(교황이 무오하므로 가톨릭교회가 무오하다고 주장함)을 중심한 가시적인 교회가 진정한 교회라고 주장한다. 교회란 그리스도를 중심한 예배모임이 아니라 지상에서 사람의 구원을 취급하는 기관이며 하나님의 은사를 맡아 신자들에게 나누어 주는 신적 기관이라고 본다. 동방정교회는 가톨릭교회처럼 교황 한 사람에게 절대권을 부여하지 않고 조직체인 교회회의를 강조한다. 개신교회는 교회의 본질을 조직체에 두지 않고 성도의 교제(Communio sanc- torum)에 있다고 본다. 루터는 교회를 만인제사장직(성직자와 평신도의 이중구조를 거부하고 모든 신자는 그리스도를 통해 하나님께 나아가는 제사장)에 따라 그리스도의 몸을 형성하는 성도의 교제로 보았고, 칼빈은 선택받은 자들의 무리, 양자됨에 의해 하나님의 자녀가 되고 성령의 성화에 의해서 그리스도의 참 제자가 된 사람들의 모임이라고 하였고 영적양육을 위한 신자의 어머니로서의 교회를 주장했다. 반면에 웨슬리는 그리스도를 믿은 성도들 또는 지상에 있든 낙원에 있든 모든 진정한 신자들의 총체이므로 복음으로 부름 받고, 세례로서 그리스도와 연합하고, 사랑으로 생동하고, 성도의 교제로서 연합하고, 아나니아와 삽비라의 죽음으로 훈련된 사람들의 모임이라고 하였다.

교회는 베드로의 신앙고백(마 16:16) 위에 세워진 거룩한 신앙공동체로 정의할 수 있다. 구원받은 하나님의 백성의 모임이고, 피 값으로 사시고(행 20:28) 세례와 성찬을 통해 그리스도와의 사귐 가운데 있는(고전 12:13) 그리스도의 몸(Body of Christ, 엡 1:22-23, 4:15-16)이며, 건물이 아니라 예수 그리스도를 주로 믿고 고백하는 에클레시아로서의 성도의 교제이고, 오순절 이후로 성령의 충만에 의해 계속적으로 구원의 은혜를 경험하는 영적인 공동체로서 그리스도께서 임재하시는 곳이다

(마 18:20). 따라서 교회는 그리스도의 몸으로써 하나님의 부르심을 받은 성도들이 교제를 통해 사람들을 구원하고 말씀으로 양육하며 주의 재림을 준비하게 하는 거룩한 공동체이다.

교회의 속성

교회는 하나고 거룩하며 보편적이고 사도적인 권위를 가진다. 교회의 속성은 라틴어로 "Una, Sancta, Catholica, Apostorica"로 말한다. 이것은 381년에 개최된 니케아-콘스탄티노플 교회회의에서 결정된 신조에 표현되어 있다. 첫째로 교회는 일체성(Oneness)을 가지는데, 가톨릭교회가 전 세계에 존재하는 교회들의 외형적 조직에서의 일체성을 주장한다면, 개신교회는 같은 주님으로 고백하는 신자들의 신비하고 영적인 사귐, 그리스도를 머리로 신자들을 몸으로 하는 유기적 일체성을 강조한다. 그것은 다양한 외적 분파의 배경을 넘어서는 한 성령 안에서의 하나됨을 의미한다(엡 4:3-4). 둘째로 교회는 거룩성(Holiness)을 가지는데, 가톨릭교회는 교리, 예배의식, 권징 등의 외적 요소에서 거룩성을 찾는데, 반면에 개신교회는 신자들이 하나님의 자녀로 구별된 존재이므로 그리스도의 의를 힘입어 하나님 앞에서 거룩하다고 인정받는 내면적이고 영적인 의미에서 거룩성을 찾는다. 교회는 세상에서 구별되어 하나님의 아름다운 덕을 선전하는 공동체다(벧전 2:9-10). 셋째로 교회는 보편성(Catholicity)을 가지는데, 가톨릭교회는 외형적 조직에서 보편성을 찾는데 반해 개신교회는 국가와 인종과 계급을 넘어서고, 모든 시대와 모든 장소의 모든 신자들을 다 포함하는 무형의 공동체로서의 초월적 보편성을 강조한다. 즉 교회는 피부색, 인종, 사회적 신분, 지적 능력, 도덕적 실상에도 개의치 않고 모든 사람을 위해 열린 공동체다(마 28:19; 고전 12:13; 계 7:9-10). 교회의 입교를 위한 유일한 근거는 세례와 그리스도를 인격적으로 구원의 주로 믿는 믿음뿐이다(행 2:38-41). 넷째로 교회는 사도성(Apostolicity)을 가지는데, 가톨릭교회는 로마교황이 사도 베드로의 후계자(마 16:16-17)로서 자신들의 교회가 사도성을 가지고 있다고 주장한다. 반면에 개신교회는 사도들의 교훈을 그대로 따르고 그리스도로부터 복음전도를 위한 사도적 권위와 사명을 위임 받은 공동체라고 강조한다. 교회는 사도들의 터 위에 세움을 받아(엡 2:20) 복음전도를 위해 보냄을 받은 모든 자들(apostoloi)의 공동체로서 사도적 사명을 가지고 있다.

> ■참고 : 사도는 그리스도를 실제로 목격한 산 증인(eye-witness)이고 하나님으로부터 분명한 소명(vocation)을 받은 사람으로서 복음을 전하도록 파송된(Mission) 사람을 말한다.

교회의 표지

정통교회는 말씀의 참된 선포, 성례의 정당한 집행, 그리고 권징의 성실한 시행을 교회의 표지로 받아들인다. 말씀의 참된 선포는 가장 중요한 교회의 표지다. 말씀의 참된선포는 교회를 유지하고 교회로 신자들의 어머니가 되게 하는 위대한 방편이다(요 8:47; 14:23; 요이 1:9). 교회가 진리를 그릇되게 가르치고 부인한다면 교회는 참된 성격을 잃어버린 거짓 교회가 된다. 성례의 정당한 집행은 말씀의 가시적인 선포다. 성례는 합법적인 사역자들에 의해 하나님이 제정하신 제도에 따라 자격을 갖춘 신자들에 의해서 시행되어야 한다(마 28:18-20; 행 2:42; 고전 11:23-29). 가톨릭교회는 말씀과 성례를 구분하고 성례에 마술적 효력을 부여함으로써 성례의 바른 양식에서 벗어났다. 또한 7성례(혼배성사, 영세성사, 성체성사, 고해성사, 견진성사, 신품성사, 종부성사)를 천국에 이르는 단계로 강조한다. 권징은 교리를 순수하게 지키고 성례의 거룩성을 유지하기에 절대 필요하다. 따라서 권징을 등한시하면 진리의 빛이 어두워지고 거룩한 것을 남용하게 된다(마 18:18; 고전 5:1-5; 계 2:14-15,20). 신자들이 범과할 때 적절히 권징하므로 교회는 거룩성을 보존해야 한다. 그런데 18세기의 존 웨슬리는 말씀선포, 성례집행, 그리고 권징을 대신하여 산 믿음(Living faith)을 제시하였다.

교회의 사명

교회는 세 가지 방식으로 하나님을 섬기도록 부르심 받는다. 예배를 통하여 주님을 섬기고, 양육을 통하여 신자를 섬기고, 증거를 통하여 세상을 섬긴다. 교회는 하나님께 영광을 돌리고자 함께 모여 예배를 드리는 공동체다(Latreia). 장차 그곳에서 예수 그리스도와 함께 모일 것이므로 모이도록 명령하신다(히 10:19-25). 예배를 통해 하나님의 총회와 교회는 하나님의 임재 앞에 서게 된다(히 12:22-29). 예배의 부패는 성전 매춘이나 욕망을 자극하는 예배의식에서 오는 것이 아니라 피조물이 절대적 헌신을 드릴 가치가 있는 유일하신 분을 인정하기를 거부할 때 시작된다(롬 1:21-23).

교회는 그리스도의 몸을 세우기 위해 신자들을 양육하는 공동체다(Threpou). 하나님은 교회에 성도를 온전케 하고 봉사의 능력을 주시고 그리스도의 몸을 세우기 위해 각종 은사들을 주셨다(엡 4:12). 방언은 자기의 덕을 세우고, 예언은 교회의 덕을 세우는 것이다(고전 14:4-5). 오랫동안 사용해 온 교육방법인 설교가 고린도전서 14장에서 말하는 예언이다. 교육(didache)을 통해서 성경의 진리를 가르치고, 말씀으로 다른 사람을 가르칠 수 있는 목사와 교사를 양육해야 한다(딤후 2:2; 엡 4:11). 신자들이 참된 친교(Koinonia)를 실현할 때 하나님이 영광을 받으신다. 함께 어려움을 나누고(고전 12:26), 손님을 대접하고(히 13:2; 벧전 4:9), 서로의 짐을 나누어지며(갈 6:2), 서로 격려하고(히 10:25), 기도해 주는(빌 1:9-11) 교제다. 그러나 부도덕한 일을 범한 자들은 공동체에서 추방해야 하고(고전 5:1-2), 사도들의 교훈을 부인하는 자들도 교류를 중단해야 한다(행 2:42; 갈 1:8). 이런 코이노니아의 원리는 '아가페 사랑'이다(롬 5:5; 요 13:34). 그리고 신자들은 봉사(diakonia)를 통해 하나님께 영광을 돌린다(벧전 2:12). 예수님의 섬김이(막 10:45) 우리의 봉사의 기초가 된다. 믿음의 분량대로 생각하고(롬 12:3), 교회의 지체의식을 가지고(롬 12:5; 고전 12:7) 섬겨야 한다. 교회는 세상의 소금과 빛이 되어 선한 영향을 끼쳐야 한다(마 5:16).

교회는 복음증거로 세상을 섬기기 위해 존재하는 증인 공동체다(Mar-turia). 교회의 모든 활동은 복음증거에 기초하고 교회의 모든 봉사는 이 복음증거 때문에 존재한다. 예수님이 선포와 치유로써 하나님 나라를 증거 한 것처럼 교회는 말과 행위로써 예수 그리스도의 복음인 하나님 나라를 증거한다(말로써 증언함은 찬양 설교 교육 전도 선교 및 신학이라면, 행위로써 증언함은 기도, 목회상담 및 치유, 모범적 생활, 봉사, 친교 등이다-칼 바르트). 주님의 유언이 바로 복음전도이고, 세계복음화이며(마 28:19; 행 1:8), 제자들이 부활의 증인이 되는 것이다(눅 24:46-48). 따라서 교회는 복음전도 사명(지역복음화, 교회개척, 세계선교)에 충실해야 한다. 그러므로 신자들은 교회를 통하여 하나님을 예배하고 거룩한 예식을 집행하며 거룩한 교제를 나누고 영육의 치료를 받으며 주의 재림을 바라고 복음을 땅끝까지 전하는 선교의 사명을 가진다. 그럼에도 불구하고 교회는 지상에 있는 한 불완전한 공동체로 존재하며, 마지막 날에 완성될 하나님 나라의 지상적 모형이다.

교회의 제도와 직제

교회의 제도는 감독제, 회중제, 장로제가 있다. 가톨릭교회는 로마감독이었던 교황의 절대적 권위를 중심으로 추기경, 사제 등의 계급제도를 따른다. 영국국교회와 감리교회는 감독이 있어야 교회가 있다는 전통적인 감독제를 따른다. 각 연회에 감독이 최상위에 있고 감리사들이 지역교구들을 총괄한다. 개 교회가 목사를 청빙하지 않고 감독이 목회자를 파송하는 제도다. 영국의 청교도들은 영국국교회의 감독제를 비난하고 최고 의사결정을 회중에게 두고 지역교회의 자율성과 민주주의를 담보하는 회중교회를 설립했다. 회중교회는 교인들이 교단의 간섭을 받지 않고 직접 목회자를 선출하는데 회중교회와 침례교회로 분류된다. 장로제는 감독제와 회중제의 절충이다. 목사와 장로가 당회를 구성해 교회업무를 처리하고 목회자와 장로를 투표에 의해 선출한다. 대의정치 원칙에 따라 당회, 노회, 총회의 계층적 질서를 가지고 있다. 한국교회는 교파를 넘어서 장로제를 따르고 있다. 서로 성경에 따른 정통성을 가진다고 주장한다.

교회는 주께서 위임한 사명을 효과적으로 이행하고 질서를 유지하기 위해 여러 직분을 세운다. 목사(minister)는 말씀선포와 성례의 정당한 집행 그리고 신자의 신앙생활을 지도하도록 전문훈련을 받은 후 사도적 권위를 부여하여 임명된 성직자다(딤전 3:1-7; 엡 4:11-12; 고전 9:1-18). 장로(elder)는 자기 직업을 가지고 목사를 도와 신자들을 권면하고 기도하며 치리하는 신자들의 대표자다(딤전 3:1-7; 딛 1:5-9). 집사(deacon)는 신자들 가운데 성령과 지혜가 충만하고 칭찬 듣는 사람으로서 신앙의 모범이 되고 구제하는 일과 봉사하는 일에 앞장 서는 사람이다(딤전 3:8-13; 행 6:1-6). 이와 같은 직제는 성경적인 것이나 그 외의 직분은 교회의 필요에 따라 제도화된 것들이다.

성례

　성례는 신자들에게 하나님의 은총을 전달하는 외적 의식이요 상징이다. 성례에는 세례와 성만찬이 있다. 구약의 할례는 세례가 되고, 유월절 만찬은 성만찬으로 대체되었다. 세례는 예수 그리스도의 마지막 위임명령이다(마 28:19). 세례는 신자의 죄씻음을 상징하고 확증하며(행 2:39; 22:16; 엡 5:26; 히 10:22; 겔 36:25), 그리스도와의 신비한 연합을 상징하고(고전 12:13; 행 8:16), 은혜언약의 혜택들에 참여하고(롬 6:3; 갈 3:27), 주의 백성이 된다는 공적 신앙고백이다(마 28:19; 행 2:38,41). 침례파는 성경의 어원(baptizo)에 따라 사람이 물에 완전히 잠겼다 나오는 '침수례'만 인정한다. 개혁파는 세례의 본질이 씻어 정결케 한다고 보기 때문에 어떤 형식에 매이지 않는다. 침수, 물뿌림, 물부음을 다 인정한다. 또한 유아세례에 대해 대부분의 교파들이 인정하는데, 침례파는 유아들은 믿음을 가질 수 없고 성경에 실제 사례도 없다며 유아세례의 정당성을 부인한다. 성만찬은 주님이 직접 제정하신 규례다(고전 11:23-25). 성찬은 예수 그리스도의 죽으심을 의미하고(고전 11:26), 그리스도의 속죄의 은총에 참여함을 의미하며(고전 10:16; 요 6:53), 신자 상호간의 연합과 교제를 의미한다(고전 10:17). 그리고 성찬을 통해 예수 그리스도의 임재를 경험한다.

　성만찬의 견해로는 화체설, 기념설, 공재설, 그리고 영적임재설이 있다. 가톨릭교회는 사제가 성별의 기도를 하면 빵과 포도즙이 그리스도의 살과 피로 변한다는 화체설을 주장한다(9세기 초에 제안되어 1215년 4

차 라테란 회의에서 채택함). 더 나아가 축사한 빵과 포도주를 성체로 숭배한다. 그런데 성만찬 시에 빵은 회중들에게 주지만 포도주를 사제가 대표로 마신다(인간의 실수로 성혈을 흘려서는 안 된다고 보기 때문). 그런데 동방교회는 떡과 포도주를 회중에게 모두 제공한다. 쯔빙글리는 "이것을 행하여 나를 기념하라"(눅 22:19)는 말씀처럼 빵과 포도즙은 상징 혹은 기념을 뜻한다며 기념설을 주장한다. 종교개혁자 루터는 성찬의 떡과 포도즙 안에, 그것들 곁에, 그리고 그것들 밑에 예수 그리스도의 몸과 피가 실제로 함께 있다는 공재설을 주장했다. 이것은 쯔빙글리의 상징설과 가톨릭교회의 화체설의 중간입장이다. 칼빈과 웨슬리는 성찬의 떡과 포도즙 안에 예수 그리스도께서 실제로 그러나 영적으로 함께 계신다는 영적임재설을 주장한다. 성경은 성만찬의 떡과 포도즙을 주의 몸과 피로 불렀고 그것들을 잘못 사용하는 것을 죄로 간주했다(고전 11:27, 29).

성결교회는 로마교황을 중심한 가시적인 교회를 주장하거나(로마 가톨릭교회) 특정한 인물에게 교회의 권위를 대표하게 한다거나, 사도라고 주장하거나(가톨릭교회, 신사도개혁운동), 교회의 사명을 외면하고 배타적인 공동체를 구성하여 자신들에게 지상천국이 임했다거나, 자신들만이 14만 4천명의 구원대상이라거나(몰몬교, 안식교, 여호와의 증인, 신천지, 안증회 등), 교회직제를 무조건 거부하거나(무교회주의), 세례의 본질에 있어서 비본질적인 침수례 행위만을 주장하거나, 재침례를 주장하거나(재침례파), 7성례가 천국에 이르는 계단이라거나(가톨릭교회), 죽은 자에게 세례를 베푼다거나(몬타니즘, 가톨릭 등), 성만찬의 빵과 포도즙이 그리스도의 살과 피로 실체적으로 변한다는 성례 신비주의(로마 가톨릭)를 거부한다.

성결교회의 교회론
교회는 하나님께 부르심을 입어 예수를 구주로믿는 성도들의 집합체로 곧 그리스도의 몸이다. 은혜로 말미암아 구속 받은 신자들이 모여 예배하며 성례전을거행하며 복음을 전파하며 거룩한 신부의 자격으로 재림의 주를 대망하는 거룩한 공회이다.

– 헌법 제1장 제2조 1항 –

10 이단과 정통교회의 교리-종말론

역사에 나타난 종말론 이단

◆ 교회의 역사에서 종말론의 이단에는 어떤 집단들이 있나요?

① 초기 교부들은 계시록 20:1-25에 근거하여 문자적인 천년왕국설에 대한 믿음을 가지고 있었다. 특히 ② 오리겐은 천년기를 풍유적으로 영적의미를 가진 것을 해석했다. ③ 4세기에 기독교가 로마의 국교가 되면서 천년왕국의 믿음은 부인되었다. ④ 중세의 천년왕국설은 요아킴이 주장했는데 성령시대의 도래를 통해서 천년왕국이 실현된다고 보았다. ⑤ 토마스 뮌쩌는 천년왕국을 기대하면서 칼을 사용할 것을 정당화했다. ⑥ 루터와 칼빈은 연옥설을 거부하고 천년왕국 신앙을 배격하였다. ⑦ 루터 이후의 경건주의 운동은 개인적 종말보다 역사적 종말에 더 관심을 보이면서 천년왕국 신앙을 강조하게 되었다. ⑧ 17세기 네덜란드 개혁파 신학자들은 후천년설을 지지하였으며, ⑨ 19세기와 20세기 자유주의 신학은 계몽주의와 같이 도덕적 종말론을 주장하였다. ⑩ 한국교회에 등장한 종말론 이단들은 종말에 예수 대신 대리자를 하나님이 보내신다고 주장하거나(통일교, 신천지, 안증회, 영생교, JMS 등) ⑪ 재림 예수는 영적으로 아무도 모르게 임한다거나(여호와의 증인, 안증회, 지방교회 등), ⑫ 재림의 날짜를 계산하고 확정한다거나(여호와의 증인, 안식교, 다미선교회 등) 하는 집단이 있다.

천년왕국설

전천년설은 임박한 재림, 휴거, 공중 잔치, 유대인들의 회복, 천년왕국의 건설과 통치를 믿는다. 한국교회의 세대주의적 전천년설은 초대 선교사들을 통해서 전수된 것이고, 성결교회 부흥사로 인해 일반화된 것이

다. 보수적 장로교회 박형룡과 박윤선 박사가 길선주 목사로부터 전천년
설을 고수하며 교수하였다. 그래서 한국장로교회가 개혁주의를 표방하지
만 신앙 면에서 경건주의와 복음주의 영향을 다분히 받았다.

초대 교회의 종말 사상

유대의 묵시문학과 초대교회는 메시야의 도래에 대한 기대가 있었다.
유대인들은 메시아 대망 사상에 사로잡혀 로마에 대항해서 70년과 132
년(시몬을 메시아로 추앙함)에 독립투쟁을 전개했다. 흩어진 그리스도인
들은 무장봉기 없이 천년왕국을 기다렸다. 천년왕국에 대한 신앙은 속사
도 교부들에게서 볼 수 있다. 그것은 유대교적 배경을 가진 교부들, 특히
소아시아의 그리스도인들의 글에서 천년왕국에 대한 신앙이 더 현저하게
나타났다. 이그나티우스, 저스틴, 이레니우스, 몬타누스주의, 터툴리안,
히폴리투스 등이 천년왕국에 대한 신앙을 가졌다. 천년왕국은 계시록
20:1-21:5을 문자적으로 이해하는 신앙이다. 오리겐은 천년기를 풍유
적으로 영적인 의미로 해석한 최초의 사람이다. 그러나 알렉산드리아에
서는 오리겐과 다른 천년기를 피력하였다. 4세기 초 박해가 끝나고, 313
년 기독교 공인, 328년 국교가 되면서 천년왕국 신앙은 부인되었다. 대
표적인 신학자는 아우구스티누스다. 그는 계시록을 상징적으로 해석하면
서 그리스도의 탄생에서 교회가 실현되었고 하나님의 도성을 지향하는 것
으로 제시했다. 아우구스티누스의 견해를 따라 431년 에베소 공회의는
천년왕국 사상을 정죄하였다.

이단사이비를 경계하라!

중세 종말 사상과 천년왕국 운동

연옥설이 아우구스티누스의 시안으로 제시되었다. 431년 공회의의 결정에 따라서 전천년설은 비밀리에 민간으로 확산되었다. 12세기부터 16세기까지 폭력을 동반한 민간의 천년왕국 운동이 잇달아 일어났다. 철장으로 원수를 제압하고 하나님 나라를 세운다는 주장이다. 이러한 운동에서 또 많은 유대인을 학살했다. 주후 1110년경 탄쉘름(Tanshelm)은 성직자를 매도하며 교회를 공격하였다. 그는 십일조를 바치는 것을 비난하는 한편, 수도사처럼 검소하게 옷을 입고 야외에서 설교를 시작하였다. 탄쉘름은 처음에는 금욕적이었는데 후일에 세가 확산되자 자기가 성령을 소유했다고 주장하고 하나님이라고 선포했다. 이러한 유형은 한국에서 박태선이 있었다. 탄쉘름은 매주 향연을 배설하여 천국잔치라고 유희를 즐겼고, 학살을 자행하다가 한 사제에 의해서 살해되었다. 그의 추종자들은 10년이나 계속 집단을 유지하였다.

13세기 천년왕국설은 피오르의 요아킴(Joachim)이 주장하였다. 그는 역사를 성부, 성자, 성령 시대로 구분하여, 당시는 성령시대라고 선언하고 자신의 주장이 영원한 복음이라고 주장했다. 독일에서는 프리드리히 2세를 메시아로 생각하기도 했고 그 생각은 15세기까지 지속되었다. 중세의 천년왕국은 고행과 순교로 신앙을 증명하려고 했다. 보헤미아의 후스파에서 과격파들은 도시를 불태워 정화하려고 하였다. 보헤미아의 사회평등주의의 천년왕국 운동은 독일로 침투해 주후 1502년 무장혁명 봉기 농민운동이 발생하였다. 튀링엔 출신의 토마스 뮌처는 천년왕국을 꿈꾸면서 칼을 사용할 것을 정당화했다. 이러한 폭력으로 선동하는 천년 왕국은 1534년에 막을 내리기는 하였다.

종교개혁의 종말 사상

루터와 칼빈의 종말론은 연옥설을 거부하고(공로사상, 죽은자를 위한 기도, 면죄부의 관행), 천년왕국 신앙을 배격하였다. 1530년 아우그스부르크 신앙고백서 17조에서 천년왕국설을 유대인의 견해로 하여 배격하였다. 칼빈은 천년왕국을 "광신자들의 겁주는 말"이라 간주하며, 그리스도의 다스리심이 천년으로 한정될 수 없다고 하였다.

전천년설을 주장하는 이들은 초대교부들 가운데 다수가 천년왕국 신앙을 가졌다고 호소한다. 그러나 초대교부들의 신앙은 성경진리에 미치지 못함이 교리사를 통해서 밝혀졌다. 삼위일체와 기독교 교리가 체계화되는 데는 많은 시간이 경과되었다. 초대교회는 메시아 대망이 강했지만 어거스틴이 천년왕국을 부정하였고 431년 공회의에서 확정함으로 기독교 종말 이해를 확정하였다. 비록 중세교회가 공로주의에 빠져 이교적인 관행으로 부패하여, 민간에서 비밀리에 천년왕국이 확산되었다. 그러나 종교개혁가들은 공통적으로 무천년기를 유지하였다.

종교개혁 이후의 종말론

종교개혁 이후 100년 동안은 개신교 신학은 로마교회를 대항하여 교리를 체계화하였다. 그런데 유럽에서 계몽주의가 발현되며 도덕적인 종말론을 개진하였다. 루터교회 지역에서 발생한 경건주의 운동에서 개인적 종말보다 역사적 종말에 더 관심을 보이며 천년왕국 신앙을 견지하였다. 경건주의의 종말론은 천년기이고, 벵겔이 특히 천년왕국을 강조하였다. 경건주의의 천년기는 중세의 과격한 폭력적인 운동이 아니라, 재세례파처럼 신령주의 전통을 계승하였다. 17세기 네델란드의 개혁주의 신학자들은 후천년기를 지지하였다. 19세기 자유주의 신학의 종말론은 계몽주의처럼 도덕적인 종말론이었고, 20세기의 현대신학자들에서는 관념적인 종말론이다.

한국교회에 영향을 끼친 종말론 이단들

첫째, 종말이 없다는 이단들이다. 자유주의 신학에 영향을 받은 사람들과 무신론자들, 그리고 몇몇 이단들은 종말이 없다고 주장한다. 그러나 성경은 종말이 있음을 분명히 말한다(마 13:40-41; 마 24:14).

둘째, 종말은 있지만 예수가 재림할 필요가 없거나 대리인을 보낸다는 이단들이다. 대표적인 이단으로는 통일교다. 예수가 실패하였으므로 문선명이 메시야로 다시 왔다는 것이다. 게다가 우리나라에는 자칭 메시야, 하나님, 보혜사가 50여명이 있다고 한다. 신천지 이만희집단(시온교회, 무료성경신학원), 안상홍의 증인회(하나님의 교회), 영생교, 정명석집단(JMS) 등이 모두 자신을 메시야, 하님, 보혜사라고 부른다. 그러나 성경은 부활 승천하신 예수가 다시 오신다고 기록되어 있다. "가로되 갈릴리 사람들아 어찌하여 서서 하늘을 쳐다 보느냐 너희 가운데서 하늘로 올리우신 이 예수는 하늘로 가심을 본 그대로 오시리라 하였느니라"(행 1:11). "복스러운 소망과 우리의 크신 하나님 구주 예수 그리스도의 영광이 나타나심을 기다리게 하셨으니"(딛 2:13)

셋째, 예수가 영적으로만 오신다는 이단 혹은 아무도 모르게 이미 재림했다는 이단들이다. 이러한 주장을 하는 대표적인 이단은 여호와의 증인이다. 예수가 이미 영적으로 재림하셨다는 것이다. 그러나 성경은 예수가 가시적으로, 개인적으로, 육체적으로 재림하신다고 기록하고 있다. 특히 지방교회와 베뢰아와 같이 양태론을 주장하는 곳은 구약의 성부 하나님이 신약에서 예수로 오셨고, 오순절 이후에는 예수가 성령으로 오신 것이라고 주장하므로, 성경에서의 예수의 재림이 곧 성령의 오심과 동일하다고 주장한다. 그러나 성경은 제자들 앞에서 하늘로 승천하신 예수님에 대해서 "하늘로 가심을 본 그대로 오시리라"(행 1:11)라고 기록하고 있다. 더구나 예수님의 재림은 인격적이며, 가시적이며, 육체적이 되어질 것을 성경은 말하고 있다. "주께서 호령과 천사장의 소리와 하나님의 나팔로 친히 하늘로 좇아 강림하시리니"(살전 4:16), "그러나 주의 날이 도적같이 오리니 그 날에는 하늘이 큰 소리로 떠나가고 체질이 뜨거운 불에 풀어지고 땅과 그 중에 있는 모든 일이 드러나리로다"(벧후 3:10), "그 때에 인자의 징조가 하늘에서 보이겠고 그 때에 땅의 족속들이 통곡하며 그들이 인자가 구름을 타고 능력과 큰 영광으로 오는 것을 보리라"(마 24:30).

넷째, 재림의 날짜를 알 수 있다는 이단들이다. 특히 몇 년 전 다미선교회와 종말론을 주장하는 교회 등이 종말의 날짜를 주장하여 문제를 일으킨 적이 있다. 여호와의 증인은 여러 번을 종말이 온다고 거짓 예언하였고, 19세기 초에 미국의 윌리엄 밀러라는 빗나간 종말론자는 성경의 다니엘서 8장 14절의 2,300 주야를 2300년 후로 잘못 해석하여, 1844년에 종말이 온다고 주장하다가 실패로 끝나게 되어 많은 사람들이 허탄과 실의에 빠지게 되자, 그 종말론을 다시 재해석하였다. 그를 추종하던 안식교에서는 밀러의 종말론이 틀린 것이 아니라, 착각하여 잘못 해석하였다는 것이다. 지금도 안식교에서는 밀러의 종말론을 "첫째 천사의 기별"이라고 부르며, 1844년에 재림을 하시는 것이 아니라, 그 때에 예수님이 하늘에 있는 지성소에 들어가시어 인류를 조사심판을 하고 계신다며 비성경적인 주장을 반복했다. 이러한 주장은 모두 비성경적이다. "그러나 그 날과 그 때는 아무도 모르나니 하늘의 천사들도, 아들도 모르고 오직 아버지만 아시느니라"(마 24:36), "가라사대 때와 기한은 아버지께서 자기의 권한에 두셨으니 너희의 알 바 아니요"(행 1:7), "보라 내가 도적 같이 오리니 누구든지 깨어 자기 옷을 지켜 벌거벗고 다니지 아니하며 자기의 부끄러움을 보이지 아니하는 자가 복이 있도다"(계 16:15)라고 말씀했다.

다섯째, 재림을 위하여 자기 일을 포기하라고 하는 이단들이다. 우리는 예수의 재림이 언제인지 알 수가 없다. 우리나라에서 종말론을 주장하던 이단들은 집과 재산을 모두 팔라고 하였고, 심지어 학생들이 학교에 다니는 것과 직장까지 중단하였다고 한다. 그러나 성경은 자기 일을 포기하고 중단하라고 말하지 않는다. 종말이 언제인지 모르지만, 그리스도의 궁휼을 기다리면서 자기를 지키라고 성경은 언급하고 있다. 우리는 하나님의 각양 은혜를 맡은 청지기와 같이 서로 봉사하여야 한다(벧전 4:10). 다만 주님은 "속히 오신다"(계 22:7)고 하였으며, "때가 가깝다"(계 1:3)라고 기록되어 있으며, "만물의 마지막이 가까웠다"(벧전 4:7)고 말하고 있기도 하다. 그러나 주님의 시간에 대한 관점은 우리의 시간적인 관점과 다르다. "사랑하는 자들아 주께는 하루가 천년 같고 천년이 하루 같은 이 한 가지를 잊지 말라. 주의 약속은 더디다고 생각하는 것같이 더딘 것이 아니라, 오직 너희를 대하여 오래 참으사, 아무도 멸망치 않고 다 회개하기에 이르기를 원하시느니라"(벧후 3:8-9).

정통교회의 종말론

◆ 종말론의 이단에는 어떤 교리적인 주장들이 있나요?

종말론 이단의 발흥은 종말의 징조에 대한 해석에서 시작된다. ① 이단은 개인의 종말에 있어서 영혼의 불멸이 아닌 영혼의 소멸을 주장한다. ② 가톨릭은 사후의 영혼이 연옥에 들어가 남은 죄를 정화해야 한다고 주장한다. ③ 역사의 종말은 주의 재림으로 증명되는데 재림의 징조나 현상에 대한 자의적인 해석을 시도하고, ④ 특히 재림의 시간을 특정하여 시한부 종말론을 강조하여 불안감을 조성하기도 한다. ⑤ 특히 천년왕국설이 미확정인 것을 틈타 자신들에게 지상 천년왕국이 도래할 것이라는 주장들을 내세워 사람들을 미혹한다.

이단사이비를 경계하라!

개인의 종말과 영혼의 불멸

정통교회는 인류와 역사의 종말을 믿는다. 각 성도들에게 종말이란 "주의 재림이 모든 성도들의 구원을 완성하는 때"를 말한다. 죽음은 하나님이 정하신 바이고(히 9:7), 죽음에는 육체의 죽음과 영적 죽음, 그리고 영원한 죽음이 있다. 죽음의 본질은 어떤 이들은 존재의 종결이라거나(사두개파, 에피큐러스 학파, 휴머니즘), 환생을 주장하지만(힌두교와 불교의 윤회설), 기독교는 '분리'(separation)로 가르친다. 즉, 육체의 죽음이란 영혼과 육체의 분리이고(전 12:7; 마 27:5), 동물적 생명의 종결이다(마 2:20; 막 3:4; 눅 6:9; 요 12:25). 또한, 영적 죽음은 영혼이 죄로 인해 하나님으로부터 분리되는 것이다. 그리고 영원한 죽음이란 영적 죽음의 절정이요 완료다(계 20:14). 이것을 사도 요한은 '둘째 사망'(계 2:11; 20:6), 바울은 '영벌'(살후 1:9) 혹은 '부패'(갈 6:8)이라고 표현했다. 그런데 영혼과 육체의 분리는 일시적 수면상태가 아니라 의식이 있는 분리상태다(눅 16:20-28). 죽음 이후의 의식상태에 대한 잘못된 견해는 영혼수면설, 영혼소멸설, 제2시련설이 있다.

정통교회는 영혼의 불멸을 믿는다. 성경은 영혼의 불멸에 대한 완전한 교훈을 가지고 있다. 바울은 "저는 사망을 폐하시고 복음으로써 생명과 썩지 않을 것을 드러내신지라"(딤후 1:10) 하였고, 예수님은 "나는 부활이요 생명이니 나를 믿는 자는 죽어도 살겠고 무릇 살아서 나를 믿는 자는 영원히 죽지 아니하리라"(요 11:25,26) 하셨다. 무엇보다 확실한 증거는 예수 그리스도의 부활이다. "내가 전에 죽었었노라 볼지어다 이제 세세토록 살아 있어 사망과 음부의 열쇠를 가졌으니"(계 1:18)하고 말씀하셨다. 또한 성경은 영혼이 몸과 분리되면 그리스도 앞으로 간다고 가르친다. 바울은 "몸을 떠나 주와 함께 거하기를 원한다."(고후 5:8)고 하였고, 빌립보 교인들을 향해 "떠나서 그리스도와 함께 있을 욕망을 가졌다."(빌 1:23)고 말했다. 예수님도 회개한 강도에게 "오늘 네가 나와 함께 낙원에 있으리라"(눅 23:43)고 약속하셨다. 말하자면, 죽음 이후에 성도들은 '낙원'(paradise; 눅 23:43; 고후 12:2-4; 계 2:7)으로 올라가고, 불신자는 '음부'(scheol, hades, gehenna; 신 32:22; 시 116:3; 눅 10:15; 행 2:27)로 내려가는, 곧 의식을 가지는 '중간상태'에 돌입한다(눅 16:19-31).

그런데 로마 가톨릭은 죽음 이후에 영혼이 연옥(지상과 천국 사이의 중간영역)에 들어가 남은 죄를 씻기 위하여 불로 정화된 후 천국에 올라간다고 주장한다. 1493년 플로렌스공의회의 일치신조를 통해 "연옥의 영혼들이 지상에 있는 신자들에 의해서, 즉 미사와 기도와 선행을 통해서 도움을 받을 수 있다."라며 연옥교리를 주장했다. 그러나 정통 개신교회는 연옥교리는 성경에서 벗어난 제2의 구원기회설이고, 공로에 의한 구원을 의미하므로 거부한다.

역사의 종말과 그리스도의 재림

성경에는 역사의 종말을 암시하는 "말일"(사 2:2; 미 4:1), "말세"(벧전 1:20), "마지막 때"(요일 2:18) 등의 표현이 있다. 그런데, 역사의 종말은 그리스도의 재림으로 시작된다. 예수 그리스도의 재림은 성경에 반복하여 약속된 확실한 진리다(신약에 318회 언급). 성경은 재림에 대한 자증적 증거를 가지고 있다. "인자가 구름을 타고 능력과 큰 영광으로 오는 것을 보리라"(마 24:30), "가서 너희를 위하여 처소를 예비하면 내가 다시 와서 너희를 내게로 영접하여..."(요 14:3), "너희 가운데서 하늘로 올리우신 이 예수는 하늘로 가심을 본 그대로 오시리라"(행 1:11).

재림의 증거는 예수님 자신의 증거, 흰옷 입은 두 사람의 증거, 그리고 사도들의 증거가 있다. 첫째, 예수님 자신의 증거는 그는 인격적으로 돌아오시고(요 14:3; 21:20-23), 예기치 못할 때 오시며(마 24:32-51; 25:1-13; 막 13:33-36), 갑자기 오시고(마 24:25-28), 천사들과 함께 아버지의 영광으로 오시고(마 16:27; 19:28; 25:31-46), 승리로 오실 것이다(눅 19:11-27). 둘째, 예수님의 무덤에 나타난 흰옷 입은 두 사람의 증거로는 그리스도는 인격적으로, 몸을 가지시고, 보이게, 그리고 갑자기 오실 것이다(행 1:9-11). 셋째 사도들의 증거로는 베드로가 그리스도는 인격적으로(행 2:19-21; 벧후 3:3,4), 예기치 못할 때 오신다(벧후 3:8-10)고 하였고, 바울도 인격적으로 오시고(살전 4:16,17; 빌 3:20,21), 갑자기(고전 15:51,52), 천사들을 대동하고 영광중에 오신다(딛 2:13; 살후 1:7-10)고 하였다. 히브리서 기자는 인격으로(히 9:28), 지체하지 않고 오시리라 했다(히 10:37). 유다는 에녹의 예를 들어 그리스도가 공중 앞에 오시리라 했다(1:14,15).

성결교회는 세대주의적 전천년설에 입각하여 그리스도의 재림을 두 국면, 공중재림과 지상재림으로 가르친다. 첫째, 공중재림이란 그리스도께서 하나님의 보좌 우편에서 우리를 위한 처소를 준비하다가(요 14:3) 하나님의 정하신 때가 되면 자기 백성들을 데려가기 위해 공중으로 오시고 공중에서 어린양 혼인잔치를 배설하신다(살전 4:16,17). 들림 받은 성도들이 공중에서 주님과 결합하지만, 그리스도께서 아직 지상에 내려오시지 않는 이유는 우리의 낮은 몸이 자기의 영광의 몸의 형체와 같이 변하게 하시고(빌 3:20,21), 티나 주름 잡힌 것이나 이런 것들이 없이 거룩하고 흠이 없게 하시기 위함이다(엡 5:27). 둘째, 지상재림이란 7년 대환란 뒤에 심판주로 오시는데 그리스도께서는 짐승, 거짓 선지자, 그리고 그들의 세력을 심판하시기 위해 오시며(단 12;1; 사 26:20; 렘 30:4-7; 겔 2:33-38; 마 24:21; 눅 21:34-36; 살후 2:8; 계 19:19-21), 사단을 결박하기 위해서(계 20:1,2; 롬 16:20), 이스라엘을 땅의 원수들로부터 구해내실 것이고(슥 14:1-4; 렘 30:7), 이스라엘 집과 유다 집을 재건케 하며(렘 31:35-37; 사 11:11-14; 겔 37:18-25), 열방을 심판하시기 위해(살후 1:7-10; 마 25:31-46; 욜 2:11-17; 행 17:31), 그리고 피조물을 구출하고 축복하기 위해서(마 19:28) 지상에 오신다.

정통교회는 재림의 시기를 아무도 알 수 없다고 가르친다. "그 날과 그 때는 아무도 모르나니 하늘에 있는 천사들도, 아들도 모르고, 아버지만 아시느니라"(막 13:32). 그러나 성경은 재림의 징조는 알 수 있어서 분별할 것을 가르친다. "이와 같이 너희가 이런 일이 일어나는 것을 보거든 하나님의 나라가 가까운 줄을 알라"(살전 5:4). 마태복음 24장에 나타난 종말의 징조들은 다음과 같다. "예수 그리스도의 이름을 빙자하여 악용하는 자들이 등장한다(5). 전쟁과 전쟁에 대한 소문들이 일어난다(6-7). 식량난이 일어난다(7). 지진이 일어나며 처처에 땅이 갈라진다(7). 신자들이 다치거나 죽임을 당하거나 미움을 받는다(9). 많은 사람들이 신앙을 포기하고 돌아선다(10). 많은 거짓 선지자들이 일어난다(11). 불법이 성행하고 사랑이 식어진다(12). 죄악이 점점 더 차고 넘치지만 사람들은 모든 것이 좋고 안전하다고 말한다(살전 5:3). 사람들이 자신과 돈을 사랑한다(딤후 3:2). 어린 아이들과 젊은이들이 부모를 거역한다(딤후 3:2). 감사하지도 않고 거룩한 삶을 멀리한다(딤후 3:2). 서로 사랑하지 않고 서로 조롱하기를 좋아한다(딤후 3:3-4). 교통이 발달하고 지식이 많아진다(단 12:4). 그러나 이때에는 그리스도의 복음이 온 세상에 전파되는 때이다.", "이 천국 복음이 모든 민족에게 증거 되기 위하여 온 세상에 전파되리니 그제야 끝이 오리라"(마 24:14). 성결교회는 그리스도의 재림이 다가왔으므로 온 세상에 속히 복음전파를 할 것을 강조하는 '임박한 종말론'을 강조한다.

천년왕국설

보수적인 정통교회는 계시록 20장 1-6절에 '천년'이란 용어가 6번 반복된다는 사실에 근거하여 천년왕국설을 주장한다. 천년왕국설에는 전천년설, 후천년설, 무천년설 등이 있으나, 성결교회는 세대주의 전천년설이 성경에 일치한 견해로 가르친다. 전천년설은 예수 그리스도가 재림하신 후에 천년왕국이 이루어진다는 종말론이다. 즉 예수님은 천년왕국을 건설하기 위해 인격적이며 육체적으로 재림하신다고 믿는다. 사도시대부터 3세기까지 초기교회가 일반적으로 받아들인 견해다. 계시록 20장에 대한 문자적이고 미래주의적인 해석에 따른 것이며, 천년에 걸친 그리스도의 지상통치가 핵심이고, 성도와 악인의 육체적 부활을 믿는 것이다. 전천년설의 종류에는 휴거가 대환란 전에 있지만 교회가 환란을 통과하지 않을 것이라고 주장하는 세대주의 전천년설과 휴거는 대환란 끝에 있고 교회는 환란을 통과한다는 역사적 전천년설로 구분된다.

후천년설은 성공적인 복음전파와 성령의 역사를 통해 평화가 널리 확산되며 악이 추방되므로 세계가 점진적으로 천년왕국으로 전환되며 그리스도의 재림은 천년왕국의 끝에 이루어진다는 종말론이다. 그러나 20세기에 와서 세계대전과 경제공황 등의 비참한 현실을 경험하면서 후천년설의 낙관주의 사고가 무너지면서 쇠퇴하였다. 후천년설의 전제는 복음의 성공적 전파이고, 낙관주의적 역사관에 토대를 두며, 하나님 나라의 현존을 고려하고, 천년이라는 긴 지상평화의 기간을 상정하며, 성경을 영적으로 해석하며, 천년왕국을 현 시대와 동일하게 여긴다.

무천년설은 천년왕국에 대한 충분한 성서적 근거가 없다고 주장하며 문자적이고 가시적인 천년왕국, 즉 천년 동안의 그리스도의 지상통치가 없다고 보는 종말론이다. 즉 천년왕국은 없고 즉각 새 하늘과 새 땅으로 들어간다는 견해다. 무천년설은 계시록에 대한 상징적 해석에 근거하고, 첫째 부활은 영적 부활이요 둘째 부활은 육체 부활이라고 해석하며, 계시록 20장 2절의 사단의 결박은 이미 그리스도가 십자가에서 사단에게 승리했을 때 이루어진 것이며, 휴거는 그리스도의 재림 때에 교회가 지상에

이단사이비를 경계하라!

서 하늘로 옮겨지는 것으로 믿고, 성서의 예언은 역사적이거나 상징적인 것으로만 본다.

최후심판과 최후상태

최후의 심판에 대해서 세상의 환란 전 휴거하거나 혹은 환란을 통과한 후 신자들은 지상재림 하신 주님과 함께 지상 천년왕국을 이루고(계 20:1-8), 주님은 사단과 악한 자들은 불과 유황 못에 던지시고, 크고 흰 보좌에서 심판을 행하신다(계 20:10-15)고 믿는다. "내가 크고 흰 보좌와 그 위에 앉으신 자를 보니 땅과 하늘이 그 앞을 피하여 간데 없더라"(11절) 여기에서 흰 보좌란 성결과 정의를 상징하므로 하나님의 공의의 심판을 의미한다. 또한 이와 같은 심판대 위에 두 책을, 즉 성도의 이름이 기록된 생명책과 죄인의 이름을 기록한 심판책이 있다(계 20:12). 사람이 잘못을 하면 자기 양심의 장부에 기록하고 하나님 앞에 있는 심판책에 기록된다. 심판을 받을 자는 첫째 음부에서 부활을 하게 된 죄인들, 둘째로 타락한 신자들(마 15:24; 16:23), 셋째로 타락한 목회자들이다. "주의 이름으로 선지자 노릇하며 주의 이름으로 귀신을 쫓아내며…불법을 행하는 자들아 내게서 떠나가라"(마 7:22-23) 하나님의 심판의 내용들은 경건치 않은 마음으로 행한 모든 행위들을(유 1:15; 롬 14:12; 계 2:23), 경건치 않은 죄인의 강퍅한 언어를(유 1:5; 마 12:36), 그리고 경건치 아니한 마음을 심판하신다(레 17:10; 계 2:23).

또한 역사의 종말에는 만유의 회복이 있게 될 것이다(행 3:20-21). 의인들은 생명의 부활로, 악인들에게는 심판의 부활로 올 것이며, 의인들은 새 하늘과 새 땅에 들어가서(벧후 3:11-13; 계 21:1) 영원토록 하나님을 예배할 것이다. 그런데 성경은 악인의 최후의 상태를 고통의 장소로서 '게헨나'(gehenna)라고 부른다. 원래 예루살렘 남부의 계곡을 가리키는 말인데 사악한 우상숭배자들이 자기 자녀들을 불 위로 지나게 하여 몰렉에게 제사 드리던 장소였다. 불경건한 장소로서 이곳은 후대에 천대받는 지역이었고, 예루살렘의 쓰레기를 불사르기 위해 늘 불타는 곳이어서 영원한 고통의 장소를 상징하게 되었다. 성경은 풀무불, 불못, 옥, 무저갱, 어두운 구덩이라고 표현한다. 그러므로 지옥은 분명한 장소를 말한다. 악인의 상태는 하나님의 은총이 전혀 없고, 죄가 지배하므로 생겨나는 생활의 혼란, 육신과 영혼의 극심한 고통과 고난, 양심의 가책, 고뇌, 절망, 비판, 이를 갊 등의 주관적 형벌 등이 주어진다. 성경은 형벌의 기간을 '영원한', '영속하는'이란 표현을 사용한다. 지옥불은 영원히 꺼지지 않는 불이다(막 9:43).

반면에 의인의 최후상태는 새로운 창조가 있게 된다. 세상이 새롭게 되고(마 19:28), 만유를 회복하신다(행 3:21). 베드로는 "그 날에 하늘이 불에 타서 풀어지고 체질이 뜨거운 불에 녹아지려니와 우리는 그의 약속대로 의의 거하는바 새 하늘과 새 땅을 바라보도다"(벧후 3:12,13)라고 말한다. 요한도 환상 중에서 이 새 하늘과 새 땅을 보았다(계 21:1). 새 하늘과 새 땅이 세워진 이후에야 하나님께로부터 새 예루살렘이 내려올 것이며, 하나님의 장막이 사람들 가운데 있을 것이고, 의인들은 그들이 누릴 영원한 기쁨에 들어갈 것이다. 성경은 천국을 하나의 장소로 언급하고 있다. 신자들은 안에 있고 불신자들은 바깥에 있게 되는 아버지 집이다. 의인은 하늘을 상속받고 모든 신천신지를 상속받는다. 의인의 상급은 영생이며 현세에 존재하는 불완전함이나 혼란이 없는 가장 충만한 삶을 말한다(마 25:46; 롬 2:7). 이 삶의 충만함은 하나님과의 교제 속에서 누리며, 이 하나님과의 교제가 영생의 핵심이다(계 21:3). 예수 그리스도 안에서 하나님을 대면해 보며, 그 분 안에서 충만한 만족을 얻고 즐거워하며 그를 영화롭게 할 것이다(단 12:3; 고후 9:6).

성결교회는 전천년설에 입각한 세대주의 종말론을 주장하는데, 개인의 종말에 있어서 영혼의 불멸을 인정하지 않거나(지방교회, 안식교, 여호와의 증인), 사후의 영혼이 연옥에 들어가서 정화를 받아야 한다거나(로마 가톨릭교회), 그리스도의 재림의 징조에 대해 특정한 사건이나 사물에 지나치게 집중하거나(데이비드 오어, 해롤드 캠핑, 홍혜선 전도사 등 다양한 종말론집단들), 종말에 예수 대신 대리자를 하나님이 보내신다고 주장하거나(통일교, 신천지, 안증회, 영생교, JMS 등), 재림 예수는 영적으로 아무도 모르게 임한다거나(여호와의 증인, 안증회, 지방교회 등), 재림의 날짜를 계산하고 확정한다거나(여호와의 증인, 안식교, 다미선교회 등) 하는 비성경적인 주장들을 거부한다.

성결교회의 사중복음 교리

 ◆ 성결교회의 독특한 사중복음 교리를 설명하실 수 있나요?

① 중생은 영적인 출생이며 죄의 회개와 그리스도에 대한 믿음이 필요하고, 심령과 인격 전체의 근본적 변혁을 의미하는 생명의 복음이다. ② 성결은 중생한 신자가 받아야 할 2번째 은총인 성령의 세례로서 모든 신자가 성결의 은혜를 체험하고 능력 있게 살아가도록 인도해야 할 정결의 복음이다. ③ 신유는 하나님의 은혜로 건강을 유지함과 병들었을 때 기도로 나음을 얻는 것인데 우리를 하나님께서 전인적으로 온전케 하시는 치유의 복음이다. ④ 재림은 성경의 핵심이며 공중재림과 지상재림, 그리고 지상 천년왕국과 이후에 있을 최후심판과 새 하늘 새 땅을 성경대로 믿는 소망의 복음이다.

중생은 곧 영으로 나는 일이니 신비에 속한 영적 변화이며 모든 사람이 자기의 죄를 회개하고 십자가에 달려 속죄의 피를 흘리신 예수 그리스도를 믿을 때 성령의 역사로 새 생명을 얻어 그 사람의 심령과 인격 전체에 근본적 일대 변혁을 일으키는 것이니 이는 진실로 천국복음이다.

성결은 교인이 받을 성령세례를 가리킴이니 주 예수께서 "요한은 물로 세례를 베풀었으나 너희는 몇 날이 못 되어 성령으로 세례를 받으리라"(행

1:5)고 약속하신 대로 오순절에 제자들은 성령의 세례 즉 성결의 은혜를 체험하였으니(행 2:1-4) 우리도 모든 사람을 중생으로 인도하고 중생한 처지에 있는 신자들은 성결의 은혜를 체험하도록 인도한다. "모든 사람으로 더불어 화평함과 거룩함을 좇으라 이것이 없이는 아무도 주를 보지 못하리라"(히 12:14)

신유는 신자가 하나님의 보호로 항상 건강하게 지내는 것과 또는 병들었을 때에 하나님께 기도함으로 나음을 얻는 것을 가리킴이니 이 은사는 우리 육신을 안전케 하는 복음이다. 그러므로 주 예수께서 모든 신자들에게 이적이 따를 것을 언명하였으니(막 16:17-18) 병 낫기 위하여 기도한다든가 안수하는 일은 당연한 특권이다. 그러나 신유를 믿는다 하여 의약을 부인하는 것은 아니다.

재림은 구약성경의 예언의 중심이 그리스도의 수육탄생이라면 신약성경의 중심은 그리스도의 재림이라 할 수 있나니 공중재림(살전 4:16-18)과 지상재림(행 1:11)을 가리킨다. 요한계시록은 재림을 전적으로 계시한 성경으로 마지막에 "내가 속히 오리라" 한 말씀이 세 번이나 거듭 기록되었다(계 22:7,12,20). 재림은 신앙생활의 한 요소이며(살전 3:13) 소망이요(살전 2:19-20), 경성이 된다(마 24:44; 25:13).

참고도서 ·····

1. 기독교대한성결교회 이단사이비대책위원회. 『평신도이단교육지침서: 건강한 성결인 건강한 교회』. 서울: 기성출판부, 2006.
2. 탁명환. 『기독교이단연구』. 서울: 국제종교문제연구소,1986.
3. 서울신학대학교 성결교회신학연구위원회. 『성결교회신학용어사전』. 서울: 기독교대한성결교회 출판부, 2005.
4. 서울신학대학교 성결교회신학연구위원회. 『성결교회신학』. 서울: 기독교대한성결교회 출판부,2007.
5. 대전광역시 기독교연합 이단사이비대책위원회. 『우리시대의이단들』. 서울: 두란노,2007.
6. 최병규. 『이단 진단과 대응』. 서울: 은혜출판사, 2004.
7. 심창섭 김도빈 오영호 박영관. 『기독교의 이단들』. 서울: 대한예수교장로회 총회,2004(1997).
8. 『현대종교』와 『교회와 신앙』
9. 정행업. 『세계교회사에 나타난 이단논쟁』. 서울: 한국장로교출판사, 2000.
10. 송요한. 『알기쉬운 이단분별법』. 서울: 도서출판 갈렙, 2010.

제3장
이단사이비집중연구: 신천지

그 때에 사람이 너희에게 말하되 보라 그리스도가 여기 있다
혹은 저기 있다 하여도 믿지 말라 거짓 그리스도들과 거짓 선지자들이
일어나 큰 표적과 기사를 보여 할 수만 있으면 택하신 자들도 미혹하리라

(마 24:23-24)

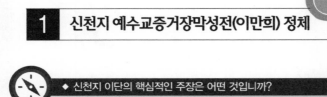

◆ 신천지 이단의 핵심적인 주장은 어떤 것입니까?

① 1980년에 예수시대가 끝나고 1984년부터 신천지시대가 도래했다. ② 예수의 영이 자신에게 강림하여 자신이 보혜사가 되었다. ③ 성령이신 예수와 천사를 통해 봉인된 계시록의 성취된 실상이 나타남을 보고 들었다. ④ 실상계시를 전하기 위해 시대사명자요 세상의 빛인 목자로서 거짓목자와 부패한 한국교회를 심판하는 이긴 자로 보냄을 받았다. ⑤ 신천지 교적부에 14만 4천명이 채워지면 하늘에서 14만 4천명의 순교자의 영이 내려와 신천지 신자의 육체에 임하므로 거룩하게 변화되어 지상에서 영생불사 한다. ⑥ 마지막 때의 천국인 시온산이 신천지의 증거장막이다.

신천지는 어떤 집단인가? 핵심적인 주장들을 정리해 보면, 신천지란 1980년 초에 예수의 시대가 끝나고 1984년부터 말세 계시의 시대가 도래 했으며, 재림예수의 영이 몸에 강림하여 보혜사 성령이 된 교주 이만희에게 6천 년간 봉인된 계시록의 예언이 성취된 실상을 성령이신 천사들이 보고 듣게 하였으며, 그를 새로운 세대의 시대 사명자요, 세상의 빛이 되는 한 목자로서 그리고 말씀이 없는 거짓 목자와 부패한 한국교회를 심판하는 이긴 자로서 선택하여 실상 계시를 전파하게 하였고, 14만 4천 명의 신천지 교적부가 채워질 때 14만 4천의 이미 순교하신 영혼들이 성령이 되어 내려와 짐승의 표를 받지 않은 육체인 신천지 신자에게 임하므로 변화되어 지상에서 육체로 영생불사하며, 지상 천년왕국이 실현되는 마지막 때의 시온 산이 바로 자신들이라고 주장하는 기독교 이단이다.

신천지 교주 이만희

◆ 신천지 교주인 이만희 씨의 특징은 무엇인가요?

① 신비체험을 강조하여 자신의 존재를 신비화시킨다. ② 이단사이비 집단인 전도관과 장막성전을 전전한 사람이다. ③ 자신을 성경의 상징적 인물과 동일시하는 과대망상증을 가진 사람이다. ④ 자신이 예수와 성령이신 천사로부터 받은 계시는 이단교주들의 교리를 짜깁기 한 것이다. ⑤ 도덕적으로 타락한 생활을 한다. ⑥ 자신의 몸에 보혜사 성령이 들어와 있다고 믿는 신비주의자이다.

신천지는 천부교(교주 박태선)로부터 분파한 장막성전(교주 유재열)의 한 일파다. 1966년 3월 과천에 장막성전을 세운 교주 유재열(당시 17세)은 자신을 '어린 양', '보혜사 성령' 등으로 주장하며 교계에 물의를 일으키다가 1975년 9월 한 사기사건과 관련되어 집행유예 5년을 선고 받았고, 1980년 제5공화국의 종교정화의 목적으로 압박을 받자 심경의 변화를 일으켜 장막성전을 오평호에게 인계하고 떠났다. 그 후 오평호가 장막성전의 이름을 이삭교회로 바꾸고 개혁을 시도했으나 이에 적응하지 못한 사람들이 속속 장막성전을 이탈하고 사기 피해자들도 나타나 결국 장막성전은 사분오열되고 말았다. 현재 교주 유재열은 스포츠 제품 회사를 경영하고 있다고 알려진다.

장막성전의 교주 유재열의 제자였던 7천사들(계 15:5-9)은 유재열이 떠난 후 각기 교주가 되어 장막성전의 유사집단을 만들었다. 이들은 유재열이 주장하던 교리를 그대로 답습하며 자칭 '보혜사 성령' 또는 '재림 예수'가 되었다. 특히, 이들 중에서 가장 활발하게 활동하는 집단이 바로 신천지예수교 증거장막성전(이만희)이다. 신천지 측의 연혁에 따르면 "1980년부터 1983년까지 영적 바벨론인 니골라 당(오평호를 의미)과의 전쟁에서 승리하고 1984년 3월 14일 신천지 예수교증거장막성전을 설립했다"고 하는데 이것은 유재열과 장막성전으로부터 고발을 당해 3년 형을 언도받고 집행유예 기간을 살았던 기간을 그렇게 설명한다.

이만희는 장막성전을 이탈한 후 1980년 3월 안양시 비산 2동 238-13에서 홍종효, 신종환, 유인구 등과 함께 '신천지 안양교회'를 세웠다. 그는 자신을 신격화하고 신천지 집단을 말세의 도피처로 강조하려는 의도로 통일교의 이탈자들로 하여금 『신탄』을 저술하게 하였고, 『요한계시록의 진상』이라는 책자를 발행하여 장막성전의 유재열을 신랄하게 비난하면서 요한계시록을 자기에게 유리하게 해석하였다. 또한 이만희는 『종교세계의 관심사』를 저술하여 유재열의 이런 실망스런 행동에 대하여 비판하고, 첫 장막성전이 배도한 것이라고 주장하였다. 신천지가 1997년에 발행한 『신천지 발전사』에서는 신천지 이단의 창립에 대해 다음과 같이 설명하고 있다.

아담이 창조주 하나님과의 언약을 버리고 배도하므로 심판하시고 다시 모세를 세워 4천 년간 역사하셨고, 마침내 구세주 예수님을 보내시어 인류의 죄를 담당하시고 이를 믿는 자들은 속죄하여 천국 자녀로 삼으실 것을 약속하셨다. 그 후 2천년이 지난 오늘날 그 예언의 복음을 1980년에 마치시고 성경의 약속대로 해 돋는 아침의 나라 한반도에 보혜사 성령을 보내사 신천지 새 빛의 나라가 창조되었으니 이는 선천 심판의 기간 마흔 두 달이 지난 1984년 3월 14일이다. 이때부터 신천지 증거장막성전이 열리게 되었다... 이때부터 새 이스라엘 민족이 탄생하게 된 것이다.

교주 이만희는 본명이 '이희재'로 알려지며, 1931년 9월 15일 경북 청도군 풍각면 현리 702번지에서 이재문 씨와 고상금 씨 사이에서 태어났다. 그가 태어나기 전 할아버지가 미리 계시를 받고 참 빛이라는 뜻으로 「만희」(萬熙)라는 이름을 지어주었다고 주장한다. 그의 학력은 소학교를 다닌 기억이 전부라고 밝히고 있다.

그는 나이 17세인 1948년 서울 성동구 금호동의 형님 집에 기거하며 건축일을 배우다가 어느 날 집 앞에 사는 한 여전도사에게 이끌려 창경원 앞 천막교회에서 침례를 받았다. 이후로 별다른 체험 없이 고향으로 돌아와 1957년부터 풍각장로교회에서 신앙생활을 하였다. 그때에 그는 『박군의 심령(요한복음)』과 『학생 문창독본』 등의 신앙서적을 탐독했다고 말한다. 그는 다른 이단교주들처럼 극적인 신비체험을 강조한다. 1957년경 그가 집에서 저녁 무렵에 신비한 체험을 했는데, 어느 날 집 뒤 들판에서 하늘을 향해 눈을 뜨고 기도하던 중 별이 머리 위만큼 내려와 헬리콥터와 같이 돌고 있어서 놀랐으며 이 별들은 3일 동안이나 같은 현상을 보였다고 한다. 얼마 후 그는 집안에 닥친 환란으로 자살을 결심하여 산으로 가던 중 환상을 보았는데 흰 옷을 입은 건장한 사내가 나타나 "오늘부터 내가 너를 인도할 것이다. 나를 따르라"고 하므로 자살을 포기하고 하산했다고 한다.

1957년에 몇 가지 신비체험을 한 그는 계시를 따라 박태선의 신앙촌에 들어가 약 10년간 머물다가 1967년 당시 18세의 고등학생으로서 설교를 잘한다고 소문났던 장막성전의 유재열의 집회에 참석하게 되었다. 그는 유재열의 설교에 탄복하고 거의 식음을 전폐하며 성경을 통독하게 되었는데 이때 "진리를 좇아가라"는 하나님의 음성을 들었다고 한다. 그 일로 전도관을 떠나 유재열의 장막성전에 발을 들여 놓게 된 그는 '할렐루야'라는 별명을 얻을 정도로 열심히 신앙생활을 했다고 전해진다.

이만희는 1978년 초 장막성전에서 영명이 솔로몬으로 불리던 백만봉이란 사람이 자신을 하나님이라고 주장하자 이에 동조하여 장막성전을 이탈하였다고 한다. 백만봉이 세운 '재창조 교회'의 12사도 중 하나로 있었던 이만희는 그를 하나님이라고 믿고 따랐으나 "1980년 3월 13일에 천국이 이루어진다."는 그의 예언이 불발하자 바로 다음 날인 3월 14일에 이탈하여 안양시 인덕원의 자기 집에서 '새 증거장막'이라는 의미로 지금의 '신천지 안양교회'를 세웠다고 한다(현대종교, 2005년 3월, 47쪽). 일설에는 신천지교회 24장로의 한 사람이었던 김종철 씨의 증언에 따르면, "이만희가 충남 계룡산에 거주하는 차소녀라는 무당의 암자인 '구룡정사'에서 40일 기도 중 신내림을 받고 난 후 신천지교회를 창립했다"고 한다. 이만희가 직접 자신을 이 암자와 근처 기도장소에 데려와 구경시켜 주었다고 말한다.

한편, 신천지교회를 창립한 이만희와 홍종효는 각자 자신들을 '두 증인' 혹은 '모세와 아론'이라고 칭하면서 이만희는 설교를, 홍종효는 예배의 사회와 기도를 담당하며 교회를 이끌었다. 그런데 두 사람은 1987년에 교리 문제(서로 자신이 재림예수라고 주장함)로 다툰 후 결별하고 현재 홍종효는 자신만이 진짜 재림예수라고 주장하며 종로구 세검정에 '증거장막성전'을 세워 활동하고 있다. 그런데 이만희는 1990년 6월 12일에 서초구 방배 2동에 무료신학교육원을 세우고, 8월 6일에 제1기 수강생을 모집하면서 사람들을 미혹하여 오늘의 신천지 집단을 이루었다고 알려진다.

이만희는 정상적인 신학수업을 하였다는 증거들이 없으며, 그의 핵심적인 주장들은 천부교(전도관)나 장막성전의 유재열에게 영향 받은 것으로 알려진다. 그가 출판한 책들은『천국비밀-계시록의 진상』, 『계시록의 실상』, 『계시록의 완전해설』, 『계시록의 진상』(2권), 『성도와 천국』(5권), 『계시록 완전해설도』, 『신천지 소식』, 『기독소식』 등이다. 특히 도서출판 신천지에서 발행한 김건남 • 김병희 공저의『신탄(神誕)』이란 교리서가 있다. 이중 계시록과 관련된 출판물들은 청계산 내의 장막성전과 그 계열을 요한계시록의 축소판으로 보고 흩어진 신도들을 불러 모으려는 내용이고, 『신탄』은 이만희를 신격화한 내용이다. 그리고 무엇보다도『신탄』의 내용이 통일교에서 이탈한 변찬린의『성경의 원리』와 유사함은 물론이고, 통일교의『원리강론』과도 흡사한 내용들이 있다.

2 신천지의 이단적 핵심교리

◆ 신천지 이단의 주요 핵심교리는 무엇인가요?

① 성령이신 예수와 천사로부터 보고들은 실상계시, ② 성경은 감추어진 비유로서 이분법적 비유해석, ③ 극단적인 세대주의 종말론, ④ 말세목자 구원론―이만희 구원론, ⑤ 보혜사 교리―신인합일 신비주의, ⑥ 세례요한의 교리―배도·멸망·구원, ⑦ 영지주의적 재림교리, ⑧ 말세구원이 신천지에 있음 ⑨ 종교혼합주의 동방교리

첫째, 신천지 교리의 출처에 대한 문제인데 그것은 독자적인 것 즉 하늘의 신적계시가 아니라 다른 이단교리들에서 차용한 것이다. 박태선의 전도관에서 「동방, 이긴 자, 천년왕국, 두 증인, 두 감람나무, 신인합일(神人合一), 육체영생」을, 유재열의 장막성전에서 「비유풀이, 말씀의 짝, 성경론, 요한계시록 해설」을 가져왔다. 백만봉의 재창조교회에서 「창조와 재창조의 노정순리」를 차용했다. 그리고 통일교로부터도 신천지의 주요 교리서인 『신탄』과 『요한계시록의 진상』의 저술하는데 어느 정도 도움을 받았다고 할 수 있다.

둘째, 성경해석의 문제인데 신천지는 본문의 역사적/문법적 배경과는 무관하게 성경의 짝을 찾는 비유풀이를 시도하고 있다. 예를 들어, 비유한 씨는 말씀, 나무는 사람, 물과 불과 양식은 말씀, 그릇은 사람의 마음, 도장과 나팔은 사람, 말은 육체, 새는 영, 왕과 소와 돌은 목자, 우상은 진리의 말씀이 없는 목자, 무덤과 바벨론은 진리가 없는 교회, 산 배는 교회라고 가르치는데 일관성 없이 적용한다. 신천지가 강조하는 다음의 핵

심 성구들을 숙지하면 잘못된 이단사상에 빠질 위험성이 줄어든다. 마태복음 13장 34-35절인데, "예수님은 비유가 아니면 아무 것도 말씀하지 않으셨다"(34절)는 구절을 들어 비유풀이를 시도한다. 그러나 본문을 자세히 보면 비유(parabole)란 본래 상대방에게 알아듣기 쉽게 표현하려는 것이지 감추기 위한 비밀이 결코 아니다. 마가복음 4장 13-14절인데, "뿌리는 자는 말씀을 뿌리는 것"(14절)이라며 씨는 하나님의 말씀이므로 비유한 씨의 참 뜻은 말씀(교주의 계시)을 뜻한다고 미리 주입시킨다. 특히 예레미야서 31장 27절을 들어 교회에 하나님의 씨와 사단의 씨가 있다고 구분하고, 하나님의 씨 곧 말씀의 씨가 자라 나무(이만희를 지칭하는 유일한 생명나무라고 해석함)가 되고 그 나무에 새가 임한 것(보혜사 성령이 교주에게 임한 것)이라고 가르친다. 그러나 공동번역 성경은 "이스라엘 가문과 유다 가문을 사람이나 짐승할 것 없이 씨를 뿌려 농사짓듯이 불어나게 하리라"(렘 31:27)고 번역되었으니 여기에서 씨는 말씀이 아니라 후손이나 새끼를 말한다. 이사야 34장 16절인데, 이만희는 "제 짝이 없는 것이 없으리니"라는 구절을 내세워 모든 말씀에는 짝이 있다고 주장한다. 이 구절은 이단교주들이 즐겨 사용하는 '말씀의 짝 교리'로 알려져 있다. 그러나 공동번역 성경에는 말씀의 짝이 아니라 "짐승에도 자기 짝이 있다"라고 번역하고 있으므로 교주가 받았다는 계시를 전혀 믿을 수 없다. 이런 비유풀이 성경해석에 세뇌가 되면 사람들은 스스로 성경을 읽고 해석하지 못하며 이단에서 가르치는 대로만 알고 믿게 된다. 바른 비유해석은 비유본문의 전체 맥락과 의미를 살펴야 하는데, 신천지처럼 단어 풀이식 영해를 시도하거나 성경에 이미 해석된 내용을 무시하고 자의적으로 재해석해서도 안 된다.

셋째, 신천지의 종말론인데 신천지는 재림 때 신인합일되고 육체가 영생불사한다는 교리를 주장한다. 예수재림 시대인 "말세에 시온산인 신천지에 인 맞아 생명책에 녹명된 자 14만 4천명이 차게 되면 영계의 14만 4천명의 순교자들의 영혼이 신천지의 14만 4천명의 육체에 임하여 하나되는 신인합일 즉 영적 결혼과 같은 첫째 부활이 이루어지고 순교된 영과 하나된 신천지 교인 14만 4천명은 영생불사체로 변화 받아 지상에서 천년동안 왕 노릇한다."고 주장한다. 이것은 신천지의 핵심교리로서 결정적 근거인 계시록 20장 4-6절의 잘못된 해석이다. 성경에 비추어보면, 신천지 교적부가 하늘의 생명책이라는 주장은 아전인수격 주장이고, 14만 4천명은 실제수가 아닌 이스라엘 12지파를 상징하는 구원의 완전수를 의미하며, 마지막 날에 순교자의 영혼과 신천지 교인의 육체의 합일을 주장함은 신비주의 이단사상이고, 더 나아가 영생불사는 하나님의 법칙(히 9:27)을 벗어난 이단적 주장이다.

넷째, 배도-멸망-구원 교리인데 유재열의 장막성전은 배도하여 멸망했으므로 첫 장막을 회복하고 계시록의 실상을 이루도록 하나님이 세운 이기는 자가 곧 보혜사 구원자라는 것이다. 이만희는 "성경전서에 담긴 내용은 네 가지로 요약한다면 목자 선택, 선민과의 언약과 배도, 이방에 의한 선민 멸망, 새 목자에 의한 구원이다. 한 마디로 창조와 재창조이다. 모든 창조와 재창조는 창세기 1장의 노정으로 이루어진다. 하나님께서는 언약한 선민이 배도하고 타락하면 새 목자를 택하여 이전 세계를 멸하시고 새로운 세계를 창조하신다."(천지창조, 18-19)라고 주장한다. 이런 신천지의 주장은 비성경적이다. 왜냐하면, 각 시대마다 하나님이 택한 목자를 구원자라고 주장한다면 아담이나 노아도 그리고 아브라함도, 또한 모세도 다 구원자였고 신천지의 이만희 교주도 구원자가 된다는 말인데 결코 그럴 수 없다. 성경은 오직 예수님만이 유일한 구원자이심을 선언하였다(행 4:11-12; 창 3:15; 요 14:6). 그들은 하나님의 구원역사에 도구로 사용되었을 뿐이다. 따라서 배도-멸망-구원 교리는 교주를 신격화하는 참람한 이단사설이다.

다섯째, 약속의 목자에게 임한 보혜사 성령교리인데 이만희는 요한복음 14:16-17절을 다음과 같이 해석한다. "보혜사와 다른 보혜사는 누구이며 어떻게 다른가? 보혜사는 예수님이고(요일 2:1) 다른 보혜사는 예수님께서 보내시겠다고 하셨으니 예수님과는 다른 존재다."(천지창조, 415). "보냄을 받은 보혜사 성령은 이 땅에서 역사할 한 사람(목자)을 택하게 된다. 보혜사 성령이 함께하는 이 목자가 신약성경에 약속한 목자며 이 땅의 보혜사다"(천지창조, 417). 또한 "하나님께 속한 영들은 악령과 구별하기 위해 성령이라고 말하게 되었다."(천지창조, 51)고 지적하고 심지어 천사들도 성령이라고 부른다. 그리고 예수님이 약속하신 보혜사 성령은 재림의 때에 약속의 목자 한 사람에게 임하는데 그 목자도 보혜사가 된다고 주장한다. 성령께서 하나님 되심을 모르고 성령의 종류(일반 성령, 순교자 성령, 대언의 성령, 보혜사 성령)를 말하고 상대화시키고 있어서 성령론의 무지를 발견하게 된다.

이와 같은 신천지 성령론은 정통교회의 성령이해와 전혀 다르다. 예를 들어, 요한복음 14:16에서 "다른 보혜사를 주신다."는 말씀은 당시의 제자들에게 해당한 약속이고 그 약속은 오순절 성령강림(행 2장)으로 성취된 것이다. 그런데 신천지는 약속된 보혜사가 재림 때 약속의 목자 한 사람에게만 임한다고 억지주장 한다. 이 본문에서 "영원토록 너희와 함께 있게 하시리니"라는 말씀도 제자들에게 임하신 후 영원히 제자들에게 함께 하신다는 말씀이지 이만희 교주나 신천지 신자들과 함께 한다는 뜻이 아니다. '다른 보혜사'인 성령은 영으로서 살과 뼈가 없는 존재인데 이만희 교주의 육체에 임하여 삼위일체가 완성되는 것으로 주장하고 있어서 신인합일의 신비주의 이단사상에 빠진 것이다. 요한복음 15:26에 "내가 아버지께로서 너희에게 보낼 보혜사 곧 아버지께로서 나오시는 진리의 성령이 오실 때에는 그가 나를 증거하실 것이요"라고 했으니 성부로부터 나오신 성령이시라면 예수님을 증거 해야 하는 것이지 교주 자신을 이긴 자 보혜사 구원자로 증거함은 잘못된 일이다.

여섯째로 '구름타고 오시리라'는 재림교리인데, 이만희는 주장하기를 "하나님께서 임하실 때마다 동반된 구름은 성령의 강림하심을 뜻한다... 이로 보건대 주께서 구름을 타고 오신다는 것은 영으로 오신다는 뜻이다."(천국비밀 요한계시록의 실상, 55), "구름 타고 오신 예수님은(계 1:1-8) 한 육체에게 오신다(계 1:12-20)... 동서남북 사방에서 알곡(말씀 지킨 자)을 추수하여(마 13장; 계 14:14-16) 새 이스라엘을 창조하신다."(행 1:6-8; 계 7장)(성도와 천국, 77-78)라고 하였다. 이런 주장이 비성경적인 이유는 예수님이 초림하실 것에 관한 구약의 예언이 모두 문자적으로 성취되었으므로 예수님의 재림도 약속하신 대로 문자적으로 성취되어야 한다. 예수님의 부활은 영의 부활이 아니라 신령한 육체로서의 부활이다(고전 15:35-58). 부활하신 예수님을 만난 제자들이 예수님을 영(유령)으로 생각하자 만져보라 하시고 "영은 살과 뼈가 없으나 나는 있다."고 하셨으며 구운 생선을 드시기도 하셨다(눅 24:37-43). 재림예수는 이만희 교주와 같이 썩어질 몸이 아니라 신령한 부활체 그대로 다시 오실 것이다. 따라서 신천지 교리의 결론은 교주 이만희를 신격화하는데 있다.

3 신천지의 성경공부 전략

◆ 신천지의 성경공부 해석방법의 특징은 무엇입니까?

① 접근질문을 던져 성경에 무지한 사람을 만든다(반대로 자신들은 성경을 통달한 것처럼 인식시킨다). ② 잘못된 성경관을 주입한다(성경구절을 모두 영적 의미를 가진 비유로만 보게하여 기존교회의 성경관을 파괴한다). ③ 영지주의 성경해석법에 익숙하게 만든다(성경전체를 영과 육, 선과 악, 하늘과 땅, 그리고 참 목자와 거짓 목자의 갈등으로 보는 이분법적 해석과 영과 육의 합일을 추구하는 신비주의 사상을 따르게 만든다). ④ 각 세대의 종말 시기마다 구원자를 보냈다는 시대구원론을 주입한다(성경의 역사를 12시대, 8시대, 3시대 론으로 풀이하여 신천지 중심시대론을 제시한다). ⑤ 조작된 구원론을 전제로 자의적인 해석을 시도한다(성경을 요한계시록의 관점으로 억지 해석하여 신천지가 계시록의 성취이고 교주를 시대구원자로 암시한다).

신천지 복음방 성경공부 핵심구절

신천지의 복음방은 성경말씀을 외우게 하고 단답식 문제나 괄호 채우기, 성경구절 쓰기 등의 주관식 시험을 보면서 서서히 교리를 세뇌시킨다. 신천지가 가르치는 핵심 성경구절을 5가지를 미리 숙지하면 잘못된 성경공부에 빠질 위험성이 줄어든다.

첫째, 마태복음 13장 24-25절이다. 신천지는 복음방과 교육센터 초등과정에서 "예수님은 비유가 아니면 아무 것도 말씀하지 않으셨다"(34절)라고 하며 「비유풀이」를 가르친다. 비유로 된 말씀 속에 성경의 본래 참 뜻, 실체, 실상이 들어있다고 하며 예언이 성취되는 마지막 실상의 때에는 비유가 풀어진다고 세뇌시킨다. 그러나 예수님은 비유로만 말씀하시지 않았다. 사실을 확인하려면 예수님의 말씀들을 자세히 읽어보라.

둘째, 마가복음 4장 13~14절이다. 신천지는 "뿌리는 자는 말씀을 뿌리는 것"(14절)이라며 "하나님의 씨는 하나님의 말씀이므로 비유한 씨의 참 뜻은 말씀"이라고 주입시킨다. 이 구절을 토대로 하나님의 씨와 사단의 씨가 있다고 구분한다. 그래서 하나님의 씨, 말씀의 씨는 나무(생명나무로서 이만희 교주)가 되고 그 나무에 새(성령)가 임한다고 가르친다. 이 것을 이단들이 자의적으로 풀이하고 의미를 부여하는 알레고리적 해석이라고 부른다.

셋째, 이사야 34장 16절도 빼놓지 않는다. "제 짝이 없는 것이 없으리니"라는 구절을 내세 워 모든 말씀에는 짝이 있다고 주장한다. 이 본문에서 추출한 소위 「말씀의 짝 교리」는 사 이비 교주를 만드는 교리라고 불리는데, 이것은 신천지 교리의 '마스터키' 역할을 한다. 그 러나 히브리어 원문은 '말씀의 짝'이 아닌 '짐승의 짝'이라고 표현되어 있으므로 신천지 교 리를 뒷받침하지 않는다.

넷째, 호세아 4장 6절이다. "내 백성이 지식이 없으므로 망하는도다"라는 말씀은 신천지 교리를 꼭 배워야 한다는 주장에 이용한다. 이런 주장은 지식을 '하나님에 대한 인격적 지 식'이 아닌 '신천지의 계시해석'을 말하므로 자의적인 주장에 불과하다.

다섯째, 로마서 3장 7절이다. "나의 거짓말로 하나님의 참 되심이 더 풍성하여 그의 영광 이 되었다"라는 구절은 거짓말 포교를 의미하는 모략을 정당화 하는데 써 먹는다. 참된 기 독교라면 거짓말을 합리화할 수 없다. 그것은 하나님의 진실하심과 정직하심이라는 성품 에 불일치하기 때문이다.

복음방 교과과정의 분석

신천지의 포교전략에 의해서 '성경을 잘 모르는 사람'이 되어버린 포교 대상자들은 복음방(2개월)과 초등과정(2개월) 단계를 거치면서 완전히 신천지 교리에 빠져든다. 특히 한글 개역판 성경(1938년)만을 고집하는 68쪽 분량의 '복음방 교육노트'를 살펴보면, 기존교회 성도의 구원관을 완전히 바꾸어 버리고, 교회와 목회자에 대한 공격 자세를 갖게 만든 후 자신들의 이단교리를 주입시킨다. 신천지 복음방의 커리큘럼은 4단계 24 개과로 구성되어 있다.

1단계 교육(1-5과)은 신자에게 「그동안 성경에 무지했다」는 생각을 갖게 만들고, 동시에 거짓된 신천지 성경공부의 필요성을 극대화시킨다. 이때 신자들은 신천지가 자기 형편에 맞추어 사전에 치밀하게 짜놓은「각본」인 줄도 모르고 성경공부를 하며, 그 과정이 기도응답인 줄로 착각하게 된다. 가짜 목사, 사모, 부목사, 선교사, 간사, 상담사, 신학생 행세를 하는 복음방 교사는 성경구절과 정통교회 신학이론을 교묘하게 섞어 이단에 대한 경계심을 낮추게 만든다.

1과는 '성경의 기본상식'인데 성경 66권의 분류, 총 장수, 총 절수, 기록자 수 등을 다루고 있어서 이것은 정통교회에서도 가르치는 내용이라고 느끼게 만든다. 그러나 속지 말아야 하는데 그 주요내용들은 정통교리와는 100% 다른 것이다. 신천지는 성경내용을 분류할 때「역사-교훈-예언-성취」로 나누고, 성경역사를「아담부패-노아출현-아담세계 멸망-노아세계/ 가나안부패-모세출현-육적이스라엘 멸망-예수님의 초림/ 복음시대부패-예수님출현-영적이스라엘 멸망-보혜사재림?」등 12시대로 구분되어 있다고 가르친다. 이것은 시대별로 등장한다는 구원자를 내세우기 위한 포석으로서 지금은 마지막 시대이고 다른 이름을 가진 구원자(?)가 왔다는 주장을 펼치는 것이다. 그러나 신구약 성경은「예수만이 유일한 구원자」(행 4:12, 다른 이로서는 구원을 얻을 수 없나니 천하 인간에 구원을 얻을만한 다른 이름을 우리에게 주신 일이 없음이니라; 요 14:6, 내가 곧 길이요 진리요 생명이니 나로 말미암지 않고는 아버지께로 갈 자가 없느니라)라는 분명한 진리를 선포하고 있으므로 신천지의 주장은 성경말씀과 정면으로 배치된다.

2과는 '시대구분론'이다. 신천지는 성경의 6,000년 역사가 8개시대로 나누어져 있다고 가르친다. 구약과 신약밖에 없는 시대를 굳이 8개로 쪼갠 것은 요한계시록을 활용해 3시대론을 부각시키기 위함이다. 구약시대와 신약시대 외에「계시록성취시대」를 만들어야 예수님과 동격의 존재로 등장하는 교주를 내세울 수 있기 때문이다. 교리에 약한 성도들은 이때부터 "우리가 지금 계시록 완성시대에 살고 있으며, 신약의 예언(4복음서+요한계시록)은 봉함되어 있기 때문에 예언을 알아야 참 믿음을 가질 수 있다."는 신천지의 덫에 빠져들게 된다.

3과는 '종교론'이다. 불교, 유교, 기독교에는 각각 경전이 있는데 하나님이 시대마다 선지자들을 통해 그 계획을 경서(경전)에 담았다고 주장한다. 여기서 신천지는 "종교 중에서 기독교가 가장 우월하며 말씀은 대언자를 통해서 선포된다."고 가르친다. 그렇다면「대언자」란 누구를 말하겠는가?

4과는 '예수님이 십자가를 져야 할 이유'인데, 여기서 신천지는 일종의 '옵션'을 교묘하게 추가하고 있다. 이들은 "구원은 예수를 믿고 새 언약을 알고 지킬 때 주어진다."면서 "예수는 믿으면서도 새 언약에는 관심이 없는 사람은 진정한 죄 사함이 없다."고 경고하기도 한다. 말하자면 구원의 조건으로서 「새 언약」이 추가로 제시되고 있는 것이다.

5과는 '예언과 성취'다. 신천지는 시대별 예언과 성취 사례를 들어가면서 "하나님이 시대마다 예언하고 성취해 왔다."고 하면서 "재림의 때를 사는 우리들은 신약의 예언을 알고 깨닫는 신앙인이 되자."라며 성경공부의 필요성을 집중적으로 강조한다.

신천지의 심각성은 수단과 방법을 가리지 않고 거짓말 전략(모략)도 합리화 하면서 정통교회 신자들의 신앙을 뒤엎는데 있다. 신자들을 미혹하여 정통교회에서의 예배, 기도, 봉사활동을 멈추게 만들고 가족관계도 파괴하여 사람을 정신적으로나 신체적으로 피폐하게 만든다.

2단계에 해당하는 6-10과는 신자들이 갖고 있던 구원관, 신론, 교회론, 삼위일체론, 종말론을 송두리째 부정하게 만드는 세뇌과정이다. 이때 신천지가 써먹는 논리는 「이원론적 세계관」과 「비유풀이」다.

6과는 '하나님과 마귀의 존재'다. 신천지는 모든 세계를 「영계와 육계」로 구분하고 이것을 다시 하나님의 「선의 세계」와 사단 마귀의 「악의 세계」로 구분한다. 그리고 목자도 성령이 함께하는 「참 목자」와 악령이 함께하는 「거짓 목자」로 나눈다. 이때 신천지는 "선과 악의 두 세계는 말씀으로만 분별할 수 있다."고 강조하면서 거짓 성경공부의 당위성을 부각시킨다. 이런 교육을 받은 신자들은 점점 목회자의 설교를 비판하기 시작하고, "비유풀이를 할 줄 모르는 우리 목사님은 거짓 목자"라며 경시하는 이분법적 착각에 빠진다.

7과는 '천국 비밀'이다. 신천지는 "군대에서 적군으로부터 비밀을 지키기 위해 「암호」를 쓰듯이 성경에서도 하나님이 사단으로부터 지키고자 하는 비밀이 있다."라고 주장한다. 그리고 "이 비밀을 감추기 위해 암호를 사용하는데 그것이 바로 비유"라는 조잡한 논리를 편다. 이어서 신천지는 구약시대, 구약성취시대, 신약성취시대 등 3시대론을 다시 들먹이면서 "신약의 성취시대를 살고 있는 지금 비유를 깨닫지 못하면 죄 사함을 받지 못하고 천국에도 갈 수 없다."고 은근히 위협하여 신천지 논리(비유풀이)에 빠져들게 한다.

8과는 '새 포도주와 묵은 포도주'로서 이때부터 비뚤어진 신앙관을 본격적으로 드러낸다.

신천지는 "구약의 약속대로 오신 예수님을 믿으라는 말은 2,000년간 들어 온 묵은 포도주"라며 정통교회의 신앙관을 철저히 배격한다. 그리고 누가복음 5장 37절을 제시하면서 "새 포도주가 되기 위해서는 비 진리를 가르치는 교회와 목회자를 버려야 한다."라고 자기교회를 떠날 것을 강요한다. 「새 포도주」가 신천지라는 주장이다.

9과는 '낮과 밤, 빛과 어두움'인데, "예언에 대해 무지한 상태가 어두움이며 빛으로 나와야 천국과 구원을 얻을 수 있다."고 강조한다. 신천지는 미혹된 신자에게 지속적으로 비유풀이를 가르쳐 "봉함된 말씀(자기교회의 설교나 성경공부)만 배우다가는 지옥에 갈 수 있다."는 위기의식을 심어주므로 교회를 떠나게 만든다.

10과는 '새 계명 사랑'이다. 신천지는 "하나님과 예수님이 사랑이신데 오늘날 신앙세계가 다르다고 이단시하고 핍박 정죄하는 모습이 만연해 있다."라고 자극하면서 핍박자는 정통교회고, 피해자는 신천지라는 「피해의식과 반감」을 미리 심어놓는다(마 13:25, 사람들이 자는 동안에 그의 원수가 와서 밀 가운데에 가라지를 덧뿌리고 갔느니라).

이처럼 이원론적 세계관은 지금까지의 모든 이단사이비 집단이 채택하는 이론으로서 신천지도 영과 육, 물질과 정신, 하늘과 땅, 천사와 악마 등으로 세상이 대립관계에 있다고 가정한다. 이런 잘못된 세계관은 신자들이 가지고 있는 구원관을 완전히 뒤엎어 놓고 정통교회 목회자를 거짓 선지자로 매도하는데 이용하고 있다.

신천지는 거짓말 포교로 한국교회의 신자들을 빼돌리고자 혈안이 되어 있는데 이를 위해 복음방 3단계과정에서 정통교회와 목회자를 경멸하게 만든다. 모든 목회자들을 거짓 목자로 매도하고 한국교회를 부정·부패한 집단으로 몰아가는 것은 더 많은 반사이익을 얻으려는 것이다.

11과는 '주 재림 때의 영적기근'이다. 신천지는 종말의 때 기근이 온다는 말씀을 영적으로 해석한다. 그리고 "사람이 자의적으로 해석한 양식만 교회에 만연하여 기근에 빠진 것"이라고 엉뚱하게 해석하면서 "기존 목회자들은 악령이 들어 쓰는 목자이기 때문에 신약의 성취된 말씀을 풀지 못하고 있다."며 비판한다. 그 다음 은근히 말세에 있을 「계시의 말씀」이 "때에 따른 양식을 나누어주는 충성되고 지혜 있는 종"에 의해서 전달된다고 가르친다. 자신들의 거짓 교훈을 계시의 말씀이라고 암시한다.

12과는 '아이 밴 자와 젖먹이는 자의 화'다. 신천지는 하나님의 백성을 육적 이스라엘(유대교), 영적 이스라엘(기독교), 그리고 영적 새 이스라엘(신천지)로 구분한다. 그리고 영적 이스라엘이 아직도 초보의 말씀인 「젖」만 먹고 자신들처럼 신약이 성취된 실상인 「단단한 식물」을 먹지 못한다고 비판한다. 그러면서 "새 언약을 깨닫지 못하는 기성교회가 오히려 단단한 식물을 전하는 자를 핍박하고 죽이려 한다."며 "마지막 때에 아이 밴 자와 젖먹이는 자에게 화가 있다는 말씀처럼 영적으로 몽학선생인 목회자들에게 화가 있을 것"이라고 경고까지 한다. (신천지는 이 성경본문의 배경과 역사에 대해 무식하여 왜곡 해석하고 있다. 본문은 AD 70년 로마군대가 이스라엘에 침입하여 위험한 때에 이스라엘 백성 중 아이 밴 자와 젖 먹이는 자가 피하지 못할 정도로 다급함을 묘사한 예수님의 말씀인데 이 본문말씀을 비유풀이로 왜곡하는 것이다.)

13과는 '세 가지 해와 달과 별'이다. 이스라엘 12지파 구성의 배경을 설명하고 하나님의 선민인 영적 새 이스라엘에 속해야 한다고 주장한다. 이들은 "영적 이스라엘이 예언의 내용을 깨닫지 못해 해, 달, 별처럼 어두워지고 떨어지는 심판을 당하게 된다."면서 "이긴 자를 통해 창조되는 영적 새 이스라엘 12지파(신천지)에 속해야 한다."며 위기감을 고조시킨다.

14과는 "하나님의 소와 살진 짐승(배도자, 멸망자)을 잡은 혼인잔치(신천지)를 찾아 예복(옳은 행실), 등(말씀), 기름(증거의 말씀)을 준비하고 택함 받은 자가 되자"고 그럴듯하게 독려하기도 한다.

15과는 '목자 구분'이다. 신천지는 정통교회 목회자를 미혹하는 영(사단)과 함께하는 거짓 목자로 지목한다. 그리고 "때에 따른 양식을 주는 충성되고 지혜 있는 종(마 24:45~47), 감추었던 만나를 주는 이긴 자(계 2:17), 약속한 목자...새 요한(계 10장), 철장으로 만국을 다스릴 아이(계 12:5)가 참 목자이며, 마지막 때 신약의 예언대로 출현하는 약속의 목자가 있다."고 주장한다.

16-17과는 "약속의 목자를 통해 계시의 말씀이 전해진다."라고 재차 강조한다.

이와 같이 신천지가 정통교회를 비난하고 목회자를 개, 돼지, 거짓 목자로 경멸하는 진짜 이유는 비난의 강도를 높일수록 자기조직이 성장·결속되기 때문이다. 그런데 성경지식과 교회의 기반이 없는 비신자를 대상으로 한 포교에서는 신천지가 사실상 성과를 거두지 못하는 이유가 여기에 있다.

신천지는 복음방 1-3단계를 통해 성경시대를 자의적으로 나누고 구원 관을 뒤엎은 다음, 자신이 속한 교회가 바벨론교회이며 목회자는 다 거짓 목자라는 착각에 빠져든다.

4단계(18-24과)에서는 마귀에 속한 거짓 목자(목회자), 바벨론(신천 지 외의 모든 교회)을 떠나 신천지에 들어와야 구원을 얻을 수 있다고 강 조하면서 배타적인 교리를 주입시킨다. 경기도 과천에서 시작된 신도수 10만 명의 신천지에만 구원이 있고, 전 세계 22억 명이 속한 기독교에는 구원이 없다는 식이다. 이런 편협하고 배타적인 교리와 이원론적 세계관, 정통교회에 대한 적대감 등은 시한부종말론 집단에서 나타나는 공통적 특 징이다.

4 신천지의 접근방법과 사례들

◆ 접근할 때 던지는 질문들이 무엇인지 아시나요?

- 목사님에게 성경공부 한다면 싫어하고 괜히 오해하니까 아무에게도 알리지 말라.
- 중세 가톨릭처럼 지금 교회도 썩었어, 문제가 많지?
- 내 꿈에 당신이 힘들어 하는 것을 보았어! 하나님이 알려주신 것 같아.
- 성경에 대해 궁금하지? 나랑 일주일에 한 번씩 공부하자!
- 주여! 주여! 하는 자마다 천국에 갈 수 없어, 자신 있어?
- 계시록이 궁금하지 않아? 세상의 종말이 어떻게?
- 열 처녀 비유를 어떻게 생각해? 준비한다는 것이…
- 아담 이전에도 사람이 있었다는 것을 알아?
- 무료로 성경공부를? 설문조사, 강의 아르바이트 하지 않겠니?
- 나 힘들고 외로워, 친구가 되어줄래? 이 책을 보았어?
- 성경을 잘 가르치는 선교사님, 교수님, 전도사님이 계시는데 만나보지 않겠어?
- 이사를 왔는데 말씀이 좋은 교회를 찾고 있었어. 이 교회는 말씀이 참 좋네.

첫째, 평범한 교인인 것처럼 접근한다. 평소에 청년회 임원이었던 신실한 믿음을 가진 청년이 신학대학에 재학하고 있는 여자 청년에게 접근하여 가까워지게 되었다. 얼마 후 그 여자 청년은 신학대학을 자퇴하게 되었고 두 사람은 결혼까지 약속하게 되었는데, 그 남자 청년은 나중에 알고 보니 신천지 소속이었다. 이런 경우는 처음부터 자신의 신분을 속이고 전략적으로 접근하였던 경우다. 결국 그 여자 청년의 부모들이 이 사실을 알고 결혼을 반대하여 깨어지므로 마음의 상처를 입게 되었다.

둘째, 설문지 혹은 강의 알바를 통해서 접근한다. 고등학교 3학년이었던 한 여학생이 11월에 수학능력 시험을 치르고 K대학에 개설된 영어학습 과정에 등록하게 되었는데 교내에서 설문지 조사를 하는 어떤 언니를 만나게 되었다. 대학교 안에서 만난 언니라서 별로 의심을 품지 않고 친절하게 답변을 해 주었다. 설문지 마지막에 신상을 묻는 난이 있어서 이름과 전화번호, 그리고 주소를 적어 주었다. 그런데 며칠 후 전화가 왔는데 그날 설문지 조사를 한 언니였고, 만나자고 하여 학교 앞 빵집에서 만나게 되었다. 그런데 그 언니는 신천지에서 나와 포교활동을 하는 사람이었다. 다행스럽게도 그 여학생은 상황을 판단하고 이후의 만남을 거절하였지만 끈질기게 연락을 하고 있다고 한다. 어떤 경우는 OO선교회에서 나왔으며 QT에 관한 설문조사라고 접근하였고, 어떤 경우는 방학 중 대리 수강 아르바이트를 할 수 있다고 속여 신천지 사상을 접하도록 만들기도 한다.

셋째, 자신의 신분을 가장하여 접근한다. 어떤 사람이 다가와 건네 준 명함에는 GMF, WEM(세계복음선교연합회)소속이며 "선교사로 임명받아 파송되었다."는 내용이 들어있었다. 어느 경우에는 성경을 탁월하게 해석하는 분이며 외국에서 활동하는 신학교수 혹은 선교사라고 소개하고 성경공부나 세미나를 위한 만남을 주선하기도 한다. 이런 경우들은 신천지가 즐겨 사용하는 포교전략이다. 2004년 전남대학교에서는 신천지 소속 학생들이 동아리연합회를 장악한 후 역사가 오래 된 정통 기독교 동아리인 C.C.C., 예수전도단, ESF, SFC, IVF 등을 제명시키는 놀라운 사건이 벌어졌다. 결국 신천지 소속이라는 신분이 드러나 쫓겨났지만 얼마나 치밀하게 신분을 위장하는 전략을 구사하는지 잘 알 수 있다.

이단사이비를 경계하라!

넷째, 꿈이나 환상을 보았다거나 혹은 계시를 받았다고 주장하면서 접근한다. 어떤 집사님이 화장품 가게를 하는데 하루는 전혀 알지 못하는 손님이 찾아와 꿈속에서 어떤 사람을 만났는데 바로 집사님이라고 하면서 반가워하였다고 한다. 다음 날에도 찾아와 이런 저런 신앙 이야기를 나누다가 예언하는 은사를 받은 분을 소개했는데 결국 신천지 무료성경신학원으로 인도하였다고 한다.

다섯째, 가장 열심 있는 신자들을 목표로 삼아 접근한다. 교회에서 기도대장으로서 알려진 어떤 여 집사님은 어딘가 성경공부를 하러 다니다가 교회를 떠나고 두 자녀와 남편마저 버리고 가출하였다. 어느 날 남편 앞에 나타난 그 집사님은 남편에게 이제는 신앙이 다르므로 이혼해 줄 것을 요구하였다고 한다. 이 경우는 신천지로 인해 가정이 파괴된 경우라고 할 수 있다. 어떤 자매는 이단으로 규정된 교회에 가족들 몰래 출석한 사실이 밝혀지자 부모가 자신의 종교를 이해해 주지 않는다고 하며 가출하더니 지금은 아예 행방불명이 된 일도 있다.

여섯째, 신자들이 출석하는 교회를 떠나게 만든다. 어떤 순진하고 착한 여 동생이 친구의 권유로 교회간판은 없지만 상가 2층 건물에서 하는 성경공부에 다녀온 뒤 기성교회는 구원이 없다고 비판하며 진짜 구원이 있는 교회에서 신앙생활을 하겠다고 주장하므로 가족들과 갈등을 빚게 되었다. 이와 같이 신천지는 신자들을 미혹하고 정통교회를 파괴하며, 젊은 이들을 포섭하여 세력을 확장하고 가정과 교회에서 불화와 갈등을 조장하기도 한다. 이런 행태들이 발생하는 것은 이단사이비 집단과 교주가 신자 개인과 가정, 그리고 교회공동체의 행복을 목적으로 하지 않기 때문이다.

5 신천지 대처방안

◆ 신천지의 최근 활동은 어떤가요?

1. 기존교회에 비밀리 침투하여 교회분위기를 정탐하고 포교대상을 정한 후 교인 빼내기(추수꾼 전략) 및 힘 있는 교인을 포섭하여 교인과 목회자 사이를 이간한 후 목사 몰아내고 교회 빼앗기(산 옮기기 전략)를 시도하고 있다.

2. 이단연구가나 회복 상담가를 강제개종자로 몰아세우고 정신적 피해로 과장하며 법정에 세우거나 공개적으로 비난하거나 교회에 불을 질러 위협하기도 한다.

3. 교주의 건강에 이상이 생기자 영생불사의 교리를 변경하는 중이고, 14만 4천명이 초과될 것 같아지자 세계에서 찾아오는 흰무리들이 있다며 구원받을 자의 숫자를 다르게 강조하고 있으며, 최근에는 공격적 포교전략을 시행하고 있다.

4. 공격적 포교방법으로서 정통교회에 찾아가 신천지 신분을 밝히고, 신천지 홍보물을 배부하며, 담임목사님에게 신천지 교리공부를 권고하는 편지를 보내기도 한다.

5. 최근에는 신천지 사람들이 길거리에서 계시록을 강조하는 팻말의 부스를 차려놓고 공개적으로 포교활동을 하고 있다. 심지어는 OOO신학대학교에 신천지 사람들이 들어가 홍보물을 나누어 주다가 학생회 임원들에게 제지당한 적이 있다.

6. 국가적인 기념행사(6.25기념)를 위장단체(사단법인 만남) 이름으로 주관행사를 하고 있어서 유관단체와의 유착이 의심되기도 한다.

7. 설문조사, 꿈과 우연을 가장한 접근, 성경의 궁금증 자극하고, 교회 밖의 성경공부 권유, 자진하여 전도되기, 신학교에 지원하는 학생으로 가장하는 일도 있다. (최근에 유튜브 동영상을 통해 감리교신학대 학생과 협성대학원생이 정통교회는 하나님이 없다며 신천지를 홍보하는 기자회견을 하는 일도 있었다. 결국이들은 신천지 소속인 것을 자백하였다)

8. 신천지가 명예훼손이라며 제기한 법정에서 오히려 교주 이만희가 파주에 있는 후계자로 알려진 압구정신학원장이며 사단법인 만남의 공동대표인 김남희 씨와 불륜 동거하는 장면이 포착되어 공개적으로 도덕성에 큰 타격을 입기도 하였다.

신천지에 어떻게 대처해야 하나?

첫째, 목회자와 성도들이 신천지의 속성을 충분히 알아야 한다. 기성교회에 대한 강한 비판과 신자들의 성경에 대한 궁금증과 무지를 자극하며 자신들의 활동을 비밀로 하는 속성을 가지고 있다. 특히 교회에서 색다른 용어들 즉 비유, 지식, 성경 보는 법, 실상, 배도 멸망 구원, 모략, 말씀의 짝, 대언 등을 사용하는 경우에는 의심해도 된다. 무엇보다도 신천지는 성경의 궁금증을 자극하므로 보다 체계적이고 직접적인 성경공부를 실시해야 한다. 또한 신천지의 교리의 모순점을 가르치고 신자들에게 복음적인 확신을 심어주어야 한다.

둘째, 각 교회에 침투한 추수꾼들이 교회 안팎에서 기성교회 신자들에게 어떻게 접근하는지 어떤 피해사례들이 있는지 충분히 알려야 한다. 신천지 추수꾼들은 자기 신상을 공개하기를 꺼리고 사진을 찍지 않으려 하며 심방 받기를 싫어하고 주일 저녁이나 월·화·목·금에 신천지 교육을 받으러 간다. 따라서 교적부 기록을 의무화, 주일 예배나 집회의 모니터링, 탈퇴 교인의 간증, 신천지 추정 신자에 대해서 1년간 직무정지와 이단상담 받도록, 1년에 2회 정도의 예방대책세미나 개최, 외부 성경공부 금지, 새가족 등록절차를 철저히 하고, 타 교회나 교단과 연합하여 공동대처를 해야 한다.

셋째, 추수꾼이 발각되었을 때에 저들은 반드시 위장 회개와 눈물을 흘리게 되어 있는데 여기에 쉽게 동정하거나 속지 말아야 한다. 신천지는 기성교회에서 신분이 노출되었을 때 어떻게 대처할지 구체적인 방법과 행동까지도 가르치고 있다.

넷째, 신천지 집단에 빠진 성도들의 회복과 치유는 전문가의 도움이 없이는 불가능하며 오랜 기간이 필요하다. 위장하여 신천지를 벗어난 것처럼 가족이나 주변을 속이기 때문에 신뢰할 수 있을 때까지 최소한 6개월에서 1년 정도 이단 상담치료를 받아야 정상적인 교회생활이 가능하다.

다섯째, 신천지에 쉽게 노출될 수 있는 신자들의 경우는 다음과 같다. 교회활동에 열성적이지만 성경지식이 부족한 신자, 교회와 목회자에 대한 비판으로 가득한 신자, 교회와 신자로부터 상처를 받아 다른 신자들과 잘 섞이지 못하는 외톨이 신자, 가정이나 사회에서 정서적으로 만족감을 얻지 못한 신자 등의 경우다. 따라서 목회자와 교회 지도자들은 신자들 가운데 소외된 이들이 없도록 적극적인 돌봄을 실천해야 한다.

여섯째, 최근에 공격적인 포교로 인해 피해와 법률적인 문제들이 발생하므로 다음의 법률조항을 참고로 하여 경고문을 부착하므로 신천지와의 법률공방에 대비할 수 있다. 신천지 출입금지에 적용할 수 있는 법률 조항이다. 형법 제158조(예배 방해), 제314조(업무 방해), 제319조(주거침입, 퇴거불응) 및 폭력행위 등 처벌에 관한 법률 제5조(단체 등의 이용·지원) 등이다.

◆ 추수꾼의 색출 방법

1. 교적부 활용 및 주일 모니터링(CCTV) 3대의 카메라로 촬영함. 목사님이 신천 지를 주의하라 설교하는데 피식하면서 비웃는 신자가 있었다. 사도신경을 따라 하 지 않고, 기도시간에 고개 들고 좌우를 살피던 신자들이 있었다.

   1) 목사의 설교에 대해 종종 비웃는 표정을 짓는다. 신천지 세뇌에 의해서 목사 는 성경도 모르는 사람이라고 가르치기 때문이다.
   2) 교회봉사는 많이 하지만 헌금을 거의 하지 않거나 명목상의 헌금만 한다. 왜 나하면 신천지 교회와 추수꾼으로 활동하는 교회 양쪽에 헌금을 해야 하기 때 문이다.
   3) 자신의 연락처와 주소를 가르쳐 주지 않는다. 교회봉사는 열심히 하고 목사와 거리를 두고 성도들과 가까이 지내며 개인의 연락처들을 파악하려고 애쓰는 사람이면 가능성이 높다.
   4) 과거에 출석하던 교회에서 특정 훈련을 잘 받았다고 말하지만 그 훈련 내용을 잘 모르는 경우가 있다. 빠른 기간에 리더의 위치에 올라 성도들을 미혹하려 는 전략이다.
   5) 기도를 많이 하는 것처럼 보이려고 성경을 읽다가 목사가 나타나면 방언으로 기도하는 것처럼 행동한다. 신천지에서 방언을 훈련시켜 파송하기 때문인데 영적인 사람은 무미건조한 방언기도인 것을 바로 분별한다.
   6) 담임목사와 성도, 그리고 담임목사와 부교역자 사이를 이간질한다. 교회의 파 괴가 목적이므로 이런 전략을 사용한다.

2. 신천지 탈퇴 교인들의 간증. 이단상담소로부터 소개받은 탈퇴자의 간증으로 교 회에 들어온 신천지 신자들이 떠났다. 말씀혁명세미나라는 세미나 참석권유 신 자는 확실한 추수꾼이다.

3. 물증이 발견되면 교회정관을 바꿈. 신자가 신천지로 확인되면 교회를 떠나도록 교회정관의 항목을 추가해야 하는데 이것은 법적인 조치로서 필요하다.

4. 신천지 추정신자. 한두 번 성경공부 하러 다녔을 뿐이라고 하면 모든 공직을 내 려놓고 1년간 공 예배만 참석하게 하고, 이단상담소의 이단비판 세미나를 참석 하게 할 것이다. 그러나 무조건 퇴출하려는 것보다 사랑으로 지켜보고 감싸주는 것이 최선이다.

5. 신천지대책세미나. 1년에 2회 신천지대책 세미나를 실시하여 신천지 집단에 대 한 경계심을 풀지 않도록 해야 한다. 이단에 대한 예방이 최선책이다. 구역장이 나 리더들을 특별 교육하고, 주보나 책을 통해 정보를 제공해야 한다.

1) 목회자와 담당 구역장이 모르게 새신자가 다른 새신자나 기존신자를 심방하러 다닌다는 소리가 들리면 즉각 교회에 보고한다.
2) 친분관계가 없는 신자가 꿈이나 환상을 통해 하나님이 무언가 보여주셨다고 하면서 다가오고 기도해 주겠다고 하면서 친절을 베풀면 즉시 교회에 보고한다.
3) 평소에 아는 신자가 다른 교회의 선교사, 목사, 전도사를 소개해 준다거나 출석 교회가 아닌 다른 곳에서 큐티나 성경공부를 제안하면 즉시 교회에 보고한다.
4) 큐티나 성경공부를 하면서 천국보화 비유(마 13:44-46)를 예로 들면서, 목회자 성도 및 가족 등 주변 사람들에게 절대 알리지 말라고 당부하면 즉시 교회에 보고한다.
5) 새로운 진리를 발견했다고 하거나 요한계시록, 다니엘서, 마태복음 24장 등을 언급하면서 말씀이나 예언을 알아야 한다고 열변을 토하거나 설득하러 다니는 성도가 있으면 즉시 교회에 보고한다.
6) 정통교회나 목회자의 비리 등을 들어 지나치게 비판하거나 교회나 담임목회자에 대해 거짓말이나 유언비어를 퍼뜨리는 성도가 있으면 신천지 추수꾼으로 의심할 수 있다.
7) 교회나 기도원에서 기도하고 있는데 다가와서 기도하는 모습이 아름답다고 하거나 꿈이나 환상으로 주님이 당신을 보여주면서 말씀공부 하라고 보여주셨다고 하면서 접근하는 사람이 있다면 즉시 교회에 보고한다.
8) 출교를 당할 때 전화 및 휴대폰 문자로 "담임목사가 나를 신천지 신도라고 음해한다. 교회에서 너무 많은 일을 시켜서 힘들어 나간다. 교회가 나를 아무런 이유 없이 쫓아낸다." 등의 유언비어를 퍼뜨린다. 이런 때에는 신천지의 모략인 것을 깨달아 속지 말아야 한다.
9) 대학에서 선배나 동료가 피아노나 악기 혹은 언어공부 등을 무료로 가르쳐 준다거나 지나친 친절과 만남의 요구에 대해서는 일단 의심해 보아야 한다. 접근한 후에 성경공부로 연결하는 경우는 틀림없이 신천지라고 보아야 한다. 이럴 경우에는 기독 동아리나 학교 교목실에 신고해야 한다.

6. 위장 자원봉사단체, 교회와 기도원, 문화단체나 카페, 대학가의 위장 동아리나 위장 카페, 그리고 위장 세미나와 언론들에게 속지 말아야 한다. 어떤 단체에 가입할 때에 정체를 꼭 확인하고, 의심이 가는 외부의 행사나 성경공부에는 참여하지 않도록 해야 한다.

7. 새 가족이 등록할 때 반드시 검증절차를 밟아야 하고 사진촬영을 해 두어야 한다. 전적 교회로부터 이명증서를 받거나 혹은 신상기록부를 만들어 반드시 신앙 이력을 확인해야 한다. 동시에 꼭 사진촬영을 해 두어야 한다.

8. 가능하면 교회들이 지방회별, 총회별, 초교파적으로 연합하여 공동 대처하는 것이 바람직하다. 신분이 탄로가 나면 당회 차원에서 신속히 제명하고, 이 사실을 주보에 싣고 이웃교회에 알려주는 것이 바람직하다.

신천지(신천지예수교 증거장막성전)의 교주 이만희는 종말론적 민족종교와 광신적 신비주의의 종교 혼합주의 사상을 가진 박태선의 천부교와 자신을 보혜사 성령으로 주장하는 유재열의 장막성전의 이탈자로서 성경 본문을 극단적인 세대주의 종말론과 영지주의 관점으로 보고, 모든 구절들을 비유로 전제하여 계시록 중심으로 풍유적이고 문자적으로 영해하고, 임박한 종말을 강조하면서 자기 공동체를 말세심판의 도피처로 강조하며, 영육합일의 신비주의를 통한 영생불사라는 헛된 꿈을 조장하고, 자신을 보혜사 성령이며 재림주이고 이긴 자로서 심판과 구원의 대리자로 신격화하며, 정통교회에 비밀리 추수꾼을 침투시켜 신자들을 모략으로 미혹하고 또한 교회의 분열을 조장하고 파괴하는 기독교 이단이다.

대부분의 한국교회가 이단으로 규정했는데, 특히 예장합동 교단에서는 지난 1995년 이만희의 사상을 '일고의 신학적 신앙적 가치가 없는 것'으로 판정하였다. 또한 교주 이만희가 '나는 유일한 말씀의 소유자, 우리에게만이 구원이 있다. 예수재림은 우리 단체에서 이루어진다.' 등의 극단적 주장을 해 왔음을 자신의 설교를 통해 밝힌 적이 있으므로(교회와 신앙, 1995년 4월호, 134-39; 5월호, 116-37) 한국교회는 이만희와 그를 따르는 집단을 이단으로 규정하였고, 기독교대한성결교회도 제54회 총회(1999년)에서 이단으로 규정하였다.

참고도서

1. 한기총이단사이비문제상담소. 「이단사이비 종합자료 2004」.서울: 한기총 출판부, 2004. 96-99.
2. 이단사이비대책위원회. 「구원이 있는가2」. 서울: 기성출판부, 2001. 115-128.
3. 편집부. 「교회와 신앙」. 2000년 1월호.
4. 구수현. "신천지에 무슨 일이 일어났는가?" 「현대종교」. 2004년 10월호. 96-99,100-111.
5. _____. "신천지는지금…" 「현대종교」. 2004년 8월호. 44-46.
6. _____. "우리는생명의 위협을 느낀다" 「현대종교」. 2004년 7월호. 30-33.
7. 김경수. "이단 침투에 몸살 앓는 대학가" 「현대종교」. 2004년 5월호. 62-65.
8. 백상현. 「이단사이비, 신천지를 파헤치다」. 국민일보기독교연구소, 20133, 2014.개정증보
9. 정윤석·진용식·장운철 공저. 「신천지 포교전략과 이만희 신격화 교리: 추수꾼 대책 종합매뉴얼」
   (교회와 신앙, 2007)
10. 한창덕. 「한권으로 끝내는 신천지 비판」. 서울: 새물결플러스, 2014.

이단사이비를 경계하라!

제4장
이단사이비집중연구: 하나님의 교회

우리를 거스리고 우리를 대적하는 의문에 쓴 증서를 도말하시고 제하여 버리사
십자가에 못 박으시고 정사와 권세를 벗어버려 밝히 드러내시고 십자가로
승리하셨느니라 그러므로 먹고 마시는 것과 절기나 월삭이나 안식일을 인하여
누구든지 너희를 폄론하지 못하게 하라 이것들은 장래 일의 그림자이나
몸은 그리스도의 것이니라 (골 2:14-16)

1 하나님의 교회(세계복음선교협회) 정체

◆ 주변에서 '하나님의 교회 세계복음선교협회'라는 이름을 가진 석조건물을 보신 적이 있나요?

이 단체의 이름이 바뀌기 전의 본래 이름을 아시나요? 하나님의 교회 안상홍 증인 회며 그들의 주장은 다음과 같다. ① 안상홍이 하나님의 새 이름이다(계 14:1-2). ② 안상홍을 아버지 하나님으로, 장길자를 어머니 하나님으로 믿는다(갈 4:26). ③ 토요 안식일과 유월절을 지켜야 구원을 받는다(출 20:8; 31:13). ④ 십자가를 강조하는 것은 우상숭배이며 영적 음행이라고 비판한다.

기독교인들에게 "혹시 구원 받았습니까?"라고 물으며 접근해 오는 사람들이 있다. "예"라고 대답한다면, "유월절을 지키고 있습니까?"라고 다시 묻는다. 그러면 "일곱째 날인 토요일은 안식일인데 기성교회에서 드리는 주일예배(일요일 예배)는 잘못됐다."며 국어사전과 개역성경, 천주교 교리서적들에 밑줄을 그은 자료들을 보여주며 호기심을 자극한다. 그리고는 "안식일과 유월절을 지켜야만 구원 받는다."고 주장한다.

하나님의 교회 세계복음선교협회(이하 하나님의 교회, 혹은 안중회로 호칭함), 언뜻 들으면 정통 기독교교단인 '기독교한국 하나님의 교회'와 무슨 관련이 있는 단체처럼 보이지만, 이 단체는 기독교한국 하나님의 교회와는 전혀 관련 없는 제칠일 안식일 예수재림교회(이하 안식교)에서 분파된 집단이다. 세칭 '안상홍 증인회'라고 불리는 이 단체는 죽은 교주 안상홍을 아버지 하나님으로, 그의 영적 부인으로 알려진 장길자를 하나님의 신부, 하늘 어머니로 신격화하는 '안식일교회'의 분파로서 1964년에

이단사이비를 경계하라!

설립되었다.

기존의 안식교가 '조사심판설', '토요안식일 구원론' 등으로 기독교계에서 이단시되고 있지만 나름대로 정통교리인 부활과 영생, 삼위일체, 십자가의 대속, 예수 그리스도의 중보 등을 인정하는 것과는 달리 안상홍 증인회는 1985년에 사망한 설립자며 교주인 안상홍을 사람이 아닌 하나님으로 믿는 단체로서 이런 점에서 보면 기독교이단이라기보다는 사이비집단이라고 말할 수 있다.

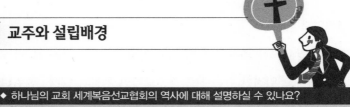

2 교주와 설립배경

◆ 하나님의 교회 세계복음선교협회의 역사에 대해 설명하실 수 있나요?

① 교주 안상홍은 1918년 1월 13일생, ② 1947년에 안식교에 입교함, ③ 1948년 이명덕 목사에게 침례를 받았다고 하나 실제 교적부는 1954년이었음, ④ 1956년 하늘의 계시를 받았다고 주장함, ⑤ 1962년에 안식교에서 출교당함, ⑥ 1964년 4월 해운대에서 23명의 신자와 함께 하나님의 교회 예수증인회를 설립함, ⑦ 1985년 2월 25일 식사 중에 뇌졸중으로 사망함, ⑧ 1988년 2천명 신자들이 부활을 기다렸으나 불발, ⑨ 1985년 교주의 영적부인 장길자가 서울동대문교회의 김주철을 앞세우고 하나님의 교회 안상홍증인회를 창립하고, 다시 하나님의 교회 세계예수복음선교회를 설립함, ⑩ 2000년 성남에 14층 세계복음선교협회 본부를 건축함

교주 안상홍은 1918년 1월 13일에 전북 장수군 개남면 명덕리에 태어났다. 어린 시절에 부산시 해운대구 우일동 808번지에 이사하여 살았으며 부친의 고향은 경남 함안이었다고 한다. 1937년 일본에 징용으로 건너갔다가 1946년 10월에 귀국하여 이듬해인 1947년 7월에 안식교에 입교하였다. 1948년 12월 16일에 안식교의 한 분파로서 재림의 날짜를 정하는 '시기파'인 이명덕 목사에게 침례를 받았고 주장한다. 그러나 실제의 출석교회 교적부에는 단기 4987년 10월 9일로 되어 있고(서기로는 1954년이므로 교주가 주장하는 공생애 37년을 맞추려고 침례시기를 조작한 셈이다), 침례목사도 김석영으로 기록되어 있다. 이때 침례를 받고 입교한 교회는 재송교회였다(현재는 수영교회와 해운대 교회로 분리되었다).

이단사이비를 경계하라!

1953년부터 하늘의 계시를 받기 시작했다고 주장하는 안상홍은 1956년에 10년 안에 예수재림이 있을 것이라는 안식교 목사의 설교에 반박하는 간증문을 통해 초대교회의 진리가 자신을 통해서 회복될 것임을 지시받았다고 강조한다. 그의 말을 들어보면, "새로운 진리는 서기 1964년부터 시작될 것을 알려주셨습니다. 제가 이 진리를 깨달은 것은 1953년이었습니다...1964년 안으로 예수 재림하시겠다는 성경해석과 1964년부터 새로운 진리가 전파되리라고 한 성경해석과 비교한다면 엄청난 차이가 있습니다." 그리고 "세상은 캄캄한 흑암 중이었습니다. 그때 하늘로부터 한줄기의 빛이 세상을 내려다 비치는데 그 빛을 땅 사방으로 비치어도 그 빛을 받을 사람은 한 사람도 나타나지 않았습니다. 마지막으로 보잘것 없는 제게 비치어 주셨습니다. 그 후 나는 성령에 감동되어 사도들이 행하고 초대교회가 행하던 진리가 회복되어야 된다는 지시를 받았습니다."라고 주장했다. 대부분의 이단사이비 집단의 교주들은 자신이 특별한 존재라는 것을 강조하기 위해 신비체험—하늘의 계시를 받음—을 언급하는데 동일한 행태를 보이고 있다.

1962년 3월 31일에 안식교회로부터 시기파(시한부종말) 운동에 가담했다는 이유로 출교 당했다. 그 후 2년 뒤인 1964년 4월 28일 부산 해운대에서 23명의 추종자들과 함께 '하나님의 교회 예수증인회'를 창설했다. 그런데 그는 자신을 육신을 입고 온 하나님, 보혜사 성령 등으로 가르쳤다. 또한 안상홍은 늘 흰옷을 즐겨 입고 예수의 모습으로 해운대 빈민가의 쓰러져가는 오막살이에서 사는 것을 고집했다고 한다. 그런데 자칭 하나님이라는 안상홍은 67세인 1985년 2월 25일 부산의 한 식당에서 식사하다 뇌졸중으로 사망하고 말았다. 그런데 신자들의 이탈을 우려하여 교주 안상홍이 3년 뒤에 다시 살아날 것이라고 강조하였고, 1988년 전국의 약 2천 명의 신자들이 흰옷을 입고 충남 연기군 전의산(삐룡재)에 모여 교주의 부활을 기다렸으나 불발이 되고 말았다.

한편, 안상홍은 본 부인인 황원순(1923년생) 외에도 소위 영적 부인을 여럿 두었다고 알려진다. 첫 번째 영적 부인은 엄수인(1941년생)인데 그녀는 안상홍과의 관계가 문제되기 전에 미리 전 남편과 이혼하였고, 1978년에 안상홍을 그리스도라고 주장한 장본인이라고 한다. 두 번째 영적 부인은 장길자인데 안상홍 생전에 그녀는 남편 김재훈(1944년생)과 이혼하고 결혼사진까지 찍어서 돌렸다고 한다. 교주 안상홍의 사후에 권력 장악에 힘써 6곳이나 되는 지회를 규합하여 총회본부를 서울 관악구 봉천6동 63-16호로 옮기고 '하나님의 교회 세계예수복음선교회'라는 긴 교단의 이름아래 김주철을 총회장으로 내세웠다. 현재 안상홍의 영적 부인이라는 장길자(1943년 10월 29일생)는 자신을 "하나님의 신부, 하늘에서 내려 온 새 예루살렘, 위에 있는 어머니" 등으로 주장하며 '안상홍 증인회 하나님의 교회'의 절대권력을 장악하고 조카 사위로 알려진 김주철(1985년 당시에 서울동대문교회 전도사, 장길자는 지역장)을 통해 안증회를 이끌고 있다.

안상홍 증인회 하나님의 교회는 그동안 가정파괴, 이혼, 가출, 재산헌납, 시한부종말론 등으로 물의를 일으켜 그 실체에 관해 언론의 주목을 받았었다. 최근 이런 문제들이 발생하자 '안상홍 증인회'라는 이름은 감추고 '하나님의 교회 세계복음선교협회'라는 이름으로 개명하여 이미지 쇄

이단사이비를 경계하라!

신을 희망하고 본부를 성남시 분당으로 옮겼다. 2000년에 성남시 분당구 이매동 45번지에 14층의 세계복음선교협회 본부를 건축하고 총회장 1명, 부총회장 3명 등 목사 6명, 장로 5명, 권사 4명, 전도사 25명, 신도 1,000여명이 소속되어 있다. 전체 신자들의 1/3이 서울이라고 알려진다. 현재, 하나님의 교회에 등록한 전체 교인이 40만 명이라고 주장하나 전국 300여개 교회에 매주 10만여 명 정도가 안증회 모임에 출석하고 있다고 파악되는데, 그들의 주장에 따르면(「월간조선」 2009년 3월호) 국내 400여개, 해외 1,000여개 교회가 있으며 세계 150개국에 진출하여 '어머니의 사랑'을 전하고 있으며 세계 총 신도수 110만 명이라고 주장하였다. 현재 이들은 적극적으로 포교활동을 하며 정통교회들이 재정적인 어려움으로 교회건물이 경매가 붙으면 그 건물들을 사들이는 등 정통교회들에게 적지 않은 유, 무형의 피해를 주고 있다.

3 정통 기독교와 다른 주장들

◆ 안증회의 핵심적인 교리는 어떤 것들이 있습니까?

① 영원한 표징인 토요안식일을 지켜야 구원을 받음, ② 십자가 우상을 제거하고 태양신을 섬기던 날인 성탄절을 지키면 구원이 없음, ③ 성경을 아전인수격으로 자신들에게 맞추어 해석함(생명책은 자신들에게 있음), ④ 하나님은 볼 수 있어야 하는데 사람의 모습이고, 성령 하나님의 이름이 안상홍이다, ⑤ 재림예수는 다윗의 40년 왕위를 완수하고자 남은 공생애 37년을 채워야 한다(안상홍이 재림예수), ⑥ 계시록 14장 1-2절에 안상홍 하나님의 이름이 예언되어 있다, ⑦ 하나님은 남자와 여자 하나님이 있다(창 1:1; 1:26) ⑧ 여자 하나님은 계 21장의 '하늘의 새 예루살렘'이고, 계 21:9과 22:17 어린양의 아내요 신부이며, 갈 4:6의 어머니인 장길자다, ⑨ 부활의 때가 되면 사람은 천사세계의 옷을 입은 것처럼 변형된다, ⑩ 예수님이 예고한 보혜사 성령은 안상홍이다, ⑪ 지금은 성령시대이므로 예수이름으로 구원받지 못하고 성령 안상홍을 통해 유월절을 지키므로 얻는데 구원받을 자의 수는 14만 4천이다, ⑫ 하늘성전건축재료인 14만 4천의 신부단장인 행실이 드러나고 그 수가 다 차면 하늘의 새 예루살렘 성전이 완성된다, ⑬ 여자는 수건을 두르고 각종 절기를 지켜야 하며 신을 벗어야 하는데 특히 안상홍과 장길자의 이름으로 기도를 해야 한다, ⑭ 교주의 부활교리에 맞추어 재림과 강림을 구분하며 종말의 긴박감을 강조하며 생명책은 자신들에게 있음을 강조한다.

접근방법

이들의 핵심적인 주장은 이단 안식교와 같이 금요일 저녁부터 토요일 늦은 오후까지를 거룩한 날(안식일)로 지킨다. 하루 세 번의 예배를 드린다. 또한, 절기를 지켜야 구원을 받는다고 강조하며 정통교회는 구원이 없다고 강조한다. 또한 집중적인 교리교육을 통하여 포교능력을 키우는데, 초급 3단계, 중급 2단계, 고급 2단계 등으로 총 7단계로 구성되어 있다. 예배 시에 신을 신고 들어갈 수 없으며, 주기도문을 암송할 때 예수님의 이름 대신에 안상홍님으로, 요즘에는 장길자님으로 바꾸어 부른다. 이들의 신앙실천에는 7가지 특징이 있다.

1. 여자들은 로마가톨릭과 같이 머리에 수건을 쓸 것.
2. 세례를 받지 않고 침례를 받을 것.
3. 토요일을 안식일로 지킬 것.
4. 성탄절은 태양신 기념일이므로 지키지 말 것.
5. 유월절을 지킬 것.
6. 십자가는 우상이다.
7. 유월절·무교절·초실절·나팔절·대속죄일·초막절 등 3차 절기를 철저하게 지킬 것이다.

이들은 일반사람들에게 「멜기세덱 성서교육원」에서 나왔다고 하며 접근하여 "기독교 교리와 그 인지도에 대한 설문조사를 실시하여 기독교 참진리를 교육하는데 반영하고자 한다."면서 설문조사지를 내밀어 응답해 줄 것을 요구한다. 이것은 총10개 항목으로 되어 있는데 다음과 같다.

① 하나님의 존재에 대하여 ② 성경은 어떤 책인가? ③ 사후 영혼의 세계존재에 대하여
④ 일요일은 몇째 날인가? ⑤ 일요일 제도는 어느 종교에서 비롯된 것인가?
⑥ 성탄절의 12월 25일 진위 여부 ⑦ 교회의 십자가 문제 ⑧ 기독교에 대한 인식은?
⑨ 종말에 관한 견해는? ⑩ 성서 예언과 하나님의 말씀을 배우고 싶은가?

설문을 마치면 성명, 직업, 성별, 나이, 전화번호를 기재하도록 되어 있다. 그런데 조심해야 할 것은 이 설문내용이 자신들의 주장을 정당화하기 위하여 답을 유도한 것들이므로 사전에 그 내용과 의미를 알지 못하면 말려들기 쉽다.

주요 교리 : 안상홍 하나님의 교리

성경은 인류를 구원할 자인 안상홍을 증거 한다고 주장한다. 세상이 성경과 하나님을 모르기 때문에 마지막 하나님인 안상홍을 알아보지 못한다는 것이다. 첫째, 안증회는 다른 신흥종파들에서 보듯이 동방교리를 언급하는데 예언서에 등장하는 '동방'(사 46:11)은 한국이며 모략을 이룰 자는 안상홍이라고 주장한다. 그리고 요한이 밧모섬에서 동쪽 해 돋는 데서부터 인치는 작업을 하는데(계 16;12) 그 동쪽을 일직선하여 그으면 부산이 나온다고 주장한다. 그러나 성경에서 동방의 모략을 이룰 자는 고레스 왕을 말하고(사 45:1), 성경에서 동방은 팔레스틴과 아라비아 지역을 말하는 것이지 한국으로 말할 근거가 없다.

둘째, 안상홍은 하나님의 새이름이며 그 이름이 성경에 이미 기록되어 있는데 계시록 14장 1-2절이라고 주장한다. "또 내가 보니 보라 어린양이 시온산에 섰고 그와 함께 십사만 사천이 섰는데 그 이마에 어린양의 이름과 그 아버지의 이름을 쓴 것이로다 내가 하늘에서 나는 소리를 들으니 많은 물소리도 같고 큰 뇌성도 같은데 내게 들리는 소리는 거문고 타는 자들의 그 거문고 타는 것 같더라." 이 구절에서 '거문고 타는 것 같더라'는 거문고 소리 '상'(商)을 의미하고, '많은 물소리 같고'는 큰 물 '홍'(洪)을 뜻하므로 '안상홍'이 하나님의 이름이라고 주장한다(빛을 발하라 1권, 8). 이것은 어리숙하게 한자풀이를 하는 꿰어 맞추기식 주장이다.

셋째, 요한복음 16장에 예수님이 보혜사를 보내주시겠다고 했는데 그 약속된 보혜사가 안상홍이요, 또한 성부 하나님의 이름이 여호와이고, 성자 하나님의 이름이 예수라면 성령 하나님의 이름은 안상홍이라고 주장한다(빛을 발하라 1권, 8). 이런 주장은 삼위일체 신론의 왜곡이다. 인간을 신으로 높이는 것은 창세기 3장에서 드러난 사단의 속삭임이다. 하나님이라는 안상홍은 죽어서 무덤을 남겼고, 어머니 하나님이라는 장길자도 역시 다른 사람들처럼 늙어가고 있기 때문이다(히 9:27). 구약성경에서 "여호와의 사자"로 나타난 "여호와"는 실제로는 하나님이 아니라 하나님이 함께 나타났기 때문에 "여호와"로 부른다고 주장한다. 그리고 사람이 하나님을 만났으니(출 33:20) 이 하나님은 영광중에 계신 상태가 아니라 반드시 눈, 귀, 코, 입이 달린 사람이어야 한다는 것이다. 그래서 교주 안상홍이 육신을 입고 온 하나님이며 성경에 예언된 재림주라는 것이다(하나님의 비밀과 생수의 샘, 90, 201). 그래서 안상홍 하나님의 이름으로 기도하고 추종자들은 그가 다시 강림할 것으로 굳게 믿고 있다. 그러나 이 주장은 성경에 나타난 '하나님의 현현'을 바르게 이해하지 못한 자의적인 억지해석이다.

넷째, 안상홍을 재림주로 믿고자 공생애 40년 교리를 제시하였다. 성경에서 '다윗의 위'(눅 1:32)를 이어받은 예수님이 3년만 공생애를 이루셨으나 다윗처럼 40년의 공생애 기간을 다 채우지 못하여 남아 있는 37년의 사역기간을 재림주 안상홍이 완성했다는 것이다. 37년의 사역을 완성하려고 안상홍이 30세에 침례를 받고 67세에 죽었다는 것이다(하나님의 비밀, 55). 그런데 앞에서 언급한 것처럼 교주의 실제 교적부를 확인한 결과 침례년도가 거짓임이 드러났다. 아무튼 이런 주장은 비성경적인 이단사설이다. 왜냐하면 성경에서 예수님이 40년 공생애를 살아야만 한다는 근거를 찾을 수 없고, 다윗의 왕위를 이어받은 예수님이 40년이 아니라 3년 6개월의 공생애를 살았는데 왜 "예수님의 보혈로 사람이 구원 얻는다."라고 성경에 기록되어 있는지 설명할 수 없기 때문이다.

다섯째, 안상홍을 멜기세덱이라고 주장한다(창 14:18; 히 7:1-3). 성경에서 예수, 여호와, 성령, 보혜사가 나오면 안상홍을 결부시키고, 성전, 예루살렘, 어머니가 나오면 장길자와 연결시킨다. 멜기세덱은 아비도 어미도 없는 존재이며 그가 떡과 포도주를 가지고 왔다는 것은 그가 기성교회가 잃어버린 유월절을 다시 회복한 자인 것을 의미한다고 주장한다.

주요 교리 : 어머니 하나님의 교리

안상홍의 사후에 안증회를 주도한 사람은 소위 '어머니 하나님'으로 부르는 장길자다. 계시록 21장 9절의 "어린양의 아내"이고, 계시록 22장 17절의 "성령과 신부"에서 신부이며, 계시록 21장의 하늘에서 내려오는 "새 예루살렘"이 바로 장길자라고 해석하였고, 갈라디아서 4장 26절에 나오는 어머니 하나님이라고 주장한다(하나님의 교회 구역장교재, 26).

첫째, 이렇게 주장하는 이유는 안상홍이 그녀를 하나님의 신부로 지명해 주었기 때문이다. 안상홍이 어느 날 야생마가 자신 앞에서 진정되는 꿈을 꾸고 깨어보니 장길자가 옆에 있었다고 한다. 그래서 그는 장길자를 자신의 신부로 삼았고 하늘에서 내려온 예루살렘이라고 하였다(갈 4:26). 또한 아담은 '오실 자의 표상'(롬 5:14)인데 아담도 아내가 있었던 것처럼 오실 메시아도 아내가 있어야 한다고 주장했다. 그러나 장길자

이단사이비를 경계하라!

는 남편과 자녀가 있었던 상황이었다. 그리고 갈라디아 4장의 상황에서 '어머니'란 '1세기의 교회'를 의미하는 것이지 '21세기의 장길자'를 지칭한 것은 전혀 아니다.

둘째, 여자 하나님의 정당성을 강조하려고 창세기 1장 1절에 하나님이란 '엘로힘'인데 히브리어 복수형태이므로 '하나님들'이란 뜻이고, 창세기 1장 27절에 하나님이 자기 형상대로 남자와 여자를 만드셨으니 '하나님도 남자와 여자가 있다'고 소급하여 주장하였다. 하나님이 아버지와 어머니가 있다는 이런 주장은 성경표현을 왜곡 해석한 것이며, 특히 하나님을 상대적 존재, 즉 남성과 여성이라는 대립적 존재로 보는 것은 다신종교나 통일교에서 흔히 볼 수 있는 통속적 신화사상이다. 기독교의 하나님은 본질에 있어서 절대자이고 유일하신 분이므로 안증회의 어머니 하나님의 교리와는 다른 사상이다.

주요 교리 : 율법주의 구원론

안증회는 안식교의 영향으로 토요 안식일 구원교리, 구약의 절기 준수론, 십자가 우상론, 수건 교리 등의 율법주의 신앙을 강조한다. "성탄절은 태양신 기념일이므로 지키지 말아야 한다. 십자가는 우상이므로 철거해야 한다. 유월절, 무교절, 칠칠절, 나팔절, 대속죄일, 초막절 등을 철저하게 지켜야 한다."고 주장한다.

첫째, 안상홍은 토요 안식일을 지켜야 구원을 얻는다고 주장한다. 안식일이 '영원한 표징'이라는 출애굽기 31장 13절, 에스겔 20장 20절과 예수님이 안식일에 자기의 '규례대로' 회당에 들어가셨다는 누가복음 4장 14절과 사도행전 17장 2절의 말씀, 그리고 인자는 '안식일의 주인'이라는 마태복음 12장 8절의 말씀을 통해 안식일을 엄격히 지켜야 한다고 주장한다. 그리고 안식일을 버리고 주일을 지키는 관습은 로마의 콘스탄틴 대제가 주후 321년에 칙령을 내렸던 것이고, 가톨릭의 교리문답을 인용하여 가톨릭이 안식일을 주일로 바꿨다는 비판도 안식교와 동일하다(구역장 교재, 4-13). 이것은 그럴듯한 주장으로 보이나 우리가 명심할 것은 안식일의 준수는 요일이나 시간의 엄수가 중요한 것이 아니라 하나님 앞에서 성별됨이 참 중심이며, 안식일의 주인이신 예수님의 안식일 해석법 —예배형식보다 생명구함이 우선함, 하나님과 이웃사랑의 정신을, 그리고 바울의 해석—절기나 안식일로 인해 남을 비판하지 말 것(골 2:14-16)—을 지키는 것이 성경의 근본적인 교훈에 일치한다. 심지어 성경에는 안식일을 폐지한다는 언급이 등장한다(호 2:11). 또한 교회사에서도 근거가 있는데 이미 주의 사도들이 주일예배를 드렸고(행 20:7), 주후 70-80년경 바나바 서신에서도 주일예배를 드린 기록이 남아있으며, 주후 107년 베드로의 후계자인 안디옥 감독 이그나티우스의 서한에도 기록되어 있다.

둘째, 안증회는 구약의 절기를 지켜야 한다고 주장한다. 지금이 성령시대이므로 예수의 이름만 가지고는 구원을 얻지 못하기 때문에 자신을 믿어야 한다고 했다. 그리고 예수님의 이름만으로 구원받을 수 없어서 성령의 앞으로 인침을 받아 유월절을 지켜야 구원을 받는다고 주장한다. 교주 안상홍은 성경에 나오는 유월절이 영생의 길이며, 유월절을 통해 구속받으며, 유월절을 통해 죄사함을 받는다고까지 주장한다(안상홍, 선악과

이단사이비를 경계하라!

복음, 54-58). 그러나 성경은 모든 절기가 폐하여졌다고 말하고(골 2:14-16) 절기를 지키라고 명령한 바도 없으며, 더구나 신약교회에서 유월절이나 절기를 지켰다는 근거도 없다.

셋째, 정통교회의 십자가를 우상이라고 주장한다. 안증회는 천주교는 마리아를 우상시하고 기독교는 십자가를 우상시한다고 비판한다(사 45:20). 이사야 본문에서 나무 우상을 십자가로 해석한 것이다. 그리고 성탄절은 이방 태양신의 날이므로 지키지 말아야 한다고 주장한다. 따라서 십자가는 우상이므로 치워야 하고 성탄절은 태양신의 날이므로 지키지 말아야 한다고 가르친다. 이런 주장이 잘못된 이유는 성경은 참된 예배는 시간이나 형식이 아니라 예배자의 태도가 중요한 것을 가르치고(요 4:24), 십자가는 우상이므로 제거하라는 말은 십자가의 상징성 즉 예수님의 보혈과 대속사역을 깎아내리는 것이며, 주일이나 성탄절을 태양신의 날이라고 비판하는 것은 오히려 이방종교의 예배일을 하나님 예배의 날로 바꾸신 하나님의 섭리를 부인하는 것이다. 따라서 이런 주장들은 그릇된 율법주의의 독선적 주장이다.

넷째, 고린도전서 11장 2-15절의 말씀을 잘못 해석하여 예배 시에 여자들이 머리에 수건을 쓰고 예배를 드려야 하나님이 받으신다고 주장한다(김주철, 월간 십사만 사천, 1998년 9월호). 여자가 수건을 쓰는 것은 남자에게 순종하는 상징적인 의미로서 헬라의 풍습이다. 이것은 고린도교회에만 나온다. 고린도지역의 부분적인 것을 전체 기독교로 확대하는 것은 안 된다. 즉 수건을 쓰는 것은 일종의 유전이다(고전 11:2). 이런 유전은 시대적 상황에 따라 바뀔 수 있는 것이다. 고린도교회에서 만날 때마다 입맞춤으로 인사를 하는데(고전 16:20) 우리 한국문화에서는 맞지 않아서 하지 않는다. 여하튼 우리의 구원은 율법적 행위에 있지 않고(고후 3:16; 갈 2:16) 예수 그리스도를 믿음으로 이루어진다(행 16:31).

안증회는 절기에 집착하고 있어서 정통교회 신자들도 마치 자신들처럼 성탄절 지킴을 태양신 기념일, 혹은 미신으로 받아들이는 것처럼 왜곡시킨다. 그러나 성탄절을 안증회의 유월절처럼 구원의 방법으로 생각하는 기독교인은 한 사람도 없다. 더구나 십자가를 우상숭배 하듯이 대하는 사람도 없다. 따라서 미숙한 신앙을 가진 신자들을 자신들의 논리에 끌어들이기 위한 언어유희에 불과하다. 예배 시 수건을 쓴다거나(고전 11:2-16), 신을 벗어야 한다거나(출 3:1-11) 하는 것은 성경본문의 배경이나 정황을 잘 모르고 있다는 증거다. 이런 모습들은 안증회가 문자적으로 맹신하는 율법주의에 빠진 것으로 볼 수 있다.

주요 교리 : 시한부 종말구원론

첫째, 시대기별론을 가르치는데, 그들의 주장에 따르면 "닭은 언제든지 때를 가르치는 역할을 하는 것이다. 새벽이 되어 날이 새어 갈 때에는 반드시 모든 사람에게 알려준다. 그런고로 지금 전하는 기별을 「늙은 닭」 정통교회의 사역자들은 잘 받아들이지 못할 것이요, 「중병아리」 평신자 중 진리를 갈망하는 자들이 즐겁게 받아들일 것이다."라고 말한다. 또한 요한계시록 13장 8절과 20장 12절에는 '생명책'이 언급되어 있는데 이 생명책은 바로 자신들에게만 있다고 억지 주장한다.

이단사이비를 경계하라!

둘째, 1981년부터 안상홍은 1988년에 세상 종말이 올 것이며 북한의 남침과 미국과 소련의 핵전쟁을 강조하였다. 그는 「하나님의 비밀과 생명수의 샘」에서 "1948년에 이스라엘이 독립하였으니 40년이 지나면 1988년이 된다. 분명코 그 때가 끝 날이 될 것이다. 다윗 왕의 예언과 멜기세덱의 반차를 연구하면 마지막 때를 정확히 알 것이다."(1장, 12쪽)라고 하였다. 또한 「신랑이 더디 오므로 다 졸며 잘새」에서는 "2012년이 끝 날이지만 성경에는 더디 온다는 말도 있고 그 날들을 감한다고도 하였으니 1988년-2012년 사이에는 분명히 끝날 것입니다."(15-16쪽)라고 하였다. 그래서 안증회 신자들은 1988년을 주목하였던 것이다.

셋째, 그들은 그리스도의 "재림"과 "강림"을 다르게 생각한다. 성경에 기록된 재림의 광경은 "강림"이라고 하고, 아기로 태어나 다시 한 번 오는 것을 "재림"이라고 주장한다. 이런 주장들에 대한 근거는 히브리서에서 "두 번째 나타나시리라"(히 9:27-28)는 말씀을 곧 '강림'이라고 주장하는 것이다. 그러므로 여전히 강림은 아직도 남아있다는 것이다. 이와 같이 안증회가 재림과 강림을 구분하는 것은 논리적 근거가 없다. 교주의 영적 부활의 교리를 정당화하려는 억지주장에 불과하다. 그래서 하나님의 교회는 1988년 서울 올림픽 때에 안상홍이 다시 강림한다고 믿고 기다렸지만 불발로 끝났다. 1985년 2월 25일 부산에서 사망한 안상홍 하나님이 3년 뒤 재림할 것을 예언했다고 하는데 1988년에는 그 절정에 달했다. 당시 충남 연기군 전의면(현 소정면)의 전의산(일명 삐룡재, 삐룡산)에 약 2천 명의 안상홍 증인회 신자들이 모여 교주의 재림을 준비하였으나 아무런 일도 일어나지 않았다. 지금은 그곳에 하나님의 교회의 「전의연수원」이 세워져 있다.

넷째, 1988년이 다 가기 전에 늦은 비 성령이 오실 것이며, 144,000명의 인치는 역사가 끝나면 지구는 흔적도 없이 사라지고 안상홍의 인을 받은 144,000명만 휴거되어 천국에 들어갈 것이며 구원받을 성도도 144,000명으로 국한될 것이라고 단호하게 잘라 말했다. 그리고 생명책에 이름이 기록된 사람들만 구원을 받는데(계 13:8; 20:12) 그 책은 자신들이 가지고 있다고 강조한다(교회와 신앙 1997년 1월호, 144). 안증회는 2000년, 2012년에도 종말이 온다고 예고했지만 현재 아무런 답변이나 해명도 없다. 최근에는 2015년 종말(2015.11.16.)으로 변경했다고 한다. 1988년 종말, 1999년 Y2K 종말, 2012년 지구종말을 말하면서 교회건물을 매입하고 계속 교세를 확장해 오고 있다.

다섯째, 그리고 "예수님은 사단의 미혹으로 말미암아 잃어버린 자들을 찾아 구원하시러 오셨던 것이다. 그러므로 예수 재림하실 때에는 우리도 예수님과 똑 같은 형상으로 변하게 된다."(안상홍, 천사 세계에서 온 손님들, 199, 63)고 주장했다. 사람들을 끌어 모으기 위해 위기감을 조성하고 시한부종말을 전면에 내세우는 것이 이단의 주요특징이다. 그러나 종말의 날짜와 시기를 정하는 것은 우리의 권한이 아니다. 전적으로 성부 하나님의 영역에 속한 것이므로 종말의 날자와 시기를 제시하는 자들은 경계해야 한다(막 13:32). 더 나아가, 상상할 수 없는 비기독교적인 주장은 사람이 천사세계에서 죄로 말미암아 이 죄악 세상에 내려오게 되었을 때에 근본 천사의 옷을 벗고 영이 여인의 몸을 거쳐 육체의 옷을 입은 것이며, 이 죄악 세상에서 구원을 받으면 육신은 죽어도 영은 육체의 옷을 벗고 그리스도의 옷을 임시적으로 입고서 하늘 낙원에 쉬고 있다가 예수 재림하실 때에 다시 육체의 부활을 받으면 아브라함에게 육체로 나타난 것 같이 육체를 가질 수도 있고 안 가질 수도 있는 능력이 있다고 주장한다. 우리가 부활할 때에는 현재 우리가 가지고 있는 이 몸은 완전한 몸으로 변형을 받는데(고전 15:50-54 참고) 바로 천사의 옷이라고 주장한다(천사세계에서 온 손님, 95-96). 이런 사상은 하나님의 형상을 닮은, 영·혼·육으로 구성된 피조물이라는 성경적 인간론이 아닌 영지주의 이단 사상이다. 또한 인간의 기원을 영적 존재로만 보고 천사의 세계에 속한다는 사상은 성경에 언급된 '허탄한 신화'에 속한다(딤전 4:7-8).

주요 교리 : 종말론적 교회론

안식교 교주인 엘렌 지 화이트 부인이 본 묵시 중에도 인 맞은 14만 4천 성도의 면류관에 새 예루살렘이라는 광명한 별이 있다고 하였다(여호와의 증인, 본교회략사, 41). 따라서 산 성도 14만 4천명이 구성될 시에는 하늘의 새 예루살렘 성전이 준공된다는 것이다. 그렇다고 해서 14만 4천명이 곧 성전이라고 하는 것은 아니다. 새 예루살렘 성이 신부가 신랑을 위하여 단장한 것으로서 표상되어 있는 것같이 산 성도 14만 4천명의 행실이 신부가 신랑을 위하여 단장한 것을 보여주는 것이라고 주장한다(고후 11:2; 계 19:7-8 비교). 이와 같이 안증회는 종말론적 교회론을 전개하면서 신부의 단장, 즉 행실의 면을 강조하는 율법주의적 특징을 여실히 보여주고 있다. 그리고 자신들의 집단이 선민집단이며 자신들을 통해서만 구원을 얻는다고 주장한다. 이런 교회론이 발전하여 시한부종말론으로 연결되는 것이 아닌가 생각한다.

그런데 안증회는 복음사업을 '하늘성전 건축'이라 부르고, 교회를 '그리스도의 몸'이라고 하며, 동시에 성도들을 가리켜 '그리스도의 몸에 붙은 각 지체'라고 강조하였다(골 1:18; 렘 4:15-16; 고전 12:27). 즉 "교회라 함은 지상의 건물만 가리킨 것이 아니라 그리스도와 연합한 성도들을 가리킴이니(엡 2:20-22; 고전 3:9, 16; 고후 6:16; 히 3:6; 벧전 2:5) 우리가 다 '하늘성전의 건축재료들'이다(계 3:12)."라고 주장하였다. 더 나아가, "각 시대의 복음사업으로 말미암는 하늘성전 건축은 지상에서 성도의 수가 다 참으로써 하늘성전이 완수되며, 지상의 건물교회는 아무리 훌륭하게 건설되었을지라도 종말에 가서는 다 불에 소멸되고 만다. 그러나 하늘성전으로 표상된 성도들은 신랑이 재림하시는 때 거룩한 신부가 되어 신랑을 맞이하게 되는 것이다(고후 11:2; 사 49:18). 그래서 교회를 아내로 표상하는 동시에 성도들을 그의 아내로 표상하였다. 따라서 마지막 14만 4천명인 하늘 새 예루살렘 성전 건축재료들이다. 그 수가 차면 하늘 새 예루살렘 성전이 완성되는 것이다(계 7:1-8; 19:7-8; 21:9-11; 14:1; 3:12 비교)."라고 강조하였다.

주요 교리 : 성례전의 차이

이에 관련하여 안증회의 주장을 보면, 심지어 예배실 안에는 신을 신고 들어 갈수 없다(모세가 호렙산에서 신을 벗은 것같이). 그들의 기도는 예

이단사이비를 경계하라!

수 그리스도의 이름으로가 아니라 안상홍 하나님의 이름으로, 장길자 어머니 하나님의 이름으로 한다. 다음의 글은 성령이신 안상홍이 가르쳐 준 기도문이라고 한다. 「하늘에 계신 아버지 안상홍님, 아버지께서 강림하실 날은 임박하였사오나 우리들은 아무 준비도 없사오니 아버지여! 우리를 불쌍히 여기시고 아버지의 성령으로 말미암아 우리를 거듭나게 하사 아버지 강림하실 날에 부족함이 없이 영접하게 하여 주옵소서. 아버지 안상홍님의 이름으로 간구하옵나이다.」 이단의 일반적 특징으로서 안증회는 자신들의 입맛에 맞는 구절만 보여주고 있으며, 결론은 교주 안상홍이 예수님을 제치고 스스로를 구원자라고 주장하는 것이다. 안증회 명칭을 보면 초기의 '예수증인회'에서 '안상홍 증인회'로 변경되었던 사실을 주목하며, 안증회는 예수를 그리스도로 믿는 기독교가 아니라 인간을 하나님으로 믿는 이단이며 사이비종파가 분명하다. 안증회의 예배를 참관한 사람의 증언에 따르면, 개신교가 거짓을 좋게 여기며 악을 선하게 가르치는 등 변질되었고, 콘스탄틴이 국교로 선포한 후 성령은 떠나가셨고 지금 기성교회에서 이야기하는 성령은 악령이라고 혹평한다. 그들을 회개시켜 흑암에서 광명으로 구원시킬 사명을 감당하기 위해서 늦은 비 성령(?)이 속히 임하도록 기도하자고 강조하였다. 예배 마지막에는 하나님의 신부라는 장길자 영의 기도가 있은 후 '십사만사천의 원하는 기도'라는 기도문으로 예배를 마친다.

4 포교활동과 사업

◆ 하나님의 교회의 포교활동과 독특함에 대해 설명해 보세요.

① 공식예배는 토요일 오전 9시, 오후 2시, 저녁 7시 세 차례를 드린다.
② 2명씩 짝을 지어 포교활동을 하는데(한 명은 문 앞에 서고 다른 한 명은 보이지 않게 피신함) 간혹 설문지를 들고 접근하기도 한다.
③ 각종 문서와 UCC동영상 그리고 각종 언론에 사회봉사 단체라며 각종 홍보에 열을 올리고 있다.
④ 특히 각종 정부기관이나 사회단체로부터 수상한 상패나 경력들을 전시하며 홍보하므로 건전한 단체인 것처럼 치장하고 있다.

예배

하나님의 교회는 각 지교회 별로 보면 목사(당회장), 장로, 권사, 전도사 그리고 집사라는 직분이 있어 정통교회가 비슷하다. 공식적인 예배는 토요일 오전 9시, 오후 2시, 저녁 7시 세 차례를 드리고, 동절기에는 30분씩 늦춰진다(지교회별로 약간의 시간 차이가 있다). 삼일예배라고 해서 화요일 오전, 오후 두 번에 걸쳐 예배를 드린다. 정통교회의 수요예배와 비슷하다. 유아들은 유아실에서 예배를 드리고, 초등학생, 청년, 장년은 각각 다른 자리에서 예배를 드린다. 유아를 제외하고 남자와 여자도 각각 자리가 지정되어 있다. 유아를 제외하고 여자는 머리에 수건을 쓰고 예배 드리는데, 이것은 고린도전서 11장 5절에 기록된 "무릇 여자로서 머리에 쓴 것을 벗고 기도나 예언하는 자는 그 머리를 욕되게 하는 것이니 이는

머리를 민 것과 다름이 없음이라"라는 말씀에 근거한 것이다. 예배시간은
아주 엄격하여 목소리, 숨소리조차 낼 수 없다. 각 지교회에서는 당회장
(지교회 담당 목사)의 설교만 들을 수 있다. 일반적으로 총회장 김주철 씨
의 설교를 직접 들을 수 있는 기회는 없다. 테이프를 통해서 들을 수 있는
데 그 내용을 들은 수 있는 신도들은 제한적이다.

적극적인 전도활동

포교방법은 2인이 짝을 지어 각 가정집을 방문하거나 거리에서 설문지
를 통한 설문조사식의 포교를 하는데 "하나님의 교회"또는 "멜기세덱 성
경연구원"이라는 명칭을 사용해 기성 교단의 교회인 것처럼 위장한다. 설
문지의 내용은 '교회의 십자가', '성탄절', '세상종말에 대한 견해', '오늘날
기독교에 대한 인식', '일요일은 주간의 몇째 날인가' 등의 10개항으로 되
어 있다(하나님의 비밀과 생명수의 샘, 22). 조금이라도 관심을 보이거
나 성경의 지식이 부족하다고 생각되면 집중적으로 포교한다. 그들은 첫
째로 체계적이고 집중적인 교리교육(전도훈련)으로 전도능력을 키운다.
안상홍 증인회의 단계별 교육은 초급 3단계, 중급 2단계, 고급 2단계의
총 7단계로 구성되어 있는데 이를 "끝까지 완수하여 복음사역에 활용하
도록 하라"는 격려문이 교재 표지에 기록되어 있다(현대종교, 1997년 6
월호). 1988년 종말론이 실패에 돌아간 후에 많은 신도들이 이탈했으나
조직을 재정비하고 기성교회교인들이 성경지식에 대해 취약한 점을 십분
활용하여 기성교회 교인들을 집중적으로 전도하기 시작해 1998년 5월 6

일 올림픽체조경기장에서 2만 명 전도발대식을 가질 정도로 교세가 확장되었다.

문서활동 및 UCC 동영상 유포

멜기세덱출판사는 인터넷홈페이지에 "성경에 담겨진 인류를 향한 하나님의 사랑, 희생, 축복을 전 세계인들과 함께 나누기를 소망한다."고 소개하는 등, 기독교서적 출판사로 가장해 하나님의 교회 교리가 담긴 책들을 출판하고 있다. 뿐만 아니라 어린이를 대상으로 자신들의 교리를 쉽게 전할 수 있도록 만화로 책을 만들어 판매하고 있다. 인터넷 포털사이트에 "하나님의 교회"를 검색하면 하나님의 교회 교리와 관련한 수많은 동영상들이 검색된다. 동영상은 누구나 쉽게 볼 수 있도록 설정해 놓고 있다. 하나님의 교회 신도들은 동영상과 관련해 긍정적인 리플을 달아 일반인의 이목을 가리고, 기성 교인들의 믿음을 혼란케 하고 있다.

언론홍보

하나님의 교회는 교회의 대외적인 활동들을 지역 신문을 통해 보도하고 있다. 지금까지 「경인일보」, 「경상일보」, 「울산매일」, 「울산여성신문」, 「칠곡신문」, 「호남일보」, 「인천일보」, 「호남신문」, 「전남매일」 등에서 보도했다. 얼마 전에는 「월간조선」(http://monthly.chosun.com) 2009년 3월호에 기사화되기도 했다. 348-363쪽까지 16쪽에 걸쳐 기사가 게

재됐다. 이색 종교단체 탐구 꼭지의 '하나님의 교회 세계복음선교협회 어머니 하나님을 섬기는 사람들'이라는 제목의 기사이며, 교세를 자랑하듯 '국내 400여개, 해외 1,000여개의 교회 설립, 세계 150개국에 진출 어머니의 사랑 전하며 신도 110만 명(하나님의 교회 측 통계)의 종교로 성장'이라는 문구로 기사가 시작된다. 장길자를 뜻하는 어머니 하나님에 대한 성경적 근거를 밝히고, 급격히 증가한 교세를 자랑한다. 이어서 하나님의 교회 신도들의 인터뷰와 신도들의 봉사활동으로 받은 표창장 등을 기사화했다. 마지막으로 총회장 김주철씨의 인터뷰를 통해 "모든 다툼과 분별, 범죄와 전쟁을 해결하는 분이 어머니"라는 문구로 장길자를 홍보하며 기사를 맺었다. 하나님의 교회 신도들은 기사가 실린 「월간조선」을 들고 다니며 포교 활동을 하고 있다. "우리 단체는 「월간조선」에 기사화된 단체다. 문제가 없다."고 주장하며 책을 통해 접근한다. 대구 지하철 참사현장에 자원봉사자들을 보내어 무료급식소를 운영하기도 했다. 또한 2002년 10월 26일, '장애를 극복하고 모든 인류의 화합을 이룩하자'는 대 명제 아래 거행된 2002부산아시아경기대회나 부산아태장애인경기대회(FG)에도 하나님의 교회는 새생명복지회, 국제대학생자원봉사연합회 등의 이름으로 봉사활동을 통해서 자신들의 실체를 드러내기도 했다. 또한 환경보호 운동에도 적극 참여하여 건전한 사회단체(위러브운동본부)인 것처럼 위장하고 있다.

수상 내역을 선전하며 홍보

하나님의 교회는 대민 봉사활동을 많이 하는 단체다. 봉사활동에 대해서 나라나 지방 단체로부터 많은 수상 경력이 있기도 하다. 하나님의 교회는 이 같은 수상경력을 내세우며 자신들의 정통성과 무오성을 주장한다. 하나님의 교회 홈페이지에는 '수상 내역'이라는 배너가 있으며 '대통령 훈장·포상 수훈', '대통령 표창장 수상', '국무총리 표창장 수상'. '경상북도지사 감사장' 등의 문구도 포함되어 있다. 배너에는 "국가와 사회에 공헌하는 하나님의 교회", "하나님의 교회 성도들의 선한 행실은 우리 사회의 귀감이 되고 있습니다. 그간의 헌신적인 자원봉사 공로를 인정받아 훈장과 포상, 대통령표창을 비롯하여 국내외에서 각종 표창장과 감사패, 감사장을 수상하였습니다. 앞으로도 순수한 신앙 정신으로 초대교회의 진리와 믿음을 그대로 계승하여 영생과 구원을 약속하신 하나님의 말씀을 세상에 전파하고자 혼신의 노력을 다할 것입니다."라며 봉사를 통한 수상을 홍보했다. 요즘 하나님의 교회 앞에 이런 배너들을 세워놓고 홍보한다.

기타

이들이 주장하는 시한부종말론으로 말미암아 가족들과의 마찰로 가출하는 신도들로 인해 가족들의 탄원이 매년 제기되어 왔다. 1999년에는 특히 Y2K 등의 사회여론과 이에 편승한 시한부종말론을 신도들에게 주장함으로써 이 단체에 피해를 입었다는 피해자의 실상과 하나님의 교회 안상홍 증인회의 실상 등이 각 언론에 보도되었고, 같은 해 7월 15일에는 KBS 시사고발프로그램인 〈추적 60분〉에서 하나님의 교회 안상홍 증인회에 대해 방영하기로 하자 이를 저지하기 위하여 방송사 앞 한강고수부지에서 전국에서 올라온 안증회 신도들이 항의하는 집회를 갖기도 하였다. 한편 지난 2000년 2월 29일에는 하나님의 교회 안상홍 증인회를 이탈하여 이 단체의 실체를 공개한 정모 씨(37세)가 신도 400명에게 둘러싸여 폭행을 당하기도 하였다.

5 부설기관 및 연관기관

◆ 하나님의 교회의 부설기관들은 어떤 것들이 있는지 설명해 보세요.

① 옥천 고앤컴 연수원 ② 엘로힘 연수원 ③ 총회신학원 ④ 하나님의 교회 역사관
⑤ 메시아 오케스트라 ⑥ 샛별 선교원 ⑦ 국제위러브유 운동본부

 하나님의 교회는 여러 부설기관이 있다. 탈퇴자에 의하면 부설기관들을 사용할 수 있는 사람들은 극히 제한적이라고 한다. 일반 신도들은 부설기관에 방문할 엄두도 못 낸다. 온 믿음(부부가 모두 하나님의 교회를 열심히 출석하거나 남편이나 아내 둘 중에 한 명만 출석하더라도 가정에서 전혀 문제가 되지 않는 경우)인 사람만 방문할 수 있다고 한다. 아무나 들어가 볼 수 있는 기관이 아니다. 하나님의 교회에 출석하더라도 주위 가족들이 전혀 문제를 일으키지 않을 정도의 환경이 돼야 하는 것이다. 대부분의 부설기관들을 방문하거나 이용하는 것은 일반 신도들의 간절한 소망이라고 한다.

 첫째, 옥천고앤컴연구원, 하나님의 교회의 홈페이지는 옥천고앤컴연수원에 대해 "1만 5천 명 이상의 대규모 모임이 가능한 국내 최고 시설의 연수원으로 세계복음활성화를 위한 성도 교육 및 대규모 교회 행사 장소로 활용되고 있다."고 소개하고 있다. 이곳은 옥천주민들이 반발로 세워지는데 어려움이 있었던 곳이다. 하나님의 교회가 옥천조폐창을 매수하자 주민들은 2003년 7월 '옥천 조폐창 매매철회를 위한 구민대책위원회'

이단사이비를 경계하라!

를 구성하고 서명운동, 기금 마련, 청와대와 재정경제부 등에 진정서 제출, 기독교계의 반발 성명서 등 모든 노력을 기울여 매각철회를 힘쓴 바 있다. 결국 2004년 1월 조폐창대책위원회가 공식적으로 해산되면서 반대시위가 무산되고 말았다.

둘째, 엘로힘연수원. 엘로힘연수원에서 한국을 방문한 외국인 안증회 신자 및 전국목회자 교육이 이루어진다. 청년수양회, 대학생 영어성경 발표력대회, 전도열매시상식, 청년 지·구역장 연수교육 등 각종 행사나 세미나가 정기적으로 열리고 있다. 홈페이지는 '전 세계 성도들이 사랑 가득한 그리스도의 성품으로 자라날 수 있도록 다양한 성경교육 프로그램과 화합의 장이 마련되어 있다.'고 소개하고 있다.

셋째, 총회신학원. 이곳은 포교자 양성을 위한 전문 교육기관으로 선지자 생도 교육과 목회자 연수에 중추적 역할을 담당하는 곳이다. 1학년 1학기에는 '기독교 이단'이라는 과목을 배운다. 그 내용은 천주고, 개신교, 안식교, 여호와의 증인, 통일교, 구원파에 대한 것이다. 기독교 이단에 '개신교'가 포함되어 있는 것이 눈에 띈다. 하나님의 교회는 개신교를 이단으로 보는 것이다.

넷째, 하나님의 교회 역사관. 몇몇 언론에 공개된 곳이기도 한다. 「문화일보」(2007.2.15)와 「세계일보」(2007.2.15)는 "2007년 2월 12일 경기 성남시 분당구 수내동 WMC빌딩에 기자들을 초청해 첨단시설로 완공한 역사관을 공개했다."며 "역사관은 120평 규모로 창세기로부터 요한계시록까지 66권 성서기록의 주요 사건을 돌아보게 한다."고 보도한 바 있다.

다섯째, 메시아 오케스트라, 하나님의 교회 홈페이지는 성령과 신부의 예언으로 등장하신 이 시대의 구원자(안상홍)를 찬양하는 사명을 가지고 구성된 오케스트라라고 소개한다. 현재 2관 편성의 오케스트라 구성으로 70여 명의 연주자가 정식 단원으로 활동하고 있다고 전한다. "2003년 '구원자가 오셨다'를 표제로 한 오케스트라 연주는 '우리를 불쌍히 여기소서', '나는 잠잠할 수 없노라', '하늘 어머니를 찬양하라' 등의 자체 작곡한 노래를 통해 성령과 신부로 등장하신 마지막 시대 그리스도의 희생과 사랑, 구원에 대한 감사와 기쁨을 표현했다."는 소개도 볼 수 있다.

여섯째, 샛별선교원, 4세 미만 반, 5세반, 6세반, 7세반 이렇게 네 반으로 구성된 샛별선교원은 하나님의 교회 신도의 자녀들을 돌보는 곳이다. 하나님께 감사하는 아이, 부모님과 어른을 공경하는 아이, 지혜롭고 총명한 아이로 자라나도록 교육한다고 선전한다. 그러나 여기서 말하는 하나님은 안상홍이란 사람으로서 결국 하나님의 교회의 교리를 배우고 안상홍, 장길자를 찬양하는 곳이다.

일곱째, 국제위러브유 운동본부, 국제위러브유(구 새생명복지회)는 하나님의 교회와 별개의 단체인 것처럼 활동한다는 데에 주목할 필요가 있다. 2001년 사단법인으로 등록된 새생명복지회는 하나님의 교회에서 하늘의 어머니로 믿는 장길자가 회장으로 있는 단체다. 2008년 7월 국제위러브유로 명칭을 변경해 활동 중이다. 국제위러브유는 "국적, 인종, 빈부, 종교를 초월해 세계인의 화합을 위해 노력하고 있다."고 홈페이지 서두에서 밝히고 있다. 또한 전쟁, 기아. 지진 등으로 도움이 필요한 곳에 복지활동을 하고 있으며, 국제위러브유의 활동 중심에는 '어머니 마음'이 있다고 거듭 강조한다. 국제위러브유는 국제지원, 아동복지, 청소년복지, 노인복지, 사회복지, 긴급구호 다섯 가지 활동을 중심으로 사업을 운영한다. 국제적으로는 심장병어린이와 극빈결식아동복지, 독거노인복지 및 경로위안잔치, 환경보호활동, 재해, 사고참사구호 등의 적극적인 복지사업을 벌이고 있다. 이러한 복지사업으로 장길자는 2004년 대통령 훈장을, 한국신문방송인클럽과 (주)헤드라인뉴스가 선정하는 2004년 한국혁신경영대상의 복지부분 대상자로 선정되어 한국 사회공헌 대상을 받았다. 또한, 후원회장에 탤런트 이순재 씨, 홍보대사에 가수 남궁옥분 씨와 영화배우 김보성 씨가 참여하고 있다. 연예인들과 하나님의 교회 측과의 관련성은 깊이 알 수 없지만 연예인들의 적극적인 참여가 국제 위러브유 단체를 더욱 부각시키고 있는 것은 사실이다. 이들은 가시적인 사회사업으로 표방했으나, 결국은 사회복지라는 이름으로 위장한 이단단체일 뿐이다.

안증회가 앞에 내세워 강조하는 특이점 7가지가 있다. 첫째, 여자는 머리에 수건을 쓴다. 둘째, 세례를 받지 않고 침례를 받는다. 셋째, 토요일을 안식일로 지킨다. 넷째, 성탄절은 태양신 기념일이므로 지키지 않는다. 다섯째, 유월절을 지킨다. 여섯째, 십자가는 우상이다. 일곱째, 유월절, 무교절, 초실절, 칠칠절, 나팔절, 대속죄일, 초막절 등 성경에 언급된 3차례 절기를 철저하게 지키는 것으로서 중세의 왜곡된 교리를 바로잡아 하나님의 바른 진리로 돌아가야 한다고 강조하고 있다. 그러나 정통교회의 반응은 2000년 11월 22일 한국기독교총연합회(회장 이만신 목사)에서 이단으로 규정하였고, 한국교회의 주요 교단들(통합, 합신, 합동, 고신, 기성)은 안식교분파 이단으로 규정하였다. 특히 예장 합동 측 87회 총회(2002), 성결교단에서도 103년차 총회(2009)에서 이단으로 확정했다.

하나님의 교회 안상홍 증인회는 안식교 계열의 이단이다. 이들은 안상홍을 재림주요 보혜사 성령 하나님으로, 장길자를 하나님의 신부이며 어머니 하나님으로 신격화하는 비성경적인 반기독교적 집단이다. 이들은 성경을 문자적으로 왜곡 해석하여 자신들의 교리를 정당화하고 있다. 더 나아가 자신들만이 안식일을 지키고 구원의 확증으로서의 생명책을 소유하고 있다고 주장한다. 결국 이들의 주장은 오직 믿음으로 구원을 얻는 성경적 복음진리를 왜곡시키는 율법주의자들이다. 현재 이들은 한국교회에 너무나 큰 피해를 주고 있는 단체로서 모든 교회들이 초교파적으로 연합하여 대처해야 할 것이다(교회와 신앙, 2000년 12월호).

이단사이비를 경계하라!

제5장
이단사이비집중연구: 구원파

누구든지 다른 교훈을 하며 바른 말 곧 우리 주 예수그리스도의 말씀과 경건에 관한
교훈에 착념치 아니 하면 저는 교만하여 아무 것도 알지 못하고 변론과 언쟁을
좋아하는 자니 이로써 투기와 분쟁과 훼방과 악한 생각이 나며 마음이 부패하여지고
진리를 잃어버려 경건을 이익의 재료로 생각하는 자들의 다툼이 일어나느니라
그러나 지족하는 마음이있으면 경건이 큰 이익이 되느니라 (딤전 6:3-6)

1 구원파의 정체

구원파는 1960년대 초에 발생한 특이한 구원론을 강조하면서 생겨난 이단이다. 구원파를 정의하면 성경에 나타난 구원의 교리를 정통교회와는 다르게 왜곡하여 해석하고 가르치므로 교회와 신자를 혼란케 하는 무리들이라고 할 수 있다. 분파는 권신찬-유병언 파, 이요한 파, 박옥수 파, 그리고 기타 분파로 구분한다. 그들의 주장은 한국교회는 구원을 줄 수 없는 교회라고 비판하면서 구원이란 구원을 얻으려고 노력하는 율법과 종교로부터의 해방이고 모든 죄는 이미 예수 그리스도의 십자가에서 다 해결했으며 하나님은 우리의 죄를 다시는 기억하지 않으신다(히 8:12)고 했으니 죄책감에서 벗어나 자유로워야 하고 반복하여 회개할 필요가 없고 성경대로 나는 죄인이 아니라 의인이라는 사실을 깨달으면 구원 받은 것이라고 주장한다.

지난 2014년 4월 16일에 발생한 세월호 참사는 이런 이단의 폐해를 명백하게 드러내 준 실례이다. 세월호 참사는 유병언이라는 절대권위적인 교주의 가르침에 따라 왜곡된 구원론을 받아들여서 사업을 종교행위로 믿고 신자들을 종교사업에 투신하도록 만들며 일부 상위층의 사람들에게 부가 집중되게 만든 소위 '구원파'라는 이단의 실체를 적나라하게 드러낸 사건이라고 할 수 있다. 그 결과는 인간 생명에 대한 존엄은 사라지고 물질적 탐욕의 희생제물이 되게 하였으며 엄청난 죄악을 저질러도 참회하기보다는 자기 집단의 방어에만 급급해 하는 비기독교적이고 반사회적인 이미지를 남기고 말았다.

구원파란 '성경에 나타난 구원의 교리를 정통교회와는 다르게 왜곡하여 해석하고 가르치므로 교회와 신자를 혼란케 하는 무리들'이라고 정의할 수 있다. 다시 말하면, 성경에 나타난 구원의 교리를 몇 가지 구절에 의존하여 전체인 것처럼 강조하고, 오랜 교회의 역사를 통해 정립되어 온 기독교의 정통교리를 잘못된 것으로 치부하며, 성경본문에 대한 자신들의 해석만이 절대적인 진리인 것처럼 편협 되게 가르치므로, 교회의 일치를 깨트리고 신자들의 구원신앙을 잘못된 방향으로 인도하는 집단이라는 말이다.

물론, 1960년대 초반부터 시작된 구원파에는 몇개의 분파들이 존재한다. 예를 들어, 권신찬–유병언 파, 이요한 파, 박옥수 파, 그리고 기타로 구분할 수 있다. 각 분파들 나름대로 다른 설립배경을 가지고 있고, 구원의 교리를 주장할 때 특이한 강조점을 가지고 있지만 거의 유사한 주장을 하고 있다. 그 공통된 주장을 정리하면, 한국교회는 구원을 줄 수 없는 유형의 교회라고 비판하고, 구원이란 구원을 얻으려는 노력인 율법과 종교로부터의 해방을 의미하며, 모든 종류의 죄는 이미 예수 그리스도의 십자가에서 다 해결되어 있으며, 하나님은 우리의 죄를 다시는 기억하지 않으신다고 했으니 죄책감에서 벗어나 자유 해야 하고, 우리는 반복하여 회개할 필요가 없으며 성경대로 나는 죄인이 아니라 이미 의인이 되었다는 사실을 깨닫기만 하면 구원 받은 것이라고 한다. 이런 일방적인 주장들은 편협한 구원의 지식을 수용하고 주관적으로 성경해석을 시도한 결과로 볼 수 있다. 일찍이 한국교회의 주요 교단들은 구원파를 이단으로 규정했다. 기독교대한성결교회에서는 1985년(40회 총회)에, 예장 고신은 1991년 (41회)에, 합동은 1992년(77회)에, 같은 해에 예장통합, 합신도 이단으로 정죄하였고, 그리고 한국교회의 다수 교단들은 구원파를 성경의 구원론을 왜곡한 이단으로 규정하는데 이견이 없다고 할 수 있다.

2 구원파의 역사

◆ 구원파의 역사를 설명해 보세요.

① 구원파는 외국인 독립선교사인 길기수와 딕욕으로부터 죄사함의 교리를 잘못 배우면서 시작되었다. ② 장로교 권신찬 목사가 율법을 다 지키지 못한 죄책감에 시달리다가 길기수 선교사의 설교를 듣고 큰 충격을 받았다고 한다. ③ 극동방송에 입사한 권 목사의 방송설교를 통해 청취자 수양회가 시작되면서 구원파 운동이 본격화되었다. ④ 1981년 용산에 삼각지 교회를 설립하면서 유형의 교회가 아닌 무형의 교회를 주장하였다. ⑤ 구원파의 분파는 권신찬-유병언 파, 이요한 파, 박옥수 파, 그리고 기타 분파로 구분한다.

구원파는 사회문화적으로 대변혁기며 혼란기였던 1960년대에 우리나라에서 활동하기 시작한 기독교이단이다. 엄밀한 의미에서 한국에서 자생한 이단이 아니라 미국에서 수입된 이단이라고 할 수 있다. 미국과 네덜란드에서 온 외국인 독립선교사에게서 사상을 전수받은 한국인들에 의해 국내에 뿌리를 내린 집단이다. 이들에게 영향을 미친 선교사들은 체계적인 신학교육을 받지 못한 자들로서 기성교회 안에는 복음이 없고 구원받지 못한 목회자들이 대부분이라는 편견을 가지고 제자들을 양육했다. 특히 딕욕 선교사는 기성교회는 반복음적 세력이며 신학을 공부하는 것은 믿음을 버리고 세상으로 타락하는 것이라는 왜곡된 생각을 가지고 있었다. 이런 극단적인 세대주의 사상을 전수받은 사람이 바로 권신찬, 유병언, 박옥수, 그리고 권신찬의 수제자 이복칠(현재는 이요한이란 이름으로 활동함)이었다. 이들의 학력을 살펴보면, 유병언은 공업계 고등학교를 졸업했고, 이복칠은 중등교육을 받았고, 박옥수는 중학교 3년을 중퇴한 것으로 알려져 있다. 권신찬이 6.25동란 중 잠시 대구에서 신학을 공부한 것을 제외하고는 이들은 모두 체계적인 신학수업을 받은 적이 없고 일시적인 성경학교를 수학한 것으로 알려진다.

설립배경

구원파에서 탈퇴한 정동섭은 구원파를 '한국에서 자생한 것이 아니라 외국인 독립선교사들의 영향으로 장로교에서 파생한 이단'이라고 규정한다(이단추적 그것이 궁금하다, 83). 그 이유는 1961년 11월 네덜란드 선교사 길기수(Kaas Glas)의 영향으로 '죄사함을 깨달음' 받은 대구칠성장로교회 목사 권신찬과 1962년 4월 미국인 독립선교사 '딕욕'(Dik York)의 영향으로 '복음을 깨달았다'는 대구문화장로교회 교인 유병언을 중심으로 대구에서 구원파가 시작되었기 때문이다. 그러나 1963년부터 (정동섭은 1965년부터라고 주장함) 그들은 선교사들과의 관계를 끊고 '독자노선'을 추구하면서 성경을 왜곡하여 해석하였고, 특히 권신찬은 복음주의 방송국(극동방송의 전신)에 진출하여 내부 동조세력을 형성하고 방송설교를 통해 영향을 받은 전국의 추종자들을 모아 '청취자를 위한 여름수양회'를 개최하면서 구원파 세력을 확장시켰다.

구원파의 태동에 있어서 권신찬 목사의 역할은 결정적이다. 권신찬은 1923년 1월 13일 경북 영덕군 병곡면 원황리 934번지에서 권태동씨와 김분석씨 사이에서 여섯째 아들로 출생하였으며, 전형적인 시골에서 자

이단사이비를 경계하라!

라면서 부모를 따라 교회에 나가기 시작하였다(탁명환, 세칭 구원파의 정체, 56-57). 그는 14세인 1937년에 영해 보통학교를 졸업하고, 17세인 1940년 8월에는 일본 동신중학교 과정을 중퇴하고, 독학으로 검정고시를 거쳤다고 주장한다(이대복, 이단종합연구, 114). 28세인 1951년 7월에 대한예수교장로회 총회신학교를 졸업하여 1951년 11월 30일 장로교 경북노회에서 목사안수를 받고 주파교회, 영양읍교회, 경산읍교회, 그리고 대구칠성교회에서 총 12년간 목회를 하였다(이단종합연구, 114).

권신찬은 자기 저서에서 늘 자신이 율법을 다 지키지 못함으로 인한 강한 죄책감에 시달려 오던 중에 1961년 10월 네덜란드에서 온 선교사 길기수의 설교를 듣던 중 "거듭났는가?"라는 질문에 강한 충격을 받았다고 하였다(양심의 해방, 33). 권신찬은 1962년 12월 21일에 길기수 선교사에게 침례를 다시 받았는데, 이 재침례 문제 때문에 경북노회로부터 목사직을 제명당하자 결국 교단을 탈퇴하게 되었다고 한다(심창섭, 기독교의 이단들, 29). 그런데 이단연구가인 이대복은 1962년 12월 21일 권신찬이 경북노회에서 목사면직 및 제명 처분된 이유는 이단문제라고 하였다.

교단을 탈퇴한 후 권신찬은 1962년 12월 30일 독립교회에서 시무하였다. 그리고 1966년 2월 10일 인천에 있던 '복음주의 방송국'에 입사하여 전도과장으로 일하다가 그의 설교내용이 문제가 되어 교계에서 물의를 빚자 1974년 9월 10일 방송국을 설립한 팀선교회로부터 파면을 당하게 되었다(이단종합연구, 114). 사실, 권신찬은 '국제 복음주의 방송국'에 입사한 후 그의 방송설교에 영향을 받은 많은 추종자들을 얻었고,

1969년 무렵에는 권신찬이 자신의 사위인 유병언을 '성령의 기름부음을 받은 자'로 또는 '말씀의 은사를 받은 자'로 추앙하기 시작하였으며, 극동방송의 '청취자를 위한 여름수양회'가 개최되면서 그 세력을 확장하였다가 나중에 '한국평신도복음선교회'(KLEF)라는 집단을 조직하게 되었다(현대종교, 1985년 10월호, 70-71). 그는 1974년 8월에 극동방송국 측으로부터 해임을 당하면서 경북 영덕군 병곡면 고향에 있는 원황교회에 발 붙이려고 초등학교를 빌려 유병언과 함께 집회를 개최하였으나 실패하였다(이단종합연구, 114).

그러다가 1981년 11월 21일 16시 서울 용산구 한강로 1가 231-23번지 구원파 본부인 용산 삼각지교회당에서 전국 총대 248명이 모인 가운데 '기독교복음침례회' 창립총회를 개최하였다. 또한 1981년 12월 6일에는 교계 주간신문, 교회연합신보, 한국복음신보, 크리스챤신문에 5단 광고를 통하여 '한국평신도복음선교회'를 '기독교복음침례회'로 창립함을 공표하였다. 당시의 창립취지문에는 구원파는 하나님의 유형교회를 부정하고 무형교회만 주장하였다(이단종합연구, 115). 결국, 권신찬은 73세인 1996년에 사망하였다(구원파를 왜 이단이라고 하는가, 48).

구원파의 분파 : 권신찬-유병언 파

기독교복음침례회의 권신찬, 유병언이 교권 족벌주의에 빠지고 유병언의 사업체인 삼우무역주식회사(종이비누 공장)에 신자들이 바친 헌금이 충당되는 것을 보고 불만을 가진 간부들과 신도들이 반발하여 분파가 발생하였다. 첫 분파의 시작은 헌금을 사업에 유용하는 유병언 사장에 대하여 불만을 품고 있던 이창범(인천지역) 파가 1978년에 500여 신자와 집단 이탈했고, 1983년에는 이복칠(이요한) 파가 교회헌금을 사업에 전용하는 것을 반대하여 권신찬-유병언을 비판하다가 집단 폭행을 당하고 전국 1천여 신자와 함께 이탈하였다. 그리고 전국에서 5천여 명의 신자들이 1983년에 복음수호를 외치며 유인물을 배포하여 권신찬-유병언을 비난하고 나섰다. 이로 인해 유병언 기업파에서는 이복칠 파를 폭행 감금함으로 5명이 구속되는 사태가 발생하였고, 이로써 구원파는 유병언의 기업파와 이복칠의 복음수호파로 양분되었다. 결국 이복칠 파는 1983년 2월부터 '대한예수교침례회'라는 간판을 내걸고 전국 17개 지역에서 모임을 가지기 시작했다(이단종합연구, 116).

그런데 유병언은 1961년 초 딕욕, 케이스 글래스(Kaas Glas), 데릭얼(Derek Earl) 등의 외국선교사들이 운영하던 「대구성경학교」에서 김성준, 박옥수, 이종섭 등과 어울려 공부하였다. 그는 1972년에 성동구 약수동 소재의 성동교회에서 미국인 선교사 윌리엄 윈첼, 밥디그난 리차드 등으로부터 목사안수를 받았다. 그 후 1982년 하반기 영동지역 일각에서 주로 여신도들을 중심으로 '복음수호를 위한 형제 자매들의 외침'이라는 제목 하에 자기의 재산을 바치지 않으면 들림을 받을 수 없다는, 구원을 물질과 결부시켜 사업확장에 열을 올리게 된 일로 인해 구원파는 혼란에 빠지게 되었다. 이와 같이 전국적으로 분열은 확대되어 가면서 구원이라는 미명하에 재산착취와 돈 버는 사업확장으로 인해 물의는 계속 이어졌다(이단종합연구, 116). 심지어 1983년 2월 13일 오전 11시에 구원파는 파벌싸움이 일어나 경찰 형사기동대가 용산구 삼각지 구원파 본부를 경비하고 유병언의 주류세력이 구원파 본부를 장악하게 되었다.

구원파의 원조격인 유병언 계열은 오대양 사건과 연류되면서 그 영향력이 감소한 것이 사실이나 그 이후 포교보다는 세모 스쿠알렌, 유람선, 신용협동조합, 유통업 등에 손을 대어 재력확보에 성공하여 재기하였다. 그리고 유병언은 둘째 아들 유혁기에게 설교권을 넘겨주었다. 이들은 경북 청송군 보현산 일대 270만 여평의 임야를 100억에 매입하고 집단촌을 건설할 계획이었다. 이에 청송군 기독교연합회에서는 이들을 추방하기 위해 여러 차례 구원파 추방결의대회를 가진 바 있다(교회와 신앙, 2004년 3월 10일). 유병언은 1970년대에 새마을운동을 빙자해 교세를 확장하려고 하였고, 1980년대에는 '한국녹색회'라는 이름의 환경단체를 조직하여 환경운동을 빙자해 교세확장에 온갖 힘을 다 기울였다(구원파를 왜 이단이라고 하는가, 49). 이외에도 안성의 금수원과 청해진 해운, 다판다 등의 사업체가 있으며 전국에 133개 지교회에 20만 신자라고 주장하나 2만 정도로 추산되고 있다.

구원파의 분파 : 박옥수 파

박옥수는 1944년 6월에 경북 선산에서 부친 박재돌과 모친 최수만 사이에서 4남 1녀 중 셋째 아들로 태어났다. 낙동강 유역에서 부모는 땅콩농사를 지었다고 한다. 고향에서 중학교 3학년을 중퇴하고 외지에 나간 박옥수는 네덜란드 길기수 선교사의 금오산 집회에서 큰 감화를 받고,

이단사이비를 경계하라!

1962년 10월 7일 19세에 '예수님의 은혜로 죄 사함'을 받아 거듭남을 체험하고 외국의 선교사로 나가기 위해 합천의 산골에서 훈련을 받다가 군에 입대하였다. 자신의 홈페이지에는 1962년 Shield of Faith Mission 선교학교를 졸업했다고 밝히며, 딕욕(Dick York)이라는 선교사와 권신찬 목사의 영향을 받았으며, 1971년 딕욕 선교사에게 목사안수를 받았다고 주장한다. 그러나 최근 딕욕 선교사는 박옥수의 행보에 대해 우려를 표명하고 관계를 단절하였다. 한 때 대구에서 목회활동을 하다가 1980년대에 들어와 '예수교복음침례회'라고 했다가 '대한예수교침례회'라는 간판을 내걸고, 서울 관악구 봉천동 소재의 서울제일교회를 중심으로 활동하였다. 한때 대전시 서구 도마1동 소재의 한밭중앙교회를 본거지로 삼아 교세를 확장하다가 현재는 강남 서초동 우면산 근처의 기쁜소식선교회 강남교회 담임목사로 있다.

1968년 경 박옥수는 일찍이 권신찬과 유병언과 결별하고, 대구 계명대학교 앞에 '대구중앙교회'에서 목회하다가 1983년 초부터 '대한예수교침례회'라는 교단 명칭을 쓰기 시작하였으며, 한때 대전에 본부를 두고 서울 등 주요도시로 진출하였다(구원파를 왜 이단이라고 하는가, 48). 박옥수와 함께 하는 인물로는 브라질 원주민 선교사로 알려진 김성준 선교사도 이들과 함께 대구성경학교에서 공부했으며 최근까지 교류하고 있는 것으로 보인다.

박옥수가 이끄는 '대한예수교침례회'는 대전 변동에 '한밭중앙교회'라는 이름의 본부교회를 중심으로 2004년 현재 국내 220개 교회(300여명의 목회자) 지교회와 해외 70여개의 지교회(100여명의 선교사)를 두고 있다고 한다. 독일, 미국, 일본 모스크바, 파라과이에까지 진출하여 정통교회 성도들을 미혹하고 있다(현대종교, 1993년 1월호). 이들은 7월과 12월에 김천에 있는 대덕수양관에 수천 명씩 참석하는 정기적인 수양회를 갖고 있는데 교세는 약 1만 명으로 추산하고 있다.

2001년에는 국제청소년연합(IYF, International Youth Federation)이라는 단체를 창립하여 80개 이상의 대학에 침투하여 젊은이들을 대상으로 포교하는데 열을 올리고 있다. 이들은 IYF동아리를 이단으로 보고 허용하지 않는 대학들을 대상으로 하여 시위와 소송제기 협박을 하고 있다. 대학교 캠퍼스에서 IYF동아리 이름으로 영어회화를 무료로 가르쳐 주는 것이나 해외봉사단 명목으로 학생들에게 접근하고 있다. 매년 IYF세계대회, 사진전시회, 중등, 고등, 대학생의 영어말하기 대회를 열어 젊은이들에게 포교하는데 열을 올리고 있다. '기쁜소식선교회'라는 이름으로 직접 집회를 인터넷 생중계를 하고 있다(구원파를 왜 이단이라고 하는가, 49-50).

구원파의 분파 : 이요한 파

권신찬의 수제자 이요한은 1962년 '중생의 경험'을 했다고 하며, 안양시 인덕원에 '서울중앙교회'라는 본부교회를 세우고 충남공주에 그들의 수양관을 운영하고 있다. 경기도 안양시 동안구 관양동에 본부를 둔 이요한은 '생명의 말씀 선교회'를 운영하고 있고, 전국 84개 교회와 해외 30여개의 지교회를 두고 있다(현대종교, 2004년 2월호). 이요한은 권신찬의

이단사이비를 경계하라!

수제자로서 유병언 계열과 마찬가지로 구원론과 종말론에 치우친 설교로 포교활동을 벌이는 공통점을 가지고 있는데, 반면에 일찍이 이들과 결별한 박옥수는 종말론에 특별한 관심을 보이지 않는다. 이요한 계열은 유병언의 기독교복음침례회에서 신용협동조합을 운영하는 법을 배워서인지 자신의 교회 내에 신용협동조합을 운영하고 있다. 그런데 박옥수 계열은 교인들의 돈을 모아 사업구상을 하고 있다는 소식이 전해진다(구원파를 왜 이단이라고 하는가, 51).

신길동 인의빌딩에 있는 서울생명교회는 이요한 파에서 파생된 집단으로 구영석 씨를 교주로 하고 있다. 그는 대한예수교연합침례회의 총회장으로 새생명선교회 산하에 30여개의 지교회를 두고 있다. 이외에도 구원파 초기에 생사고락을 함께 했던 소천섭, 서화남, 손영록 씨 등이 유병언 계열을 떠난 것으로 알려지며, 서로가 더 성경적임을 내세우는 구원파의 분열은 계속되고 있다. 이 분파들 외에도 윤창석(윤방무), 서달석 계열이 있으나 그 영향력은 미미하다(구원파를 왜 이단이라고 하는가, 50).

구원파로 인해 발생한 초기사건들 : 포항중앙교회 사건

기독교복음침례회가 한국교회에 물의를 일으키게 된 것은 1968년 10월에 발생한 포항중앙교회 사건부터였다(탁명환, 기독교이단연구, 209-211). 포항중앙교회 당회록에 따르면, 당시에 포항중앙교회에는 권신찬이 배후에서 조종하는 소천섭(1967년 4월 장로회신학대학원 졸업)이라는 자가 예장통합 측 경안노회로부터 이명증서를 갖고 부임하게 된다. 부임한 후 소천섭 강도사는 저녁마다 소위 '깨달음의 교리'라고 불리는 구원파 교리를 일부 신자들에게 가르쳤고, 결국 이 문제로 당회와 제직회의 결의로 그 교회에서 사임하게 되었고, 대구문화교회에 부임하였으나 1년 뒤에 사직하고 포항을 왕래하면서 포항중앙교회 교인들을 모아놓고 교인집에서 구원파 교리를 계속 교육시켰다. 포항중앙교회 여집사의 집에서 모인다는 의미에서 '방교회'로 불렸다(기독교이단연구, 210).

이 여파로 포항중앙교회 당회는 1968년 10월에 교회출석을 하지 않는 집사 4명을 불러 권고하고 1개월간 여유를 주었으나 계속 출석을 거부하고 방교회를 계속하므로 1968년 11월 이들에 대해 집사면직과 수찬정지를 결정하고 교회에 공표하였다(세칭 구원파의 정체, 11). 1969년 1월에는 여집사 5명, 성가대원 2명, 그 외 교인 4명 등 도합 11명에 대해 면직처분과 수찬정지의 징계를 내리고 수습했지만 소천섭 강도사는 계속 기존교회 성도들을 미혹하는 일을 계속했다(세칭 구원파의 정체, 11-12). 1970년 3월에 소천섭 씨는 경동노회에 나타나 자복하고 임지를 추천해주기를 요청해 왔다. 그러나 경동노회는 포항중앙교회에 소란을 끼친 것을 사과할 것과 방교회가 불법집회라는 사실을 신도들에게 선포할 것과 방교회를 이탈한 포항중앙교회 신자들을 돌아서도록 설득할 것 등 3가지 조건이행을 촉구하자 그렇게 하겠다는 서약을 했으나 그 이후 한 것도 이행되지 않았다(세칭 구원파의 정체, 12).

그 후 그는 울릉도에 들어가 예장 통합 측 동해노회에 소속한 저동교회의 강도사로서 목회하면서 역시 교인들에게 '깨달음의 진리'라는 구원파 교리를 주입시켰으며, 인천 복음주의방송의 전도부장인 권신찬 목사가 진행하는 '청취자 하계수양회'에 방교회 교인들을 데리고 참가하기도 했다(세칭 구원파의 정체, 12). 이로 인해 동해노회는 혼미의 도가니에 빠지고 심지어 교회마저 빼앗기게 되는데 울릉도 저동교회는 당회까지 구성된 전통 있는 교회였지만 교인 전원이 구원파 교리를 추종하게 되므로 구원파와 50%씩 나누는 비극을 맛보게 되었다. 바로 이 사건 후에 예장통합의 경안노회, 경북노회, 목포노회 등 각 노회에서 이 사건을 다루게 되었는데, 특히 경안노회는 특별보고서를 작성하여 구원파 교리의 문제점을 제시하고, 소천섭이 경안노회 일원에 걸쳐서 기성교회를 혼란시키던 사례를 지적하기도 하였다(기성, 통일교 구원파에 구원이 있는가, 40).

구원파로 인해 발생한 초기사건들 : 극동방송국 사건

구원파 문제가 한국교계로 확산된 계기는 1974년 2월 목포기독교협의회(회장 김학만 목사)가 극동방송국장 앞으로 권신찬의 부흥회에 관련한 질의서를 보낸 사건이었다. 그 질의서에는 1970년 12월 중순 자칭 전도사인 이요한 씨가 '평신도복음전도회'라는 이름으로 성경공부 모임을 갖기 시작했는데 1971년 초여름과 1972년 말에 목포에서 권신찬를 강사로 초청하여 집회를 통해 기성교회를 비난하면서 구원이 없다고 하고, 기성교회의 예배는 율법적인 것이며 새벽기도와 같은 행위는 인간의 공로를 앞세우며, 한 번 구원을 받은 후 모나게 살아도 상관없고, 몸은 죽어도 영은 구원 받는다고 가르쳤다. 또한 17년 후에 예수님이 재림하실 것이므로 외부에 알리지 말 것과 기성교회의 헌금제도를 비판하면서 자신들은 구원 받은 자의 헌금만 받는다고 주장하고, 기성교회를 부정하면서 불신자가 아닌 교인들을 유인하여 자기 집단에 속하게 함으로 교계에 혼란을 야기한 책임을 물으며 시정책을 회답하라고 촉구하였다(세칭 구원파의 정체, 12-15).

1973년 4월 30일자 경북 노회(노회장 김태묵 목사)는 소천섭 목사에 대한 경계를 촉구하면서 다음의 내용을 지적하였다(1972년 2월 11일밤 경북 군위 금성교회에서). 첫째, 육신으로는 거짓말을 해도 상관없다. 둘째, 구원파 외에는 다 죽은 자다. 셋째, 예수님이 살았을 때에 기도하셨지 지금은 죽었으니 기도할 필요가 없다. 넷째, 우리는 이미 구원 받았으므로 교회에 갈 필요가 없다. 다섯째, 육신에 대해서는 기도할 필요가 없다. 여섯째, 지금은 마귀를 묶어 지옥에 가두었다. 일곱째, 교회는 하나님이 없고 신자들의 교제실이다(세칭 구원파의 정체, 20).

예장 합동 측 기관지인 「기독신보」(1974. 1. 9.)는 권신찬이 "교회는 신자에게 너무 경제적 부담을 강요하며 교회에 안 나가도 어디서나 하나님을 모시는 곳이 교회이다"라고 주장하므로 기성교단의 분열을 조장했다고 지적하였다. 이에 「경향신문」을 통해 권신찬은 "교회분열조장 비난에 역공세"라는 제목으로 답하기를 "극동방송은 팀선교회가 성경에 의한 복음전파를 목적할 뿐이고, 일부 위선적 목회자들이 교인에게 물질적인 짐을 지우는 것은 잘못이다."라고 강조하였다(세칭 구원파의 정체, 21). 그 외에도 「교회연합신보」, 「기독공보」가 차례대로 권신찬과 구원파의 문제를 제기하게 되었고, 그 논쟁은 절정에 달하게 되었다(통일교, 구원파에 구원이 있는가, 40).

신흥종교문제연구소의 탁명환이 권신찬 목사를 직접 면담하여 정리한 구원파의 주장들은 다음과 같다(세칭 구원파의 정체, 22-24). 첫째, 교회는 건물이 아니고 구원 받은 신자들의 모임이다. 둘째, 요한복음 3장의 거듭난 자라야 구원 받을 수 있으며, 갈 3:22-23의 계시될 믿음은 양심의 믿음인데 양심의 해방을 받아야 하고 말씀을 깨달아야 구원을 얻는 것이다. 셋째, 아담이 지은 원죄와 우리의 자범죄가 있는데 예수께서 십자가에 돌아가실 때 그 죽음은 우리의 근본적인 죄를 해결한 것이고 피흘리심은 우리의 죄를 속죄한 것이다. 구원 받은 성도가 지은 죄는 심판이 없고(요 3:18; 5:24) 지옥은 죄 지은 양에 따라 갚아주는 곳이며 지옥불은 불 붓는 것 같음을 의미한다. 넷째, 지옥은 구원의 확신이 없는 사람이 심판 받는 곳이고, 천국은 구원 받은 사람의 영원한 천국이다. 주의 재림 후 1000년이 주님 다스리는 천년세계이며 이후 하나님께서 목적하는 영원한 천국이 된다. 다섯째, 구원 받기를 전제로 하는 십일조를 할 필요가 없고 구원 받은 사람은 십일조를 바친다. 구원 받고 나면 우리 생활의 10분의 1은 하나님의 것이다. 여섯째, 신자들은 자기 편리할 때만 예배당에 갔다 오는 것을 족하게 생각한다. 주일과 안식일은 전혀 다르다. 하루 종일 지켜야 하는데 주일은 즐겁게 지내고 하나님께 영광을 돌리는 것이다. 일곱째, 구원 받으면 일단 영이 구원 받은 것이므로 그것으로 끝난다. 구원 받은 자의 범죄는 육신의 행위이고 세상사는 동안에 그 보상을 받고 심판 받는다. 범죄에는 도덕적인 죄와 사망에 이르는 죄가 있다(요일 5:16). 사망에 이르는 죄는 하나님의 계획에 도전하는 죄이다. 사울 왕의 경우이다. 도덕적인 범죄는 죽을 때까지 이 세상에서 다 갚는다. 여덟째, 성령으로 인한 마음속에 진리가 이루어져 표현되어야 한다. 진리가 심령 속에 이루어지지 않고 제도, 조직, 형식, 의식의 노예가 되어 있다.

그 후 소천섭 강도사는 동해노회 울릉도 저동교회의 강도사로 임직하고 있으면서 비밀리에 구원과 깨달음의 교리 교육을 계속 실시하여 저동교회에 깊숙이 침투하였다. 이때 인천 복음주의방송국에 재직하고 있던 구원파 협회장격인 권신찬이 방송프로그램인 '은혜의 아침'을 통한 청취자 여름수양회에 울릉도 저동교회의 소천섭 강도사가 다수의 신도들을 데리고 동참하게 되었다.

극동방송이 창설된 후 1973년 여름까지 방송국 이사로 재직하던 예장 합동 측 청암교회의 담임목사 이환수 씨는 권신찬에 대한 극동방송 측의 비호에 대해 신앙노선이 다름을 알고 이사직을 사임했다. 전체 이사회에서 이환수 목사는 권신찬이 기성교회에서 제명된 사람이므로 방송국 선교담당으로는 적합하지 않다고 강조했으나 이사회는 권신찬은 장로교에서 침례교로 바꾼 정도이고 주일성수 문제는 선교부의 신앙과 같다고 했다. 따라서 이환수 목사는 권신찬를 옹호하는 극동방송의 팀선교부와 뜻을 같이 할 수 없음을 밝히고 사퇴하고 말았다(세칭 구원파의 정체, 27-31).

구원파로 인해 발생한 초기사건들 : 마포 기독교회연합회 사건

전국 각지에서 권신찬으로 인한 피해가 발생하자 1974년 5월 28일 마포 서교동교회에서 마포지구 기독교회연합회(회장 문용오 목사, 부회장 정승일 목사) 임원회가 열려서 문용오 목사가 극동방송은 공산권을 향해

이단사이비를 경계하라!

복음을 전하는 방송이므로 우리들이 협조했으나 이들은 표변하여 전도부 장인 권신찬으로 기성교회를 비난할 뿐 아니라 파괴분열을 획책하고 있다고 주장하고 교회관의 문제, 교회행정을 부인함, 예수의 재림날짜를 명시함, 이단적 성경해석, 목사안수를 줌 등의 문제로 본연의 목적에 충실하기를 촉구하는 결의문을 채택하였다(세칭 구원파의 정체, 27-31). 또한, 「기독공보」에 실린 '가짜 목사 시중드는 두 처녀'라는 기사가 실리면서 전북노회의 여러 교회에서 피해사례가 속속 드러나기 시작했고 분열된 교회를 권신찬이 재정지원을 하면서 문제를 일으켰다. 구원파 집단의 주장은 중생한 날짜와 장소 등을 말하고, 구원여부는 인도자가 선포하며, 중생한 자신들은 심판을 받지 않고, 죄를 지어도 상관없이 구원 받으며, 십계명 사도신경 주기도문은 폐지하고, 기도는 마음으로만 하며, 예수 재림은 1982년이고, 교회의 간판도 없애고 당회나 제직은 불필요하며 다 형제자매로 불리며, 재침례를 받아야 하고, 재정은 장부 없이 인도자가 자유롭게 사용하며, 회비를 모금하여 권신찬에게 납부하고, 자신들이 목사안수를 주며, 미혼남녀에게 결혼하지 말고 인도자의 집에서 봉사하게 하였다. 이런 내용들은 구원파가 말과 행실이 달라 실망하여 다시 정통교회로 복귀한 신자들의 증언이다(세칭 구원파의 정체, 32-33).

3 구원파 교리의 핵심

◆ 구원파의 핵심교리를 설명해 보세요.

① 이미 십자가에서 내 죄가 모두 씻겨진 것을 깨달음을 통해서 구원을 받는다. ② 회개를 계속하는 것은 구원받지 못한 증거다. ③ 종교와 복음, 기독교인과 그리스도인, 종교생활과 신앙생활을 구별하여 자신들을 차별화 시킨다. ④ 사업이 곧 복음의 일이다. ⑤ 박옥수는 십자가의 의의 전가로 이미 의인이 되었으므로 더 이상 율법준수의 의무는 사라진 것이다. ⑥ 베드로는 배반행위를 회개한 것이 아니라 존재를 회개하여 구원 받았다. ⑦ 구원 받은 날짜를 확실히 알고 있어야 한다.

구원파가 구원의 복음을 전하고 있으나 그 구원 개념이 성경에서 전하는, 또는 초대교회 사도들이 전파하던 구원이 아닌 다른 구원을 전하기 때문에 이단이라고 규정한다. 구원파가 전하는 복음에는 하나님, 성경, 기도, 예배, 교회, 종말에 대한 가르침에 두루 문제가 있다. 유병언 파, 이요한 파, 박옥수 파 등 여러 구원파 계파들은 다음의 공통된 문제점을 드러내고 있다.

① 의지적인 회개와 믿음이 빠진 깨달음을 통해서 구원을 받는다고 한다.
② 회개를 계속하는 것은 구원 받지 못한 증거다.
③ 스스로 죄인이라고 고백하면 지옥으로 간다.
④ 정통교회의 제도(직분)와 예배형식, 주일성수, 십일조, 새벽기도, 철야기도, 축도를 무시한다.
⑤ 종교와 복음, 기독교인과 그리스도인, 종교생활과 신앙생활을 구분하여 자신들을 차별화시킨다.

구원파는 죄 사함과 거듭남과 같은 정통교리를 왜곡하여 전통적인 복음을 변질시키고 있기 때문에 순진한 성도들이 미혹되기 쉽다(세칭 구원파의 정체, 34-36). 구원파의 신앙신조에는 정통교회와 다름없는 표현을 사용하고 있다. 같은 용어를 다른 뜻으로 사용하는데 사실은 이중적 언어체계를 가지고 있기 때문이다. 구원파는 다른 이단과는 달리 성경을 하나님의 말씀이라고 인정하면서 임의로 억지로 성경을 해석하여 '새로 깨달은 교리'를 전하기 때문에 이단이라고 규정하는 것이다(구원파는 왜 이단이라고 하는가, 52).

　우선 성경해석의 문제를 생각해 보자. 이단이란 표면적으로는 성경을 강조하지만 궁극적으로 그릇된 성경해석으로 성경을 부인하는 자들이며, 예수를 믿으라고 하지만 사실은 교주가 높여지고, 역사적인 정통교회의 교리보다는 교주의 가르침이나 자신의 교리를 더 강조하는 자들이다. 이런 거짓 주장을 드러낼 수 있는 유일한 기준은 성경이며, 성경에 대한 태도다(구원파는 왜 이단이라고 하는가, 53).

　구원파가 많은 성도들을 혼란케 하는데 성공하는 이유는 신자들이 구원과 죄에 대해 정확히 모르기 때문이다. 이런 정통교회의 구원관과 죄에 대한 약점을 뚫고 나타난 이단이 박옥수의 구원파다. 구원파는 성경을 우화적으로 영해하는 것으로 유명하다. 이것은 이단들의 공통점이다(구원파는 왜 이단이라고 하는가, 54). 예를 들어, 사마리아인의 비유는 어려움 가운데 처해 있는 사람이 우리가 사랑해야 할 이웃이라는 것을 가르쳐 주기 위해 예수님이 들려주신 비유다. 그런데 박옥수 씨는 이렇게 주장한다. "사마리아인이 주막 주인에게 데나리온 둘을 주었는데, 그 당시 유대인에게는 한 데나리온이 하루 생활비이며 하루의 품삯이었습니다. 그런데 두 개는 이틀을 말합니다. 주님은 하루가 천 년 같고 천 년이 하루 같다고 하셨습니다. 이것은 약 2천년 후에 주님이 우리를 데리러 다시 오실 것을 약속하고 계시는 것입니다."(죄사함 거듭남의 비밀, 219)

이런 해석으로 성경에 숨어있는 비밀을 깨달은 것처럼 과장하며 성경을 억지로 해석하여 순진한 성도들을 미혹하는 것이다. 자신의 구원관을 청중에게 설득하기 위해 그가 구약의 리브가와 야곱과 에서를 비유적으로 해석하는 것은 널리 알려진 사실이다(구원파는 왜 이단이라고 하는가, 55). "이삭은 하나님의 그림자로, 이삭의 아내는 예수 그리스도의 그림자로, 그리고 형 에서는 자기의 행위로 축복 받으려고 하는 사람의 그림자로, 동생 야곱은 예수의 도움으로 축복받는 자의 그림자라는 것이다."(죄사함 거듭남의 비밀, 69)

한편, 권신찬은 기도와 예배를 부인하기 위해 말라기 3장 16절을 역사적 배경이나 앞뒤 문맥과는 상관없이 "성도들과 함께 주님의 일을 위해 서로 상의하고 의논하는 성도의 교제는 참으로 중요한 기도가 되는 것이다."(권신찬, 한국일보 1989년 3월 22일, 캐나다 토론토판 전면광고)라고 해석하였다. 하나님께 드리는 새벽기도, 합심기도, 금식기도 등 개인기도는 필요 없고, 구원파 교인들끼리 사업과 교회 일을 논의하는 교제가 기도와 예배를 대신한다는 억지해석이다(구원파는 왜 이단이라고 하는가, 55). 그리고 유병언은 "성도의 교제를 통해 그리스도의 몸을 이루어 간다."는 자신의 주장을 강조하기 위해 요한복음 14장 6절의 "나로 말미암지 않고는 아버지께로 올 자가 없느니라"에서 나는 교회 즉 구원파 교

268   이단사이비를 경계하라!

회를 가리킨다고 자의적으로 영해하는 것을 서슴지 않고 있다. 유병언은 다음과 같이 설교했다. "내가 누구인가? 성령이 오셔서 교회를 형성하고 여기에 일원 된 지체들이 서로 연합하고 상합하여...교제를 형성해서 거룩한 몸이 형성되면 내가 이루어진다."(유병언, 알파에서 오메가까지, 제4권, 151-152)

유병언은 자신이 이끄는 구원파가 참 교회임을 입증하기 위해 다음과 같이 요한복음 15장을 영해하고 있다. "내가 참 포도나무요 내 아버지는 그 농부라...나는 포도나무요 너희는 가지니"(요 15:1,5)라고 한 포도나무 둥치가 바로 이 땅위에 성령으로 와 계시다. 거기에서 우리가 교제를 형성해 나가는 것이다(알파에서 오메가까지, 152). 이것은 예수님이 포도나무가 아니라 한국에 이루어져 있는 구원파 교회(교제)가 바로 참 포도나무라는 독선적인 해석이다(구원파는 왜 이단이라고 하는가, 56). 권신찬과 유병언은 성경본문의 의미를 끌어내어 하나님의 의도하신 메시지를 해석하는 것이 아니라 자신의 생각과 선입관을 본문에 대입하여 해석하는데 익숙하므로 이들의 설교에는 우화적 해석과 억지해석(eisegesis, 벧후 3:16)으로 가득 차 있다(Ibid, 56).

구원파는 개인이 하나님 앞에서 경건의 시간을 갖는다는 의미에서 개인적인 예배를 드리지 않으며, 교인들이 함께 모여 가정에서나 교회에서 공중예배를 드린다는 관념도 없다. 예배는 성도의 생활 그 자체, 다시 말하여 성도의 교제가 기도요 예배라고 믿고 가르치기 때문이다(Ibid., 56). 유병언은 요한복음 4장을 자의적으로 해석하여 설교한다. "사람들이 드리는 기존예배는 하나님 앞에 정상적으로 드려야 할 예배를 망쳤다...예배드리는 시간과 장소와 의식까지 다 파괴해 버리고 형식적인 예배를 없애 버렸다."(알파에서 오메가까지, 290)

구원파에서는 권신찬으로부터 그의 사위 유병언을 하나님이 기름 부은 지도자 '모임의 입'으로 믿기 때문에 일단 유병언에게 새로운 깨달음이 있으면 억지해석이라 할지라도(벧후 3:16) 그의 성경해석이 유일한 진리로 받아들인다(구원파는 왜 이단이라고 하는가, 57). 예를 들어, 유병언은 로마서 12장 1절의 "너희 몸을 산 제사로 드리라"는 말씀에서 '너희 몸'이 단수로 되어 있기 때문에 이것은 구원파 교회를 지칭하는 것이라고 강변하고 있다. 그러나 여기에서 '너희 몸'은 영어로 'your bodies'이며 '여러분들의 몸들'이라는 뜻임을 알 수 있다. 이것은 단수가 될 수 없다(구원파는 왜 이단이라고 하는가, 58-59).

구원파에서 구원을 받으면 다른 교회에서 신앙생활을 하는 이들은 목회자와 성도들은 막론하고 '구원 받지 못한 인간'으로 취급하여 무시하고 구원 받아야 할 대상으로 몰아붙인다. 이런 열매만 보아도 이들이 사이비 기독교 이단인 것을 분별할 수 있다. 그리고 박옥수 구원파의 주장은 죄 사함으로 말미암는 구원, 깨달음에 의한 구원, 율법과 종교에서의 해방(자유)을 강조하는 것으로 요약할 수 있다(죄 사함 거듭남의 비밀, 68). 그의 비 복음적이고 비 성경적인 사상은 다음과 같이 정리할 수 있다.

첫째, 종교개혁자들이 강조하는 칭의의 은혜, 즉 죄인을 의롭다 선언하시는 하나님의 은총보다는 십자가 위에서 성취된 '그리스도의 의의 전가'를 강조하여 신자는 이미 의롭게 된 것이라는 의인론에 지나치게 몰두하였다. 그래서 이 죄사함의 사실이 성경에 담긴 영적 비밀이요 이 진리

를 깨달음이 구원의 방법이라고 주장하였다. 즉 "'죄사함 거듭남의 비밀'
이란 성경에 있는 알맹이로서 영적 비밀이라고 하는 것입니다."(예수님을
만난 사람들, 240) 그리고 죄사함을 얻기 위해 회개할 필요가 없다고 주
장하였다. 결국 박옥수는 모든 사람이 죄인이 아니라 이미 의인이라고 강
조한다. 그렇다면 이런 주장은 보편적인 만인구원설에 해당한다. 또한 구
원파는 사람을 죄인으로 규정하고 전적 부패와 전적 무능을 강조하는 것
은 신자를 무력하게 만드는 생각이라며 비판한다. 반대로 정통교회의 구
원론은 한편으로는 죄인이고 다른 한편으로는 의인이라는 즉 인간적 현
실과 은총의 현실을 모두 받아들이는 구원론이다. 그 결과로 박옥수의 의
인론에는 칭의 이후에 있어야 할 성화의 삶에 대한 강조가 없다는 점에서
결정적인 오류를 범하고 있다.

둘째, 박옥수는 일종의 믿음지상주의가 갖는 오류를 반복하고 있다.
그것은 예수님의 의의 전가로 인해 신자는 의인이 되었으므로 더 이상 율
법의 준수의무는 이미 사라진 것으로 주장하므로 율법폐기론 문제가 대
두되었다(죄사함 거듭남의 비밀, 106-107). 그는 "율법이 있음으로 말
미암아 우리가 죄인인 것을 깨달아 예수 그리스도 앞에 나오는 것입니다.
그런데 하나님은 우리가 지킬 수 없는 법을 우리에게 주셨다는 것입니다.
근본적으로 우리는 율법을 지킬 수 없는 존재입니다. '죄의 삯은 사망이
요'라고 성경은 말하고 있고, 죄를 짓지 않은 사람은 아무도 없기 때문입
니다. 그렇기 때문에 예수님은 그 여자(간음한)를 살리기 위해서 법을 바
꾸어야만 했다는 것입니다."(여호와를 믿으니 이를 의로 여기시고, 10월
29일-11월 1일, 4면) "첫 번째 언약은 하나님이 손가락으로 돌비석에

기록하셨고 두 번째 언약은 예수님이 손가락으로 땅에 쓰셨습니다. 그때 율법시대가 끝나고 은혜의 시대가 시작되었습니다." 박옥수는 하나님이 사람에게 율법을 주신 것을 잘못된 것으로 보고 있다. 왜냐하면 사람이 율법을 지킬 수 없음을 이미 알고 율법을 주셨다가 다시 취소하셨다고 강조한다. 이런 표현은 하나님의 독자적인 법의 영역을 감히도 판단하는 영적 교만이 아닌가 생각한다. 하나님은 스스로 완전하신 분이다. 사람이 지킬 수 없어서 율법을 폐기한 것이 아니다. 하나님은 자비로 새로운 법을 주신 것이다. 예수님은 율법을 폐하신 것이 아니라 율법을 완성하신 것이고(마 5:17), 율법의 기본정신인 사랑을 실현하셨다(롬 13:10). 즉 행함이란 예수님의 말씀과 본을 따라 하나님 사랑과 이웃 사랑을 실천하는 것을 말한다. 사랑의 가능성은 성령의 충만에 따른 것이라는 점에서 박옥수의 믿음론에는 성령의 역할을 찾아볼 수 없다. 또한 이런 주장은 "행함이 없는 믿음은 죽은 믿음"이라는 야고보서의 정신과도 반대되는 주장이다.

셋째, 박옥수는 자신의 구원교리를 입증하기 위해 베드로는 배반행위를 회개한 것이 아니라 자기존재를 회개하여 구원을 받았고, 유다는 배반행위만을 회개하고 자기존재의 회개가 없으므로 구원 받지 못했다는 억지해석을 전개하고 있다(죄사함 거듭남의 비밀, 36). 그는 요일 1장 8-9절을 언급하며 "죄와 범죄는 다릅니다. 도둑질했고 거짓말을 했고 살인을 했으면 그것은 죄가 아니라 범죄라는 것입니다. 성경에는 죄와 범죄에 대해 명백하게 나뉘어져 있습니다. 만일 우리가 죄를 자백하면...이 말씀에서 '내가 도둑질했습니다.'하고 범죄한 것을 자백하라는 것이 아니라 죄를 자백하라는 뜻입니다."(죄사함 거듭남의 비밀, 37)라고 주장한다. "시편 51편 5절을 보십시오. 다윗은 그렇게 고백하지 않습니다. '내가 죄악 중에 출생하였음이여 모친이 죄 중에 나를 잉태하였나이다' 자신이 무슨 죄를 지었다는 것이 아니고 그는 근본적으로 죄를 지을 수밖에 없는 인간이라는 그자체를 고백한 것입니다. 나는 죄 덩어리로 뭉쳐진 인간이라는 것입니다. 여러분, 죄의 결과를 고백하는 것과 죄의 근본을 고백하는 것은 상당한 차이가 있습니다."(Ibid., 34) 이것은 '죄'(원죄)와 '범죄'(자범죄)의 개념을 구분하는 자신의 논리에서 비롯된 것이다. 즉 후자인 행위적인 죄(육적인 죄)는 구원과는 상관없고, 전자인 존재적인 죄(영적인 죄)는 구원에 직결되어 있다는 주장이다. 따라서 존재의 변화를 의미하는 [원죄를 해결하는] 중생의 회개는 필요하지만 일상적인 행위의 죄[자범죄의 문제]의 해결인 성화의 회개는 중요하지 않다는 편향된 비 복음적인 교리다.

넷째, 박옥수는 구원받은 날짜와 하나님 나라의 생명책에 명확히 기록되는 날이 있어야 한다고 주장한다. "죄사함 받는 날이 여러분에게 꼭 필요합니다. 여러분 그날이 없으면 하나님과 여러분 사이에 늘 어두운 죄의 그림자가 막혀 있어서 성령의 능력이 여러분 속에 임할 수 없습니다."(죄사함 거듭남의 비밀, 34) "오늘이 여러분의 이름이 하나님 나라 생명책에 명확하게 기록되는 날이 되어지기를 바랍니다. 영원히 잊을 수 없는 날 '기쁜 날 기쁜 날 주 나의 죄 다 씻은 날'이 되어지기를 바라는 것입니다."(죄사함 거듭남의 비밀, 220) 그러나 이런 주장은 성경에 근거를 둔 것이 아니라 자신의 주관적 경험이고 자기고백에 불과한 것이다. 즉 구원의 확신을 얻은 분명한 날짜가 우리를 구원하는 것이 아니며 구원파가 선언하여 구원의 결정되는 것도 더욱 아닌 것이다. 구원은 전적으로 하나님의 은혜의 선물이다(엡 2:8). 박옥수의 주장에는 구원의 과정을 무시하고 있어서 성령의 구원사역을 제한하는 문제도 발생한다.

구원파는 율법(도덕)무용론자들이다. 박옥수는 요한계시록에 나오는 니골라당과 같다. 계시록 2장 5절에서 니골라당은 율법을 무시하는 방종한 이단으로 묘사된다. 현대의 니골라당, 곧 율법을 무시하고 성경을 억지 해석하는 구원파가 이 시대의 마지막 이단이다. "사랑하는 자들아 영을 다 믿지 말고 오직 영들이 하나님께 속하였나 시험하라 많은 거짓 선지자가 세상에 나왔음이라"(요일 4:1). 위 말씀처럼 어리석고 단순하게 판단하여 시험에 들지 말고 과연 진리의 말씀을 전하는지 한 번쯤 시험해 본후에 건전한 복음적인 교회의 믿음을 가진 성도들과 같이 성경공부를 하는 것이 좋은 방법이다. 이제 우리는 성경말씀을 억지로 해석해서 자칭 '의인'이라는 자들을 예수 이름으로 물리쳐야 할 것이다.

또한 믿음의 한 가지 기능인 깨달음만으로 구원 받는다는 이들의 주장은 영지주의적 사고다. 또한 구원의 확신이 곧 구원이라고 생각하는 점은 구원의 역사에 대한 하나님의 주권(롬 9:6)을 무시하는 행위이며 동시에 성령으로 인 쳐진 자가 구원을 받았다는 로마서의 구원론에도 위배되는 것이다. 또한 구원을 위한 단 1회적 회개와 성화를 위한 반복적 회개를 구별하지 못하는 것이나, 스스로를 죄인이라고 하면 지옥에 간다는 주장은 성경의 가르침에 위배되는 명백한 이단이다.

구원파와 같은 오류에 빠지기 쉬운 것은 처음에 받은 예수님의 은혜와 평안과 기쁨이 사라지고, 죄의식이 찾아올 때 그를 해결하는 방법을 찾으며 고민하는 경우다. 특히 반복해서 죄를 짓고, 회개해도 현재 상태가 별로 달라지지 않을 때 '내가 구원받았는가' 하는 의심이 든다. 이때 우리는 이성의 논리에 맞다고 해서 구원파와 같은 사상에 빠질 것이 아니라 성경을 깊이 연구하며 성경이 말하는 구원을 알아야 한다. 성경을 전체적으로 볼 때 구원은 즉각성과 점진성 2가지 특징을 모두 가지고 있다. 구원의 즉각성(혹은 일회성, 영원성)은 말 그대로 예수님을 영접했을 때 구원이 이루어진다는 것이고, 요한복음 3장에서 말씀하신 하나님의 자녀로서의 거듭남이다. 예수님을 만난 우리는 누구나 이런 은혜가 있고, 체험이 있다. 반면 구원의 점진성은 천국에 가서 우리가 완전히 성화되는 것을 구원이라고 보는 것이다(빌 1:19; 2:12). 그렇기에 천국에 가서 완전히 성화될 때까지 이 땅에서는 죄악과 허물을 회개하면서 구원을 이루어가야 한다(고후 7:1). 죄에 넘어질 때 신자는 십자가를 생각하며 회개하고 이렇게 연약하고 허물진 자신을 위해 이 땅에 오신 예수님께 감사하면 된다.

"어떤 길은 사람의 보기에 바르나 필경은 사망의 길이니라"
(잠언 14:12)

제6장
이단사이비집중연구: 통일교

누가 철학과 헛된 속임수로 너희를 노략할까 주의하라
이것이 사람의 유전과 세상의 초등학문을 좇음이요
그리스도를 좇음이 아니니라 (골 2:8)

1 교주와 설립 배경

◆ 통일교(세계평화통일가정연합)의 설립배경을 설명해 보세요.

① 통일교 교주인 문선명은 1920년 평북 정주에서 장로교 신자 가정에서 태어남 ② 1960년 넷째부인 한학자(18세 고등학생)와 어린양 혼인잔치 결혼을 함. ③ 1936년 부활절 아침에 예수의 소명과 사명부여를 신비하게 체험함. ④ 1945년경 파주의 이스라엘 수도원에서 기독교근본원리와 성신신학을 학습하므로 이단사상의 기초를 닦음. ⑤ 하늘의 계시를 받았다며 원리강론을 기록하고 혈통교환, 즉 피가름 교리를 전파함. ⑥ 사회적 물의를 빚어 감옥에 수감 중 1950년 한국전쟁으로 석방됨. ⑦ 1.4후퇴로 부산피난 생활 중에 추종자들을 얻음 ⑧ 상경하여 성동구 무학동에 세계통일신령협회를 설립하고 포교활동을 시작함 ⑨ 1950년대 군납사업을 하여 재정확보하고 사업가로 수완을 발휘함 ⑩ 미국으로 건너가 포교활동과 사업을 확장함 ⑪ 1997년 세계평화통일 가정연합으로 변신하고 합동결혼식을 시작함. ⑫ 2000년대 초에 가평에 통일교타운을 건설함. ⑬ 2012년 지병으로 사망함.

문선명(文鮮明)은 1920년 1월 6일 평북정주군 덕인면 상상리 2221번지에서 장로교인 문경유와 김경계 사이에서 2남 6녀 중 둘째 아들로 출생했다. 본명은 문용명(文龍明)이었다(이단종교, 12쪽). 형제들이 정신병으로 죽거나 미쳐서 기독교에 입교했다. 어릴 적 서당에서 한문을 익히고, 14세에 정주의 오산보통학교 3년에 편입하여 1년간 다니다가 15세에 정주 공립심상소학교 4학년에 전학하여 18세에 졸업했다. 그 후 상경하여 영등포 흑석동의 일본인이 세운 경성상공실무학교 3기생으로 졸업했다. 일제 때 강본용명(江本龍明)으로 창씨 개명했던 그는 일본에 건너가 와세다 대학 전기공학과를 졸업했다고 주장하나 불확실하다(현대종교제113권, 66, 82쪽).

1945년 4월 28일에 그는 최선길 여인과 결혼해 큰 아들 성진을 낳았으나 1957년에 이혼했다. 1960년 3월 1일에 넷째 부인인 한학자와 소위 '어린양 혼인잔치'를 한 후 1961년 12월 20일에 혼인신고를 했다. 당시 한학자는 신령파 집단인 복중교회 신도며 문선명을 추종하던 홍순애의 딸로서 문선명(41세)과 결혼할 당시 18세의 성정여고 학생이었다. 그는 한학자로부터 8남 6녀의 자녀를 얻었다(탁명환, 기독교이단연구, 153).

문선명은 초등학교 4학년 때인 1936년 4월 17일 부활절 아침에 기도하던 중 예수가 나타나 '인류구원사업의 소명이요 공식하명'이라는 메시아 사명을 맡겼다고 주장한다. 그가 몇 차례 거절했으나 예수는 '그대가 아니고서는 이 중대한 책임을 감당할 사람이 없다.'고 거듭 당부하여 큰 사명을 맡겼다고 주장한다(원리강론 총서, 17).

1945-46년경 경기도 파주에 있는 자칭 한국의 구세주라는 김백문의 이스라엘수도원에서 약 4개월간 『기독교의 근본원리』와 『성신신학』을 배웠다. 김백문은 그를 솔로몬 왕과 같은 사명을 받은 사람이라는 계시를 받았다고 말했다(기독교이단연구, 1989판, 129). 사실 문선명이 하늘로부터 계시를 받아 기록했다는 『원리강론』(원제목은 새진리원리해설)은 이 책들을 토대로 작성했다. 1949년 5월, 그는 피가름(혈통교환)의 교리를 전하다가 혼음죄로 5년 6개월의 실형선고를 받아서 흥남 형무소에 투옥 되었으나 1950년 10월 14일 국군의 입성으로 석방되어 월남할 수 있었다. 문선명은 사단의 피를 이어받은 여인들의 피를 정화하기 위해 무죄한 자기 피를 받게 한 것이라고 주장했다. 문선명은 이 시기에 자신의 이

름을 "해와 달처럼 선명하게 빛난다."는 뜻으로 선명이란 이름을 지었다. 1953년 문선명은 유효원을 개종시키는데 성공했고 그로 하여금 『원리강론』의 체계를 확립하고 완성했다.

1.4 후퇴 때 부산 피난생활 중 자신의 추종자인 김원필, 박종화 등과 부산의 범일동 수정동 영도 등지에서 통일교 사상을 선전하기 시작했다. 정부가 서울로 환도한 후 자신도 서울로 와 1954년 5월 1일부터 성동구 무학동에 '세계통일교신령협회'라는 간판을 걸고 적극적인 포교활동을 해왔다. 1955년 10월 7일 현재의 통일교 본부인 용산구 청파동 1가 71번지에 자리를 잡고 교세확장을 시도했다(세계의 유사기독교, 205-206쪽). 1960년 5월 1일에는 『원리해설』을 『원리강론』이란 이름으로 재출판했다.

문선명은 1950년대 말부터 군납사업을 통해 돈을 벌었고, 1976년에는 공기소총공장, 인삼차, 기계류, 티나늄, 페인트생산업체를 통해 기업가로서도 수완을 발휘했다. 1963년에는 리틀엔젤스 무용단을 창단하여 문화포교를 시도하고, 1968년에는 국제승공연합을 조직하여 반공운동을 또 다른 포교수단으로 삼았다. 1977년에는 뉴스월드를, 1982년에는 워싱턴 타임즈를 창간하여 여론조성을 통해 통일교의 지위를 견고히 하려고 시도했다. 국내에서도 정통교회의 경계심이 누그러진 시점인 1989년에는 세계일보를 창간하기도 했다. 그는 통일교 원리를 신학화하기 위해 성화신학교와 선문대학교를 설립하기도 했다.

한편, 그를 보좌하던 박보희(전 한국문화재단 이사장)와 곽정환(세계평화초종교초국가연합회장) 사이에 겹사돈을 맺기도 했다. 후계자로는

세계대학 원리연구회회장인 문현진(3남)이 유력하다. 1997년 세계통일
교신령협회는 자신들의 명칭을 '세계평화통일 가정연합'으로 개칭하고 타
락한 피를 참 부모의 피(문선명의 피)로 바꾸어주는 의식인 합동축복결혼
식(세계평화국제합동교차축복식)을 거행하고 있다. 1996년부터는 스포
츠에도 눈을 돌려 막강한 자금력을 동원하여 성남일화 축구팀을 만들고,
국제대회인 '피스컵'(문선명을 지칭하는 '피스 킹 컵'이란 이름을 내 걸었
으나 반대에 부딪혔다)을 개최 했었다. 2003년에는 대권에도 뛰어들려
고 '가정당'을 만들어 정치세력화를 시도하기도 했다. 현재 본부는 서울
마포구 도화동 292-20 도원빌딩 14층에 있다. 현재 통일교는 전 세계
의 신도수가 400만 명이라고 주장하나 실제로는 2,000교회에 신도 수
는 약 10만 명 내외로 본다.

　그런데 최근에 통일교는 신청평대교 건너편 경기도 가평군 설악면 송
산리를 통일교의 성지(聖地)로 정하고 하늘왕래 궁전이란 의미의 "천정
궁" 등의 각종 시설물들을 건축하여 적극적인 포교활동을 준비하고 있다.
그곳에 있는 청심국제병원은 '안녕하세요 하느님'이라는 드라마의 배경이
되었고, SBS 드라마 '소금인형'의 촬영장소로도 알려져 있다. SBS와 같
은 공영방송은 어떤 언론매체보다도 영향력이 크기 때문에 통일교 홍보
에 큰 효과를 누리고 있다. 일반인들에게 관심을 끌기 위해서 비종교적인
사업들을 진행하고 있는데 성남일화 프로축구팀을 운영했고 국제대회로
서는 200만 달러를 들여 피스컵을 개최 했으며 여성대회로는 피스퀸컵을
그리고 2008년 5월에는 연예인들의 스포츠 활동을 돕는다는 취지에서
피스스타컵을 개최하였다.

2 정통 기독교와 다른 주장들

성경에 대하여

통일교는 성경은 그 자체가 진리가 아니고 진리를 가르치는 교과서에 불과하다고 주장한다(원리강론, 9). 통일교의 교리서인 『원리강론』은 성경을 새롭게 해석한 것이고(원리강론, 364), 구약시대와 신약시대를 넘어선 완성기의 성약시대(문선명의 출생 이후)를 살아가는 현대인들에게 가장 알맞은 말씀이라고 주장한다(원리해설, 93-94). 특히 예수의 십자가는 육적 구원만을 이루었는데 영적 구원을 이루기 위해 다시 오신 재림 예수요 복귀주는 문선명이고 그가 '성약서'를 주었다고 강조한다(세계의 유사기독교, 210). 그러나 정통 기독교는 오직 성경만이 성령의 감동에 따라 각 저자들이 기록한 정확 무오한 하나님의 계시의 말씀이라고 믿는다(딤후 3:15-16; 벧전 1:23; 히 4:12).

하나님에 대하여

통일교는 하나님이 2개의 성상(남성, 여성)의 중화적 존재(자웅동체)로서 남성적 주체이며(원리강론, 269쪽), 원래 하나님, 아담, 하와의 삼위일체였으나 하와의 타락으로 인해 하나님, 예수, 성령의 삼위일체가 되었다고 주장한다(원리강론, 222-26). 성부와 성자의 동등성을 거부하고, 여호와 하나님은 창조이상을 달성하지 못한 실패자요, 복귀역사를 이루는 문선명이 재 창조주라는 것이다(원리강론, 269). 결국 문선명은 자신을 참 아버지 부인 한학자는 참 어머니, 곧 참 부모라고 주장하여 신격화하고 있다. 그러나 정통 기독교는 하나님은 피조물이 아닌 스스로 계신 분이시며(출 3:14), 유일하신 인격적인 신이시고(사 44:6), 성부 성자 성령의 삼위일체(마 28:19) 하나님으로서 전지전능, 무소부재, 영원불변의 절대적인 분이시며(딤전 6:15-16) 영이시라고 믿는다(요 4:24).

예수 그리스도에 대하여

통일교는 예수는 하나님이 아니고 원죄는 없지만 우리와 같은 피조물이요(원리강론, 212), 성령잉태가 아니라 하와의 타락으로 태어난 사생아에 불과하며(성화 69년 6월호, 16쪽), 선의 자녀를 낳지 못하고 십자가에서 죽은 실패자라고 가르친다. 예수의 부활은 없고 그리스도는 영이었다고 주장한다(원리강론, 360). 그래서 예수는 현재 천국에 가지 못하고 낙원에 있다고 주장한다(성화 69년 2월호, 23). 결국, 선의 자녀를 낳을 제3의 아담인 재림주(문선명을 의미함)가 와야 한다고 가르친다(원리강론, 220-26). 문선명은 "(나는) 60억 인구를 구원하기 위해 이 땅에 보내졌다."면서 "황제들, 왕들, 대통령들이 하늘과 땅에 대고 '문선명 목사는 구세주이자 메시아이며 부활한 그리스도다.'고 선언했다."고 말했다. 또한, "영계(靈界)에서 예수, 모세, 모하메드와 죽은 대통령들을 만났으며... 5대 종교 창시자와 마르크스, 레닌, 히틀러, 스탈린 같은 이들이 나의 가르침을 통해 새로 태어났다."고 주장했다(동아일보, 2004년 6월 24일자). 그러나 정통 기독교는 예수님은 하나님과 같은 분이시고(빌 2:6-11), 인간의 몸을 입고 오신 분이시며(요 1:14), 인류의 구원을 위한 그리스도로서(갈 4:4; 요 4:25-26) 참 하나님 참 인간이신데 그를 통해서만 구원을 받는다고 가르친다(요 3:16; 행 4:12).

성령에 대하여

통일교는 성령은 아담과 하와가 선의 자녀를 낳을 수 없게 되어 초림하신 참 아버지인 예수의 신부로 오신 분으로서 인류의 참 어머니라고 주장한다. 따라서 재림예수인 문선명의 부인(한학자)이 참 어머니요, 우주의 어머니며, 그녀가 낳은 두 아이들(딸은 예진, 아들은 효진)은 최초의 죄 없는 자녀들이라고 강조한다(현대종교 상권, 77). 그러나 정통 기독교는 성령은 하나님의 영이요(엡 4:30; 롬 8:9), 그리스도의 영이며(롬 8:9; 행16:7), 보혜사이신(요 14:16) 삼위일체 하나님의 제3위이시라고 믿는다(마 28:19).

죄와 타락에 대하여

통일교는 선악과 이야기는 상징이거나 비유에 불과하며, 타락이란 타락한 천사인 뱀과 하와가 성적인 관계를 맺은 결과고(원리강론, 77), 그 타락한 하와와 동침한 아담과 그의 후손들의 피가 더러워졌다고 가르친

이단사이비를 경계하라!

다(원리강론, 77-80). 그런데 타락의 종류로는 육적 타락과 영적타락이 있다. 따라서 사탄의 혈통을 받은 인류는 새로운 부모(문선명과 한학자)의 혈통을 통하지 않고는 절대로 구원섭리가 이루어질 수 없다고 강조한다(성화 68년 7월호, 7). 그러나 정통 기독교는 인류의 타락이 선악을 알게 하는 나무를 따 먹지 말라는 하나님의 말씀에 대한 아담의 불순종에서 나온 것이고(창 3:11), 그 동기는 하나님과 같이 되려는 교만에 있으며(창 3:5), 그 결과 하와와 아담, 그리고 땅과 뱀(사탄)이 저주를 받았다고 가르친다(창 3:1-14).

구원에 대하여

통일교는 예수가 지신 십자가는 하나님의 뜻이 아니고(원리강론, 240), 영적 구원만 이룬 것인데(원리강론, 222), 진정한 구원은 타락 이전으로 복귀하는 것을 의미하며, 그 방법은 타락된 경로를 거슬러 가야 한다고 가르친다(탕감복귀원리). 그래서 하나님의 자녀들은 자기 죄에 대한 빚을 갚아야 한다고 강조한다. 즉 행위에 의한 구원을 의미하는 금식, 기금조성, 새 교인의 모집 등을 통해서 배상(indemnity)해야 한다는 것이다. 그리고 재림예수의 선한 피를 받아야 한다고 강조한다(신사훈, 통일교의 정체와 그 대책, 8). 그러나 정통 기독교는 예수의 오신 목적이 인류를 죄에서 구원하려고(마 1:21) 십자가에서 자기 목숨을 대속물로 내어주심으로써(막 4:15; 마 20:28) 오신 목적을 완전히 이루셨는데(요 19:30; 벧전 2:24-25), 회개하여 그를 믿는 자에게 구원을 주시고(요

3:16; 롬 1:16; 1:9-10), 그를 영접하면 하나님의 자녀가 된다고 가르
친다(요 1:12).

사탄에 대하여

통일교는 사탄이 아담의 타락 이후 타락세계의 거짓주인 노릇을 하며
인간을 하나님에게 빼앗기지 않으려는 악 주권과 인간이 본래로 복귀하
려는 선 주권이 끊임없이 마찰하고 그 결과가 세상의 선악투쟁이라고 주
장한다. 그러나 정통 기독교는 세상을 선과 악의 영원한 투쟁으로 생각하
지 않고 하나님의 절대주권과 최후 승리를 믿는다. 사탄의 존재는 하나님
의 영적 피조물인 타락한 천사를 말하는데 성경은 하나님을 배반하여 하
늘의 보좌에서 추방되었고(사 14:12-14; 유 1:6), 하나님의 원수로서
거짓으로 사람들을 미혹하며(요 8:44; 계 12:10), 사람의 죄를 발견하
면 하나님께 송사하는 악한 영들의 지배자를 말한다(고후 11:14-15).

성례에 대하여

통일교는 신비종교적인 의식들을 가르친다. 성염예식(축하행사 전 문
교주가 축복한 소금을 뿌려 잡귀를 쫓는 예식), 중생식(결혼 후 금욕하는
40일 성별기간이 지난 후 첫날밤에 들어가는 예식), 약혼과 결혼식(결혼
후보생들이 4주간 공동합숙 교육을 통해 마음에 드는 배우자 5인을 선택
하여 참 부모에게 올리면 그 중 1명을 선택해 준다), 성주식(원죄를 청산

이단사이비를 경계하라!

하는 혈통전환 의식), 탕감봉 의식(합동결혼식이 끝나면 참 부모 앞에서 신랑신부가 서로 3번씩 방망이로하체를 때리는 의식) 등이 있다. 이들은 매주일 오전 오후집회와 수요일과 금요일 모임을 가진다. 집회 시에 모두 동쪽을 향하여 무릎을 꿇으며 문선명의 사진을 보고 경배한다. 집회 순서 중에서 기도는 참 아버지, 재림주, 혹은 문예수의 이름으로 한다. 통일교 회원이 되려면 원리강론을 3회 독파, 7일간의 단식, 40일간의 개척 포교, 3인 이상 가입시킴, 탕감(속상)금 1,200원을 문선명에게 바쳐야 한다. 전 통일교 지도자였다가 정통교회로 돌아온 박준철 목사에 따르면 문선명에게 바쳐야하는 헌금들은 총 탕감비 1,200만원, 교주의 참 자녀가 되는 합동결혼식 이후에 총생축헌금 2,100만원, 구국헌금 1,000만원, 지옥 간 조상 천국 보내는 헌금 3,300만원, 매월 10분의 3조 헌금, 매월 문선명 나라건국 헌금 17만원, 8대 명절 헌금 등이 있다(박준철, 빼앗긴 30년, 잃어버린 30년). 그러나 정통 기독교는 예수님이 명령하신(마 28:19; 막 14:22-25) 새사람이 됨을 상징하는 세례(행 2:41)와 그리스도와의 연합을 의미하는 성찬식(고전 6:13)을 중시한다.

재림과 종말에 대하여

통일교는 재림주가 육적 구원의 완성을 위해 다시 육신으로 재림하는데(원리강론, 222) 한국에 오시고(원리강론, 547), 그가 곧 문선명 선생이라고 가르친다(원리강론, 17; 통일교 신조 제4항). 또한, 종말은 세상의 끝이 아니라 심판이 없이 세상에서의 지상천국이 완성됨을 의미한다.

그러나 정통 기독교는 부활하신 예수님이 여러 증인들이 보는 가운데 하늘의 보좌 우편으로 올라가시면서 심판하시려고(살후 1:8-9) 다시 오신다고 약속하셨으며(행 1:11; 계 1:7; 11:12; 마 24:30), 그날이 이르기 전 징조가 있고 공중재림하신(살전 4:16; 살후 1:7) 주님이 지상재림하셔서(마 24:30; 슥 14:4) 천년왕국을 이루시고(계 20:1-6), 백 보좌 심판(계 20:11-15)을 하신 후 새 하늘과 새 땅을 이루신다고 가르친다(계 21:2-22; 22:5).

3 통일교의 활동과 문제점

통일교가 일으킨 사건들

통일교가 사회에 물의를 일으킨 경우는 1949년 5월 교주 문선명이 혼음 및 간음죄로 5년 6개월 형을 언도 받고 구속되었고, 1955년 7월 4일에는 병역법 위반과 불법 감금혐의로 구속되었으며, 1957년에는 이화여대 조교수 김영운 외 4인과 이화여대생 70여명이 문선명과 혼음한 사건에 관련되어 교수들은 모두 면직되고 14명의 학생들은 퇴학당하기도 했다(세계일보 1957년 3월 18일자, 5월 13일자). 1977년 11월 24일 통일교 산하의 리틀엔젤스가 밍크, 시계, 정력제 등을 밀수한 혐의가 드러났고(신아일보 1974년 11월 27일), 그 해 4월 19일 ㈜ 일화의 59억 탈세사건이 일어났으며(일간신문, 1977년 4월 19일), 1979년 4월 24일 남대문교회에서 신사훈 박사의 강연에 청년들을 보내 폭행했던 사건으로 한국교회 통일교 대책위원회가 발족되었고, 1984년 미국 대법원에서 문선명은 거액탈세사건으로 인해 1년 6개월 형을 언도 받기도 했다. 최근에 기성교회의 목사와 장로들이 통일교 단체인 '초교파 기독교협의회' 이름으로 통일교 행사에 참여하거나 여행을 다녀 온 일도 있었다.

1980년대부터 문선명은 합동결혼식을 대규모로 거행하여 성주식과 3일 혈통복귀의식을 치루면 완전구원을 받는다고 가르친다. 그는 신도들에게 종족적 메시아의 임명장을 주고 160가정을 전도하도록 강조하며 집집마다 방문하거나 심지어 농어촌 노총각처녀들을 합동결혼식에 동원시키려고 혈안이 되어 있다. 더구나 합동결혼식을 한 가정들은 7,000만원에서 1억 원을 헌금해야한다고 전해진다. 1998년에는 문선명의 며느리인 홍난숙이 남편 효진과 이혼하면서 사치와 마약, 그리고 여자 문제들을 폭로하고, 시아버지 문선명의 신격화에는 어울리지 않는 인간성을 적나라하게 드러낸 책(In the shadow of the Moons, 통일교 원리비판과 문선명의 정체)이 발행되기도 했다(교회와 신앙, 1999년 1월호). 지난 2003년 3월 23일에는 워싱턴의 더크슨 빌딩에서 상원의원 100여명을 포함한 300여명이 참석한 가운데 '평화의 왕관 상 수여식'(메시아 대관식)을 거행했다가 여론의 집중 공격을 받기도 했다(동아일보, 2005년 6월 24일자). 2005년부터는 전남 여수지역을 '통일교 성역화'하려는 시도를 하자 지역교계는 연합전선을 형성하여 반대시위를 하였다. 최근에 통일교 지도자의 한 사람이었던 박준철 목사(현재 예장개혁 측)는 30여 년 동안 몸담았던 통일교를 이탈하여 그들의 이단성을 목숨을 걸고 세상에 알리는 일을 하고 있다(『빼앗긴 30년 잃어버린 30년』 참고).

통일교에 관련된 업체나 기관 및 생산품

기업체 : (주)통일(자동차부품,기계류), 한국티타늄(티타늄), 한국와콤전자(유통업), 순전단흠(정동원), (주)진화인쇄(인쇄업), (주)일신석재(시공), (주)정진화학(금속표면처리), 일원보석공예(금속가공용유류,폐수약품), 무빙서비스 익스프레스(이사전문기관), (주)통일실업(신사복:

크리스찬베르나르알베르토), 일성종합건설(건축업), (주)선도산업(도자기생산), 순전단흄(정동원), (주)한국티타늄공업(각종도로원료), (주)일흥(유통,오징어채,식품), 남경물산(유통업,농수산물), 삼원예복(예복제조업), (주)일신석재공업(건축용자재,대리석가공), (주)일성종합건설(토목건축설계), (주)선도산업(도자기연와), (주)세일로(가발,전자,피혁), 적성사업(주)(골재채취), (주)우창흥업(황환채), (주)흥상목재(목재수입, 가구제작), 흥영LO.E(수산물), (주)일흥부산사무소, 흥영수산(주)(원양어업), (주)삼정수력(발전기), (주)일상·일상경조(조경,농예물,부동산관리), 성일기계상사(기계류판매), (주)통일서울대리점(기계류 판매), (주)우리몰, 성신상업투자(증권), 영도산업, 해피월드서울지사(일본의 판매망), 마칸드라수산(주)(해운업)

 기관 및 단체 : 세계평화 통일가정연합, 한국문화재단(리틀엔젤스운영), 한일문화교류협회화협(소비자조합), 미국연수회(미국연수생모집·교육),국제승공연합(통일교반공단체), 중앙훈련소(문선명집단수양시설물), 청평훈련소(문선명집단수양시설물), 세계원화은협회 중앙수련회(일선목회자·교사원화도교육), 국제순회사실, 국제연수원, 대모님기념관, 부인연합, 뿌리찾기연합회, 세계선교본부, 여성연합(박봉애), 역사편찬위원회, 용인연수원, 원화도, 중앙노동경제연구원, 중앙수련원, 청평기도원, 크리스찬교수협의회, 통일스포츠, 세계평화교수협의회, 국민연합, 전본부교회, 제주국제연수원, 종교협의회, 승공교육훈련소사단법인 초교파기독교협의회(교회침투), 대한예수교장로회(총화)(교회침투), 대한예수교장로회(연합)(교회침투), 남북통일운동국민연합, 남북통일학생

전국연합회, 전국대학교수학생남북통일운동연합, 국제패밀리회, 국제
여성승공연합, 혁선교회(CMR), 세계평화무술인연합

　문화 : 유니버셜발레단, 리틀엔젤스 예술단, 평양학생소년예술단, 참
가정문예단

　학교 및 교육 : 선문대학, 선문학원, 선화예고, 선정중고교, 향토학교,
경복초등학교, 선화여중, 브리지포트대학, 통일신학교(UTS), 통일사상
연구원, 세계대학원리연구회, 전국대학원리연구회(문선명원리강론 교
육), 국제기독학생연합회(크리스천학생 포섭), 세계평화기술연구소, 남
북통일문제연구소, 한국뉴세라믹연구소

　언론 : 세계일보사(일간지 발행), 워싱턴 타임즈, UPI통신, 종교신문
사(종교신문 발행) (주)성화출판사(출판), 성화사(자체홍보물제작), 통일
세계(출판), 새가정모화연구회, 청파서림(통일교관련서적판매), 성동문
화사(인쇄), 신명출판사, 도서출판 주류, 도서출판일념, 월간광장, 월간
초교파, 월간 타임즈

　스포츠 및 레저 : 성남일화천마축구단, 금강산국제그룹, 브라질축구유
학원, 일성콘도, 설봉호텔, 와이키키호텔, 세일여행사, (주)일성레저(숙
박서비스, 콘도분양), 부곡콘도(콘도미니엄), (주)뉴동진여행사, (주)세
진(호텔영업),

　식음료 및 일화의 취급제품들 : 천연사이다, (주)일화(맥콜, 삼정톤,
진생업 우황청심환, 너트밀, 초정탄산수), 하이쌕포도 오렌지, 삭삭갈은
배, 홍지원, 미소화이바, 매쉬, 탑씨오렌지, 포도파인, 매실소다, 비엔
트, 민속식혜, 축배사이다, 깜찍이 소다, 미스틱, 레쓰비, 잔치집 홍대

추, 니어워터, 비락식혜, 생솔, 참 우롱차, 매실사이다, 알로에마을, 초록 매실, 크린베이알파(구충제), 해주로(숙취제거제), 마시는 자일리톨, 식스터스(발관리제), 립프리티

　기타 : 성화카텔(인테리어), 문희중한복연구소(한복), 보광예복(예복), 세일스튜디오, 성화침구 도원디자인프로덕션, 통일교 동호회 참사랑, (주)참스마트

4 대처 방법

 통일교는 기독교와 전혀 다른 종파이며 이단이다. 교주 문선명은 거짓 선지자며 성경의 복음진리를 심히 왜곡하는 자며 광명한 천사로 가장한 사탄의 하수인이다. 통일교 신도였다가 자칭 재림주가 된 경우가 알려진 사이비교주만도 동방교, 동방의 의인이라는 전도관의 박태선, JMS의 정명석 등이다. 따라서 성결교회와 신자들은 통일교에 결코 미혹되지 않도록 그들의 위장술책을 분별하여 속지 말아야 한다.

 첫째, 통일교는 신학적으로 볼 때에 기독교회의 이단종파며 정통 기독교가 아니다. 통일교는 우리나라에서 발생하여 미국에서 성장했다. 그들은 성경 외에 원리강론을 가지고 있다. 또 예수 그리스도의 구속사역을 제한하며, 행위구원을 시도, 예수 그리스도는 영적 구원만을 이룩하였고 육적 구원을 성취하지 못했다고 주장한다. 그리고 그들은 문선명을 예수 그리스도의 자리에 대치하고 있다. 둘째, 통일교는 하나의 혼합주의다(이원론적, 동양철학 역학을 조화). 셋째, 통일교는 원리적으로 볼 때에 섹스주의다. 통일교는 시작부터 에로스적이고, 그들의 진행과정도 성적이며, 결과도 혈연적이다. 사상이 섹스적이다.

 한국기독교의 대부분 교단이 통일교를 이단으로 규정했다. 특히 예수교장로회 통합 측은 1971년부터 전통적 기독교의 교리와는 다른 사이비집단으로 규정하고, 통일교 관련 잡지 등에 기고하는 것을 금지하였으며, 1979년에는 기독교를 가장한 사이비 종교로 판단하고 1988년에는 통일교 관련제품에 대한 불매운동을 벌였으며, 통일교 행사에 가담자는 엄벌하기로 결의하기도 했다. 기독교대한성결교회는 1982년부터 불매운동을 통해 경계하다가 40회(1985), 45회(1995) 총회에서 이단으로 규정했다. 거의 같은 시기에 예장합동, 예장고신, 기장, 개혁합신, 그리스도교회도 통일교를 이단으로 규정했다.

제 7 장
이단 사이비 집중연구: 이슬람

다른 이로써는 구원을 받을 수 없나니 천하 사람 중에 구원을 받을 만한
다른 이름을 우리에게 주신 일이 없음이라 하였더라 (행 4:12)

1 이슬람의 정체

◆ 이슬람은 어떤 종교라고 할 수 있는가?

① 세계 3대 종교의 하나다. ② 알라와 하나님이 같은 신이라는 부정확한 지식이 퍼져있다. ③ 극단적인 원리주의 이슬람의 반인륜적 행위가 문제다. ④ 한국사회에 이슬람 신자수가 증가일로에 있다. ⑤ 이슬람 신자인 무슬림들에게 선교전략적 접근이 필요하다.

이슬람교(Islam)는 불교, 기독교와 함께 세계 3대 종교의 하나다. 이슬람은 2001년 9월 11일 뉴욕의 세계무역센터 쌍둥이 건물에 대한 자살테러와 2014년 이슬람국가 실현을 꿈꾸는 극단적 원리주의 집단인 이슬람국가(IS)의 잔혹한 참수동영상으로 세계적인 관심을 끌고 있다. 이슬람교는 세계인구 68억 중 16억에 해당하는 종교인구(2025년에 20억명 예상)를 가지고 있으며, 매우 공격적인 포교지향적 종교로서 세계에서 가장 급속하게 성장하는 종교다. 또한, 아시아 인구의 2/3가 이슬람 신자다. 그런데 이슬람과 기독교의 혈통적 연관성 때문에 종종 이슬람의 실체에 대한 이해가 왜곡되기도 한다.

이슬람과 기독교는 각각 다른 근원을 가진다. 이슬람의 경전인 『꾸란』(Quran)은 예수님의 십자가 죽음을 부인하고(꾸란 4:157), 부활도 부인하며(꾸란 4:158), 예수도 무슬림이었고(꾸란 2:136), 아담처럼 흙으로 지음 받았다고 주장한다(꾸란 3:59). 심지어 알라가 마리아의 아들 예수라고 말하면 저주받는다고 말한다(꾸란 5:17). 그리고 그리스도인과

이단사이비를 경계하라!

친구로 사귀는 자는 불신자요(꾸란 5:51), 그리스도인들은 지옥불 속에 떨어져 영원히 형벌 받을 자들이며 가장 사악한 자들이라고 비난한다(꾸란 98:6). 그래서 이슬람은 결코 기독교에 대해 우호적일 수 없다. 그런데도 한국기독교의 이슬람인식 설문조사에 따르면 "기독교와 이슬람의 관계가 뿌리가 같다거나 동일하다."라고 답한 목회자와 성도를 합하여 30% 이상이고, 또한 "알라와 기독교의 하나님이 같다."라고 대답한 목회자는 10%, 평신도는 27%라고 한다. 이 설문조사를 통해서 한국교회의 목회자와 신자들이 이슬람에 대해 이해가 얼마나 부족한가 하는 심각한 문제를 깨닫게 된다.

최근 한국교회와 이슬람의 관계는 2004년 5월 김선일 씨의 참수사건, 2008년 아프가니스탄에 의료선교를 떠났던 샘물교회의 배형규 목사가 피살되고 같이 갔던 자원봉사자 2명이 순교를 당한 사건(선교단체 인터콥), 2009년 3월 예멘에서 관광객 4명이 이슬람 자살폭탄 테러로 사망한 사건, 6월 예멘에서 의료봉사자 엄영선 씨 피살사건, 2008년 9월 국정원 자료에 따르면 지난 5년간 테러범들이 한국에 잠입한 사건은 19건이며 이들의 조직원 74명을 추방하였던 사건을 통해 우리 사회의 관심사가 되었다.

이미, 이슬람은 한국사회의 모든 영역에서 포교활동을 시작했다. 2005년에 국내 무슬림 인구가 15만 명(외국인 11만 명, 한국인 4만 명), 2009년도에는 17만 명에서 20만 명으로 추정된다. 이와 같은 무슬림의 증가는 유럽처럼 매우 빠른 속도로 진행되고 있다. 지난 2005년에는 롯데호텔에서 '한국 모슬렘 포교50주년 기념대회'를 통해 종교적 영향력과 경제적 기반을 갖춘 한국을 2020년까지 모슬렘화하고 아시아 포교활동을 위한 전초기지(hub)로 선언했다고 한다.

그렇다고 결코 무슬림을 두려워하거나 염려할 필요가 없다. 왜냐하면, 그들 역시 우리가 주님의 사랑으로 품어야 하고 전도해야 할 대상이기 때문이다. 무슬림의 80%는 기독교의 복음을 접해보지 못했다고 한다. 우선, 이슬람과 무슬림에 대해 엄밀하게 구분할 필요가 있다. 이슬람(Islam)이란 '신에 대한 철저한 복종'을 의미하고, 무슬림(Muslim)이란 말은 유대교든 기독교든 아랍족이든 상관없이 "신께 참된 예배를 드리는 자"들을 의미한다. 그리고 모슬렘(Moslem)이란 무슬림의 집합명사다.

이슬람교는 기본적으로 옛 인류의 조상인 아담시대로부터 존재해 왔다고 믿는다. 그리고 아담이래로 수많은 예언자들이 출현했으나 무함마드가 최후에 나타난 위대한 예언자로서 이슬람교를 완성시켰다고 주장한다. 더구나 이슬람의 경전인 꾸란에는 이슬람을 절대종교로 주장한다. "이제 나는 너희를 위해 너희의 종교를 완성하여 너희를 위해 내 은혜를 충만케 하였으며 이슬람을 너희의 종교로 선택했다."(꾸란 5:4) 따라서, 우리가 이슬람 신자들인 무슬림들에게 선교적 접근을 하려면 먼저 그들의 탄생 역사와 교리체계를 파악하고 있어야 대응 선교전략을 세울 수 있다.

이단사이비를 경계하라!

◆ 이슬람의 역사를 정리해 보세요.

① 발생지인 아라비안 반도는 다신숭배 지역인데 정령숭배물이나 카바신전이 있었다. ② 알라는 초생달의 신인데 무함마드의 쿠라이쉬족의 신이다. ③ 그 지역은 디아스포라 유대인이나 기독교인들이 살았는데 네스토리안이나 단성론자 혹은 금욕주의자들이었다. ④ 무함마드는 570년 메카에서 출생하여 가난한 무역상인 삼촌이 양육하였다. ⑤ 무함마드는 당시 사회나 종교의 병폐를 해결할 완전한 유일신교를 창시하려고 했다. ⑥ 25세에 돈 많은 과부요 네스토리안 신자인 40세의 카디자와 결혼하였다. ⑦ 메카 사막을 거닐며 히라 동굴에서 명상하던 중 가브리엘 천사로부터 계시를 받았다. ⑧ 계속된 계시를 통해 계시자는 알라요 자신은 최후의 예언자라고 주장하기 시작했다. ⑨ 이 알라의 계시를 모아 꾸란을 만들었는데 초기에는 타락한 인간의 회개촉구, 고통스런 심판의 날에 대한 경고, 감각적 쾌락이 기다리는 천국의 소망 등이었다. ⑩ 메카에서는 유대인의 관습을 받아들이는 자세를 취했다. ⑪ 계시자로 자처하였으나 성경에 무지함이 드러나면서 계시의 진정성이 의심을 받았다. ⑫ 622년 메디나로 이주하여 전 아랍지역을 지배하는 정치지도자가 되면서 아카바 6중 서약을 만들고 교세확장에 주력했다. ⑬ 624년 메디나 계시를 선포하여 유대인과 기독교인을 핍박하기 시작했다. ⑭ 625년 무함마드는 유대인 부족을 정복하기 시작했다(일부다처제의 출발). ⑮ 628년 메카의 부족들과 평화불가침을 약속하는 후다이비야 조약을 맺었다. ⑯ 630년 무함마드는 1만 명의 군사로 메카를 점령하고 카바신전을 알라신전으로 만들었다. ⑰ 632년 전 아라비아 반도가 무함마드에 의해 통일되었다. ⑱ 633년 무함마드는 열병을 앓다가 죽었다. ⑲ 무함마드는 계승자(Caliph)를 지목하지 않아 순니파와 시아파의 분열의 씨를 낳았다.

이슬람교 발생 이전의 아라비아 반도의 상황

이슬람교의 발생 직전 암흑기의 아라비아 반도에는 다신숭배가 성행했다. 낙타를 타고 길고 위험한 여행을 해야 하는 아라비아 대상(무역상)들은 여행을 떠나기 전 여행의 안전과 사업의 흥행을 위해 메카의 우상들에게 예물을 바치며 기도하곤 했다. 그 신들의 대부분은 지역마다 흩어진 부족신이었다. 주된 종교는 정령숭배(Animism)로서, 신이나 정령이 수목, 돌, 연못, 동물 등에 깃들어 있다고 믿었고, 사람들은 신과 정령의 보호와 구원을 받기 위해 위령제나 의식을 거행하곤 했다. 특히 동굴이나 바위가 바라카(주술력)를 지닌 신성한 것으로 간주되었는데, 그 중에서도 가장 유명한 것이 메카 중앙에 위치한 검은 돌, 즉 '카바 신전'이었다. 메카 사람들은 이 돌이 아담과 이브가 생존했을 때부터 하늘에서 떨어진 운석이었고, 후에 하갈과 함께 쫓겨난 장자 이스마엘(창 16:15)이 메카(예멘)에 와서 정착하자, 이스마엘을 보러 온 아브라함이 돌을 축조해 이 사원을 지었다고 믿는다.

당시에 카바 신전에는 360여 개의 종족신들이 모셔져 있었는데 그 중에서 알라는 가장 강한 신이었다(초생달의 신-이슬람국가의 터키국기). 왜냐하면 가장 강한 종족이었던 쿠라이쉬 족이 믿는 신이었기 때문이다. 당시에는 로마의 핍박을 피해 팔레스타인에서 이주해 온 디아스포라 유대인들이 아라비아 반도의 곳곳에 흩어져 살고 있었는데, 그들은 올바른 경전을 갖지 못하고 많은 전설과 신화가 뒤섞인 일종의 외경을 믿고 있었다. 또한 예수 안에 신성과 인성이 독립적으로 존재한다고 믿는 그래서

이단사이비를 경계하라!

이단으로 정죄 받았던 소수의 네스토리안(Nestorians, 중국과 한국에서 경교로 불림) 기독교인들이 존재했었다. 이들은 아랍어로 쓰여진 성경을 갖지 못했는데, 따라서 이러한 공백기에 많은 외경의 이야기들과 전설적인 자료들이 성행하였고, 결국 그릇된 신앙관을 가진 기독교 이단종파들이 우후죽순처럼 일어났다. 예를 들면, 예수님의 신성과 인성의 통일을 주장하는 단성론자와 금욕주의를 추구하는 하니프(hanif, 이슬람의 길을 예비한 자들)라는 집단이 있었다.

당시의 아라비아 반도는 오늘날 아랍인의 조상인 셈족이 모여 일찍이 정착해서 거주해왔다. 그들은 농사를 짓거나 수공업, 무역 등에 종사하면서 오아시스와 도시에서 생활한 정착민과, 낙타, 말, 양, 염소 들을 치면서 초유지와 사막에서 생활해 온 유목민들(Bedouin족)이었다. 경제 및 문화적으로 메소포타미아, 시리아, 팔레스타인, 이집트, 에티오피아 등과 밀접한 관계를 맺었는데, 무역로가 아라비아 반도를 통과하므로 중요한 무역의 요충지로서의 역할을 하였다. 또한 당시의 아라비아는 유목생활의 필요를 채우고 부족들 간의 싸움에서 생존을 유지하기 위하여 건강하고 용감한 남성들이 필요했다. 따라서 아라비아에서는 남아선호의 경향이 강했으며 여자아이를 낳으면 죽이는 일이 빈번했다. 또한 부족 간에 끊임없는 분쟁이 발생하여서 사회유지를 위한 규율인 「이에는 이, 눈에는 눈」이라는 동형복수법이 작용하고 있었다.

무함마드의 출생과 메카 거주

　이런 환경에서 무함마드(AD 570-632)는 주후 570년경 아라비아 반도의 중심지요 잡신 숭배의 중심지인 메카(Mecca)의 쿠라이쉬(Quraish) 부족의 하심가문(Hashimite)에서 출생했다. 부친 압둘라(Abdula, 알라의 종이란 뜻)는 그가 태어나기 전 장사하러 나갔다가 객사하였다. 유목민의 관습에 따라 그는 사드 부족에서 자라다가 5세 때에 모친에게 돌아왔다. 그가 돌아 온 이유는 무함마드로 인하여 사드 부족이 큰 화를 당할지 모르니 그를 죽여야 한다는 점쟁이의 말에 따른 것이었다. 그런데 무함마드가 6세 때에 베니주흐레 집안 출신인 모친 아미나(Aminah)도 무함마드를 데리고 친정인 메디나(Medinah)에 다녀오다가 아브와라는 마을에서 열병으로 사망하였다. 그래서 무함마드는 처음에 메카의 추장인 할아버지 압드 알 무탈립(Abd al Mu-talib)에게 맡겨져 양육되었다. 할아버지는 카바 신전을 찾는 순례객들에게 음식과 물을 제공하는 중요 직책을 맡았던 제사장이었다. 그런데 2년 후인 8세 때에 할아버지도 사망하자 가난한 대상(trader)인 삼촌 아부 탈립(Abu Talib)에게 보내져 양육되었다. 삼촌은 경제적 여력이 없어 무함마드를 교육시키지 못하였고, 그는 글자를 모르는 문맹의 상태로 성인이 되었다(꾸란 7:157). 그는 심한 히스테리와 간질병으로 고생하며 자랐다고 한다. 당시의 낙타 대상들은 인도에서 유럽으로 향료가 수입되는 오아시스의 향료길을 오가며 무역을 하고 있었다. 무함마드가 12세에 삼촌과 함께 향료길을 따라 시리아의 다마스커스에 방문한 적이 있었다. 이때 그곳

의 기독교 사제인 바히라(Bahira)라는 사람을 만났는데 그는 무함마드
가 장차 자라서 큰 인물이 될 것을 예언했다고 한다.

　이런 환경에서 성장한 무함마드가 이슬람교를 창시하게 된 원인들은
몇 가지가 있다. 첫째, 당시에 만연된 다신적 종교행태에 대한 불만이 있
었다. 특히 자신이 속한 부족의 잡신숭배와 미신적인 요소에 회의를 품기
시작하면서 유일신 사상에 몰두하기 시작했다. 그리고 예루살렘의 유대
인과 시리아의 기독교인들의 안정된 삶에 대한 동경도 있었다. 둘째, 당
시의 메카 사회의 병리적 모순에 대한 자각이 있었다. 소수의 귀족들이
다수의 노예들을 착취하면서 온갖 불의와 불공평이 만연되어 있었으며,
당시의 종교들 간의 불화, 우상숭배, 부도덕성, 노예착취, 부녀자 고아
들의 차별대우 등과 같은 사회적 병폐들에 대해 회의를 품기 시작한 것이
다. 셋째, 기독교의 삼위일체론에 대한 오해가 있었다. 가난한 환경에서
성장한 무함마드는 어린 시절부터 삼촌을 도와 대상무역에 종사하면서 아
라비안 반도의 여러 곳을 다니던 중 많은 유대교인들과 기독교인들을 만
났는데, 이들 중에 마리아를 숭배하는 콜리디안파 교회가 있었다. 따라
서 무함마드는 기독교의 삼위일체를 잘못 이해하여 한 분이신 하나님을
믿는 교회가 아닌 하나님과 인간 예수와 여인 마리아를 믿는 삼신숭배
(Tri-theism)의 종교라는 인상을 강하게 받았다. 특히 이 점이 유일신
사상에 몰두하고 있던 무함마드에게 성부와 성자가 없는 완전한 유일신
교를 창시하는 결정적인 동기를 유발시킨 것이었다.

　무함마드는 10세 때부터 삼촌을 따라 대상무역에 전념하였다. 그러면
서도 늘 명상에 잠겼고 동굴에서 기도하는 생활을 잊지 않았다. 그는 여

러 대상들의 물건을 대신 맡아 속임수를 쓰지 않고 장사를 하여 많은 이익을 남겨주었다. 자연적으로 그는 '아민'(Amin, 성실한 사람)이란 별명을 얻게 되었다. 그러다가 부와 명예를 가진 한 과부 카디자(Khadija)가 자신의 사업을 맡아줄 대리인을 찾는다는 소식이 메카에 나돌았다. 삼촌은 이 사실을 즉각 무함마드에게 알리고 수락의사를 물었다. 무함마드는 삼촌의 제안을 받아들여 돈 많은 부호인 카디자의 대리교역인이 되었다. 무함마드가 25세 되던 해에 일을 성실하게 하고 상업수완이 있는 그의 모습에 감동한 40세의 돈 많은 과부요 큰 대상(Caravan)을 경영하던 에비온파(유대교적 기독교인으로서 예수님을 선지자 중의 한 사람으로 주장함-유해석선교사) 기독교인이었던 카디자의 끈질긴 구혼을 받아들여 결혼하였다(주후 595년). 이 결혼은 무함마드에게 경제적인 안정과 종교적 사색을 할 수 있는 자유를 주었다. 그러나 무함마드는 그녀와의 관계에서 상당한 심리적 압박을 받았고, 카디자가 세상을 떠난 후 여성들에 대한 독특한 편력을 드러낸다. 카디자가 65세로 죽던 해 무함마드는 50세이었다. 이후로 무함마드는 모두 10번의 결혼식을 하여 많은 아내를 거느린 일부다처의 교주가 되었다. 심지어 53세 때에는 9살짜리 신부를 맞이하기도 했다.

한편, 과부 카디자와의 만남은 부부관계를 떠나서 종교적인 면에서도 결정적인 영향력을 미치게 되었다. 결혼한 이후 그는 종종 단식을 하고 메카 주변의 사막을 거닐거나 히라(Hira) 동굴이나 바위 위에 올라가 유일신을 생각하며 명상을 즐기거나 환몽에 빠져드는 습관이 생겼다. 그가 명상에 잠기게 된 것은 그의 신비주의적 종교성과 아라비아 사람들의 운

이단사이비를 경계하라!

명을 걱정하는 민족주의 성향 때문이었다. 그는 소년시절부터 유일신 종교에 대한 상당한 애착을 가지고, 또한 아랍민족 공동체에 대한 열정적인 관심을 가지고 있었다. 때로는 대상을 따라 외국으로 여행하면서 종교적인 주제로 많은 사람들과 이야기를 하던 중에 유대인들과 기독교인들이 믿는 여호와 하나님에 대해 듣게 된다. 그래서 유일신을 추구하던 무함마드는 유대교와 기독교의 삼위일체 유일신관을 접하면서 아랍인들을 위한 유일신 종교를 만들어야 하겠다는 열정을 불태우게 되었던 것이다.

첫 계시와 예언자의 탄생

무함마드가 40세가 되던 어느 날 히라(Hira) 동굴에서 명상하던 중 갑자기 가브리엘(Jibril) 천사가 나타나 "만물을 창조하신 그대. 주님의 이름으로 읽으라!(ikra) 그분은 한 방울의 정액으로 인간을 창조하셨느니라. 읽으라! 그대. 주님은 가장 은혜로운 분으로 연필을 쓰는 것을 가르쳐 주셨으며 인간이 알지 못하는 것도 가르쳐 주셨느니라"(꾸란 96:1-5)고 계시했다고 한다. 당시에 무함마드는 읽거나 쓸 줄 모르는 자였기에 "암송하라"라고 번역할 수 있다. 무함마드는 두려움을 느끼고 당황하여 그 동굴에서 뛰쳐나와 집으로 달려갔다. 그는 부인 카디자의 품에 안기며 "나를 감싸주오 나를 감싸주오"라고 외쳤다. 바로 그때 망토를 뒤집어 쓴 그에게 또 다시 한 목소리가 들렸다. "일어나서 밤에 예배할지어다." 그런데, 무함마드는 첫 계시 이후 한동안 계시가 없자 악령에 사로잡힌 것으로 생각하여 두려워했으며 깊은 영적 우울 내지 회의에 빠졌으나, 부인 카디자의 사랑과 신뢰에 용기를 얻었고 기독교를 알고 있는 아내의 사촌 와라까 이븐 나우팔(Waraqa Ibn Naufal, 에비온파 사제)이 그 계시자는 무싸(모세)에게 임하여 나무스(namus, 율법)를 주었던 그 천사라고 가르쳐주었다. 그때에 무함마드는 당시의 아랍 시인들과 점쟁이들이 명상과 기도를 하다가 종종 귀신(Jinn) 들렸던 것처럼 자신도 그런 상황에 빠진 것이 아닌가 생각하여 두려워했던 것이다.

그가 재 계시를 기다리던 중 다시 천사 가브리엘의 환상을 체험하게 된다. 이후 자신에게 계시를 준 신의 이름을 당시 카바 신전에서 최고의 신으로 숭배되던 '알라'라고 붙이면서 알라 신은 유일한 존재며 자신은 아브라함, 모세, 예수 등과 같이 '알라'의 선택 받은 최후의 예언자로서 인간들에게 '알라'를 최종적으로 그리고 정확하게 알려야 할 사명을 받았다고 주장하기 시작했다. 그의 첫 신자는 아내 카디자였고, 두 번째 신자는 그의 집에서 함께 살던 그의 14살짜리 사촌 알리였다. 세 번째 신자는 무함마드의 딸 파티마이었고, 그녀는 나중에 5촌 당숙인 알리와 결혼했다. 네 번째 신자는 그 집의 종으로 있다가 무함마드가 해방시켜 주고 양자로 삼은 자이드였다. 이후에 카디자의 친척 중에서 몇 사람이 더 믿게 되었는데 아브 바크르(Abu Bakr)였다. 바크르는 후일에 자신의 딸을 무함마드에게 주었다.

전통적으로 무슬림들은 꾸란의 모든 구절들을 천사장 가브리엘에 의해 무함마드에게 전달된 알라 신의 '바로 그 말씀'(Ipsissima Verba)이라고 믿는다. 처음에 무함마드가 신의 계시라고 제시한 말씀들은 인간의 타락에 대해 회개를 촉구하는 것, 신의 고통스런 심판의 날에 대한 경고, 그리고 장차 신자들이 맞이하게 될 감각적 쾌락으로 충만한 천국에 대한 소망들이 주를 이루었다. 그러나 차차 시간이 지나면서 기존의 유일신 종교를 믿는 유대인들과 기독교인들에 대한 대응을 고려하다보니 점차 창조주의 단일성과 초월성 등의 논리가 정리되어가는 방향으로 계시가 이루어졌다.

메디나로의 이주

그의 유일신 신앙의 포교는 당시 카바 신전에 모여들던 순례자들을 상대로 생계유지를 하던 많은 메카 주민들의 즉각적인 반발에 부딪혔다. 메카에서의 박해를 벗어나기 위해 세력을 키울 필요를 느꼈던 그는 아랍인이 열세임을 의식하여 초기에는 다수의 유대인들의 교리와 관습을 받아들이는 등의 우호적인 조치를 취했다. 유대교와 기독교의 하나님은 알라와 같은 신이다(꾸란 29:46; 3:64). 신구약 성경은 진리다. 자신은 새로운 계시를 가져온 사람이 아니며, 다만 신구약 성경이 진리라는 것을 아랍지역에 확증시켜 주기 위해서 알라께서 자신을 보냈다(꾸란 46:9, 12). 같은 창조주를 믿는 형제들이며 그들과 결혼해도 좋다(꾸란 5:5). 종교는 강제로 하지 말라(꾸란 2:256)고 하며 부드럽고 평화로운 메시지를 선포했다. 이런 부드러운 계시를 '메카 계시'(Mecca Revelation)라고 부른다.

유대인들도 처음에는 무함마드의 교리가 유대교 교리와 많이 다르지 않다고 판단하여 호의적이었고, 혹시 그가 하나님이 보내신 선지자일지 모른다고 생각했으며 일부는 그를 따라다니기 시작했다. 그러나 자신을 알라가 보내신 예언자라고 역설하며 구약의 사건들과 이름에 대해 부정확하게 말하자 유대인과 기독교인들은 무함마드를 의심하여 사기꾼으로 선언하며 등을 돌렸다. 그 내용을 보면, 그는 예수의 모친 마리아와 모세와 아론의 누이인 미리암을 같은 인물로 보고 "아론의 누이 마리얌이 예수를 낳았다"(꾸란 19:28) 하였고, "이집트의 파라오가 이스라엘 백성을 괴롭히기 위해서 하늘까지 닿는 탑을 쌓으라고 하만 장군에게 명했다"(꾸란 28:38)라고 하였으며, "예수의 신성도 부인하고 십자가와 부활과 삼위일체도 부인하는"(꾸란 4:171) 것이었다. 이런 주장들은 무함마드가 성경지식이 없다고 하기 보다는 오히려 그가 받았다는 계시의 근원을 의심할 수밖에 없는 일이었다.

이에 대해 무함마드는 분개하면서 오히려 유대인들의 경전이 임의적으로 개악 내지 왜곡되었다고 주장하고, 자신이 계시 받아 전하는 내용들의 신빙성을 주장했다. 그래서 유대인들과 기독교인들은 무함마드를 배척하였고, 무함마드는 그들을 강력하게 징계하려고 했으나 힘이 없으므로 평화의 메시지를 선언하며 참을 수밖에 없었다. 한편, 그가 알라 외에 다른 신이 없으며 무함마드가 스스로 알라의 메신저라는 말을 퍼뜨리고 다닌다는 소리를 들은 고향의 쿠라이쉬 족장들은 그를 불러다 꾸짖었다. 그러나 그는 은밀하게 다니며 사람들을 설득하였고, 특히 카바 신전에 제사 드리기 위해 온 메디나 사람들을 설득하여 7명이 그에게 충성을 약속하고 돌아갔다. 다음 해에는 70명의 무리가 무함마드를 자신들의 메신저로 인정하고 충성을 맹세했다. 이 소식을 들은 쿠라이쉬 족장들은 그를 더욱 핍박하였다. 무함마드는 타협안을 제시했으나 자신의 추종자들이 계속

박해를 받게 되자 그들을 데리고 모친의 고향인 메디나(Medinah)로 이주하게 되었다. 이때가 주후 622년 7월 16일인데, 메디나 이주는 신정통치의 이슬람 공동체인 '움마'(Umma)의 출발점이 되었으며, 이 메디나 이주는 '히즈라'(Hijrah)로 불리며 후일 이슬람력의 기원이 되었다.

오아시스 농업지역인 메디나는 무함마드가 설교하기에는 메카보다 훨씬 나았다. 무함마드는 메디나를 본거지로 삼아 교세확장에 전력하였다. 여기에서 '아카바 6중 서약'(the sixfold pledge of Akaba)을 제정하였다(꾸란 118). "한 분 알라만 경배하며, 도적질하지 않고, 음행하지 않으며, 영아살해를 아니하고, 남을 비방하지 않으며, 선지자에게 불순종하지 않는다는 것"이었다. 그런데 메디나에서의 무함마드는 놀라운 변신을 이루어냈다. 메카에서 미움 받던 설교자에서 메디나에서는 아랍인 전체를 지배하는 정치가가 된 것이다. 당시에 메디나에는 대표적인 두 종족 아우스(Aus)와 카즈라즈(Kajraz)가 극렬히 싸우며 정치적 혼동과 갈등이 빈발하므로 강력한 지도자를 원하고 있었다. 그는 주민의 70%가 유대인들인 것을 알고 그들을 자기편으로 끌어들이고 싶었다. 그래서 메카에서처럼 유대인들이 예루살렘 성전을 향해 기도하는 것을 보고 지금까지는 메카의 카바 신전을 향해 기도했으나 거기는 360개 우상이 있는 장소이므로 예루살렘으로 기도방향을 바꾸라고 가르쳤다(꾸란 2:142). 실제로 무함마드와 추종자들은 18개월이나 예루살렘을 향해 기도했다. 또한 도시의 중재자로서 메디나 헌장을 만들어 질서를 확립하였다. 결국 주후 623년에 그는 메디나의 최고 지도자가 되었다.

정치적인 힘과 군사적인 힘을 가지게 된 그는 624년 새해에 자신은 창조주 알라로부터 계시를 받았고, 성경은 거짓이라고 주장하기 시작했다. 이때부터 그는 유대인들에 대한 추방 혹은 대학살을 단행했고, 메디나 이주 초기에 따르던 유대인의 관습을 아랍식으로 수정하였다. 또한 메카 계시에 따라 우호적으로 대하던 기독교인들도 세 신을 믿는 다신교도들이며, 그들과 상종하는 사람들은 믿음을 버린 자들이라고 정죄하고, 기독교와 유대교가 가진 경전은 변질되어 진리가 아니라고 했다. 그 이유는 무함마드가 받은 계시라고 주장하는 꾸란이 거짓이라는 것을 분별할 수 있는 사람들은 성경을 미리 읽어 본 유대인과 기독교인들밖에는 없었기 때문이다. 이때부터 살벌한 '메디나 계시'(Medinah Revelation)가 시작되었다. 첫째, 기독교인들은 세 신을 믿는 다신교도들이다(꾸란 5:72-73). 기독교인들이 알라와 예수와 그의 모친 마리얌을 세 신으로 섬긴다(꾸란 5:116). [그러나 어떤 그리스도인도 이렇게 삼위일체를 말하지 않는다.] 둘째, 유대인들은 에스라를 하나님의 아들이라고 믿는 자들이다(꾸란 9:30). [유대인들은 유일신 신앙이어서 하나님이 자식이 있다고 결코 말하지 않는다.] 셋째, 유대인들은 자신들이 메시아를 죽였다고 주장한다(꾸란 4:157). [유대인들은 메시아가 오지도 않았다고 믿는데 메시아를 죽였다고 말할 수 없다.] 넷째, 유대인들과 기독교인들은 변질된 성경을 가지고 있다(꾸란 2:79; 3:78). [메카에서는 성경을 진리라고 말하더니 언제 변질되었는지 밝히지 못한다] 이런 주장들은 유대인들과 기독교인들을 핍박하기 위한 억지 주장이요 거짓말이다.

그래서 그는 유대교와 기독교와의 결별을 결심하고, 624년부터는 기도의 방향(Qibula)을 예루살렘에서 카바 신전으로 바꾸었다. 갑자기 기도의 방향을 바꾼 3가지 이유를 꾸란 2:142-150에서 설명하였다. 알라는 동에도 계시고 서에도 계시니 바꾸어도 된다(2:142). 너희들이 정말 알라와 메신저를 따르나 혹은 따르는 척하는 위선자들인가를 확인하기 위해서라고 하였다(2:143). 알라는 전능하시니 바꿀 수 있다(2:148). 유대인과 기독교인들을 친구로 사귀는 자들은 이미 믿음을 버린 자들이다(5:51).

주후 625년, 무함마드는 메디나 부근의 유대인 부족인 나이디르(Naydir) 족을 쫓아내고, 꾸라이자 족을 공격하여 수백 명을 죽이고, 카이바르 족 마을로 도망간 유대인들을 무참히 정복하였다(628년). 무함마드는 유대인 남자들을 모아놓고 거대한 구멍을 파게 하여 구덩이 앞으로 걸어가게 한 다음, 한 사람씩 목을 쳐 죽여 구덩이에 밀어 넣었다. 카이바르 족을 함락한 후 남편을 잃은 아름다운 여인 가운데 한 사람을 자신의 노예로 삼기도 했다. 그 유대인 여인의 이름은 레이하나(Raihana)였다. 무함마드는 점령한 도시의 여인들과 재물 등의 전리품이 처음에는 모두 자신의 것이라고 주장하였다가(꾸란 8:1) 나중에는 그 규모가 커지자 무슬림들이 전리품을 나누어 가지게 했고, 그 중 5분의 1만 자신의 몫으로 챙겼다(꾸란 8:41). 또한, 포로 된 여인들을 오른손이 소유하는 것이라 칭하면서 동침이 허용된 노예로 삼거나(꾸란 4:24; 4:3) 돈을 받고 석방하거나 매춘에 이용하는 것을 묵인하였다(꾸란 8:67-71; 24:33). 이와 같이 이슬람은 태생부터 무지와 거짓, 그리고 살상으로 출발하였다.

메카의 탈환

무함마드는 메디나에서 그의 설득력 있는 설교와 카리스마적 힘과 지도력으로 많은 추종자들을 얻었지만, 그의 궁극적인 목표는 메카의 탈환이었다. 그는 메카의 쿠라이쉬 부족과 여러 차례의 전쟁을 치렀으나 승리가 어렵다는 것을 알고, 메카의 족장들과 10년간 평화불가침 조약을 맺었다(628년). 이것을 메디나와 메카의 최초 계약인 '후다이비야'(Hudaibiyah) 조약이라 부른다. 이 조약이 성립되므로 무함마드는 메카를 비무장으로 방문하여 카바 신전에 제사를 드릴 수 있게 되었다.

평화조약을 맺은 무함마드는 1만 명의 군사를 모집하여 훈련시키면서 필요한 재정은 대상 행렬을 습격하여 충당했다. 이슬람 역사가들은 무함마드가 직접 진두지휘한 전쟁이 27회나 된다고 말한다. 메디나 군사들은 조약에 따라 2회에 걸쳐 평화롭게 메카에 들어가 제사를 드렸다. 그 후 메카의 힘이 약화된 것을 알게 된 무함마드는 630년에 1만 명을 이끌고 자신을 핍박한 메카로 진군했다. 엄청난 대군을 대적할 군사력이 없던 쿠라이쉬 부족은 무조건 항복을 하였다. 메카의 장군인 아부 수프얀(Abu Sufyan)과 화친을 맺고 무혈 입성한 무함마드는 메카를 이슬람화 하는 데 성공했다. 그리고 카바 신전의 360개의 우상을 모두 깨뜨리고, "알라 외에 다른 신은 없다. 알라는 더 위대하다."라고 외쳤다. 이후로 카바 신전은 '알라'가 계시는 무슬림들의 순례와 신앙의 중심지이자 영적 고향이 되었다.

이슬람의 확장

　메카 주변의 360개 종족에서 가장 강력한 쿠라이쉬 부족을 정복한 무함마드는 일생의 남은 두 해(631-632년)를 다른 아랍 부족들에 대한 지배력을 확장하고, 필요시에는 복종 및 개종시키기 위해 군사적 행동도 강행하였다. 무함마드는 모든 우상들을 폐지하고 유대교와 기독교를 압박하여 이슬람에 흡수하고자 하였다. 또한 그리스 페르시아 이집트 등지에 사절단을 파송하여 이슬람 신앙을 수용할 것을 요구하였다. 모든 법률은 종교적 법률이며, 불신앙은 곧 죽음의 형벌로 다스렸다. 이리하여 무함마드가 사망할 당시인 632년에 전 아라비아 반도가 이슬람교의 세력 하에 통일되기에 이르렀다. 그런데 주후 633년 무함마드는 메디나에서 열병을 앓다가 애첩 아이샤(aisha)의 품에 안겨 "주여 나를 용서하소서. 나를 그 높은 곳 반려단에 가입시켜 주소서! 낙원에...영원!...용서!...높은 곳에 그 복된 곳에"라는 기도를 남기고 죽었다.

　그런데 무함마드는 특정한 인물을 후계자로 지목하지 않고 죽었다. 그가 세운 나라는 신정국가였으므로 누군가가 그의 뒤를 계승해야만 했다. 그 계승자(Caliph)는 율법을 준수한 사람이라기보다 율법을 강력히 시행할 사람이어야 했으며, 전쟁을 지휘하고 평화로 인도할 사람이어야 했다. 무함마드의 첫 추종자인 연로한 아부 바크르(Abu Bakr)는 후계자로 지목된 후 2년을 채 넘기지 못하고 죽었다. 그가 죽은 후 우마르 이븐 알 카타브(Umar ibn al Khattab)가 제2대 칼리프가 되었는데 그가 통치하는 동안에 이슬람 제국의 영토는 크게 확장되었다.

이슬람의 한국전래

통일신라 시대의(주후 845년) 이슬람 역사서에 보면 「왕국과 도로 총 람」에 중국을 통하여 이슬람 상인들이 들어왔다는 기록이 있다. 고려시대 의 사서 「고려사」, 「고려사절요」에서는 이슬람을 회회교, 무슬림을 회회인 이라고 부르고 있으며, 귀화 무슬림인 '장순룡'이 고위관직을 역임했다는 기록과 이슬람 사원격인 대조회송축 예궁에서 예배를 드렸다는 기록이 있 다. 또한, 고려시대의 가요인 「쌍화점」이란 노래의 가사에도 회교도를 뜻 하는 회회아비가 등장하고 있다. "쌍화점(호떡집)에 쌍화 사러 갔더니 회 회아비 내 손목 잡는구려." 또한 일제 강점기에 만주로 강제 이주된 한국 인들 중 극소수가 그곳에 정착한 중국인과 무슬림과 접촉하였다고 한다. 1945년 광복 이후에 이들이 귀국하면서 이슬람을 전해 준 것으로 알려진 다. 이슬람의 본격적인 한국전파는 한국전쟁에 참전한 16개국 중, 터키 병사들인 주베르 코치와 압둘라흐만 형제가 북한군과 전투를 하면서 한 편으로 천막으로 이슬람 성원을 세우고 포교하였다. 터키군의 지원으로 서울 동대문구 이문동에 퀸세트 임시성원과 텐트 3동으로 청진학원을 개 원하고 예배하였으며 정규 중학교에 진학하지 못한 불우 청소년 120여명 에게 중등과정 교육과 이슬람 교육을 병행하였다고 한다. 1955년 9월 15일에 "한국이슬람협회"를 결성하였고, 1961년에 문교부에 '한국이슬 람교협회'라는 사회단체로 등록했으며, 1965년 격월간지 「이슬람의 소 리」를 창간하여 세계 267개의 무슬림 단체에게 무료로 배포하여 국제적 지위를 다지기도 하였다. 1970년에 용산구 한남동에 이슬람 성원인 모

이단사이비를 경계하라!

스크를 건립함으로써 한국 이슬람교가 본격적으로 정착하기 시작했다. 70년대 중동 건설 붐을 타고 근로자로 나갔던 한국인들이 이슬람에 포교를 당하기도 하였다.

3 이슬람의 종파

◆ 이슬람은 어떤 분파들이 있나요?

① 구전된 무함마드의 가르침을 중시하고 계승자인 칼리프는 선거제도를 통해 선출되어야 한다고 주장하는 순니파. 사우디아라비아와 터키에 흩어져 있으며 이슬람의 90%에 해당한다. ② 무함마드의 직계후손만이 칼리프가 될 수 있다고 주장하는 시아파. 이란에 집중하여 살고 있으며 4번째 칼리프인 알리의 차남 후세인의 고통을 기억하여 자해행위 행사를 한다. ③ 직접적인 종교체험이나 신인합일을 추구하는 신비주의 수피파. 점성술이나 마술 부적 그리고 알라의 이름을 암송하면 신비한 힘이 생긴다고 믿는다. 주로 아시아 지역에 분포하고 힌두교나 불교에 영향을 주었다. ④ 지역의 정령을 숭배하는 민속무슬림, 서구세계의 발전을 무함마드의 예언이라고 보는 세속적 무슬림, 예수의 실제 무덤이 있다고 주장하는 아히미디아파, 이슬람 세력의 세계화를 추구하는 이슬람 과격파, 흑인 무슬림, 이슬람 정신의 회복운동인 와히야파가 있다.

순니파(혹은 수니파)

순니파는 무슬림 공동체, 즉 움마의 순나(Sunna, 구전된 무함마드의 생애와 교훈)를 추종하는 사람들로서 선거제도에 의해서 칼리프가 선출되어야 한다고 주장하는 파이다. 순니파는 꾸란, 하디스(Hadith, 전승들과 순나의 해석, 주석)에 표현된 무함마드의 행위들을 다 받아들이고 이슬람의 기본적인 네 개의 율법, 즉 샤리아(Sharia)를 인정하고 있다. 이 샤리아는 꾸란, 하디스, 이즈마(이슬람 공동체의 동의), 쿠야스(Quyas, 분석적 추리)로 이루어져 있다. 순니파는 가장 고전적이고 전통적인 이슬람 종파로서 무슬림의 90%를 차지하며 사우디아라비아와 터키를 중심으로 분포한다. 최근 2010년을 기점으로 탈레반 지도자의 추종자였던 알 바그다디가 이끄는 무장폭력단체인 소위 이슬람국가(IS)가 이라크와 시리아가 내부 분열로 혼란함을 틈타 일부지역을 장악하고 전 세계와 기독교를 대상으로 잔인한 지하드 살해를 벌이고 있어 주목을 받고 있다.

시아파

무함마드의 네 번째 칼리프는 이슬람 초기의 신자며 무함마드의 조카며 사위인 알리였는데, 스스로 후계자라고 주장하던 무아위야에 의해 암살당한 일이 계기가 되어 시작된 분파다. 알리의 지지자들은 다른 사람이 아닌 무함마드의 직계 후손만이 적법한 계승자가 될 수 있다고 믿는다. 그러므로 알리파는 혈통주의 종파다. 알리파의 모든 혈통적인 지도자들은 이맘 마흐디(Imam mahdi)로서 이들은 최고의 권위를 부여받은 영적 지도자들이었는데, 무함마드의 계보가 단절된 뒤에는 아야톨라(Aya-tolla, 이맘 중에서 율법에 대한 유권해석을 할 수 있는 최고 성직자)에게 최고의 권위를 부여했다. 그들에게 살아있는 지도자 아야톨라의 말은 곧 법이었다. 오늘날 시아파는 이란을 완전히 통치하고 있는데, 이란의 아야톨라 호메이니가 그들의 지도자였다. 시아파는 항거운동을 일으키고 순교를 최고의 영광으로 여긴다. 이들은 1년에 한 번씩 알리의 차남 후세인의 제삿날에 길거리로 나와 행렬을 지어 후세인의 고통을 몸소 체험하려고 자해행위를 한다.

수피파

이슬람의 신비주의인 수피파는 정통 이슬람에 대한 반발로 생겨났다. 그들은 환상, 치유, 기도에 치중하면서 알라 신과의 신비한 합일을 목표로 한다. 그들 중 일부는 가장 근본주의적인 특성을 지닌 율법주의자들이다. 또한, 직접적인 종교체험에 강조점을 두므로 결국 신에게 헌신하며 금욕주의를 추구하고 거룩함을 추구하는 신비주의가 출현하게 된 것이다. 수피파는 민속 이슬람 사상과 신비주의 사상이 결합하여 이슬람의 문화를 꽃피웠다. 이들은 종교적인 음악과 시를 좋아하고 춤을 추기도 한다. 그들은 무함마드를 신격화하고 점성술, 마술을 인정하고 부적을 사용하며 알라의 9가지 이름을 외우면 굉장한 신비의 힘이 솟아난다고 믿는다. 그들은 인도나 파키스탄, 인도네시아, 말레이시아, 필리핀 등의 아시아 지역을 주로 진출하였고 힌두교와 불교에도 영향을 미쳤다.

기타 종파들

민속 무슬림 : 이슬람이란 이름으로 지역의 정령을 숭배하는 전 세계의 무슬림을 총칭한다. 이들은 천사나 악마 악령 사단이 어느 곳에서도 존재한다고 믿는다. 이런 존재들을 달래거나 막고, 악을 쫓거나 불러들이는 매개로 사용하는 것이 목표다.

세속적 무슬림 : 7세기 아랍적 신앙을 20세기 서양문화와 타협한 사람들이다. 스스로 무슬림이라고 여기기는 하지만 이 사람들은 서구 세계의 발전은 무함마드가 꾸란에서 이미 예견한 바라고 주장하거나 사회주의 이론에 따라 무슬림 세계를 개혁하자고 말하는 사회주의자(이슬람 지도자들이 혐오하는 사람들)까지 그 범위가 다양하다.

아흐마디야(Ahmadis)파 : 19세기 말 순수 이슬람을 회복하고자 부름받은 선지자라고 자처한 미르자 굴람 아흐마드(Mirza Chulam Ah-madis)의 이름을 따르는 종파다. 아흐마드는 자신이 그리스도의 화신이며 심지어 인도의 신 크리슈나라고 주장했다. 신약 복음서의 예수의 행적에 대해 전적으로 부정한다. 그들은 예수의 무덤이 타시미라는 곳에 실제로 존재하고 있다고 주장한다. 아흐마디파는 사실 무슬림이라기보다 적그리스도의 성격이 강하다. 수적으로 적지만 중동을 제외한 모든 무슬림 국가에 이 종파의 사람들이 포진해 있다. 특히 기독교와 논쟁하는데 강하다. 이들은 주로 파키스탄에서 활동하고 있다.

이슬람 과격분자(Islamic Militnats) : 현대 무슬림 지도자들의 부추김으로 무슬림 세계 안에 일어나는 군사적 행동을 포괄적으로 설명하는 용어다. 이슬람 과격분자들은 이슬람을 7세기의 모습으로 되돌리기를 원한다. 즉 샤리아 법이 전 세계에 확장되기를 원한다. 여러 지역에서 자연발생적으로 형성되는 부류인데 이슬람이 전 세계를 장악하기를 희망한다.

흑인 무슬림 : 미국에서 일어난 사회적 갈등 때문에 발생했다. 이들은 하나님이 흑인이며 백인은 마귀라고 규정한다. 이 운동은 1913년 티모시 두루(Timothy Drew)가 시작했다. 현재는 루이스 패러칸이 인도하

고 있다. 이들은 성경을 극단적으로 해석하고 아마겟돈 전쟁은 미국에서 흑인과 백인 사이에 일어날 전쟁이라고 믿는다.

와하비파 : 와하비파는 이슬람의 부흥운동이며 18세기 이후 서구의 팽창정책을 저지하는 운동으로서 이슬람 정신의 회복운동이며 저항운동의 한 갈래이다.

4 이슬람의 기본 신앙체계

◆ 이슬람의 교리적인 믿음체계로서 6신 5행을 설명하세요.

가. 6신 : ① 유일신 알라를 믿는다. "알라 외에는 신이 없다."라고 고백해야 한다.
② 알라의 천사들을 믿는다. ③ 꾸란을 신의 계시로 믿는다.
④ 신의 예언자를 믿는다. ⑤ 부활의 날과 심판의 날을 믿는다.
⑥ 신의 창조법칙과 정명(운명)을 믿는다.
나. 5행 : ① 신앙고백(shahadah) ② 예배(salat) ③ 자선(zakat)
④ 단식(sawm) ⑤ 성지순례(haji)
⑥ 성전(Jihad, 폭력을 사용해서라도 이슬람을 전파하는 일)

경전(Quran)

이슬람의 경전은 꾸란이다. 꾸란에는 순나(Sunna, 관습)와 하디스
(Hadith, 전통)가 있는데 전자는 무함마드의 생애와 교훈 그 자체를 말
하고, 후자는 순나를 해석한 주석서다. 꾸란은 신약성경의 4/5 정도이고
구약성경의 1/4의 분량인데 모두 114장으로 구성되어 있고, 각 장의 길
이가 긴 것부터 배열되어 있다. 각 장의 이름들에는 달, 별, 아브라함, 세
례 요한, 예수, 천국 등이 등장한다. 특히 천국이나 지옥에 대해 기이한
수식어들이 등장한다. 천국의 한 복판에는 생명나무가 있고, 그 가지가
동서남북 사방으로 뻗어 있는데 항상 꽃이 피어있고, 열매가 익어있고,
열매 맺힌 가지가 늘어져 손을 대지 않아도 저절로 입에 와 닿는다고 한
다. 또한 "지옥의 중앙에는 사망나무가 한 그루 있는데 열매가 주렁주렁

맺혀 있다."고 하였다.

꾸란은 아랍어로 기록되어 있는데 그들은 꾸란을 읊거나 읽을 때에는 아랍어로 읽어야 구원이 있고 외국어로 번역하여 읽으면 안 된다고 믿는다. 그들은 꾸란을 점진적 계시에서 가장 완전한 것으로 본다. 무함마드가 23년간 받은 계시를 타비트라는 비서가 주후 632-34년 사이에 받아쓴 것이다. 사후에 후계자 아부 바크르의 지휘 하에 편집된 것이 초간본인데, 644년경 제3대 칼리프 오트만이 초간본과 자료문헌들을 모두 파기하고 수정본 꾸란을 편찬하였는데 그것이 현재에 사용하는 꾸란이다. 꾸란은 거룩한 경전이며 신의 계시로서 모든 이슬람교도들의 신앙과 생활의 지침이 된다. 경전 중에는 토라(Torah, 모세의 율법), 수후프(Suhuf, 선지자들의 글), 자불(Zabur, 다윗의 시편), 인질(Injil, 예수의 복음서) 등이 포함되어 있다. 그러나 무함마드의 말을 기록한 꾸란은 다른 계시들보다 월등하고, 원전으로 보존되고 있는 유일한 교훈이요, 오직 꾸란만이 절대적으로 신뢰할 수 있고, 이슬람교도들이 따라야 할 길이라고 말한다.

신앙체계

이슬람의 신앙은 이만(iman, 믿음), 이바다트(ibadat, 修身) 및 이흐삼(ihsam, 德行)으로 구분한다. 이만과 이를 시행하는 이바다트는 개인적 수련이기 때문에 이흐삼을 하기 위해서 먼저 갖추어야만 한다. 이만은 이슬람 신앙이 진리라고 마음으로 믿고 혀로 고백하는 것으로 이슬람 교인들은 공식적인 신앙선언의 6가지 항목(알라, 천사, 성서, 예언자, 최후심판과 부활, 정명(定命, 인샬라)을 믿어야 한다. 그리고 이바다트에는 5가지의 수련(신앙고백, 예배, 종교세, 단식, 순례, 여기에 성전을 포함하기도 함)이 있다.

이슬람의 교리적 믿음(Iman)

첫째, 하나님은 오직 한 분, 알라만 계신다. 이슬람의 알라와 기독교의 하나님은 본질적으로 다르다. 하나님에게 협력자란 없고(삼위일체란 없음), 하나님은 자식을 낳을 수 없고(인간과 다른 존재이므로 하나님에게는 아들이 있을 수 없음), 세상에서 일어나는 모든 일은 온전히 하나님의 주권아래에 있다(악을 만드신 것도 하나님이라는 주장). 따라서 우주만물을 창조한 절대주인 알라를 믿는 것이 기본 중의 기본이다. 그래서 입교할 때, "라 일라 일할라"(La illa ilhala) 즉 "알라 외에는 신이 없다."라고 고백해야 한다. 다시 말하면 알라를 제외하고는 숭배할만한 가치가 있는 존재는 아무 것도 없다는 뜻이다. 알라의 속성에는 7가지 원리가 있다. 즉 생명(hayat), 지식(ilm), 능력(Qudra), 의지(idra), 들음(sama), 봄(basr), 말함(kalam)의 원리다. 어떻든 이슬람은 알라의 유일성에 강조점을 둔다. 또한 알라에게는 99가지 아름다운 이름들이 있는데 이 이름들을 다 암송하는 자가 낙원에 들어간다고 가르친다.

둘째, 하나님이 천사를 만드셨다. 이슬람은 천사들에 대한 믿음을 강조한다. 이슬람에 따르면 천사는 빛으로 창조되었고 한다. 그는 인간 위에 군림하는 것이 아니라 창조주의 명령에 따라 순종할 뿐 거역은 모른다고 한다. 그런데 천사들의 수와 종류도 무궁무진하다. 어느 곳에나 천사가 존재한다. 인간의 오른쪽 어깨에 앉아서 그 사람의 선한 일을 기록하는 천사가 있고, 왼쪽 어깨에 앉아서 나쁜 일을 기록하는 천사도 있다. 심판 날에는 그 기록을 펼쳐서 그 내용에 따라 상을 받거나 벌을 받는다. 4대 천사장이 있는데, 즉 지브라일(진리의 천사), 미카일(이스라엘 호위천사), 이스라필(심판의 날 나팔 부는 천사), 이즈라일(죽음의 천사)이다. 그 외에도 10종류의 천사들이 있는데 천국문을 관장하는 리드완 천사, 지옥문을 관장하는 수문장인 말라카 천사, 선행의 기록을 담당하는 라킵 천사, 악행을 기록하는 업무를 담당하는 아띠드 천사, 죽은 자의 종교를 묻는 문카르 천사 등이 있다고 믿는다. 천사들 외에 이 우주에는 또 다른 영적 존재들이 활동하고 있는데, 신이 창조한 진(Jinn, 요정 혹은 정령)이라는 번식하는 존재가 있다(꾸란 15:26-27). 진들은 선과 악에 대한 선택의 자유를 가진 지적 피조물이라고 가르친다. 특히 타락한 천사인 사단 이블리스(Iblis)는 진들의 우두머리라고 본다.

셋째, 하나님은 각 시대마다 선지자를 세웠다. 이슬람에서 예언자 혹은 사자의 개념은 기독교와 다르다. 예언자는 아랍어로 나비(nabi)이고 사자는 라술(Rasul)이라고 한다. 이 예언자의 임무는 알라의 계시를 인류에게 전하는 역할이다. 이슬람의 전승에는 예언자의 수가 인류의 시조인 아담으로부터 시작하여 마지막 무함마드까지 모두 124,000명이라고 한다. 그런데 꾸란에 언급된 예언자는 28명인데, 그 중에서 6명 즉 아담, 노아, 아브라함, 모세, 예수, 그리고 무함마드가 대표적 사자라고 주장한다. 꾸란은 이들 사이에 차별을 두는 것을 금지하고 모든 사자나 예언자의 위치는 동등하다고 본다. 그러나 사자는 알라의 계시를 전하는 역할 이외에도 인류를 이끌 책임까지 맡은 예언자를 말하며, 사자에는 모세, 예수, 무함마드가 있다고 주장한다. 그런데 마지막 사도는 예수가 아니라 무함마드이며, 무함마드가 가장 위대한 최후의 선지자요 선지자의 봉인(Seal of Prophet)이라고 가르친다.

넷째, 하나님이 성스러운 책을 주셨다. 하나님이 가브리엘 천사를 통해 선지자들에게 성스러운 책을 주셨다고 믿는다. 알라가 인류에게 104권의 경전을 주었는데 아담에게 10권, 셋에게 50권, 에녹에게 30권, 아브라함에게 10권을 주셨는데, 모두 소실되고 4권의 경전만 존재한다고 믿는다. 즉 모세에게 계시된 타우라(토라-모세오경), 다윗에게 계시된 자부르(다윗의 시편), 예수에게 계시된 인질(복음서), 그리고 여기에 무함마드에게 계시된 꾸란(독경)이다. 그런데 꾸란 만이 최후의 온전한 경전이라고 주장한다. 처음에는 모세, 다윗, 예수의 책을 인정하다가(수라 10:95) 유대인과 대립하게 되자 기독교인의 성경은 변질되고 부패했다고 비난했다(4:46). 이슬람은 꾸란 외에도 무함마드의 언행록인「하디스」와「순나」를 믿고 따른다. 전자는 무함마드 생전의 언행에 대한 목격자들의 증언록이고, 후자는 무함마드의 행위모범을 비롯한 이슬람 이전의 아랍 사회와 개인을 구속하는 관습과 규범집이다.

다섯째, 부활의 날과 심판을 믿는다. 무슬림들은 신이 이 세상의 피조물들을 창조하셨기 때문에 피조물들의 심판도 신의 권한이라고 믿는다(꾸란 18:50). 꾸란의 14%가 종말과 심판에 대한 기록이다. 하나님은 '운명의 날'에 온 세상을 심판하실 것이다. 또한 모든 사람의 선행과 악행을 비교하여 저울질 할 것이다. 악행에 비해 선행을 더 많이 한 사람은 놀랍고 아름다운 천국의 정원과 과실나무, 시냇물과 포도주가 흐르는 강, 까만 눈동자를 지닌 처녀들을 보상으로 받을 것이다. 그러나 악행을 더 많이 한 사람은 불타는 지옥을 받는다. 이슬람에 따르면 인간이 죽으면 부활할 시점까지 바르자크라는 곳에 있게 되며, 마지막 심판의 날에는 육체와 영혼이 재결합하는 부활이 있고, 모든 인류가 심판대에 설 것으로 본다. 종말의 심판 날에 예수가 다시 돌아와 자신이 무슬림이며 온 세상을 이슬람으로 개종할 것을 촉구할 것이라고 가르친다. 그러나 무슬림들은 심판의 날까지 누구도 구원의 확신을 가지지 못한다고 주장한다.

여섯째, 하나님의 섭리와 정명(定命)을 믿는다. 이슬람은 인간의 행운과 불행은 모두 알라의 손(주권)에 달려 있다고 믿는다(인샤 알라). 내가 이 세상에 태어나고 죽는 것도 알라의 의지에 달려 있다. 이승에서 일어나고 있는 모든 일은 알라의 계획에 의하여 일어나고 있으므로 알라에게 의존해야 한다는 것이다. 인간의 모든 행위에 대해서 그것이 선하든지 악하든지 전적으로 그 책임이 알라에게 달려 있다는 말이다(꾸란 14:4; 54:49). 그러므로 창조주의 섭리와 까드르(qadar, 정명)을 믿어야 한다는 것이다. 정명이란 이 세상의 모든 피조물들이 신의 지식을 믿으며 신의 의지와 지혜를 인정한다는 뜻이다. 그러나 일부 분파에서는 인간이 자기 행위에 대하여 어느 정도 책임이 있다고 믿기도 한다.

이단사이비를 경계하라!

가. 무슬림은 기독교 신앙과 성경을 반박한다. ① 성경은 변질되었다. ② 하나님은 삼위일체로 존재할 수 없다. ③ 하나님에게 아들이란 있을 수 없다. ④ 하나님은 인간이 될 수 없다. ⑤ 예수에게 신성이 있을 수 없다. ⑥ 예수는 십자가에서 죽지 않았다. ⑦ 다른 사람을 위해 죽어줄 수 있는 사람은 없다.

나. 무함마드를 선지자라고 주장한다. ① 무함마드는 모세나 예수와 동등한 위치에 있다. ② 무함마드는 마지막 선지자다. ③ 무함마드는 자신의 말에 순종하라고 했다. ④ 무함마드는 예수가 자신이 등장할 것을 예언했다고 한다. ⑤ 무슬림은 무함마드가 구약의 예언을 성취했다고 주장한다. ⑥ 무슬림은 그 사실을 입증하고자 바나바 복음이라는 거짓 복음서를 인용한다. ⑦ 무슬림의 생활방식은 온 인류의 표준이다.

다. 꾸란에 대한 무함마드의 주장 ① 하나님이 창세 전에 준비하신 말씀이다. ② 꾸란은 이전의 모든 성경을 확증한다. ③ 꾸란은 이전의 모든 성경과 동등한 가치가 있다. ④ 꾸란은 이전의 모든 성경을 대체한다.

이슬람의 의무(Din)

첫째, 신앙고백(Shahadah), 무슬림은 두 가지 신앙고백을 해야 한다. 즉 "알라 외에 다른 신은 없다(라 일라 일할라), 무함마드는 알라의 사도이다(무함마둔 라술 룰라)."라는 구절을 아랍어로 증언해야 한다. 아이가 태어났을 때와 임종 시에 읊는 구절이기도 하다. 이 구절은 예배 시간을 알리는 아잔과 예배 시작을 알리는 이까마를 통하여 최소한 10번 이상을 암송하게 된다. 이슬람의 신앙은 다른 종교와는 달리 신자가 되는 것이 매우 간편하다. 이 두 구절만 믿으면 명목상으로 누구나 무슬림이 되는 것이다(꾸란 4:136). 그러나 이 믿음을 공포하고 난 후 변심하면 죽음을 당한다.

둘째, 기도(Salat), 무함마드는 기도를 천막을 떠받들고 있는 기둥이라고 했다. 무슬림은 매일 정해진 시간에 맞추어서 메카를 향해(키블라) 5번 정해진 동작을 따라 아랍어로 기도해야 한다. 즉 파즈르 기도(여명이 트기 전 새벽 4시경), 주흐르(정오 12시 경), 아스르(오후 해지기 전 4시경), 마그리브(해지는 시간부터 일몰 전 5시 30분경), 이샤(일몰 후부터 한 밤 이전 8시경)이다. 모든 남성 무슬림은 거주지역의 성원(사원)에 모여 이슬람 공동체의 최고 지도자를 대신한 이맘의 인도 하에 기도의식을 행하고 그의 설교를 듣는다. 이 예배의식이 유목민적이고 자유방임적인 아랍족에게 절제 있는 질서의식 확립에 크게 공헌을 했으며 혈연적 연대의식을 높여 주었다. 기도시간을 알리는 신호는 무엣진(예배하러 오도록 부르는 사람)이 이슬람 성원의 뾰쪽탑에 올라 신자들의 집합을 알리는 구절을 큰 소리로 읊는다. 기도하기 전에는 반드시 정결의식(Wudu)을 행하는데 그것은 사지(인간의 행동을 뜻함)를 정화하고 신에게 예배하는 것 외에 다른 일체의 생각들을 떨쳐 버렸음을 뜻한다. 이들은 "알라는 위대하다." 외침과 '샤하다'(신앙의 증언)를 읊은 후, 꾸란 제1장 파티하아 다른 장을 외운 후 허리를 굽혀 절하고 다음에 앉아서 이마가 바닥에 닿도록 두 번 큰 절을 한 후 다시 일어선다. 경건하게 서 있는 자세는 자비를 호소하는 것이고, 허리 굽혀 절하는 것은 '신의 위엄에 압도당한다.'는 뜻이다. 이 과정 전체를 라카트(Rakat, 엎드림)라 부른다. 무슬림들은 매일 일정한 기도시간에 최소한 17번 알라를 부른다.

셋째, 자선(Zakat), 꾸란은 신실성에 대한 외적 징표이며 구원의 수단으로써 자카트를 정기적으로 낼 것을 명령한다. 자카트는 자선과 빈민구제를 위한 세금으로 언급되어 있다(꾸란 2:43). 이것은 무슬림 사회의 부를 공평하게 분배하기 위한 목적으로 의무화된 제도라 할 수 있다. 자카트를 통해 무슬림들은 자신의 물질이 신의 것이라고 인정하게 된다. 특히 중동의 유목민들에게 전리품을 빼앗았으면 소득의 일부, 곧 1/40(2.5%)을 알라에게 바쳐야 한다. 여기에는 개인의 의사에 따라 자발적으로 내는 사다카트(sadaqat, 자선)와 의무적인 자카(zakat, 연말정산에 따라 일정량을 바치는 종교구빈세)가 있다. 자카트는 세금이 아니라 신에 대한 대여라고 말하지만 실제로는 국가에 의해 징수되고 이슬람의 목적에 사용되는 일종의 세금이다. 이것으로 빈민이나 과부나 고아를 구제하고, 노예가 자유를 사는 것을 돕고, 성전을 위한 병사를 양성하는데 사용한다.

넷째, 단식(Sawm), 단식은 이슬람에서 원래 '절제와 금욕'을 뜻한다. 단식은 이슬람력으로 아홉 번째 달인 라마단 한 달 동안 동트기 전부터 해질녘까지 음식, 음료, 성교, 그리고 흡연을 완전히 삼가는 것을 말한다. 그러나 해가 지고 다시 뜨기까지는 마음껏 먹어도 된다. 이 기간에는 밤마다 꾸란의 1/30을 읽으며 공부해야 한다. 라마단은 무함마드가 꾸란의 계시를 최초로 받은 달이며, 예언자의 군대가 메카의 적에 첫 승리를 거둔 달이기도 하다. 이 단식의 의무는 어린이, 병자, 오랜 여행을 하고 있는 자를 제외한 모든 무슬림에게 적용된다. 단식은 개인적으로 알라에 대한 순종과 그의 은총에 대한 감사를 표시하는 정신적 훈련이며, 사회적으로는 가난한 사람과 약한 사람에 대한 동정과 모든 무슬림의 연대의식과 동등의식을 권장하는 집단훈련이며, 또한 개인의 의지를 강화하는 도덕적 훈련이어서 그것을 통해 자제력을 키우며, 굶주림과 목마름을 이겨내는 육체적 훈련을 하는 것이다.

다섯째, 성지순례(Haji), 여유 있고 건강한 사람은 일생에 한 번은 반드시 메카를 순례해야 한다. 하짓월은 이슬람의 12월로서 전 세계에 흩어져 있는 무슬림들이 종교적 단합을 과시하는 행사의 달이기도 하다. 모든 지역에서 무수한 신자가 메카에 몰려들므로 이슬람의 동포애와 같은 복장을 한 순례자들에게 신 앞에서는 빈부귀천, 인종에 관계없이 평등하다는 것을 상기시키게 된다. 순례의식의 첫날인 이슬람력 12월 8일에 메카에 들어간 순례자들은 곧장 카바신전에 가서 그 검은 돌에 입을 맞추고 신을 찬양하는 기도문을 외우면서 신전 주위를 일곱 번 돈 후 '잠잠 샘'(하갈과 이스마엘을 기념하는 곳)에서 물을 마신다. 9일에는 순례 중 가장 중요한 의식인 메카에서 조금 떨어진 아라파트 평원에서 거행되는데, 아브라함이 우상숭배자들을 반대하여 취한 엄숙한 의례를 행한다. 10일에 거행되는 희생제는 전 세계의 무슬림에 의해 경축되며 이것이 끝나면 다시 메카로 귀환하여 카바를 일곱 번 돌고 부근의 언덕을 일곱 번 달리면 끝나게 된다. 이렇게 순례를 다녀온 신자들은 고향에서 하지(haji)라는 칭호를 얻어 공동체의 존경을 받게 된다. 따라서 경제력이 있고 성인 된 무슬림은 평생에 한 번은 무함마드가 하던 대로 메카를 순례를 해야 한다. 해마다 100만 명 이상의 무슬림들이 순례를 하는데, 순례를 행할 만큼 경제적인 여유가 없는 사람은 면제된다.

여섯째, 성전(Jihad), 이슬람의 목표는 전쟁을 통해서 온 세상을 이슬람화 하는 것이다. 꾸란 9장 5절을 '칼의 구절'이라 부르고 이를 '지하드 명령'이라고 한다. 이슬람을 받아들이지 않으면 죽이라는 것이다. 그러면

이단사이비를 경계하라!

이 지하드는 언제까지 해야 하는가에 대해 무함마드는 지구상에 무슬림 아닌 자가 한 사람도 남지 않을 때까지, 종교가 모두 알라에 속할 때까지 지하드를 계속하라는 것이다.

> 꾸란 8:39 "박해가 사라지고 종교가 온전히 알라만의 것이 될 때까지 성전하라(원 뜻은 '까틸라'는 "죽여라"를 의미한다.). 만일 그들이 단념한다면 실로 알라는 그들이 행하는 모든 것을 지켜보고 계실 것이라.

　지금도 알라의 명령에 맹종하는 것이 낙원을 보장받는 길이라고 생각하는 무슬림들이 인류를 이슬람의 깃발 아래 굴복시키기 위해서 거짓 평화와 폭력과 테러를 수단으로 혹은 오일 달러와 정치적 타협과 매스컴과 이민 및 결혼정책을 이용하여 혹은 대학가에 파고들어 세계를 정복하고자 한다. 이것들은 위장된 지하드들이다. 지하드 정신에서 원리주의 무슬림들은 자기 가족 중에 이교도가 없다는 자존심을 만회하기 위해 개종자들을 살해하는데 일종의 명예살인의 경우다. 이런 이유에서 무슬림과 비무슬림 지역을 '평화의 집'(Dar-al Islam)과 '전쟁의 집'(Dar-al Harb)으로 구분된다. 이 세상은 무슬림과 비무슬림의 전쟁터인 셈이다. 꾸란의 원리대로 정확하게 실천하는 무슬림들이 적은 수이지만 무슬림의 증가하면 할수록 온건한 무슬림들을 이끌어가는 강력한 지배세력이 될 수밖에 없다. 그런데 성전의 순교자(전사자)는 알라에게서 속죄를 받는다(꾸란 3:157-158). 알라는 순교자의 모든 죄악을 속죄해 주고 그 보상으로 강이 흐르는 천국으로 직행하게 해준다.

5 이슬람의 문화

◆ 이슬람의 독특한 문화는 어떤 것이 있나요?

① 정치는 '오른 손에는 칼 왼 손에는 꾸란'으로 상징되는데 폭력적인 힘의 지배라고 할 수 있다. 적대자에 대한 무자비한 암살(assassination)과 테러(terror)를 일삼는다. ② 독자적인 사막문화를 세계화하는데 성공했다. 아라비아 숫자와 십진법, 천문학의 발달, 운문이나 산문 등의 아라비아 문학융성, 낙타대상 무역의 발달, 신비한 돔 형식과 뾰쪽탑 같은 이슬람 건축양식, 연금술이나 약품제조의 선구적 역할 등이다. ③ 이슬람 초기의 정복문화에서 나온 것인데 4명의 아내를 둘 수 있다는 일부다처제와 조혼과 다산 및 명예살인으로 여성을 무시하고 억압하는 인권문제가 대두되고 있다.

정치

이슬람 문화의 정치적 특징은 한마디로 이슬람 교도들의 상징인 오른 손에는 칼, 왼 손에는 꾸란으로 상징되는바 "폭력적인 힘의 지배"다. 이슬람 세계에서는 정치적 목적 달성을 위하여 암살과 테러를 자행하고 있다. 11세기 경 하산왕조의 샤바흐는 정적들을 무자비하게 암살하여 공포 분위기를 조성하는 테러 수법으로 아랍세계에 큰 영향을 주었다. 이슬람 정치분파의 하나인 이스마일리아파 소속인 그는 이란 북서부 지역인 알라무트 지역에서 밖이 보이지 않는 높은 성벽을 지어 향락시설을 만들어 놓고 젊은 여자들에게 수면제(최음제)를 먹여 쾌락을 즐긴 후 잠든 상태에서 다시 밖으로 내보냈다고 한다. 그는 그곳이 알라가 약속한 유일무이한 천국이라고 주장했다. 당시 중동지역의 골칫거리였던 샤바흐 추종자들이 조직한 하사신 조직은 1256년 징기스칸의 손자 훌라구가 이끈 몽골 군에게 전멸 당하였다. 이 암살단원들은 공격을 하기 전 대마초를 피웠기 때문에 대마초 흡연자들을 하사신이라 불렀는데, 이 단어가 영어로 암살을 뜻하는assassination이 되었다고 한다. 이슬람의 정치적 분파들로는 오마야드 칼리프, 압바사이드 칼리프, 이스파냐 칼리프, 파티마 칼리프, 오토만 터키 칼리프 파 등이 있다. 특히 오토만 터키 칼리프 파는 1299년에 일어나 1453년에 콘스탄티노플, 1517년에는 애굽을 정복했다. 이것이 600년간 이슬람 세계의 주도적 역할을 감당해 왔던 것이다.

언어, 과학, 예술, 건축, 문화

이슬람은 독자적인 사막문화를 건설하면서 이를 세계화시키며 보급하는데 성공했다. 무엇보다도 그들이 사용하는 숫자는 세계 어느 곳에서도 사용하지 않는 곳이 없다. 우리는 이것을 아라비아 숫자(1, 2, 3, 4, 5, 6...)라고 부른다. 이 아라비아 십진법은 수학의 세계를 쉽게 이해할 수 있는 체계의 기초가 되었다. 그들이 사막에서 밤을 지새우면서 밤하늘의 신비와 별들을 관찰하다 보니 천문학이 발달했으며, 별들을 보며 상상의 날개를 펴다보니 운문과 산문이 발달했다. 낙타를 몰고 먼 나라를 다니며 장사를 하다 보니 무역학이 발달했다. 기나긴 밤을 눈물과 한숨으로 지새우며 그리움과 상상력이 어우러져 아름다운 문학으로 승화한 것이 아라비아 문학이었던 것이다. 또한 아바리아에서 형성된 예술은 현실세계를 초월한 신비스러운 것이 많다. 이슬람의 건축양식 또한 매우 독특한데 돔 형식의 성전과 뾰쪽탑은 이슬람만의 독특한 양식이다. 아라비아의 연금술은 근대 화학의 시조라고 한다. 확약의 발명이나 약품의 제조에 있어서 아라비아는 선구적 위치에 있었다.

가족 제도와 여성의 지위

이슬람은 일부다처주의다. 이슬람에서 결혼은 선택이 아니라 의무다. 남자는 네 명 이상의 여자를 취해서는 안 된다. 그러나 선택하고 싶은 만큼의 많은 여인들을 동거자로 소유할 수 있다. 꾸란 제4장에서 "남자가 여자보다 위에 있다."고 하였고, 꾸란 4:3에 근거하여 일부다처제가 합법화 되어 있다. "좋은 여성과 두 번 또는 세 번 또는 네 번도 좋으리라... 그것이 너희를 부정으로부터 보호하여 주는 보다 적합한 것이리라"(꾸란 4:3) 또한 "여자는 남자의 경작지"라고 꾸란에 기록되어 있기 때문에 경작능력이 있는 대로 얼마든지 여자를 경작할 수 있다는 것이다. 이것은 이슬람 초기에 무함마드가 이슬람 세력의 확장을 위해 마음껏 종족을 번성시키도록 명령했던 것을 오늘날에도 변경하지 않고 그대로 수용하기 때문이라고 본다.

천국에서도 일부다처주의는 계속된다. 꾸란 55:56에 천국에는 눈을 내려감은 어떤 인간과 진(Jinn, 영마)도 접촉하여 보지 못한 배우자들이 있고 알라가 무슬림들에게 눈이 크고 아름다운 배우자들과 결합하게 된다(꾸란 44:54; 56:35-37)고 강조한다. 하디스, 티르미디에는 천국에 들어가는 사람마다 72명의 처녀를 하사받을 것이요 100명의 남자가 갖고 있는 정력과 같은 정력을 받는다고 기록되어 있다(꾸란 55:72).

이슬람에서 결혼은 신성한 의무를 갖지 않는다. 남자들은 언제라도 어떤 이유에서라도 이혼할 수 있다. 꾸란 4:20에는 아내를 바꾸는 법을 다룬다. 꾸란 2:229-230에서는 "순종치 아니하고 품행이 단정치 못한 여성에게는 먼저 충고를 하고 다음으로는 잠자리를 같이 하지 말며 셋째로는 '가볍게'(아랍어 원문에 없는 한글꾸란의 표현) 때려 줄 것이다"라고 하였다. 반면에 여자는 어떤 이유에서도 이혼을 제기할 수 없다. 여인이 외출할 때에 반드시 얼굴 가리개(챠도르)를 해야 한다. 만일 가리개를 하지 않은 여인의 얼굴을 낯선 남자가 보면 그 남자는 그 여인을 책임져야 한다. 꾸란에는 남자 쪽에서 "나는 너와 이혼한다."라고 세 번 외치면 여자의 의사와는 상관없이 이혼이 성립된다.

일부다처제가 서구문화의 관점에서 여성의 인권유린이요 여성을 무시하고 억압하는 제도다. 그런데 이슬람 문화에서는 여성을 보호하는 제도라고 변호한다. 남자들이 전쟁에서 죽으면 수많은 미망인이 생기는데 그녀들을 내버려 두는 것보다 거두어 한 남자가 여러 여자를 돌보는 것이 여자를 보호하는 것이라고 주장하였던 관습에서 나온 것이었다. 2001년 MBC창사 특집에서 이슬람은 남녀차별이 아닌 남녀유별이라고 설명했으나 오히려 극단적인 남녀차별의 문화다. 법정에서 한 남자는 두 여성의 증거에 해당한다(꾸란 2:282). 부인이 유산을 받을 때 남자나 아들의 절반을 받는다(꾸란 4:11). 즉 이슬람에서 여성은 남성의 절반의 가치일 뿐이다. 더구나 남편이 아내를 구타할 권리가 있다고 강조한다. 즉 남편이 원치 않는 복장을 했을 때, 이유 없이 남편의 동침요구를 거절했을 때, 허락 없이 외출했을 때, 기도하려고 부정한 몸을 씻으라고 했는데 거절할 때이다. 여성의 인권이 거부되고 있다. 오늘날 이슬람 지역에서는 명예 살인이 정당화되고 있다. 1994년 오빠에게 강간당한 친동생을 가족들이 살해하였고, 1998년 임신한 언니를 도우러 갔다가 형부에게 강간당한 동생을 오빠가 총을 쏴 죽였으며, 가족을 쏴 죽인 남자는 감옥에서 영웅 대접을 받고 6개월 만에 풀려났다.

생활문화

"손님 접대"는 무슬림의 기본적인 삶의 방식이라 할 수 있다. 대부분의 무슬림은 관대하고 대접을 잘하는 사람들이다. 특히 식사에 손님을 초대 하고 받아들이는 데 있어 그들의 독특한 관습을 이해하는 것이 중요하다. 예를 들면, 중동 지방의 무슬림은 여러 번 권유를 받고 나서야 비로소 초 대에 응하는데 너무 쉽게 초대에 응하는 것을 무례하고 탐욕스럽게 보기 때문이다. 손님을 초대한 무슬림 주인은 굉장한 비용과 희생을 감수하고 라도 손님에게 언제나 가장 좋은 것으로 접대한다.

이슬람교도는 돼지고기를 먹지 않으며 사육하지도 않는다. 해산물에 대해서는 코란에 구체적으로 명시되어 있지 않으나 대체로 비늘이 없는 해산물 즉 뱀장어, 게, 전복, 조개 등은 먹지 않는다. 중동지역은 건조하 기 때문에 옛날부터 경작생활보다 목축이 발달되었다. 목축에는 양, 산 양, 염소 등이 매우 적합했다. 따라서 이것들을 대량 사육하여 식용으로 택한 것도 생활환경과 종교생활이 그만큼 밀접하다는 단면을 보여주고 있다. 주된 곡식류는 밀이나 쌀이지만 이라크, 아라비아 반도 및 북부 아프리카와 같은 건조한 사막지역에서는 밀과 쌀의 생산이 풍부하지 못하므로 야자수 열매나 대추 등도 양식으로써 한몫하고 있다. 대체로 무슬림들은 전통적으로 오른손을 사용하여 음식을 집어 먹으나 오늘날 도시에서는 수저를 사용하고 있다.

남자 무슬림이 이교도의 여자와 결혼할 경우 여자는 이슬람으로 개종하는 것이 원칙이다. 그러나 기독교도나 유대교도의 여자는 개종하지 않아도 상관이 없지만, 이슬람을 이해해야 하며 또 그 자녀는 모두 무슬림이 된다. 이 경우 부인은 남편이 사망해도 그의 유산을 상속받을 자격이 없다. 한편, 무슬림 여자는 불가피한 경우를 제외하면 이교도의 남자와 결혼할 수 없다.

무슬림들은 비교적 쉽게 이혼할 수 있다. 이혼의 조건으로는 남편의 일방적 이혼신고에 의한 것, 처의 부정에 대해 신에게 저주의 맹세를 법정에서 하는 경우, 신체적으로 결함이 있는 경우, 남편이 메흐르(결혼시 신부집에 지불하는 찬조금)를 지불하지 않거나 아내를 부양하지 않는 경우 및 남편이 아내를 학대하거나 아내가 남편에게 복종하지 않는 경우 등이다. 요즘에도 이슬람 여성들은 '차도르'를 감싸고 다닌다. 이슬람은 청결에 깊은 관심을 기울이고 있기 때문에 예배를 올리기 직전에 소정(Wude : 손발과 얼굴을 씻고 입안을 행굼) 또는 대정(Ghusl : 온몸의 목욕)을 요구하고 있다. 이와 같은 맥락에서 신랑, 신부의 청결, 나아가서 순결을 요구하고 있다. 따라서 결혼 전의 성경험은 엄격히 금지되어 있다.

6 한국에서의 이슬람 현황

◆ 이슬람의 한국 포교전략들은 어떤 것들이 있는가?

① 이슬람을 평화의 종교로 호도하는 번역과 출판, ② 고등학교 제2외국어 채택이나 아랍어 강좌를 통해서 포교, ③ 중고등 교과서 편찬위원회에 이슬람 유학파 출신 학자들이 진출, ④ 사회와 역사과목의 교사연수를 통해 포교, ⑤ 각 대학교에 이슬람학과가 설립되거나 각종 학교설립을 통해 현지화, ⑥ 매스컴과 인터넷을 통해서 이슬람에 대한 이미지 심기, ⑦ 한국인과의 결혼과 출산을 통한 이슬람화 전략 시행, ⑧ 무슬림 인구폭발을 통해서 이슬람화, ⑨ 법조계를 공략하기도, ⑩ 이슬람 채권(수쿠크)을 통한 금융계 공략시도, ⑪ 할랄 식품을 통해 자연스럽게 국내진출

번역과 출판

아랍어 원어를 외국어로 번역을 하지 않는 그들의 경전 꾸란을 한국에서는 두 번이나 번역하였다. 1981년 김용선 씨가 번역한 꾸란에서는 알라를 알라로 표기하였으나 1997년 최영길 씨의 번역본에는 알라를 하나님으로 번역하고 있다. 국립국어원의 정의를 따르면 하느님으로 번역하여야 하는 것이 원칙이지만 개신교가 사용하는 '하나님'이란 용어를 사용하고 있다. 또한 그들의 사원 내 지도자를 이르는 말인 이맘(Imam)도 '목사'라고 번역하는 것을 보면 그들이 누구를 포교의 대상으로 하고 있는가를 공공연히 드러내고 있는 것이다. 꾸란 이외에도 포교용 33종과 이슬람을 홍보하는 200여종의 도서를 발간하였고 이 중에 많은 도서들이 좋은 책으로 선정되어 읽히고 있다.

고등학교 제2외국어

2002년부터 아랍어가 제2외국어가 되어 학교장의 재량에 따라 과목을 개설하게 되었으며 이미 2005년 수능시험에 531명이었는데 0.4%였는데 그 응시자의 수는 꾸준히 증가하여 2012학년도 시험부터는 거의 절반의 제2외국어 응시자가 아랍어를 선택하고 있다. 이는 난이도가 다른 외국어에 비해 비교할 수 없을 정도로 낮았기 때문인데 수많은 항의에도 불구하고 그 양상이 변하지 않는 것은 교육계에 까지 깊이 파고든 그들의 로비를 짐작하게 한다.

구분 \ 년도	'05	'10	'11	'12	'13
전체 수능 응시자	574,218	638,216	668,991	693,636	621,336
제2외국어 응시자	123,193	120,817	107,377	86,577	67,782
아랍어 응시자	531	51,141	49,116	39,678	27,844
응시자 비율(%)	0.4	42.3	45.7	45.8	41

외국인 근로자들 중 아랍계 무슬림이 들어오고 한국인과 결혼하여 수많은 자녀들이 출생 성장하고 있는데 이들이 고등학생이 되고 제2외국어 수업을 위해 원어민선생을 요구하게 되면 자연스럽게 무슬림선교사들이 한국 학교의 월급을 받으며 들어와 포교하게 되는 것이다.

중, 고교 교과서 편찬

이미 교과서 편찬 위원회에 많은 이슬람유학파 출신학자들이 들어가 이슬람의 폭력성과 잔인성을 나타내는 부분들을 교과서에 실리지 못하도록 했고 기독교 관련 기사들은 현격하게 줄어들었지만 이슬람이 평화의 종교인 양 포장을 한 내용들은 문화소개라는 명목으로 많은 부분을 차지하게 된 것이다. 기성세대들이 상식적으로 알고 있는 사막의 칼과 코란을 들고 정복하여 개종시키는 종교로서의 이슬람에 대한 이미지를 불식시키는 일이 불가능하다는 것을 알게 된 무슬림들은 젊은 세대들을 그들의 포교의 대상으로 삼은 것이다.

사회, 역사과 교사연수

1989년 9월에 '이슬람역사 바로잡기'라는 주제 아래 제1회 강연회를 시작한 이래로 매년 1, 2회에 거쳐 중고교 사회 및 역사과 교사들을 초청하여 '이슬람 문화이해'라는 강의를 하고 있다. 이를 통하여 젊은 교사들로 하여금 이슬람에 대한 우호적 자세를 갖게 하며 이슬람을 비판적으로 바라보지 못하게 하는 작업이다. 실제로 기독교를 서구문화의 산물로 선전하며 미국을 비롯한 서방국가는 중동지역을 침략한 세력들로 반면 중동의 무슬림 지배자들은 침략자들을 대항하여 거룩한 방어전쟁을 수행하는 피해자들로 만들어 가 폭력과 압제, 테러와 공멸의 자살폭탄을 마치 독립운동이나 되는 것처럼 합리화하려는 시도이다.

이슬람 대학 설립

현재 한국에는 한국외대, 명지대, 단국대, 부산외대, 조선대 등 5개의
종합대학에 10개의 이슬람관련 학과가 있고 2006년 1,466명이던 무슬
림 유학생의 수는 2013년 현재 348%가 증가되었다.

구분 \ 년도	'06	'07	'08	'09	'11	'12	'13
유학생수	1,466	2,049	2,124	2,914	3,841	4,360	5,106

한국 무슬림은 1979년 용인에 이슬람대학용 부지 13만평 확보했다가
2007년 용인시가 140억 원에 수용했고 2009년에 경기도 연천에 약 9
만 여평의 토지를 매입하여 종합대학을 건축 중에 있다. 초기 '이슬람선
교대학'으로 불렸지만 '이슬람 문화대학'으로 개명하여 개교할 예정이다.
최고의 시설과 엄청난 장학혜택들이 주어지고 유능한 인재들에게 졸업 후
취직을 보장하는 등의 솔깃한 제안이 넘쳐날 것이다. 이 대학은 이슬람
신학대학어 아니라 이슬람이 세운 종합대학이 될 것이라는 것을 유념해
야 한다. 무슬림의 포교는 개인을 향한 것이라기보다는 정치의 통치체제
를 뒤집는 것이라는 것을 생각할 때 이는 매우 위협적인 것이다.

매스컴 및 인터넷

2006년부터 이슬람 중앙회 선교위원회 사역의 일환으로 매스컴과 인터넷에서의 포교가 매우 강력한 힘을 발하고 있다. 또한 한국 이슬람선교위원회는 각 언론이 종교담당 기자들을 초청하여 특별강연을 벌이는 한편 교육방송(EBS)과의 긴밀한 협조를 통해 13개의 이슬람 국가를 돌며 '이슬람 13부작'을 만들어 방영했고, 이 다큐멘타리는 한국의 이슬람 포교를 위해 목숨을 바치겠다고 선언한 한양대학교 교수 이희수 씨가 감수했으며 2005년 방송프로듀서 상을 받은 바가 있다.

수년전 덴마크의 일간지 율랜드 포스턴이 무함마드를 풍자하는 만평을 게재하였다는 이유로 중동과 인도네시아·파키스탄 등 전 세계 이슬람권에서는 규탄 움직임이 확산되면서, 팔레스타인의 가자 지역에선 이슬람 지하드 소속 무장대원들이 유럽연합(EU) 사무실을 급습해 허공에 총을 쏘고, 입구에 '폐쇄'를 뜻하는 X자를 페인트로 칠했고 파키스탄의 이슬람 학생 300명은 "프랑스와 덴마크에 죽음을"을 외치며, 양국 국기를 불태웠다. 이 일 이후 서방의 언론들은 무슬림의 신경을 건드리지 않기 위해 그들의 폭력성을 애써 외면하거나 보도하기를 주저하고 있는데 한국은 오히려 활짝 열린 이슬람포교의 전성기를 맞고 있다. 특히 2008년 6월 4부작으로 방영된 SBS 방송의 '신의 길, 인간의 길'은 예수는 하나님의 아들이 아니라 한 인간으로서 선지자라는 사실을 강조하기 위해 만든 것이다.

이단사이비를 경계하라!

한국인과의 결혼 및 출산 전략

이슬람의 가장 확실한 거룩한 전쟁(Jihad)의 현장 중 하나가 아이를 잉태하는 여인의 자궁이다. 무슬림은 합법적으로 4명의 부인을 둘 수 있다. 한국에 일하러 온 근로자들이 대한민국 영주권과 시민권을 취득하는 가장 손쉬운 방법은 한국 여자와 결혼하는 것이다. 자신의 본국에 엄연히 아내가 있는 것은 전혀 문제되지 않는다. 그들은 자신들의 포교와 아내를 얻는 일에는 거짓말을 하는 것도 용인되기 때문이다.

가장 큰 위협 무슬림 인구폭발

유럽과 서방을 향한 이슬람의 가장 큰 위협은 자살폭탄이 아니라 엄청난 출생률이다. 양차대전 후 서구의 지성들은 문화적 자학증(cultural masochism)에 걸린 듯하였다. 문명세계의 사람들이 일으킨 전쟁에서 무고한 아프리카의 무슬림들이 희생한 것에 대한 보상심리로 아프리카계 무슬림들에게 비자를 내주며 유럽의 도시들에 정착하게 하였다. 백색 유럽인 코카서스 인종들의 출생률이 현격하게 떨어지는 반면 블랙 무슬림들의 출생은 기하급수적으로 늘고 있고, 지역주민의 교체 현상이 일어나고 있고, 이슬람의 법 샤리아에 따라 할랄(Halal) 음식만을 고집하고 있어 백색 유럽인의 문화가 잠식되는 양상이 많이 일어나고 있다. 프린스턴 대학의 중동 전문가 버나드 루이스 교수는 이 세기가 끝나기 전에 무슬림의 숫자가 기독교인의 숫자를 능가할 것이라고 예견하고 있고 인구의 통계를 보면 2050년경이면 대부분의 서방 국가에서 아프리카계 무슬림의 숫자가 백색 유럽인들을 상회할 것이 분명해 보인다. 공공연히 자국의 다문화 정책이 실패했음을 말하는 영국과 프랑스의 예를 보고 무슬림 유입을 철저히 제한하는 일본의 다문화 정책을 비교하며 우리나라가 타산지석으로 삼아야한다.

법조계 공략

이슬람은 종교와 법이 분리되지 않았다. 그들은 꾸란과 하디스를 해석하여 새로운 이슬람 법을 만들었다(순례방법, 금지된 것과 허락된 것, 옳고 그름의 판결 등). 이슬람 학교는 학자들이 법을 신학으로부터 구분하려는 노력의 결과다. 한국 무슬림의 리더 격인 한양대의 이희수 교수는 터키 이스탄불 대학교에서 역사학 박사학위를 취득한 이슬람 학자다. 이슬람학회장을 역임하고 한양대학교에서 문화인류학 교수로 재직 중이다. 그는 2007년 법관연수에서 총 5회, 단독판사 연수에서 1회, 2008년 연수원 교수세미나에서 1회 강연을 하였고, 같은 해 헌법재판소에서 백송 아카데미 특장 1회, 법제처에서 "이슬람법과 문화"를 강연하기도 했다. 특히 2007년에 사법연수원 선택과목으로 "이슬람법과 문화"를 개설하는 등 활발하게 활동하고 있다. 2008년에 사법연수원생 30명이 "이슬람법학회"를 자체 결성하였다.

이슬람 채권(수쿠크)통한 금융계 공략

이슬람권에서 사역하는 기독교 선교사들은 늘 테러와 죽음의 공포와 싸우며 귀국하여 교회를 돌아가며 얼마 되지 않는 선교비를 모금하는 동안 무슬림의 포교 센타(Dawah Center)로는 엄청난 액수의 오일 머니가 국가적 지원으로 쏟아져 들어온다. 길거리에서 기독교인들이 전도만 해도 광신자 취급을 하는 사람들이 이슬람의 포교에 대해선 동정과 동경의 눈빛을 보내고 있는 것이 우리의 현실이기도 하다. 현재 약 30조원 정도의 중동 자본이 국내에서 운용되고 있다고 한다.

연도별	'05	'06	'07	'08	'09
중동자본	9.49조	14조	20조	17.8조	26.1조

가장 주의가 요구되는 것은 이슬람 채권인 수쿠크다. "이슬람 율법에 의하면 이자 수수를 금하고 있다."는 부분이다. 물론 꾸란에 보면 이자를 받는 자는 알라의 사랑을 받을 수 없으며(꾸란 276장) 알라의 징벌이 있을 것이라(꾸란 4:161)고 기록되어 있다. 그렇지만 과연 이슬람권에서 정말 이자 수수를 금하고 있을까? 이집트 카이로에 있는 세계 최고의 이슬람 학부인 알 아즈하르 대학교의 쉐이크 탄타위(Sheikh Tantawi) 이슬람 연구소장은 2007년 10월 꾸란에서 리바(Riba, 이자)를 금한 것은 고리대금업을 통해 부정한 폭리를 취하는 것을 금한 것이며 합리적인 규모의 이자를 금하는 것은 아니라고 유권해석을 내렸다.

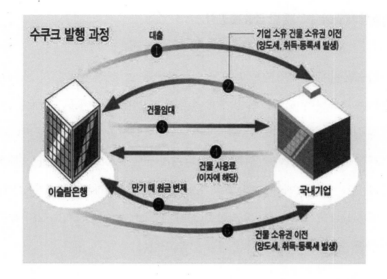

이러한 논란을 피하는 방법으로 그들은 자금의 수신처로 부터 부동산의 소유권을 양도받고 대신 부동산 임대료의 명목으로 이자를 수수하고 자금을 상환할 때 다시 부동산의 소유권을 넘겨주는 것이다. 수쿠크 법안의 주요 골자는 이러한 과정에서 발생하는 취득세 및 양도세 등을 면세하자는 것이다. 그러나 이 방법에는 상당한 위험이 있다. 우선 자금을 대출의 조건을 샤리아위원회가 결정하게 되는데 이 위원회는 이슬람 법률가, 금융전문가 뿐만 아니라 이슬람의 다이(daii)들로 구성되어 있다. 친 이슬람인 기업들에게만 공여될 것이 확실하다. 가장 위협적인 것은 자금의 투명성이다. 이들의 송금은 '하월라'라 부리는 방식으로 이루어지는데 자금의 출처와 송금처를 추적하지 못하도록 송금 후 즉시 근거 서류를 폐기하는 것이다. 이자 혹은 임대료로 지불된 천문학적인 자금이 어디로 흘러가는지를 알 수 없게 하는 것이다. 오일 달러를 미끼로 나라 전체를 이슬람 율법인 샤리아 아래 굴복시키겠다는 소위 '금융 지하드'인 셈이다.

할랄 식품을 통한 국내 진출

포교전략에는 속하지 않지만 매우 중요한 사실이다. 할랄(Halal)이란 음식과 생활에서 허용된 것을 말한다. 넓은 의미로는 이자, 음주, 도박, 음란물, 마약 등은 알라가 금지(Haram)한 것인데 이를 제외하고 허용된 생활지침을 말한다. 좁은 의미로는 이슬람 율법에 따라 도축한 동물의 고기를 지칭한다. 2009년 3월 13일부터 한국 이슬람교 중앙회에서 매주 발표하고 있다. 과자는 51종, 음료는 25종이다. 할랄 식품이 글로벌 식품시장에서 약 16%를 차지하고 있으며 세계 할랄 식품 시장규모는 6,320억 달러에 달한다고 알려진다. 2009년 한국관광공사는 외래 관광객 대상의 전문식당 153개소에서 11곳을 할랄 식당으로 지정하였다. 한국의 식품기업들도 할랄 식품을 앞 다투어 내 놓고 있다.

7 이슬람포교에 대한 대책

◆ 이슬람에 대한 대처방안은 어떤 것들이 있는가?

① 한국교회 현장에서의 대책 – 건강한 교회 세우기, 이슬람과 무슬림을 구별하기, 이슬람 신자에 대한 긍휼사역, 복음서 읽기, 오류수정과 논쟁금지, 성령으로 능력 대결, 일대일 초청전략, ② 현지 선교현자에서의 대책 – 필요를 채워주는 접촉점 개발, 회심 후 신앙공동체 수립, 현장 선교사연대, 알라와 하나님이 같은 신이라는 부정확한 지식이 퍼져있다. ③ 성령의 역사로 인한 복음전파 – 극단적인 원리주의의 반인륜적 행위가 문제다. ④ 한국사회에 이슬람 신자수가 증가일로에 있다. ⑤ 이슬람 신자인 무슬림들에게 선교전략적 접근이 필요하다.

한국교회 현장에서의 대책

첫째로, 건강한 교회 세우기에 힘써야 한다. 모든 이단이나 유사종교의 유입과 포교에 대한 대처로 가장 우선 되고 기본적인 것은 복음에 근거한 건강한 교회를 세우고 지키는 것이다. 온 성도들에게 그리스도의 성육신 십자가 부활 승천 그리고 재림의 케리그마를 분명히 함으로 구원의 유일한 길 되시는 예수 그리스도로 성도들을 무장시켜야 한다.

둘째로, 가장 중요한 사실은 이슬람과 무슬림을 구별해야 한다. 이슬람은 폭력성을 띤 종교를 말하고 확실하게 방어해야 하지만, 무슬림은 하나님의 사랑과 부르심을 입은 우리의 선교대상자라는 사실이다. 선교하는 사람들이 선교 대상자와 좋은 관계를 형성하여 마음의 문을 여는 것은 어떤 종교적 배경을 가진 사람이냐에 관계없이 중요하다. 무슬림들은 쿠란에 등장하는 선지자(nabi) '이싸'의 개념을 예수로 알고 있다. 그러나 그들은 기독교인에 대하여 매우 좋지 않은 인상과 적대감을 가지고 있다. 역사적으로 십자군 전쟁들을 통해 무슬림 지역을 유린한 침략자들이라고 세뇌되어 왔기 때문이다. 기독교인들을 향한 경계심과 적대감의 빗장을 열게 하는 것은 복음전도에 필수적이다. 이러한 맥락에서 두렵고 무서운 신인 '알라'를 향한 절대 복종을 태어나면서부터 강요받아 온 무슬림으로 하여금 우리를 사랑하시며 독생자 예수를 보내신 아버지 하나님의 사랑을 비교하며 느낄 수 있는 기회를 제공하려는 것으로부터 선교의 노력이 시작되어야 한다. 우리는 이 땅에 나그네 되어 사는 무슬림에게 사랑을 베풀되 동정의 개념으로 접근하지 말아야 한다. 이주하여 온 외국인 무슬림들에게 아직 마음이 열리기 전에 그들의 신앙을 비판하거나 자존감을 손상시키는 것은 매우 어리석은 일이다. 오히려 무슬림 문화에 대해 배우기 원한다는 학습자의 자세로 그들을 존중하며 마음의 문을 열게 하여야 한다. 설사 복음을 전할 기회를 갖지 못했다 하더라도 기독교인들에 대한 부정적인 이미지가 그들의 마음에서 걷히고 유대가 형성되었다면 그들의 영혼을 구하기 위한 발판이 마련된 것이다.

셋째로, 이슬람 신자들에 대한 긍휼사역을 실천해야 한다. 나그네 되어 사는 사람들에게 실직, 질병, 사고 등 돌발적으로 발생하는 위기 상황은 복음전파의 위대한 기회가 되기도 한다. 한 영혼은 천하보다 귀한 것이며 이 영혼을 건지기 위해 선한 사마리아인의 마음으로 긍휼을 베풀 수 있을 때 힘을 다해야 한다. 그러나 긍휼을 베푸는 것은 그 자체로 의미를 가지지만 그 사역 자체로서 선교의 일을 다 했다고 할 수는 없다. 선교의 일차적 목표는 이방인의 회심에 있기 때문이다. 우리가 베풀 수 있는 최고의 긍휼은 그들에게 예수 그리스도의 복음을 통한 영생을 알게 하는 것이다. 현재 우리나라에도 많은 외국인 선교단체가 일하고 있다. 어떤 단체는 환란을 당한 자에게 도움을 주는 것으로 선교의 일을 다 한 것처럼 긍휼사역에만 몰두하고 있고 어떤 단체들은 소외된 자로서 외국인의 사회적 권익을 보호하는 일에 모든 노력을 기울이는 것 같다. 그러나 긍휼을 베푸는 일과 함께 복음을 전하여 전인적 구원을 이루는 것이 선교의 본분임을 기억해야 한다. 긍휼사역과 복음사역의 균형과 조화를 이루는 일이 각 선교단체에게 필요하다.

넷째로, 복음서(Injil)를 읽기를 권고한다. 그렇다면 어떻게 복음을 전할 수 있을까? 초기에 무함마드도 인정한 거룩한 책의 하나인 인질(Injil)을 읽게 하는 것이다. 다른 종교를 가진 사람들도 그러하지만 많은 무슬림들은 복음을 들어 볼 기회를 갖지 못했으며 기독교에 대한 거짓된 정보들로 가득 차 있다. 무슬림들은 모세오경(Taurat)과 다윗의 시편(Mazmur 혹은 Jabur), 예수(이사)의 복음서(Injil)와 꾸란(Quran)을 거룩한(Al) 책(kitab)으로 인정하고 있다. 이러한 사실도 모르는 무슬림들이 많이 있지만 그들에게 복음서 읽기를 권하여 예수 그리스도에 대한 바른 복음을 접하게 해야 한다. 이렇게 하면 잘못된 가르침들에 의해 왜곡된 예수님과 그리스도인들에 대한 오해를 스스로 깨닫게 할 수 있고, 그리스도의 복음 자체가 가지는 생명력을 발견하게 할 수 있으며, 대화를 전하는 복음 전도의 현장에서의 논쟁을 피할 수 있다는 장점이 있다. 인도네시아어, 우르두어, 페르시아어, 러시아어, 말레이시아어, 아랍어 성경을 대한성서공회를 통해 성경 구입이 가능하다.

다섯째로, 오류를 온유함으로 바로 잡아준다(논쟁금지). 무슬림들은 자주 기독교인들의 복음은 조작된 것이라고 배워왔다. 신약성경에 네 가지의 복음이 존재하는 것은 한 사람에 대하여 네 사람이나 서로 다른 증언을 하고 있다는 것이다. 자신들은 무함마드 한 사람을 통하여 계시된 말씀만을 믿는다고 말한다. 네 사람이 하나님의 영에 감동되어 기록한 네 복음서는 일관되게 한 사람의 예수 그리스도의 이야기를 서로 보완하며 사실이고 진리임을 입증하는 것이라고 설명하며 온유한 마음을 잃지 않는 것이 중요하다. 복음의 왜곡된 부분을 접하게 될 때 온유함으로 바로 잡아주는 것이 중요하다. 여기서 가장 중요한 일은 논쟁에 빠지지 않는 것이다. 선교는 우리의 논리나 논쟁이 아니라 예수 그리스도의 이름의 권세와 성령의 감동으로 이루어지는 일이라는 사실을 기억해야 한다. 논쟁에서 이기고 그들의 마음에 적개심의 빗장을 걸게 하는 우를 범하지 말아야 한다.

여섯째로, 성령의 사역을 통한 능력 대결(power encounter)을 의식해야 한다. 능력 사역은 인위적으로 만드는 사역이 아니라 성령의 인도하심에 따라 사역의 현장에 임하게 된다. 긍휼을 베풀며 사랑으로 관계를 유지하는 가운데 질병이나 사고 등 인력으로 불가능한 한계 상황을 만난 사람들에게 예수 그리스도의 이름의 능력과 권세를 체험하게 하는 것은 우리가 전하는 복음을 확실하게 검증하는 것이다. 한계적 상황을 만나게 되면 그들도 기도한다. 그러나 그 기도는 막연하고 확신이 없어 곧 체념하게 된다. 이러한 때에 기독교인들이 합심하여 기도하며 예수 그리스도의 사랑의 능력이 초자연적으로 일하시게 하는 능력 사역을 감당한다면, 이는 자연스러운 능력대결의 현장이 된다. 그저 복종하라는 것 이외에 어떠한 초자연적인 은총도 베풀 수 없는 자신들이 복종해 온 신앙의 대상과 기독교인 성도들의 기도에 응답하여 사랑의 기적을 공급하시는 하나님을 체험하여 보게 되면 마음이 열리게 된다. 그러나 표적은 복음전파의 사역에 동반되는 것이지 목적이 될 수 없다는 사실도 기억해야 한다(막 16:20).

일곱째로, 결신 초청 시 일대일로 하여야 한다. 무슬림들이 가지고 있는 죄에 대한 인식은 이러하다. 죄의 개념 중 가장 큰 죄는 양심을 어기는 것이 아니라 공동체를 이탈하고 공동체의 이익을 훼손하는 것이다. 또한 그들에게 다른 신을 주로 받아들이는 것은 영원히 용서받지 못할 죄악이라고 배워왔기 때문에 마음에 믿어지지만 다른 사람들 앞에서 자신의 믿음을 용기 있게 나타내는 것을 매우 두려워한다. 개인의 은사를 존중하고 그에 대해 공격하지 않는 개인주의 문화에 익숙한 서양인들에게는 이해하기 어려운 부분이기도 하다. 이 땅에서도 무리지어 있는 무슬림 대중에게 공격적이고 변증적으로 복음을 제시하는 것은 지혜롭지 않아 보인다. 감동 보다는 적개심을 일으키기 때문이다. 스스로 깨닫게 하는 일이 중요하다. 또한 복음을 제시하고 예수 그리스도를 주와 구주로 영접하게 할 때는 반드시 일대일로 할 것을 권한다. 무슬림들에게 복음을 전할 때 다음의 사항들을 주의해야 한다. "두려움이나 위협감을 갖지 말 것, 무함마드와 꾸란에 대해서 부정적인 말을 하지 말 것, '알라'라는 이름에 대해 부정적으로 말하지 말 것, 성경인용을 두려워하지 말 것, 성경을 함부로 다루지 말 것, 이들의 문화를 무시하지 말 것, 여성이 무슬림 남성에게 복음을 전하지 말 것, 가능한 논쟁을 피할 것, 돼지고기, 술, 개고기를 먹거나 대접하지 말 것" 등이다.

현지 선교현장에서의 대책

첫째로, NGO, 개발사역 등 긴급한 필요를(Felt needs) 채워주는 접촉점을 개발하라. 어떤 이슬람 국가도 기독교인들에게 선교 사역을 하도록 비자를 내어주지 않는다. 이러한 국가에는 창의적인 접근이 필요하다. 이는 일단은 그 나라에서 체재하며 사역하기 위한 것이며 나아가 영혼을 구원하는 사역의 접촉점을 이루는 것이기도 하고 구원 얻은 하나님의 백성들이 생존하며 자립하게 하기 위한 것이기도 하다. 복음을 전하여 영생을 얻었다 하더라도 회심 후 이슬람 사회로부터 배척되고 추방되는 것이 대부분의 상황이며, 이들을 방치하는 것은 막 출생한 아이를 광야에 버리는 것과도 흡사한 일이 될 것이다. 오랜 가뭄과 전쟁 등으로 피폐한 환경에 사는 사람들에게 깨끗한 물과 공기와 전기 등을 제공하고 병을 치료하고 교육하여 자립할 수 있는 공동체를 만드는 일등 참으로 많은 분야에서 도움과 헌신의 손길이 필요하다. 한국인들은 서방 사람들에 비해 문화적으로 환경적으로 적응력이 높을 뿐 아니라 역사적으로도 침략을 한 경험이 없어 선교지 사람들의 마음에 경계심을 조장하지 않는다는 장점이 있다. 이러한 관점에서 복음으로 무장되고 전문적인 기술을 가진 전문인들의 헌신이 절실히 요청되고 있다. 또한 이러한 전문인 선교의 헌신할 사람들에게 복음 전도, 제자화, 교회개척 등의 신학적, 선교학적 소양을 갖추게 하고 선교지 문화적응을 하게 하기 위한 선교사 훈련이 절실하다.

둘째로, 회심 후 생존을 위한 신앙공동체를 형성하라. 이슬람은 사변적인 종교나 철학이 아니라 일상의 삶을 지배하는 문화이며, 삶 자체다. 예수 그리스도를 주로 영접하여 구원을 얻은 사람을 공격적이고 위협적인 삶의 현장에 두고 떠나는 것은 이제 막 태어난 신생아를 유기하는 것이나 다를 바 없다. 구원 얻은 개종자들이 자립할 수 있는 공동체를 만들어주거나 이미 형성된 기독교 공동체로 옮기는 것이 필수적이다. 삶이 곧 이슬람이었던 개종자들에게 관념적인 신앙을 유지하라고 말하는 것은 매우 어리석은 일이다. 예를 들어, 샤머니즘의 문화에 젖어 있다가 회심한 한국의 선교 1세기 성도들은 매일 새벽마다 정한수를 떠 놓고 천지신명께 복을 빌던 새벽기도의 관습을 교회에서 모이는 새벽기도가 아름답게 대체해 준 것 같이 하루 다섯 번 자신들의 신에게 기도하던 무슬림들에게 모이는 새벽 기도는 반드시 필요한 것 중 하나다. 선교사들에게 있어서 이러한 맥락에서의 유연성과 창의성이 필요하다. 선교사가 새롭게 시도하려는 사역 혹은 신설하려는 제도가 자신의 몸에 익숙해진 문화의 소산인가? 아니면 성경이 가르치고 있는 하나님의 뜻인가를 아는 일도 참으로 중요하다. 의식하지 못하는 중에 성경이 아닌 한국의 문화를 하나님의 가르침인 것으로 주입시키는 경우가 빈번하기 때문이다. 그 땅의 사람들에게 가장 적절한 방법으로 복음을 설명하고 그 땅의 사람들이 가장 잘 섬길 수 있는 방법으로 하나님 경외하기를 가르치는 유연성과 창의성이 성령의 도우심으로 발휘되어야 한다.

셋째로, 현장 선교사와 연대를 형성하라. 현재 국내에는 외국인들을 섬기는 많은 단체와 교회들이 있다. 한국에서 주님을 만나 영생을 얻은 후 일이나 공부를 마치고 귀국하는 회심자들(MBB, Muslim Background Believers)에게 가장 필요한 것은 무엇일까? 그것은 귀국한 후에도 기독교인 공동체 안에서 신앙을 성장시키며 그리스도인의 삶을 살게 하는 것이다. 현장에서 사역하는 한국 선교사들에게 연결시켜 줌으로 하나님 섬기기를 계속하게 할 수 있다면 본인의 신앙 성장에 유익할 뿐만 아니라 현장의 선교사에게는 소중한 동역자와 조력자를 얻게 되는 참으로 유익한 만남이 될 것이다. 실제로 회심하여 이곳에서 신학 수업과 제자훈련을 받다가 자신의 나라로 들어가서 계속 교육을 받으며 제자의 길을 걷는 사람들이 많이 있고, 보안이 유지될 수만 있다면 안식년을 맞아 본국 사역 중인 선교사들이 시간을 할애하여 이곳의 무슬림 형제들을 섬기고 선교지로 귀임할 때 그들을 동반하는 것도 바람직한 방법일 수 있다.

성령의 역사로 인한 복음전파

첫째로, 선교의 주관자이신 성령께서는 강력히 일하고 계신다. 2010년 북아프리카 튀니지를 중심으로 일어난 재스민 혁명을 계기로 지금 무슬림권은 심한 진통을 겪고 있다. 극렬한 이슬람 원리주의자들과 경제를 살리려하는 세속주의자들 사이의 갈등으로 도처에서 무슬림은 패닉을 경험하고 있으며 선교사들도 조석으로 변하는 대외국인 정책에 안정된 사역의 기반을 잃게 되는 경우가 빈번하다. 그러나 선교의 주관자이신 성령께서는 선교현장에서 일하고 계신다. 집단 회심의 일들은 이슬람 선교가 절대로 불가능한 일이 아니며 성령께서 주도하고 계신다. 그 동안에는 전혀 불가능할 것으로 여겨지던 일들이 실제로 능력 사역을 하는 대형집회를 통해 나타난다. 각양의 기적이 나타나고 종족 단위로 주께로 나아오는 일이 아프리카와 구 소련권 등의 이슬람 세계에서 일어나고 있다.

둘째로, 위성TV 방송과 라디오를 통해서 복음전파가 이루어지고 있다. 무슬림들의 80%는 기독교의 복음진리를 단 한 번도 들어본 적이 없다고 한다. 전파는 참으로 수많은 방해와 장벽을 뚫고 들어간다. 예를 들어 키프러스에 소재한 위성방송 SAT-7은 중동, 북아프리카, 중앙아시아, 유럽 거주 이슬람권내 기독교인 및 무슬림 대상 24시간 방송을 하며 4개 채널을 통해 아랍어 이란어 터어키어들 3개 언어로 방송되고 있는데 약 1억 2천만의 가청권에 매주 천만 명 정도가 시청하고 있으며 방송되는 간증과 전도 메시지를 통해 수많은 심령이 예수께 돌아오고 있다. 이 방송의 영향으로 2010년 한 해에만 페이스북과 다른 SNS를 통해 37,466건의 상담과 복음전파가 이루어졌다. 핀란드에 소재하고 있는 키 미디어는 유럽과 아랍권을 가청권으로 하여 복음을 송출하며 우편 이메일, 전화 등을 통해 연간 50만 건의 상담이 이루어지고 있다. 또한 우리나라의 CGN-TV도 호주를 제외하고 전 세계에 매일 30분씩 아랍어 방송을 송출하고 있으며 한국 극동방송의 지사격인 인도네시아 극동방송은 수마트라에 복음을 송출하여 큰 결실을 거두고 있다.

셋째로, 이슬람권에 대한 인터넷 선교가 이루어지고 있다. 이집트인 자카리아 보트로스(Zakaria Botros)는 알 카에다가 공식적으로 6,000

만 달러의 현상금을 건 이집트 콥트교의 인도자인데 죽음의 고비를 넘어 서방으로 망명하였고 그가 유투브를 통해 복음을 전하고 전도책자를 발 간하며 무슬림 전도용 웹 사이트를 개설하여 수백만이 그리스도에게로 돌 아오고 있다. 한국에서 '세계인터넷선교학회(SWIM)'도 전도용 아랍어 홈페이지 운영 중이다. 이 방면에 많은 개발과 투자가 요청된다.

넷째로, 무슬림들이 실제로 꿈과 환상을 통해 복음을 접하고 있다. 2010년 이후에 가장 두드러진 현상의 무슬림들이 직접 보는 꿈과 환상이 다. 선교사들의 선교가 어려워지자 성령이 직접 인도하시는 것이다. 환 상이 이끄는 대로 가 보니 수백 명의 기독교인 공동체가 찬양을 하며 예배 하고 있었고 자신들도 이내 그 공동체의 일원이 되었다는 간증을 어렵지 않게 듣고 있다.

이슬람과 기독교는 신앙적 차이점이 뚜렷하다. 첫째로 하나님 이해에 대해 서로 다르다. 이슬람은 신의 본질과 인격의 단일성을 주장한다. 그 들이 신은 오직 유일한 알라밖에 없다고 주장하는데 그가 너무 위대하여 그의 피조물과는 단절된 스스로 단일체로 존재하는 비인격적 신으로 주 장한다. 특히 아버지로 호칭하는 것은 육체적인 것으로 제한해야 하므로 알라를 아버지로 부르는 것은 불경스런 일이 되고 만다. 아버지라는 개념 은 엄격하고 정서적이지 못하며 사랑을 표현하지 않는 것이다. 따라서 이 슬람의 알라는 사랑, 거룩함, 은총의 속성이 매우 희박하다. 그러나 성경 의 하나님은 그 속성 가운데 자비가 있고, 거룩하시고, 의로우시며, 선하 시며 긍휼과 은혜와 사랑이 넘치는 하나님이다.

둘째로 성경에 대한 태도에 차이가 있다. 이슬람의 경전에는 모세오경,

선지서, 다윗의 시편, 예수의 복음서, 그리고 무함마드의 교훈들이 포함된다. 그러나 이슬람은 앞의 모든 교훈들은 상실되고 손상되었지만, 무함마드의 계시인 꾸란은 아무런 손상 없이 잘 보존되어 있다고 믿는다. 그러므로 그들의 경전은 기독교의 성경과 다르다.

셋째로 그리스도에 대하여 그 차이점이 분명하다. 이슬람은 예수 그리스도가 하나님의 아들인 것과 죽음에서 부활한 것을 받아들이지 않는다. 예수님이 십자가에 못 박히셨다는 사실도 믿지 않고 예수 대신 가롯 유다가 십자가에 못박혔다고 믿는다. 그들은 예수님이 무함마드만큼 위대한 선지자는 아니지만 죄 없는 선지자라고 믿는다. 또한 장님을 보게 하고 문둥병을 고치며 죽은 살리는 기적들을 행사하였다고 인정한다. 그러나 예수님은 신이 보내신 독생자가 아니고, 성령은 신의 능력을 대신한 한 천사라고 생각한다. 그러나 성경은 "말씀이 육신이 되어 우리 가운데 거하시매 우리가 그 영광을 보니 아버지의 독생자의 영광이요 은혜와 진리가 충만하더라...내가 보고 그가 하나님의 아들이심을 증거하였노라"(요 1:14,34) 증언하고 있다. 특히 예수님은 "나와 아버지는 하나이다"라고 선언하셨다(요 10:30).

넷째로 죄와 구원에 대해 차이점을 가지고 있다. 이슬람과 기독교의 불일치는 죄의 본성을 이해하는 점에서 현격하게 드러난다. 이슬람은 율법 체제 하에서 살아야 하며 그래서 자신의 구원을 이룬다고 본다. 즉 신앙의 요소들을 지켜야 하고 이슬람의 다섯 기둥을 따라야만 한다. 그들에게 죄란 알라에 대한 불복종이다. 그러므로 인간은 본성이 죄악스러운 것이 아니라 행위로 인해 죄를 짓게 된다고 하였다. 그러나 사도 바울은 "모든 사람이 죄를 범하였으매 하나님의 영광에 이르지 못하더니"(롬 3:23)라고 하여 인간은 본성적으로 죄 지은 존재라고 가르친다.

이슬람은 그저 평범한 작은 종교가 아니라 급속히 성장하고 있으며 이런 속도라면 2025년에 무슬림 인구는 인류의 1/3에 육박할 것이며, 세계 최대의 종교가 될 것이다. 이슬람은 기독교와 비슷해 보이는 종교인데도 불구하고, 기독교의 핵심교리인 삼위일체의 하나님과 성자 예수 그리스도와 그의 십자가와 부활과 하나님 자신의 성령을 철저히 부정하는 반기독교적 특징이 있고 사랑과 은혜와 용서의 기독교 복음과는 달리 세계선교를 위한 살해, 보복 그리고 일부다처를 가르치는 종교다. 특히 원리주의자들의 폭행과 살해행위는 이슬람의 폭발적인 증가와 병행하여 더욱 강도를 높여갈 것이다. 그러나 성도들은 더욱 무슬림의 영혼들을 사랑하고 그들도 하나님의 사랑과 용서와 구원을 받도록 힘을 다해 기도하며 예수 그리스도의 복음을 전해주어야 한다(마 5:44).

부록

■ 부록1 : 이단사이비 계보

통일교 계열

예수는 십자가에 죽어서 영의 구원만 이룬 실패자이므로 복귀주가 와야 한다, 하나님은 자웅동체, 창세기 3장의 타락은 성적타락, 혼탁한 피를 교환해야 한다는 혈통교환 교리를 주장한다.

▶세계평화통일가정연합(문선명) ▶기독교복음선교회(JMS, 정명석)

안식교 계열

원래 윌리엄 밀러의 시한부종말론을 따르던 무리들로서 십자가는 구속의 시작에 불과하고 따라서 믿음구원 뿐만 아니라 행위구원이 필요함을 주장한다. 또한 행위구원에 있어서 하나님의 율법인 토요일 안식일을 꼭 지켜야 구원을 완성하며 성령은 하나님의 감화력일 뿐이라고 주장한다. 더구나 사람이 죽으면 그 영혼은 소멸된다고 주장하므로 이단사상이 분명하다.

▶제칠일안식일예수재림교회 ▶여호와의증인(러셀) ▶하나님의교회 안상홍증인회(안상홍, 장길자) ▶한농복구회(박명호)

베뢰아 계열

삼위일체를 양태론적으로 이해하고 구약의 하나님은 천사이며 예수는 성부의 이름이라고 주장한다. 또한 예수의 육체는 우리의 영이 되고 창세기

1장의 사람들 중에 하나님이 선택하여 창세기 2장의 아담을 만드셨다(이 중아담론). 성령이 임하여 권능이 된다는 말씀(행 1:8)은 곧 수호천사를 지칭한다. 불신자의 사후 영은 귀신이 되어 사람들의 몸에 들어가 질병을 일으키는 것이라고 주장한다.

▶성락침례교회(김기동) ▶한국예루살렘교회(이초석) ▶레마선교회(이명범) ▶다락방전도운동(류광수) ▶그레이스아카데미(한만영) ▶부활의교회(이태화) ▶4단계 회개론(박무수)

전도관 계열

교주는 자신이 새 하나님이며 5,798세라고 주장하고, 마지막 날에 심판과 구원의 권세를 행사할 철장권세 가진 자, 동방의 의인, 이기는 자, 감람나무 등으로 자신을 신격화한다. 예수는 죄덩이에 불과하고 성경의 98%가 거짓이며 자신의 말이 진리의 말씀이라고 강조한다. 혈통교환을 강조하고 계 2:17의 '감추인 만나'는 이슬성신이며 자신이 곧 영생을 주는 생수이고, 보혜사 성령이라고 주장한다.

▶천부교(박태선) ▶영생교 ▶승리제단(조희성) ▶할렐루야 기도원(김계화) ▶신천지예수교증거장막성전(이만희)

구원파 계열

그리스도의 십자가는 이미 우리의 원죄를 해결하므로 과거와 현재와 미래의 죄에 대한 근원문제를 다 해결해 놓았는데, 자범죄를 회개하는 것은 구원을 불신하는 것이다. 예수님이 해 놓은 구원의 복음을 깨닫는 것이 곧 구원이다. 구원은 사실 영의 구원일 뿐이고 거듭남 자체가 곧 교회이다. 선행과 율법을 폐기하는 사상이고 사탄선재설이나 선신과 악신의 역사를 주장한다.

▶기독교복음침례회(권신찬, 유병언) ▶기쁜소식선교회(박옥수) ▶대한예수교침례회(이요한)

시한부종말론 계열

몰몬교의 경우 미 대륙이 새예루살렘 곧 시온이라고 주장하며, 성경은 불완전하므로 몰몬경이나 교리와 성약이 필요하다고 강조한다. 하나님은 다수이며 육체적인 분이고 한 때 인간이셨다. 삼신론을 말하고 예수는 자신들의 맏형이라고 가르친다. 하나님은 축복하시려고 선악과를 먹게 하신 것이며 조상과 죽은 자도 침례를 받아야 한다고 주장한다.

▶후기성도의교회(몰몬교, 스미스) ▶다미선교회(이장림) ▶새벽별종말론연구회(공용복)

한국자생 계열

주로 한국에서 발생한 이단사이비들은 신인합일의 신비주의를 주장하고, 교주를 신격화하는 완전주의 성향을 보이며, 독특한 성경해석과 직통계시를 강조한다. 비 상식적인 행태를 보이면서도 자기를 돌아보지 않으며 허무맹랑한 주장들을 남발한다.

▶주현교회(이교부) ▶아가동산(김기순) ▶만민중앙교회(이재록) ▶세계일가공회(양도천) ▶여호와새일교회(이유성) ▶밤빌리아 추수꾼(이선아, 박영규, 허영만) ▶장막성전(유재열).

　　　　　　　　　　　　　　　이단사이비를 경계하라!

외국유입 계열

크리스챤사이언스의 경우 최면술과 안수법이 예수의 치료법이라고 주장하며 TV 등에서 신유은사와 심리요법을 강의하고 있다. 하나님은 비인격이며 곧 만물(all things)이다. 십자가만으로는 구속을 성취하지 못하고 죽음은 환상이며 거짓이다라고 주장한다. 빈야드운동은 은사주의에 치우쳐 있으며, 지방교회는 양태론에 깊이 빠져있다.

▶크리스챤사이언스(메리 에디) ▶빈야드운동(존윔버, 참여금지) ▶지방교회(위트니스 리)

경계연구대상

예수왕권세계선교회(심재웅)는 예수의 왕권이 회복되어야 한다고 주장하며 생명의 불을 받아야 목회에 성공하므로 불을 받기 위해 입과 눈을넓게 열어야 한다고 가르친다. 영의 인격과 혼의 인격을 구분하고 믿음 외에도 행위를 강조한다. 특별한 체험을 중시하는 이단성이 있는 집단이다. 그 외에도 표적과 기사를 강조하며 제2종교개혁을 자처하는 신사도운동이 있다. 또한 중국에서 한 여성을 '여자 그리스도'로 추종하는 전능신교가 최근 국내에 유입되어 적극 포교활동을 하고 있다.

▶예수왕권세계선교회(심재웅) ▶주님의교회(김용두) ▶신사도개혁운동 ▶큰믿음교회(변승우) ▶전능신교(동방번개파)

타 종교 및 신흥종파

한국사회에는 여러 부류의 신흥종파나 타종교가 유입되어 종교시장 상황이 조성되어 있다. 특히 이슬람은 외국 노동자들의 이주바람을 타고 2005년을 기점으로 한국을 이슬람포교의 전초기지로 선언하였다. 이슬람은 세계를 이슬람국가로 만들기 위해 전략적인 방법으로 포교활동을 하며, 특히 이슬람 원리주의자들은 알라신을 거부하는 사람들에게 성전이라는 명목으로 폭력과 살해행위를 하므로 반인류적인 집단으로 여겨지고 있다.

▶이슬람 ▶대순진리회 ▶창가학회(SGI) ▶단월드 ▶마음수련원

■ 부록2 : 한국교회가 규정한 이단사이비 목록

이 도표는 한국교회가 규정한 이단사이비 혹은 경계대상 단체들을 정리한 목록이다.

계열	단체명	교주	주요 교단의 결의	본 교단의 입장
통일교	세계평화통일 가정연합	문선명	통합(1971,1989), 대신(2008), 고신(2009), 기성(1982,1990), 기장, 합신, 합동	이단(원죄는 성적타락론, 탕감복귀론, 예수는 실패자 등)
	기독교복음선교회 (JMS)	정명석	고신(1991), 통합(2002), 합동(2008), 기성(1987,2001), 합신	이단(성적타락론, 통일교리 변형 등)
	평강제일교회(대성교회)	박윤식	기성(1989), 통합(1991), 합동(1996)	이단성(성령론, 아버지론 등의 문제)
	예수교회(유명화, 백남주, 한준명)	이용도 이호빈	통합(1933)	신비주의 이단
	이스라엘수도원	김백문		신비주의 이단
전도관	천부교(전도관)	박태선	KNCC(1955), 통합⊠합동(1956), 기성(1986)	사이비(자칭 하나님, 동방교리, 십자가 구속 부정.
	영생교(세계연합 승리제단)	조희성	기성(1999), 고신, 합신	이단(신격화, 이슬성신, 영생불사, 예수는 사생아, 교주가 성령)
	할렐루야기도원	김계화	통합(1993), 합동(1996), 고신91991), 기성(2001)	참여금지(신비주의, 성령수술, 영생수 주장)
	신천지예수교 증거장막	이만희	통합(1995), 합동(1995), 기성(1995), 합신(2003), 고신(2005), 대신(2008)	이단(직통계시, 교주신격화, 영생불사, 14만 4천명 구원, 비유풀이, 추수꾼 활동)
	장막성전	유재열		이단성(보혜사 성령, 시한부종말, 신비주의)
	동방교(기독교대 한개혁장로교)	노광공	통합(1956)	이단(강단불허, 집회참석 금지)
	실로암등대 중앙교회	김풍일	통합(2009)	경계(이만희와 유사함, 회개를 기다림)
	한국복음교회	구인회		이단성(장막성전 일파)
	기독교에덴성회	이영수	통합(2011)	이단(전도관 일파)

안식교	제칠일안식일 예수재림교회	화이트	예장총회(1915), 통합(1995), 고신(2009), 기성(1986,1998), 합동,합신	이단(1932년 책자발행, 시한부종 말, 토요안식일 구원, 인간론 등)
	하나님의교회 안상홍증인회	안상홍 장길자	한기총(2000), 통합(2002,2011), 합신(2003), 합동(2008), 고신(2009), 기성(2009)	이단(안식교 계열, 남여 하나님, 안식일 · 절기 구원론, 재림론 등)
	한농복구회(엘리 야복음선교원)	박명호	통합(1991), 기성, 고신, 합동	이단(이신칭의 부인, 예수는 인간, 인간이 신, 교회는 마귀작품)
베뢰아	성락침례교회	김기동	기침(1987), 고신(1991), 합동(1991), 통합(1987,1994), 기성(1987,1994), 합신,기감(1988)	이단(창조론, 이중아담, 귀신론, 계시론, 기독론, 신앙론, 음부론 등)
	한국예루살렘교회	이초석	고신(1991,2009), 통합(1991), 기성(1994), 합신, 합동	이단사이비(귀신론, 예수가 하나 님 이름, 귀신추방, 음부론 등)
	레마선교회(예일 신학대학원대학)	이명범	고신(1992), 통합(1992), 기성(1989,1996), 합신(1992)	이단성(로고스 · 레마 구분, 양태론, 이중아담론, 타락론, 훈련방법)
	부산제일교회	박무수	고신(1999), 기성(1999), 통합(1999)	이단(직통계시, 4단계 회개론, 귀신론, 성경해석 문제)
	다락방전도운동 (예장전도총회)	류광수	고려(1995), 고신(1995,1997), 통합(1996), 합동(1996), 기성(1996,1997), 기침(1997), 기감(1998), 합신(1996)	이단사이비(사단결박권, 천사동 원권, 귀신론, 예수성육 목적 등) 참석자 엄중 처벌함
	그레이스아카데미	한만영	예장한성노회(2005)	면직(베뢰아 귀신론, 생사여탈권, 신비체험)
	산해원 부활의 교회	이태화	고신(1991)	이단(베뢰아 영향)
구원파	기독교복음침례회 (평신도복음선교회)	권신찬	기성(1985), 고신(1991), 통합 (1974,1992), 합동(2008), 합신	이단사이비(구원의 날짜, 깨달음 의 구원, 회개부정, 불신자도 의인, 영의 구원 등)
	서울중앙교회(대 한예수교침례회)	이요한		
	기쁜소식선교회	박옥수		
	기독교복음침례회	소천섭	통합(1974), 기성(1985)	이단사이비(구원파 동일)
시한부 종말론	다미선교회	이장림	고신(1991), 통합(1991), 기성(1991), 합신	이단(직통계시, 시한부종말, 교회론, 구원론)
	새벽별종말론	공용복	기성(1988,1990)	사이비성(시한부종말, 교회혼란 전국에 알림)
	휴거선교회	김여명	기성(1988)	이단사이비(기독론, 신학문제, 비성경적사상)

	집단명	대표자	교단 결정	비고
	감람산기도원(혜성복지원, 성혜원)	이옥란	기성(1994)	이단사이비(용문산출신, 시한부 종말론 등)
	녹산교회	유자현	합신(2007)	교류참석금지
외국유입집단	예수그리스도후기성도의교회(몰몬교)	스미스	기성(1985), 합신(1995), 고신(2009), 기장(1985)	이단(삼위일체 부인, 예수의 신성과 십자가 부인, 지옥 부인 등)
	여호와 증인 (왕국회관)	럿셀	기성(1985,1999), 고신(2009), 기장, 합신	이단(교회회복론, 14만4천 구원, 지옥부재)
	크리스챤 싸이언스	에디	기성(1986), 고신, 합동	이단(범신론, 전통교리 부인함)
	뜨레스디아스(TD)		통합(1995,2002), 합동(1993,2006), 고신(1992), 기성(1993,1996)	참여금지(교회내 파당, 천주교 요소 농후, 불건전함, 수정을 요함)
	지방교회(회복교회, 한국복음서원)	위트니스 리	고신(1991), 통합(1991), 기성, 합신, 합동	이단(신론, 기독론, 인간론, 교회론 등)
	빈야드 운동	존 윔버	통합(1996), 고신(1996,2011), 합동(1997), 기성(1998)	사이비성(열광적 신비주의, 비성경적)
	말씀보존학회 (성경침례교회)	이송오	합동(1998), 기성(2001), 통합(2002)	경계집단(개역성경부정, 참교회론, 천국론, 이혼문제 등)
	알파코스	알파 코리아	합신(2008,2009), 합동(2008), 통합(2009), 기성(2009)	권고(복음적 프로그램이나 가계치유, 신비현상은 배제)
	신사도개혁운동	왜그너	고신(2009,2011), 합신(2009), 기성(2013)	연구대상(지배신학, 왜곡된 영전전쟁론, 무속주의, 기복주의, 예언중심, 신비주의 등)
국내자생집단	여호와 새일교	이유성	고신(1998), 기성(1986,1992), 합동	이단(말일복음 주장, 그릇된 성경해석 등)
	서울중앙교회	김화복	기성	경계대상
	익산 주현교회	이교부	기성	경계대상(교주 신격화, 나체춤 사건)
	아가동산	김기순	기성	경계대상(교주 신격화)
	만민중앙성결교회	이재록	예성(1990), 통합(1999), 합신(2000), 기성(2001), 고신(2009)	이단성(직통계시와 대언, 교주신격화, 신비주의, 비복음적 사상)
	세계일가공회	양도천	기성(1969)	이단(범신론적 혼합주의, '신조와 영약'은 이설)
	밤빌리아추수군	이선아	기성(1987,1990), 통합(1990), 고신	이단(신비주의, 영성치료 주장)
	용문산기도원	나운몽	통합(1955,1998), 고신(1968), 기감(1962), 기장(1967), 합동(1976), 기성(1956)	교류금지(정통교리 부정, 단군지파설, 동방교리, 공자와 석가는 대선지자 등)

	가계저주론 (꿈의축제교회)	이윤호	합신(2001), 기성(2001,2006), 통합(2006)	경계대상(비성경적 사상, 무속적 주술사상)
	예수전도협회	이유빈	합동(1999), 기성(1999), 합신 (2000), 통합(2001), 고신(2004)	경계집단(공개 죄고백, 지나친 교회비판 등)
	새생활영성수련원 (아시아교회)	박철수	합동(2000,2002), 합신(2001), 기성(2001), 통합(2002,2010)	참여금지(직통계시, 성령상담, 인격구분, 귀신론, 비유해석 등)
	미국 엠마오 선교교회	예태해	통합(1999,2004), 합동(1994), 기장(1996)	주의(예의주시)
	서울중앙침례교회	서달석	통합(1993)	참여금지(구원파 동일, 종말주장, 절기 강조)
	예수왕권 세계선교회	심재웅	통합(2005,2008), 합동(2005,2006), 합신(2006), 기성(2006), 고신(2008), 대신(2009)	이단성(성경왜곡, 교주신격화, 극단 신비주의 행태 등)
	주님의 교회	김용두	대신(2009), 합신(2009), 기성(2009)	이단성(극단적 신비주의, 주술적 계시, 성경해석 등)
	큰믿음교회	변승우	고신(2008,2009), 통합(2009), 합동(2009), 백석(2009), 합신(2009), 예성(2012), 기성(2012), 기하성	경계대상(레마구원론, 새계시, 자의적 성서해석, 신사도운동 추종, 신비주의 목회, 비인격적 한국교회 비판 등)
	서울주안교회	주종철	고신(2006), 통합(2012)	이단성(기독론, 신론, 삼위일체 론, 성령론, 종말론에 문제있음)
	화정복된교회	최온유	고신(2004), 합신(2005), 합동(2007)	참여금지(신격화, 직통계시, 세속적 헌금관)
	하나님의비밀을 맡은자	장길섭	통합(2008)	참여금지
	대복기도원	황판금	통합(1993)	사이비집단(기복적 무속신앙, 신비주의 등)
신흥 종파	마음수련원	우희호	통합(2007), 합신(2007)	참여금지(정신수련 아닌 초자연 적 신비주의 운동, 뇌호흡 기체조 단 요가 명상은 유사종교)
	단월드(뇌호흡, 홍익문화협회)	이승헌	합신(2007,2008)	참여금지(단군상건립, 교주의 성 폭행, 종교조직화, 예수님 폄훼 등)
	한국SGI(창가학회, 남묘호렝게교)	이케다		신흥종교(교주 신격화, 주문암송 치유, 주술종교, 일본공명당)
	증산도	강증산		신흥종교(교주신격화, 동방구원 론 등)
	대순진리회	박현경		증산도의 일파(분파들)
	파룬궁	리홍즈		신흥종교(기운동, 종교집단화, 교주의 타락)
	전능신교 (동방번개파)	조유산		중국이단(여자 그리스도, 새 계 시, 성경부정, 양태론적 3시대론)

■ 부록3 : 이단에 관련한 성경구절들

		구약
창세기	3:1-6	1 여호와 하나님의 지으신 들짐승 중에 뱀이 가장 간교하더라 뱀이 여자에게 물어 가로되 하나님이 참으로 너희더러 동산 모든 나무의 실과를 먹지 말라 하시더냐 2 여자가 뱀에게 말하되 동산 나무의 실과를 우리가 먹을 수 있으나 3 동산 중앙에 있는 나무의 실과는 하나님의 말씀에 너희는 먹지도 말고 만지지도 말라 너희가 죽을까 하노라 하셨느니라 4 뱀이 여자에게 이르되 너희가 결코 죽지 아니하리라 5 너희가 그것을 먹는 날에는 너희 눈이 밝아 하나님과 같이 되어 선악을 알 줄을 하나님이 아심이니라 6 여자가 그 나무를 본즉 먹음직도 하고 보암직도 하고 지혜롭게 할 만큼 탐스럽기도 한 나무인지라 여자가 그 실과를 따먹고 자기와 함께한 남편에게도 주매 그도 먹은지라
출애굽기	20:4-6	4 너를 위하여 새긴 우상을 만들지 말고 또 위로 하늘에 있는 것이나 아래로 땅에 있는 것이나 땅 아래 물 속에 있는 것의 아무 형상이든지 만들지 말며 5 그것들에게 절하지 말며 그것들을 섬기지 말라 나 여호와 너의 하나님은 질투하는 하나님인즉 나를 미워하는 자의 죄를 갚되 아비로부터 아들에게로 삼, 사대까지 이르게 하거니와 6 나를 사랑하고 내 계명을 지키는 자에게는 천대까지 은혜를 베푸느니라
	32:8	8 그들이 내가 그들에게 명한 길을 속히 떠나 자기를 위하여 송아지를 부어 만들고 그것을 숭배하며 그것에게 희생을 드리며 말하기를 이스라엘아 이는 너희를 애굽 땅에서 인도하여 낸 너희 신이라 하였도다
열왕기상	12:28	28 이에 계획하고 두 금송아지를 만들고 무리에게 말하기를 너희가 다시는 예루살렘에 올라갈 것이 없도다 이스라엘아 이는 너희를 애굽 땅에서 인도하여 올린 너희 신이라 하고 29 하나는 벧엘에 두고 하나는 단에 둔지라 30 이 일이 죄가 되었으니 이는 백성들이 단까지 가서 그 하나에게 숭배함이더라
	18:25-29	25 엘리야가 바알의 선지자들에게 이르되 너희는 많으니 먼저 한 송아지를 택하여 잡고 너희 신의 이름을 부르라 그러나 불을 놓지 말라 26 저희가 그 받은 송아지를 취하여 잡고 아침부터 낮까지 바알의 이름을 불러 가로되 바알이여 우리에게 응답하소서 하나 아무 소리도 없고 아무 응답하는 자도 없으므로 저희가 그 쌓은 단 주위에서 뛰놀더라 27 오정에 이르러는 엘리야가 저희를 조롱하여 가로되 큰 소리로 부르라 저는 신인즉 묵상하고 있는지 혹 잠간 나갔는지 혹 길을 행하는지 혹 잠이 들어서 깨워야 할 것인지 하매 28 이에 저희가 큰 소리로 부르고 그 규례를 따라 피가 흐르기까지 칼과 창으로 그 몸을 상하게 하더라 29 이같이 하여 오정이 지났으나 저희가 오히려 진언을 하여 저녁 소제 드릴 때까지 이를지라도 아무 소리도 없고 아무 응답하는 자도 없고 아무 돌아보는 자도 없더라
	22:22-23	22 여호와께서 저에게 이르시되 어떻게 하겠느냐 가로되 내가 나가서 거짓말하는 영이 되어 그 모든 선지자의 입에 있겠나이다 여호와께서 가라사대 너는 꾀이겠고 또 이루리라 나가서 그리하라 하셨은즉 23 이제 여호와께서 거짓말하는 영을 왕의 이 모든 선지자의 입에 넣으셨고 또 여호와께서 왕에게 대하여 화를 말씀하셨나이다

역대기하	18:21-22	21 가로되 내가 나가서 거짓말하는 영이 되어 그 모든 선지자의 입에 있겠나이다 여호와께서 가라사대 너는 꾀이겠고 또 이루리라 나가서 그리하라 하셨은즉 22 이제 여호와께서 거짓말 하는 영을 왕의 이 모든 선지자의 입에 넣으셨고 또 여호와께서 왕에 대하여 화를 말씀하셨나이다
시편	101:3	3 나는 비루한 것을 내 눈 앞에서 두지 아니할 것이요 배도자들의 행위를 미워하니 이것이 내게 붙잡지 아니하리이다
이사야	14:12-14	12 너 아침의 아들 계명성이여 어찌 그리 하늘에서 떨어졌으며 너 열국을 엎은 자여 어찌 그리 땅에 찍혔는고 13 네가 네 마음에 이르기를 내가 하늘에 올라 하나님의 뭇 별 위에 나의 보좌를 높이리라 내가 북극 집회의 산 위에 좌정하리라 14 가장 높은 구름에 올라 지극히 높은 자와 비기리라 하도다
	44:25	25 거짓말 하는 자의 징조를 폐하며 점치는 자를 미치게 하며 지혜로운 자들을 물리쳐 그 지식을 어리석게 하며
예레미야	5:31	31 지자들은 거짓을 예언하며 제사장들은 자기 권력으로 다스리며 내 백성은 그것을 좋게 여기니 그 결국에는 너희가 어찌 하려느냐
	7:29-31	29 예루살렘아 너의 머리털을 베어 버리고 자산 위에서 호곡할지어다 여호와께서 그 노하신바 이 세대를 끊어버리셨음이니라 30 여호와께서 말씀하시되 유다 자손이 나의 목전에 악을 행하여 내 이름으로 일컬음을 받는 집에 그들의 가증한 것을 두어 집을 더럽혔으며 31 힌놈의 아들 골짜기에 도벳 사당을 건축하고 그 자녀를 불에 살랐나니 내가 명하지 아니하였고 내 마음에 생각지도 아니한 일이니라
	14:14	14 여호와께서 내게 이르시되 선지자들이 내 이름으로 거짓 예언을 하도다 나는 그들을 보내지 아니하였고 그들에게 명하거나 이르지 아니하였거늘 그들이 거짓 계시와 복술과 허탄한 것과 자기 마음의 속임으로 너희에게 예언하도다
	23:32	32 나 여호와가 말하노라 보라 거짓 몽사를 예언하며 이르며 거짓과 헛된 자만으로 내 백성을 미혹하게 하는 자를 내가 치리라 내가 그들을 보내지 아니하였으며 명하지 아니하였나니 그들이 이 백성에게 아무 유익이 없느니라 여호와의 말이니라
	27:9-10	9 너희는 너희 선지자나 너희 복술이나 너희 꿈꾸는 자나 너희 술사나 너희 요술객이 너희에게 이르기를 너희가 바벨론 왕을 섬기지 아니하리라 하여도 듣지 말라 10 그들은 너희에게 거짓을 예언하여 너희로 너희 땅에서 멀리 떠나게 하며 또 나로 너희를 몰아내게 하며 너희를 멸하게 하느니라
	28:15	15 선지자 예레미야가 선지자 하나냐에게 이르되 하나냐여 들으라 여호와께서 너를 보내지 아니하셨거늘 네가 이 백성으로 거짓을 믿게 하는도다
	29:8-9	8 만군의 여호와 이스라엘의 하나님이 이같이 말하노라 너희 중 선지자들에게와 복술에게 혹하지 말며 너희가 꾼바 꿈도 신청하지말라 9 내가 그들을 보내지 아니하였어도 그들이 내 이름으로 거짓을 예언함이니라 여호와의 말이니라
	29:31	31 너는 모든 포로에게 글을 보내어 이르기를 여호와께서 느헬람 사람 스마야에 대하여 이같이 말씀하시되 내가 스마야를 보내지 아니하였거늘 그가 너희에게 예언하고 너희로 거짓을 믿게 하였도다

예레미야 애가	2:14	14 네 선지자들이 네게 대하여 헛되고 어리석은 묵시를 보았으므로 네 죄악을 드러내어서 네 사로잡힌 것을 돌이키지 못하였도다 저희가 거짓 경고와 미혹케 할 것만 보았도다
에스겔	13:2-7	2 인자야 너는 이스라엘의 예언하는 선지자를 쳐서 예언하되 자기 마음에서 나는 대로 예언하는 자에게 말하기를 너희는 여호와의 말씀을 들으라 3 주 여호와의 말씀에 본 것이 없이 자기 심령을 따라 예언하는 우매한 선지자에게 화 있을진저 4 이스라엘아 너의 선지자들은 황무지에 있는 여우 같으니라 5 너희 선지자들이 성 무너진 곳에 올라 가지도 아니하였으며 이스라엘 족속을 위하여 여호와의 날에 전쟁을 방비하게 하려고 성벽을 수축하지도 아니하였느니라 6 여호와께서 말씀하셨다고 하는 자들이 허탄한 것과 거짓된 점괘를 보며 사람으로 그 말이 굳게 이루기를 바라게 하거니와 여호와가 보낸 자가 아니라 7 너희가 말하기는 여호와의 말씀이라 하여도 내가 말한 것이 아닌즉 어찌 허탄한 묵시를 보며 거짓된 점괘를 말한 것이 아니냐 8 그러므로 나 주 여호와가 또 말하노라 너희가 허탄한 것을 말하며 거짓된 것을 보았은즉 내가 너희를 치리라 나 주 여호와의 말이니라
스가랴	13:2	2 만군의 여호와가 말하노라 그 날에 내가 우상의 이름을 이 땅에서 끊어서 기억도 되지 못하게 할 것이며 거짓 선지자와 더러운 사귀를 이 땅에서 떠나게 할 것이라

신약
마태복음	7:15-18	15 거짓 선지자들을 삼가라 양의 옷을 입고 너희에게 나아오나 속에는 노략질하는 이리라 16 그의 열매로 그들을 알지니 가시나무에서 포도를, 또는 엉겅퀴에서 무화과를 따겠느냐 17 이와 같이 좋은 나무마다 아름다운 열매를 맺고 못된 나무가 나쁜 열매를 맺나니 18 좋은 나무가 나쁜 열매를 맺을 수 없고 못된 나무가 아름다운 열매를 맺을 수 없느니라
	15:4-9	4 하나님이 이르셨으되 네 부모를 공경하라 하시고 또 아비나 어미를 훼방하는 자는 반드시 죽으리라 하셨거늘 5 너희는 가로되 누구든지 아비에게나 어미에게 말하기를 내가 드려 유익하게 할 것이 하나님께 드림이 되었다고 하기만 하면 6 그 부모를 공경할 것이 없다 하여 너희 유전으로 하나님의 말씀을 폐하는도다 7 외식하는 자들아 이사야가 너희에게 대하여 잘 예언하였도다 일렀으되 8 이 백성이 입술로는 나를 존경하되 마음은 내게서 멀도다 9 사람의 계명으로 교훈을 삼아 가르치니 나를 헛되이 경배하는도다 하였느니라 하시고
	24:4-11	4 예수께서 대답하여 가라사대 너희가 사람의 미혹을 받지 않도록 주의하라 5 많은 사람이 내 이름으로 와서 이르되 나는 그리스도라 하여 많은 사람을 미혹케 하리라 6 난리와 난리 소문을 듣겠으나 너희는 삼가 두려워 말라 이런 일이 있어야 하되 끝은 아직 아니니라 7 민족이 민족을, 나라가 나라를 대적하여 일어나겠고 처처에 기근과 지진이 있으리니 8 이 모든 것이 재난의 시작이니라 9 그 때에 사람들이 너희를 환난에 넘겨주겠으며 너희를 죽이리니 너희가 내 이름을 위하여 모든 민족에게 미움을 받으리라 10 그 때에 많은 사람이 시험에 빠져 서로 잡아 주고 서로 미워하겠으며 11 거짓 선지자가 많이 일어나 많은 사람을 미혹하게 하겠으며
	24:23-24	23 그 때에 사람이 너희에게 말하되 보라 그리스도가 여기 있다 혹 저기 있다 하여도 믿지 말라 24 거짓 그리스도들과 거짓 선지자들이 일어나 큰 표적과 기사를 보이어 할 수만 있으면 택하신 자들도 미혹하게 하리라

마가복음	13:5-6	5 예수께서 이르시되 너희가 사람의 미혹을 받지 않도록 주의하라 6 많은 사람이 내 이름으로 와서 이르되 내가 그로라 하여 많은 사람을 미혹케 하리라
	13:21-22	21 그 때에 사람이 너희에게 말하되 보라 그리스도가 여기 있다 보라 저기 있다 하여도 믿지 말라 22 거짓 그리스도들과 거짓 선지자들이 일어나서 이적과 기사를 행하여 할 수만 있으면 택하신 백성을 미혹케 하려 하리라
누가복음	21:8	8 가라사대 미혹을 받지 않도록 주의하라 많은 사람이 내 이름으로 와서 이르되 내가 그로라 하며 때가 가까왔다 하겠으나 저희를 좇지 말라
요한복음	8:44	44 너희는 너희 아비 마귀에게서 났으니 너희 아비의 욕심을 너희도 행하고자 하느니라 저는 처음부터 살인한 자요 진리가 그 속에 없으므로 진리에 서지 못하고 거짓을 말할 때마다 제 것으로 말하나니 이는 저가 거짓말장이요 거짓의 아비가 되었음이니라
	10:1-12	1 내가 진실로 진실로 너희에게 이르노니 양의 우리에 문으로 들어가지 아니하고 다른 데로 넘어가는 자는 절도며 강도요 2 문으로 들어가는 이가 양의 목자라 3 문지기는 그를 위하여 문을 열고 양은 그의 음성을 듣나니 그가 자기 양의 이름을 각각 불러 인도하여 내느니라 4 자기 양을 다 내어 놓은 후에 앞서 가면 양들이 그의 음성을 아는 고로 따라 오되 5 타인의 음성은 알지 못하는 고로 타인을 따르지 아니하고 도리어 도망하느니라 6 예수께서 이 비유로 저희에게 말씀하셨으나 저희는 그 하신 말씀이 무엇인지 알지 못하니라 7 그러므로 예수께서 다시 이르시되 내가 진실로 진실로 너희에게 말하노니 나는 양의 문이라 8 나보다 먼저 온 자는 다 절도요 강도니 양들이 듣지 아니하였느니라 9 내가 문이니 누구든지 나로 말미암아 들어가면 구원을 얻고 또는 들어가며 나오며 꼴을 얻으리라 10 도적이 오는 것은 도적질하고 죽이고 멸망시키려는 것뿐이요 내가 온 것은 양으로 생명을 얻게 하고 더 풍성히 얻게 하려는 것이라 11 나는 선한 목자라 선한 목자는 양들을 위하여 목숨을 버리거니와 12 삯군은 목자도 아니요 양도 제 양이 아니라 이리가 오는 것을 보면 양을 버리고 달아나나니 이리가 양을 늑탈하고 또 헤치느니라
사도행전	4:12	12 다른 이로서는 구원을 얻을 수 없나니 천하 인간에 구원을 얻을만한 다른 이름을 우리에게 주신 일이 없음이니라 하였더라
	13:6	6 온 섬 가운데로 지나서 바보에 이르러 바 예수라 하는 유대인 거짓 선지자 박수를 만나니
	20:28-30	28 너희는 자기를 위하여 또는 온 양떼를 위하여 삼가라 성령이 저들 가운데 너희로 감독자를 삼고 하나님이 자기 피로 사신 교회를 치게 하셨느니라 29 내가 떠난 후에 흉악한 이리가 너희에게 들어와서 그 양떼를 아끼지 아니하며 30 또한 너희 중에서도 제자들을 끌어 자기를 좇게 하려고 어그러진 말을 하는 사람들이 일어날 줄 내가 아노니
	24:14	14 그러나 이것을 당신께 고백하리이다 나는 저희가 이단이라 하는 도를 좇아 조상의 하나님을 섬기고 율법과 및 선지자들의 글에 기록된 것을 다 믿으며
	28:22	22 이에 우리가 너의 사상이 어떠한가 듣고자 하노니 이 파에 대하여는 어디서든지 반대를 받는 줄 우리가 앎이라 하더라
로마서	16:17-18	17 형제들아 내가 너희를 권하노니 너희 교훈을 거스려 분쟁을 일으키고 거치게 하는 자들을 살피고 저희에게서 떠나라 18 이 같은 자들은 우리 주 그리스도를 섬기지 아니하고 다만 자기의 배만 섬기나니 공교하고 아첨하는 말로 순진한 자들의 마음을 미혹하느니라

고린도전서	10:14-21	14 그런즉 내 사랑하는 자들아 우상 숭배하는 일을 피하라 15 나는 지혜 있는 자들에게 말함과 같이 하노니 너희는 내 이르는 말을 스스로 판단하라 16 우리가 축복하는바 축복의 잔은 그리스도의 피에 참예함이 아니며 우리가 떼는 떡은 그리스도의 몸에 참예함이 아니냐 17 떡이 하나요 많은 우리가 한 몸이니 이는 우리가 다 한 떡에 참예함이라 18 육신을 따라 난 이스라엘을 보라 제물을 먹는 자들이 제단에 참예하는 자들이 아니냐 19 그런즉 내가 무엇을 말하느뇨 우상의 제물은 무엇이며 우상은 무엇이라 하느뇨 20 대저 이방인의 제사하는 것은 귀신에게 하는 것이요 하나님께 제사하는 것이 아니니 나는 너희가 귀신과 교제하는 자 되기를 원치 아니하노라
고린도후서	11:3-4	3 뱀이 그 간계로 이와를 미혹케 한 것 같이 너희 마음이 그리스도를 향하는 진실함과 깨끗함에서 떠나 부패할까 두려워하노라 4 만일 누가 가서 우리의 전파하지 아니한 다른 예수를 전파하거나 혹 너희의 받지 아니한 다른 영을 받게 하거나 혹 너희의 받지 아니한 다른 복음을 받게 할 때에는 너희가 잘 용납하는구나
	11:13-14	13 저런 사람들은 거짓 사도요 궤휼의 역군이니 자기를 그리스도의 사도로 가장하는 자들이니라 14 이것이 이상한 일이 아니라 사단도 자기를 광명의 천사로 가장하나니
갈라디아서	1:6-9	6 그리스도의 은혜로 너희를 부르신 이를 이같이 속히 떠나 다른 복음 좇는 것을 내가 이상히 여기노라 7 다른 복음은 없나니 다만 어떤 사람들이 너희를 요란케 하여 그리스도의 복음을 변하려 함이라 8 그러나 우리나 혹 하늘로부터 온 천사라도 우리가 너희에게 전한 복음 외에 다른 복음을 전하면 저주를 받을지어다 9 우리가 전에 말하였거니와 내가 지금 다시 말하노니 만일 누구든지 너희의 받은 것 외에 다른 복음을 전하면 저주를 받을지어다
	4:9-11	9 이제는 너희가 하나님을 알뿐더러 하나님의 아신바 되었거늘 어찌하여 다시 약하고 천한 초등 학문으로 돌아가서 다시 저희에게 종노릇하려 하느냐 10 너희가 날과 달과 절기와 해를 삼가 지키니 11 내가 너희를 위하여 수고한 것이 헛될까 두려워하노라
	5:20-21	20 우상 숭배와 술수와 원수를 맺는 것과 분쟁과 시기와 분냄과 당 짓는 것과 분리함과 이단과 21 투기와 술 취함과 방탕함과 또 그와 같은 것들이라 전에 너희에게 경계한 것 같이 경계하노니 이런 일을 하는 자들은 하나님의 나라를 유업으로 받지 못할 것이요
에베소서	4:14	14 이는 우리가 이제부터 어린 아이가 되지 아니하여 사람의 궤술과 간사한 유혹에 빠져 모든 교훈의 풍조에 밀려 요동치 않게 하려 함이라
빌립보서	2:21	21 저희가 다 자기 일을 구하고 그리스도 예수의 일을 구하지 아니하되
골로새서	2:8	8 누가 철학과 헛된 속임수로 너희를 노략할까 주의하라 이것이 사람의 유전과 세상의 초등학문을 좇음이요 그리스도를 좇음이 아니니라
	2:18	18 누구든지 일부러 겸손함과 천사 숭배함을 인하여 너희 상을 빼앗지 못하게 하라 저가 그 본 것을 의지하여 그 육체의 마음을 좇아 헛되이 과장하고
데살로니가 전서	2:3-4	3 누가 아무렇게 하여도 너희가 미혹하지 말라 먼저 배도하는 일이 있고 저 불법의 사람 곧 멸망의 아들이 나타나기 전에는 이르지 아니하리니 4 저는 대적하는 자라 범사에 일컫는 하나님이나 숭배함을 받는 자 위에 뛰어나 자존하여 하나님 성전에 앉아 자기를 보여 하나님이라 하느니라

	2:9-12	9 악한 자의 임함은 사단의 역사를 따라 모든 능력과 표적과 거짓 기적과 10 불의의 모든 속임으로 멸망하는 자들에게 임하리니 이는 저희가 진리의 사랑을 받지 아니하여 구원함을 얻지 못함이니라 11 이러므로 하나님이 유혹을 저의 가운데 역사하게 하사 거짓 것을 믿게 하심은 12 진리를 믿지 않고 불의를 좋아하는 모든 자로 심판을 받게 하려 하심이니라
	3:14	14 누가 이 편지에 한 우리 말을 순종치 아니하거든 그 사람을 지목하여 사귀지 말고 저로 하여금 부끄럽게 하라
디모데전서	1:9-10	9 알 것은 이것이니 법은 옳은 사람을 위하여 세운 것이 아니요 오직 불법한 자와 복종치 아니하는 자며 경건치 아니한 자와 죄인이며 거룩하지 아니한 자와 망령된 자며 아비를 치는 자와 어미를 치는 자며 살인하는 자며 10 행하는 자며 남색하는 자며 사람을 탈취하는 자며 거짓말하는 자며 거짓 맹세하는 자와 기타 바른 교훈을 거스리는 자를 위함이니
	4:1-2	1 그러나 성령이 밝히 말씀하시기를 후일에 어떤 사람들이 믿음에서 떠나 미혹케 하는 영과 귀신의 가르침을 좇으리라 하셨으니 2 자기 양심이 화인 맞아서 외식함으로 거짓말하는 자들이라
	6:3-6	3 누구든지 다른 교훈을 하며 바른 말 곧 우리 주 예수 그리스도의 말씀과 경건에 관한 교훈에 착념치 아니 하면 4 저는 교만하여 아무 것도 알지 못하고 변론과 언쟁을 좋아하는 자니 이로써 투기와 분쟁과 훼방과 악한 생각이 나며 5 마음이 부패하여지고 진리를 잃어버려 경건을 이익의 재료로 생각하는 자들의 다툼이 일어나느니라 6 그러나 지족하는 마음이 있으면 경건이 큰 이익이 되느니라
디모데후서	2:17-18	17 저희 말은 독한 창질의 썩어져 감과 같은데 그 중에 후메내오와 빌레도가 있느니라 18 진리에 관하여는 저희가 그릇되었도다 부활이 이미 지나갔다 하므로 어떤 사람들의 믿음을 무너뜨리느니라
	3:6-8	6 저희 중에 남의 집에 가만히 들어가 어리석은 여자를 유인하는 자들이 있으니 그 여자는 죄를 중히 지고 여러 가지 욕심에 끌린바 되어 7 항상 배우나 마침내 진리의 지식에 이를 수 없느니라 8 얀네와 얌브레가 모세를 대적한 것 같이 저희도 진리를 대적하니 이 사람들은 그 마음이 부패한 자요 믿음에 관하여는 버리운 자 들이라
디도서	3:9-11	9 그러나 어리석은 변론과 족보 이야기와 분쟁과 율법에 대한 다툼을 피하라 이것은 무익한 것이요 헛된 것이니라 10 이단에 속한 사람을 한 두번 훈계한 후에 멀리 하라 11 이러한 사람은 네가 아는 바와 같이 부패하여서 스스로 정죄한 자로서 죄를 짓느니라
히브리서	3:10	10 그러므로 내가 이 세대를 노하여 가로되 저희가 항상 마음이 미혹되어 내 길을 알지 못하는도다 하였고
야고보서	5:19-20	19 내 형제들아 너희 중에 미혹하여 진리를 떠난 자를 누가 돌아서게 하면 20 너희가 알 것은 죄인을 미혹한 길에서 돌아서게 하는 자가 그 영혼을 사망에서 구원하며 허다한 죄를 덮을 것이니라
베드로후서	2:1-3	1 그러나 민간에 또한 거짓 선지자들이 일어났었나니 이와 같이 너희 중에도 거짓 선생들이 있으리라 저희는 멸망케 할 이단을 가만히 끌어들여 자기들을 사신 주를 부인하고 임박한 멸망을 스스로 취하는 자들이라 2 여럿이 저희 호색하는 것을 좇으리니 이로 인하여 진리의 도가 훼방을 받을 것이요 3 저희가 탐심을 인하여 지은 말을 가지고 너희로 이를 삼으니 저희 심판은 옛적부터 지체하지 아니하며 저희 멸망은 자지 아니하느니라

이단사이비를 경계하라!

	2:12-16	12 그러나 이 사람들은 본래 잡혀 죽기 위하여 난 이성 없는 짐승 같아서 그 알지 못한 것을 훼방하고 저희 멸망 가운데서 멸망을 당하며 13 불의의 값으로 불의를 당하며 낮에 연락을 기쁘게 여기는 자들이니 점과 흠이라 너희와 함께 연회 할 때에 저희 간사한 가운데 연락하며 14 음심이 가득한 눈을 가지고 범죄하기를 쉬지 아니하고 굳세지 못한 영혼들을 유혹하며 탐욕에 연단된 마음을 가진 자들이니 저주의 자식이라 15 저희가 바른 길을 떠나 미혹하여 브올의 아들 발람의 길을 좇는도다 그는 불의의 삯을 사랑하다가 16 자기의 불법을 인하여 책망을 받되 말 못하는 나귀가 사람의 소리로 말하여 이 선지자의 미친 것을 금지하였느니라
	2:17-18	17 이 사람들은 물 없는 샘이요 광풍에 밀려 가는 안개니 저희를 위하여 캄캄한 어두움이 예비되어 있나니 18 저희가 허탄한 자랑의 말을 토하여 미혹한데 행하는 사람들에게서 겨우 피한 자들을 음란으로써 육체의 정욕 중에서 유혹하여
	3:16	16 또 그 모든 편지에도 이런 일에 관하여 말하였으되 그 중에 알기 어려운 것이 더러 있으니 무식한 자들과 굳세지 못한 자들이 다른 성경과 같이 그것도 억지로 풀다가 스스로 멸망에 이르느니라
요한일서	2:18	18 아이들아 이것이 마지막 때라 적그리스도가 이르겠다 함을 너희가 들은 것과 같이 지금도 많은 적그리스도가 일어났으니 이러므로 우리가 마지막 때인 줄 아노라
	2:21-22	21 내가 너희에게 쓴 것은 너희가 진리를 알지 못함을 인함 아니라 너희가 앎을 인함이요 또 모든 거짓은 진리에서 나지 않음을 인함이니라 22 거짓말하는 자가 누구뇨 예수께서 그리스도이심을 부인 하는 자가 아니뇨 아버지와 아들을 부인하는 그가 적그리스도니
	4:1-3	1 사랑하는 자들아 영을 다 믿지 말고 오직 영들이 하나님께 속하였나 시험하라 많은 거짓 선지자가 세상에 나왔음이니라 2 하나님의 영은 이것으로 알지니 곧 예수 그리스도께서 육체로 오신 것을 시인하는 영마다 하나님께 속한 것이요 3 예수를 시인하지 아니하는 영마다 하나님께 속한 것이 아니니 이것이 곧 적그리스도의 영이니라 오리라 한 말을 너희가 들었거니와 이제 벌써 세상에 있느니라
	4:6	6 우리는 하나님께 속하였으니 하나님을 아는 자는 우리의 말을 듣고 하나님께 속하지 아니한 자는 우리의 말을 듣지 아니하나니 진리의 영과 미혹의 영을 이로써 아느니라
	5:10	10 하나님의 아들을 믿는 자는 자기 안에 증거가 있고 하나님을 믿지 아니하는 자는 하나님을 거짓말 하는 자로 만드나니 이는 하나님께서 그 아들에 관하여 증거하신 증거를 믿지 아니하였음이라
요한이서	1:7	7 미혹하는 자가 많이 세상에 나왔나니 이는 예수 그리스도께서 육체로 임하심을 부인하는 자라 이것이 미혹하는 자요 적그리스도니
	1:10-11	누구든지 이 교훈을 가지지 않고 너희에게 나아가거든 그를 집에 들이지도 말고 인사도 하지 말라 그에게 인사하는 자는 그 악한 일에 참예하는 자임이니라

유다서	1:4	4 이는 가만히 들어온 사람 몇이 있음이라 저희는 옛적부터 이 판결을 받기로 미리 기록된 자니 경건치 아니하여 우리 하나님의 은혜를 도리어 색욕거리로 바꾸고 홀로 하나이신 주재 곧 우리 주 예수 그리스도를 부인하는 자니라
	1:11–13	11 화 있을찐저 이 사람들이여, 가인의 길에 행하였으며 삯을 위하여 발람의 어그러진 길로 몰려갔으며 고라의 패역을 좇아 멸망을 받았도다 12 저희는 기탄없이 너희와 함께 먹으니 너희 애찬의 암초요 자기 몸만 기르는 목자요 바람에 불려가는 물없는 구름이요 죽고 또 죽어 뿌리까지 뽑힌 열매 없는 가을 나무요 13 자기의 수치의 거품을 뿜는 바다의 거친 물결이요 영원히 예비된 캄캄한 흑암에 돌아갈 유리하는 별들이라
요한계시록	2:2	2 내가 네 행위와 수고와 네 인내를 알고 또 악한 자들을 용납지 아니한 것과 자칭 사도라 하되 아닌 자들을 시험하여 그 거짓된 것을 네가 드러낸 것과
	13:13–18	13 큰 이적을 행하되 심지어 사람들 앞에서 불이 하늘로부터 땅에 내려오게 하고 14 짐승 앞에서 받은 바 이적을 행함으로 땅에 거하는 자들을 미혹하며 땅에 거하는 자들에게 이르기를 칼에 상하였다가 살아난 짐승을 위하여 우상을 만들라 하더라 15 저가 권세를 받아 그 짐승의 우상에게 생기를 주어 그 짐승의 우상으로 말하게 하고 또 짐승의 우상에게 경배하지 아니하는 자는 몇이든지 다 죽이게 하더라 16 저가 모든 자 곧 작은 자나 큰 자나 부자나 빈궁한 자나 자유한 자나 종으로 그 오른손에나 이마에 표를 받게 하고 17 누구든지 이 표를 가진 자 외에는 매매를 못하게 하니 이 표는 곧 짐승의 이름이나 그 이름의 수라 18 지혜가 여기 있으니 총명 있는 자는 그 짐승의 수를 세어 보라 그 수는 사람의 수니 육백 육십 육이니라
	16:13–14	13 또 내가 보매 개구리 같은 세 더러운 영이 용의 입과 짐승의 입과 거짓 선지자의 입에서 나오니 14 저희는 귀신의 영이라 이적을 행하여 온 천하 임금들에게 가서 하나님 곧 전능하신 이의 큰 날에 전쟁을 위하여 그들을 모으더라
	18:23	23 등불 빛이 결코 다시 네 가운데서 비취지 아니하고 신랑과 신부의 음성이 결코 다시 네 가운데서 들리지 아니하리로다 너의 상고들은 땅의 왕족들이라 네 복술을 인하여 만국이 미혹되었도다
	19:20	20 짐승이 잡히고 그 앞에서 이적을 행하던 거짓 선지자도 함께 잡혔으니 이는 짐승의 표를 받고 그의 우상에게 경배하던 자들을 이적으로 미혹하던 자라 이 둘이 산 채로 유황불 붙는 못에 던지우고
	20:10	10 또 저희를 미혹하는 마귀가 불과 유황 못에 던지우니 거기는 그 짐승과 거짓 선지자도 있어 세세토록 밤낮 괴로움을 받으리라
	21:8	8 그러나 두려워하는 자들과 믿지 아니하는 자들과 흉악한 자들과 살인자들과 행음자들과 술객들과 우상 숭배자들과 모든 거짓말 하는 자들은 불과 유황으로 타는 못에 참예 하리니 이것이 둘째 사망이라
	22:15	15 개들과 술객들과 행음자들과 살인자들과 우상 숭배자들과 및 거짓말을 좋아하며 지어내는 자마다 성밖에 있으리라
	22:18–19	18 내가 이 책의 예언의 말씀을 듣는 각인에게 증거하노니 만일 누구든지 이 것들 외에 더하면 하나님이 이 책에 기록된 재앙들을 그에게 더하실 터이요 19 만일 누구든지 이 책의 예언의 말씀에서 제하여 버리면 하나님이 이 책에 기록된 생명 나무와 및 거룩한 성에 참예함을 제하여 버리시리라

이단사이비를 경계하라!

MEMO

....
....
....
....
....
....
....
....
....
....
....
....
....
....
....
....

MEMO

MEMO

....
....
....
....
....
....
....
....
....
....
....
....
....
....
....
....
....
....

MEMO

....
....
....
....
....
....
....
....
....
....
....
....
....
....
....
....